성과관리와
성과 리더십

한태영 지음

Σ 시그마프레스

성과관리와 **성과 리더십**

발행일 2023년 3월 10일 1쇄 발행

지은이 한태영
발행인 강학경
발행처 ㈜시그마프레스
디자인 우주연, 김은경
편 집 김은실, 이호선, 윤원진
마케팅 문정현, 송치헌, 김미래, 김성옥

등록번호 제10-2642호
주소 서울특별시 영등포구 양평로 22길 21 선유도코오롱디지털타워 A401~402호
전자우편 sigma@spress.co.kr
홈페이지 http://www.sigmapress.co.kr
전화 (02)323-4845, (02)2062-5184~8
팩스 (02)323-4197

ISBN 979-11-6226-428-7

현대사회를 사는 사람들은 매일 일터에서 삼 분의 일 이상의 시간을 보낸다. 일할 수 있다는 것은 축복이고, 그 일이 점점 손에 익으면 뿌듯하다. 일에 몰두해서 시간 가는 줄 모를 때 일과 하나가 되는 희열을 느낀다. 삶의 삼 분의 일을 이렇게 보낸다면 행복한 인생일 것이다. 사람들이 일에서 그런 삶을 추구하는 경향성이 점차 커지고 있지만, 현실에서는 일을 적게 하고 싶고 멀리 하고 싶기도 하다. 우리는 일이 전체 삶에 주는 의미를 미처 생각하기도 전에 일터에서 윗사람의 지시를 받으면서 일을 시작하고 수시로 조직의 평가받는다. 성과관리는 이런 이상과 현실의 가교가 될 수 있다. 과거의 이론은 체계적인 성과관리 방법으로 회사에 도움을 주었다면, 최근에는 일터의 이상을 추구하는 사람들을 행복하게 만들려는 이론이 증가했다.

이 책은 이런 변화를 짚어가고자 했다. 10년 전 본인이 출판했던 『인사평가와 성과관리』가 평가를 기반으로 동기부여하는 이론과 방법을 소개했다면, 이 책은 동기부여의 힘을 소명의식에까지 이르는 힘을 설명하고자 했다. 본래 그 힘은 구성원들에게 내재되어 있지만, 인사제도가 그들을 돕고 리더가 그 힘을 이끌어 내는 방법을 소개하고자 했다.

리더가 구성원의 성과를 통해 서로 인생을 얘기하는 수준까지 이 책은 욕심을 냈다. 과한 욕심이 되어 졸저가 된 것 같아 부끄럽다. 하지만 누구나 추구하는 일의 지향점을 내려 놓고 싶지는 않다. 이 책으로 완성하지 못했기에 다른 저술과 연구, 활동으로 '이어갈 결심'을 하게 된다. 이 책에서 느끼는 독자들의 아쉬움에 대해 본인의 이런 의욕으로 이해시켜 드릴 수 있기를 바랄 뿐이다.

이 책을 쓰는 중간에도 코로나19와 디지털 변혁으로 세상이 빨리 변해 가서 저술의 마음만 급했던 것 같다. 그래서 졸저임에도 감사할 분들이 오히려 많다. 우선 함께 도와준 랩의 학생들이 고마울 따름이다. 교정에 힘써 준 재학생들의 노고와 현업의 목소리를 들려준 졸업생들에게 진심으로 감사한다. 이 책은 2021년 광운대학교 연구년 지원을 받아 집필되었다. 책 출간을 오랫동안 기다려 주신 (주)시그마프레스 강학경 대표님께 또한 깊이 감사드린다. 일반 직장인의 시각에서 조언해 준 아내는 언제나 청량한 자극제가 되어 원고를 또 들여다볼 기회를 주었다.

이 책은 앞으로 나의 소명을 어떻게 다 해야 할지를 더 깊이 생각하도록 숙성시키고 있다. 그런 영성을 주신 분께 늘 감사하며, 그에 합당한 성과물로 다음 독자들을 실망시켜드리지 않기를 소망한다.

차례

제3장

성과향상에 대한 동기

제4장

다면평가와 성과향상 피드백

제5장

리더 역량진단과 리더십 개발

제6장

피드백 원리와 저조한 성과의 관리

제7장 일의 본질을 향하는 성과코칭

성과관리의 핵심요소

모든 게 연결되었다며?

장면 #1

축구경기에서 비디오 보조 심판인 VAR(Video Assistant Referee)가 도입된 이후로 한결 공정해진 것 같다. 한국의 축구스타인 손흥민이 VAR을 통해 오프사이드 판정을 받고 골이 취소된 적이 있지만, 아쉬움 정도이지 억울함을 느낀 사람은 별로 없을 것이다. 이 기술이 도입된 후, '로봇 심판(RoboUmp)' 도입이 성큼 가까워지고 있다. 프로 테니스에서 이미 사용하고 있는 호크 아이(Hawk-Eye)처럼 수년 내 야구장에서도 스트라이크-볼 판정을 로봇이 내리는 장면을 볼 수 있을 전망이다. 메이저리그(MLB) 심판들이 볼-스트라이크 자동 판정 시스템(Automated ball-strike system) 개발에 협조하기로 합의하면서, 2024년부터 '로봇 심판'이 MLB에 등장할 것으로 전망하기도 한다.

기술의 도입은 인간의 행동에 영향을 준다. 로봇심판이 도입되면 경기에 참여하는 선수들의 행동이 바뀐다. 포수의 주요 자질 중 하나인 프레이밍(스트라이크처럼 보이게 공을 잡는 것)은 그 빛을 잃어갈 것이다. 반대로 포수가 좀 어수룩하게 공을 잡아도 AI가 설정한 스트라이크 존만 통과하면 그 공은 스트라이크가 된다. 과거에는 오심도 경기의 일부라는 낭만이 있었다. 최근 타계한 아르헨티나 축구영웅 마라도나가 '신의 손'으로 넣은 골도 그의 천재적인 재능과 함께 전설같이 애매한 이야기로 남아 있다. 반대로 경기 심판은 판정 때문에 '욕받이'가 되어 왔다. 스트라이크와 볼의 경계에 선 공을 판정할 때마다 심판은 어느 한쪽으로부터는 욕을 먹는다. 앞으로는 경기에 지면 누구에게 화를 푸나?

장면 #2

신용카드 회사에서 영업직원의 실적은 고객을 확보하여 카드를 발급하는 것이다. 직원의 임금에도 카드발급이 가장 크게 영향을 미친다. 코로나19 상황에서는 고객을 만나기도 어려웠다. 절박한 영업사원들은 머리를 짜내서 심야에 한적한 편의점을 돌며 점장에게 카드발급을 권유하기도 한다. 그러나 최종적인 실적은 카드를 발급하는 것이다. 일단 고객과 대화를 시작한 카드사 직원은 고객이 카드가 필요 없다고 해도 발급받고 안 써도 된다면서 개인 영업비로 사례품으로 발급을 유도한다. 심지어 신청만 하고 카드 발급 후 바로 잘라 버려도 된다고 말한다.

직원의 카드발급 실적이 모여서 그 직원이 소속한 팀의 실적이 되고, 팀의 실적이 모이면 지점의 성과가 된다. 그렇다면 각 지점의 성과가 모이면 그 신용카드 회사의 성과가 될까? 꼭 그렇지는 않다. 행정조직은 신용 조회, 발급 결정, 발급, 카드 송부 등 상당한 추가 업무를 처리해야 한다. 만약 고객이 카드발급 후에 바로 잘라버린다면, 행정본부의 후속 업무에 든 노력은 헛일이 되니 영업직원의 카드발급 실적은 카드회사의 성과와 따로 놀게 된다. 그래서 신용카드 회사는 고객이 처음 3개월동안 사용한 액수를 영업직원의 보수에 반영하여 '찐 고객'을 유치하도록 유도한다. 이렇게 하면 카드를 발급하고 나서도 직원의 수입에 영향을 주니 계속 관심을 갖게 된다.

장면 #3

'나는 가수다'라는 방송은 10여년 전 시작할 때부터 화제가 된 경연 프로그램이었다. 중간중간의 스토리텔링도 서구 방송과 다르게 구성하려고 하였으며, 이미 유명해진 가수들에게 가수의 핵심인 '가창력'을 보여주도록 요구하여 그들이 평가에 긴장하는 모습을 보여주는 프로그램의 구성이 독특했다. 또, 그 평가를 시청자가 내심 매긴 점수와 맞춰 보는 재미는 획기적이었다. 그만큼 우리 사회에서 객관적인 평가 없이 지위를 차지한 경우가 흔했기 때문에 공정하게 평가받는 실력자를 찾는 재미가 컸다. 색다른 경연 프로그램들이 계속 이어지면서 제대로 평가도 받아보지 못했던 무명가수를 찾아서 신데렐라 같은 삶으로 발굴하는 컨셉도 생겼다.

한편으로는 내부에서 평가를 조작해서 불미스럽게 끝나는 프로도 나타났다. 시청자들이 분노하고 법적인 처벌도 가해졌는데, 제대로 평가해야 한다는 인식이 사회 전체에 퍼지는데 경연 프로그램들이 시나브로 기여한 것이다.

공정한 평가의 원칙은 일터에서도 꾸준히 제기되었다. 몇 년 전 '공정인사혁신'이라는 이름으로 정부가 정책적으로 성과연봉제를 시행하려고 했다. 그런데 이 제도가 우리나라가 해고와 관련된 노동유연성이 부족하다는 비판과 결합되자 노동계는 이런 혁신을 쉽게 해고하려는 목적으로 의심을 하면서 반대했다. 그런 의심의 핵심은 회사의 평가가 공정하지 않다는 것이었다. 중소기업의 반 정도가 인사평가제도가 없는 국내상황에서 정부가 평가제도 적용을 지원하려고 했고, 대기업은 좀 더 정확하고 공정한 평가제도로 개선하려는 노력을 기울였다. 그런데 그러한 논의는 급격하게 변했다. 2017년에 정부가 바뀌면서 고용노동부는 이런 변화의 흐름을 폐기했었다(이와 관련된 SCOPE 모델은 2장에서 설명함).

성과관리는 다양한 도전에 직면해 있다. 인사제도는 보수적인 것 같아도 의외로 유행에 민감하다. 노동을 보는 정치, 법률환경이 변했다. 전 세계적으로 근로문화에서 개인주의가 커졌고, 우리나라에서도 일의 가치에 대한 관점이 변했다. 글로벌 기업들 또한 개인성장을 중시하는 방향으로 변했다. 변화에는 적극적으로 대응하고, 단순한 유행에는 원칙을 지킬 필요가 있다. 성과관리에도 다양한 도전과 기존의 제도를 조화시키는 시스템적 사고가 필요하다. 조직에서 평가에 대한 기본 원리는 다음과 같다.

1. 성과관리를 위한 평가 정보의 조화

사회가 다양하면 같은 목적을 추구해도 접근방법이 다양해진다. 사람들은 대체로 진리가 존재한다고 믿지만, 각자 다른 방식으로 진리를 향해 나아간다. 서로 반대쪽에서 진리에 다가가는 접근법은 최종 목표에 닿기 전까지는 서로 많이 다른 것처럼 것처럼 보이지만, 최종목표에 다가갈수록 유사점은 점점 많아진다. 그러나 실제로 진리에 도달하는 경우는 드물기 때문에 서로 다른 길은 계속 상충되어 보이면서 접점 없이 달리기도 한다.

어떠한 접근법을 추구하는지에 따라서 인간을 보는 관점(인간관), 세상을 인식하는 관점(세계관), 심지어 모든 사물과 사건의 근원을 보는 종교관이 굳어지기도 한다. 인간관의 예를 들자면, 사람의 행동이 변하는가, 상황이 변해도 행동이 동일한가? 경제발전에 대한 세계관의 예를 들자면, 성장을 주도하여 모두에게 혜택을 주는가, 서로 나누면서 고르게 발전을 자극하는가? 등등의 질문을 할 수 있다. 공개적으로 이런 질문을 받을 때 한쪽의 극단을 택하는 경우는 많지 않다. 그러나 자기도 모르게 방점을 두는 곳에 자신의 관점이 존재한다.

조직에서 구성원의 직무수행을 관리할 때도 구성원의 행동을 평가하고 결정하는 데 초점을 둘 것인가, 성장을 이끄는 조언으로 더 나은 행동을 유도할 것인가의 결정은 쉽지 않다. 궁극적인 목표인 조직의 성과와 성장으로 수렴할수록 두 접근법은 모두 필요하다. 그렇지만 한 시점에서 보면 성과관리의 주체가 가진 천성(nature)과 육성(nurture)의 논쟁 같은 인간관과 연결되기도 한다. 성과관리의 실제적인 측면에서 이 둘은 조화를 이루어야 한다.

1) 성과관리의 특징

성과관리(performance management)는 구성원이 최상의 직무수행 활동을 하여 조직성과를 높일 수 있도록 조직의 제반 환경을 구축하는 과정으로 정의할 수 있다. 이 과정에서 실행의 주체는 구성원 개인이며, 현장의 직접적인 지원자는 리더, 즉 공식적 관리자이다. 이들이 성과관리를 시작하기 위해서는 정보가 필요하다. 인사평가(performance evaluation 또는 appraisal)란 조직 구성원의 직무수행(performance)에 대한 체계적이고 주기적인 평가이며, 이 평가에서 도출된 정보는 이들 성과관리의 주체와 지원자가 활용할 수 있다.

이러한 기본적인 정의에 기초해볼 때 성과관리의 평가정보는 다음과 같은 핵심적인 특징을 포함하며, 이 특징들은 조직의 성장에 기여하는 성과관리가 갖추어야 할 요소이다.

(1) 개인 초점의 인재개발

첫째로 구성원의 개발에 초점을 두는 활동이다. 이것은 성과관리의 기본적인 특성으로서, 인간의 심리적인 역학을 이해하면서 실행되어야 하는 것이며, 제도보다 우선되는 것이다. 성과관리는 발전 초기에 정보(점수)를 산출하는 도구적 특성에 초점을 두고 측정(measurement)의 문제로 접근했다. 이러한 특성을 반영하기 위해서 평가를 위한 척도(scale)의 개발이나, 평가방법과

양식, 평가자의 편파를 제거하기 위한 방안 등에 초점을 맞추게 된다. 인사평가의 이 측면은 보다 정확하게 평가하는 데 실용적인 도움을 주지만, 제도로 구축되는 과정에서 '사람'이 사라지고 절차가 되는 경우가 있다.

(2) 직무수행과 성과의 균형

둘째로 성과관리는 균형적인 활동이다. 직무 행동(behavior)과 행동의 결과(outcome)를 균형적으로 다룬다는 의미이다. 여기서 직무행동은 성과를 달성하기 위한 과정의 활동이다. 행동에 초점을 두는 활동은 구성원을 코칭하기에 적합하며, 과거의 성과를 기초로 직무행동을 향상시킬 수 있는 방안을 모색하면서 미래에 발휘해야 할 역량(competency)을 개발하도록 지도하고 구성원 스스로 성과목표를 세우는 활동을 지원하는 역할을 한다. 구성원이 과거 시점에서 보여준 직무수행과 달성한 성과에 대한 정보를 활용하여 공정하고 과학적인 지원을 할 수 있는 것이다. 행동에 초점을 두는 것은 이러한 효과가 있으며, 과거의 행동주의(behaviorism)가 강조하는 인간의 인식을 배제하는 접근법과는 차이가 있다.

(3) 조직효과성을 지향

셋째로 성과관리는 구성원의 개발을 통한 조직효과성(organizational effectiveness)을 높이는 데 목적을 둔다. 최근에 개인의 성장에 대한 관심이 커지고 다양성의 존중이 사회적 가치로서 강조되지만, 이러한 시각은 자칫 보편적인 가치나 조직이 구성된 목적을 간과할 수 있다. 성과관리는 이러한 양 측면에 통찰력을 제공하는 리더를 필요로 한다. 리더와 구성원의 협의를 통해서 직무행동의 기준이 명확해지며, 조직이 기대하는 바가 전달된다. 또한 서로 소통하면서 일상적인 책임영역과 직무상의 우선순위를 명확하게 설정하고, 성과향상에 기여하는 팀워크를 발휘한다. 그리고 조직이 궁극적으로 달성하고자 하는 내 · 외부고객을 만족시키는 성과를 지향한다.

2) 인재관리 시스템과 성과관리의 관계

앞 절에서 거론한 성과관리의 목적 중 세번째 목적인 조직성과, 즉 조직 효과성(organizational effectiveness)을 높이는 것은 단순히 전체 구성원 성과를 합산하여 이루어지는 것이 아니라 조직의 다른 관리시스템과 상호작용을 하면서 나타난다. 그러므로 좀 더 거시적으로 다른 시스템과 조화를 통해 조직성과에 기여하는 방향으로 직무수행을 하도록 유도할 수 있다.

(1) 조직성과에 대한 양대축

조직의 성과를 견인하는 요소에는 개인과 조직에 초점을 두는 두 축이 있다(Ostroff & Bowen, 2000). 미시적인 축은 개인 수준 역량과 관련되는 능력, 동기, 및 태도를 주로 다루었다. 그러나 개인의 성과로 조직이 발전하는 과정을 단순화하고 조직의 환경 요인을 간과하는 경우가 있었다. 거시적인 축은 조직 수준에서 구조, 전략, 문화, 그리고 이러한 요인들 간의 전체적인 연결구조를 다룬다. 하지만 그 구조 속에서 개별 구성원의 심리적 과정이 어떻게 작용하는지를 놓치는 경우도 있고, 조직 현장의 맥을 잡기보다는 제도에 치우치는 전략적 인사관리를 모색하기도 하였다(Huselid, 1995; Ichniowski, Shaw, & Prennushi, 1997).

(2) 인재관리 시스템의 구조와 과정

인재관리를 위한 시스템은 개인 구성원의 특성, 역량, 및 행동에 영향을 주기 위해서 조직이 수립한 다양한 제도의 복합체라고 할 수 있다. 또한 제도는 개인의 행동과 조직성과 사이의 매개체가 될 수 있다. 이에 관해서 Ostroff와 Bowen(2000)은 〈그림 1-1〉로 제시하여 설명하였다.

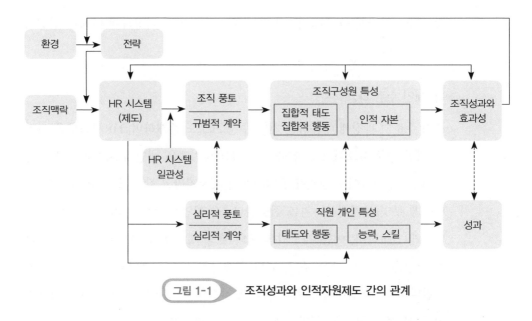

그림 1-1 ▶ **조직성과와 인적자원제도 간의 관계**

　먼저 고객과 외부환경의 요구에 조직이 부응하는 인재관리의 전략을 수립하면서 조직의 여건인 조직환경에 맞는 HR(Humam Resource, 인적자원)시스템을 구축한다. 조직의 구조는 구성원이 조직 목표에 따라 일을 할 의지를 갖고 직무에 몰입하는 방향으로 서로 조화를 이루도록 각 요소를 설계해야 한다. 이 요소들이 서로 영향을 주는 과정에서 HR시스템이 결정적인 역할을 한다. 즉, HR시스템은 근로자의 지각, 태도, 및 직무행동을 조직이 바라는 방향으로 유도한다.

가. 조직 수준 과정

HR시스템은 조직 수준에서 조직 풍토를 조성하고 인사규정을 포함함으로써 구성원과 계약관계의 형태를 결정한다. 이 과정의 결과로 조직 수준에서 집합적 요인(예 : 풍토, 규정)과 인적자본을 형성하여, 조직성과를 달성하는 여건을 만든다. HR시스템의 형태와 내용은 관련된 조직의 전략이 무엇인지에 따라서 달라지며, 운용하는 과정에서도 다른 시스템들과 얼마나 일관성을 갖는지에 따라서(즉, HR시스템의 강도, strength) 조직성과에 미치는 영향의 정도가 달라진다.

나. 개인 수준 과정

조직 수준의 과정에 대응하는 개인 수준 요소도 존재하며, HR시스템은 이러한 개인 수준 요소에도 영향을 준다. HR시스템은 개인의 지각을 형성하는데, 이것은 조직이 구성원에게 암시하는 메시지라고 할 수 있으며, 조직이 개인에게 무엇을 기대하는지를 전달한다. 각 개인은 전달된 기대에 대해 서로 다르게 인식하며, 이는 개인의 태도와 행동 형성에 영향을 미친다. 그 결과 각 개인은 조직(즉, 고용주)과 교환의 개념인 심리적 계약을 서로 다르게 인식한다. 이러한 심리적 풍토와 계약에 기반한 각 구성원은 서로 다른 역량과 직무행동을 발휘하고, 개인의 성과로 나타나게 된다.

다. 다수준 과정

어떻게 조직 수준의 과정과 개인 수준의 과정이 관련될 수 있을까? 예를 들어, 조직의 일하는 풍토가 어떻게 개인의 업무수행에 영향을 줄 수 있을까? 또는, 반대로 개인의 실적이 어떻게 합해져서 조직의 매출과 더 나아가 주식 가격을 결정할 수 있을까? 그리고 최종적으로 개인들의 직무수행의 합(合)이 조직성과로 승화(emergence)하는 과정에는 어떤 역학(dynamic)과 변수가 있는가? 이러한 관계는 다수준(multilevel) 현상에 관한 것으로, 성과관리 제도의 틀 안에서는 팀 시스템을 활용할 수 있다. 성과급은 대략적으로 사업부를 단위로 활동하고 있지만, 팀 시스템 안에서 더 미세한 조정도 가능하다.

인재관리 시스템이 다수준 과정에 영향을 주는 것은 제도를 통해서 다양한 개인들이 일사불란하게 하나의 조직 수준 행동을 하도록 하는 것인데, 이렇게 하기 위해서는 우선적으로 HR시스템의 강도가 높아야 한다. 강한 시스템은 조직이 전달하는 신호가 명확하여 의사소통의 내용 상 구성원에게 제시하는 규정과 기대가 무엇인지 잘 나타내는 것이다. 반면, 약한 시스템은 이런 신호가 불명확하여 조직구성원들이 서로 다르게 인식하게 만든다. 그 결과 조직의 풍토와 심리적 계약에 관해서 서로 다른 지각을 만들어내서 결과적으로 통일된 조직 수준 과정이 작동하기 어렵게 만든다.

2. 성과관리 목적과 방법의 조화

1) 성과관리의 목적

성과관리는 정교한 과학적 방법이다. 왜냐하면 직무행동에 대한 정량화된 수치를 기초로 하기 때문이다. 성과에 대하여 책임을 지는 상사의 소통을 점차 중요시하고 있지만, 상담이나 인생코칭과 다른 성과코칭은 객관적인 행동근거를 활용하므로 점수로 표현되는 성과정보는 여전히 중요하다. 그런데 성과관리의 주요한 목적이 무엇인가에 따라 수치정보에 대한 비중이 달라진다.

수치정보 자체에 대해서도 학자와 실무자는 서로 다른 시각을 갖는다. 〈표 1-1〉에서 보듯이, 학자들은 성과를 나타내는 수치가 이론적으로 어떤 의미이며, 이론적으로 일반화할 수 있는지에 관심이 있다. 그에 따라서 산출된 수치정보가 신뢰성 있고 타당한 데이터인지 확인하는 데 관심이 있다. 반면에, 실무자들에게는 실제 수치를 산출하는 데 절차가 얼마나 복잡하며, 시간이 얼마나 걸리는지에 관심이 있고, 자기회사에 맞거나 비용이 저렴한지를 판단기준으로 삼는다.

이런 차이 또한 실제로 성과관리를 어떤 목적으로 사용할 것인가에 따라서 우선순위가 달라진다.

표 1-1   성과관리에 대한 학자와 실무자의 관점 차이

학자, 연구자	실무자
일반화가 가능한가	우리 회사에 맞는가
타당한가	실용적인가
신뢰로운가	수용하는가/윗사람이 인정하는가
포괄적인가	비용 대비 효과적인가
이론적으로 의미가 있는가	이해하기 쉬우며 납득할만한가
예측력이 있는가	실행 가능한가

(1) 인사적 의사결정

조직이 성과관리를 하는 기본적인 목적은 한정된 자원을 나누는 의사결정을 하는 것이다. 핵심적인 자원은 임금이다. 자본주의에서 노동자는 노동을 제공하고 기업은 그에 상응하는 임금을 교환하는 것은 기본인데, 구성원이 많아지면 이것을 어떻게 나눌지 결정해야 한다. 극단적인 평등의 관점에서 수익을 모두에게 똑같이 나눠줄 수도 있지만, 상위직의 관리자를 결정하는 승진결정에는 그렇게 할 수 없다. 높은 직급의 자리는 항상 제한적일 수밖에 없으므로 인사결정을 위한 제도가 필요하게 된다.

성과관리 제도를 좀 더 적극적으로 도입하면 구성원에게 가장 민감한 해고결정에도 성과관리의 범위가 확장된다. 이런 목적으로 성과관리를 확대하는 경우 뒤에서 설명하는 다른 목적과도 연계되어서 독립적인 목적이라고 볼 수 없게 된다. 즉, 고용에 대한 불안을 느끼는 사람은 조직의 구성원으로서 일체감을 느끼지 못하게 되고, 연쇄적으로 직무수행의 동기가 떨어지게 된다(Pierce & Gardner, 2004). 이렇게 되면 성과관리의 또 다른 목적인 육성이 어려워지게 된다.

또한 임금을 결정하는 목적에 치중하더라도 직무동기를 자극하는 것은 보상 자체의 가치(valence)와 함께 가치 있는 보상을 받을 수 있는 방법과 기대(expectancy)에 달려 있다. 특히 최근 팀제를 운영하는 조직에서는 집단 보상을 함께 고려해야 개인의 직무동기와 팀워크에 대한 동기에 균형을 맞출 수 있으며, 이익공유제나 스톡옵션처럼 조직 수준에서 제공하는 보상의 경우에는 개인의 동기와 조직 성과를 연계할 수 있는 방법이 필요하다 (Doucouliagos, 1995; Gerhart & Rynes, 2003).

(2) 성과향상과 육성

직장인들에게 과거의 평생직장 인식보다 경력이 중요해지고 있다. 기업도 경력채용으로 인력을 확보하는 경우가 많아졌다. 이런 상황에서 조직구성원에게 중요한 성과관리의 목적은 자신이 성장하는 데 있다. 특히 유능한 인재는 성취동기가 높아서 짧은 시간에 도전적인 직무를 맡아보고 싶어하는 욕구가 강하기 때문에(Fried & Slowik, 2004), 육성을 위한 성과관리가 더 중요하다.

그러나 관리자마다 구성원의 육성과 변화에 대한 관점이 다를 수 있다. 어떤 관리자는 인간의 선천적인 특성을 중시하여 관리에 치중하는가 하면, 어떤 상사는 직원의 변화에 대한 긍정적인 관점을 갖고 육성을 위해서 성과관리를 활용할 수 있다. 두 관점은 사람의 변화와 관련되어 심리학 내에서도 지속되는 논쟁이지만, 조직의 리더는 좀 더 변화에 개방적인 성과관리 접근방식이 필요하다.

성과향상의 목적은 상사와 부하 간에 목표와 실행방법에 대한 합의가 중요하다. 이 합의는 성과가 저조할 때의 조치에 대한 합의도 함께 포함한다. 이 것은 보상의 반대개념으로 상사는 회피하고 싶어하고 성과에 대한 평가를 왜곡할 수도 있다. 또, 육성을 위한 훈육(discipline)은 부정적인 직무행동을 개선시키는 과정이므로 상사와 부하, 양자 모두 그 과정이 껄끄러울 수 있다. 그렇다고 이런 현실에 직면하지 않으면, 상사는 변화관리자로서 리더의 역할을 수행하지 않는 것이 된다.

(3) 법률적 근거와 문서화

의사결정이든 육성의 목적으로 성과를 관리하든, 노무담당부서의 자문을 받아서 노사규정에 어긋나지 않는 내용으로 서로 합의하고, 이러한 합의 사항을 문서화하여 서로 서명할 필요가 있다. 성과관리는 과학적인 방법으로 정확한 정보를 기반으로 하지만, 상사의 소통능력도 중요하다. 그럼에도 불구하고 평가와 면담 후에 진행되는 성과관리는 갈등을 유발할 수도 있다. 그래서 이 과정을 모두 문서화하여 법적인 문제에 대응하는 것이 성과관리 제도의 또 다른 목적이다.

특히 부하가 수용한 성과목표를 달성하지 못하거나 상호 간에 합의한 성과의 개선이 일어나지 않을 때 관리자는 부하를 다른 부서로 전출시키거나 퇴사를 권유해야 하는 상황이 생길 수 있다. 국내의 노무관련 법적 다툼을 보면, 승진이나 보상의 인사결정에 적용되는 성과관리는 기업의 재량으로 인정받는 경향이 있지만, 해고와 관련되는 경우에는 정확한 평가와 함께 공정한 절차인지에 대해서 법률적인 개입을 하는 경우가 있다. 이런 다툼의 근거로서 성과관리의 기록은 중요한 문서이다.

2) 성과에 대한 평가방법 : 상대평가와 절대평가

최근 성과관리의 변화는 인사평가 방법의 부작용에 대한 고민에서 시작되었다. 가장 큰 불만은 평가의 목적이 사람을 줄 세우기 한다는 점이다. 상대평가(relative rating)는 다른 사람과 비교해서 개인을 평가하는 것을 의미한다. 다른 사람과 비교하더라도 자신의 가치가 제대로 메겨진다면 그 불만은 덜할 수 있다. 그렇지만 상대평가를 하게 되는 기본적인 목적은 평가를 통해 제한된 자원을 나누어야 하는 것이므로 상대평가는 필연적으로 강제적인 배분을 해야 한다. 엄밀히 말하면 강제배분과 상대평가는 다른 것이지만, 현실의 결과에서는 두 방법은 함께 적용되는 것이 흔하다. 예를 들어, 과거의 GE는 top 20%, vital 70%, bottom 10%로 나누고 맨 밑의 10%는 매년 해고하는 제도를 10년 이상 실행하기도 했다. 현실적으로 상대평가에 대한 수용도는 평가 후에 결과를 사용하는 범위에 따라 많이 달라진다.

상대평가는 인사평가의 초기부터 존재했고 보편적인 방식이다. 한국노동연구원의 연구결과 우리나라에서 인사평가제도의 주요 목적은 1위 개인 성과에 기초한 보수의 배분, 2위 개인의 책임성 향상, 3위 능력계발로 나타났다(정동관, 유태영, 정승국, 김기선, 류성민, 2015). 보수의 배분은 상대평가 방식을 적용할 때 필요하므로 오래 지속될 수 있었다. 그렇지만 인사평가를 비판하던 Deming 같은 학자도 초기부터 상대평가로 인해 생기는 문제점을 집중적으로 공격했다.

100여 년 지속되었던 상대평가 방식을 최근에 없애겠다는 변화가 일어나고 있다. 대학입시에서 성적매기기를 비판하는 경우에도 등급은 매기는데, 이것이 가능할까? 아직도 이런 의구심을 갖게 할 정도로 상대평가가 그렇게 오래 지속될 수 있었던 이유를 살펴볼 필요가 있다. 그래야만 현재 변화를 시도하는 방향이 적절한지와 성과관리를 어떻게 효과적으로 할 수 있을지를 모색할 수 있다.

상대평가가 유지되어 온 배경, 즉 상대평가에 대한 찬성의 입장과, 상대평가의 반대인 절대평가를 주장하는 입장을 살펴보면 〈표 1-2〉와 같이 네 가지 항목으로 나누어 볼 수 있다(Dominick, 2008).

(1) 공정성에 대한 논의

첫번째 찬반논의의 항목은 상대평가를 통해 이루어진 평가가 공정한가의 문제이다. 뒷장에서 살펴보겠지만 공정성의 문제는 평가가 정확한지에 대한

표 1-2   상대평가에 대한 찬반의 입장

성과관리의 목적	상대평가의 도입	
	찬성	반대
공정한 관리	• 관대화 문제 해결 • 고성과자 보상과 저성과자 사전조치	• 정규분포를 전제로 하는 오류 • 평가기준 모호성과 개인적 선호 개입
조직성과 향상	• 인적자본의 ROI 최적화 • 성과기반 문화로 인재유인과 핵심인재 발굴	• 관리비용으로 ROI 악화 및 개인중심 문화 • 미래인재 육성, 미래지향적 성과 소홀
구성원 사기	• 저성과자 방치로 우수 인재가 이탈 • 평가 후 후속적인 코칭이 마련됨	• 고성과자 외에는 사기 저하 • 리더의 코칭역할 소홀, 조직신뢰 저하
법률적 대응	• 영역별, 과정별 차별방지로 해결	• 절대적 성과기준에 입각해야 함

문제와 다르지만, 조직의 일반적인 구성원이 인식하는 정확성의 정도는 공정성과 크게 다르지 않기 때문에 여기서 정확성은 정확성 인식으로 보고 논의하는 것이 맞겠다.

가. 상대평가에 대한 반대

상대평가의 비판점 중 하나는 사람을 나누고 정규분포를 가정해서 나눈 사람을 불분명한 기준으로 할당하는 것이 잘못되었다는 것이다. 조직 구성원은 자연상태에서 무선할당(random assignment)된 것이 아니고, 한 단위(예 : 팀) 안에서 비교할 수 있는 대상도 30명 이하인 경우가 허다하다. 이런 방식은 조직 내의 정치적인 사단이 개입될 여지가 많고 평가하는 개인의 선호에 좌우될 수 있다는 것이다. 이런 이유로 직원들은 상대평가보다 절대평가가 더 공정하다고 생각한다(Roch, Sternberg, & Caputo, 2007).

나. 상대평가의 효과

상대평가를 찬성하는 입장은 실무자의 고민에서 시작된다. 절대평가는 언제나 관대화의 문제가 있다. 특히 갈등을 드러내기 꺼리고 평가자 교육이 충분하지 않은 조직에서 이런 문제가 많이 발생한다. 심지어 Auinis(2012)의 연구에 따르면 현실에서의 성과 분포는 역함수를 보이기도 했다. 즉, 1명의 천재가 만 명을 먹여 살린다는 말이 있을 정도로 출중한 성과자는 적은 것이다. 이런 현상과 별개로 조직운영의 측면에서 앞서 말한 바와 같이 고성과자에게 합당한 보상을 하기위해서 상대적인 평가가 필요하며, 더 나아가 승진, 배치, 그리고 해고 같은 저성과자의 성과를 개선하기위해 상대적인 평가가 필요하다는 것이다.

다. 반대관점에 대한 분석

정규분포 적용에 대한 비판은 실질적으로 상대평가에 대한 비판이라고 보기 어렵다. 현재 일반적으로 대학교에서도 상대평가 과목이 있지만 A, B 학점 이상을 70% 정도는 줄 수 있도록 되어 있다. 절대평가 때문에 생긴 '학점 인플레'라는 관대화의 부작용에 대한 조치였지만, 형편에 따라 이런 식으로 분포는 유연하게 사용할 수 있으므로 본질적인 비판이라고 보기 어렵다.

좀 더 핵심적인 비판은 상대평가와 강제할당이 명확하지 않은 기준에서 이루어져서 공정하지 못하다는 것이다. 이것은 구성원들 간에 성과 차이가 작다고 생각할 때, 동료 간에 인간관계가 필요하다고 생각할 때 더 크게 느낀다(Schleicher, Bull, & Green, 2007). 이러한 측면은 상대평가의 문제라기 보다는 평가의 절차가 투명해야 한다는 점, 평가에 대해 구성원과 경영진의 인식의 차이가 있는지 파악하고 평가의 기준에 서로 합의해야 한다는 점, 그리고 성과의 변산성에 대한 조직의 현실을 먼저 확인해야 한다는 점을 나타낸다. 이런 요소들은 성과관리 제도를 시행하기 위한 사전준비가 필요하다는 주장과 다르지 않으며, 상대평가가 억울하게 공격받는 부분이라고 할 수 있다. 따라서 성과관리를 제대로 하기 위해서는 정확한 평가과정을 수립해야 한다는 것을 오히려 반증하는 측면으로 볼 수 있다. 이렇게 볼 때 공정성 측면에서는 상대평가가 비판의 대상이 아니라 인사평가 정확성을 요구하는 것이다.

(2) 조직성과 향상에 대한 기여

또 다른 비판은 개인들 간 비교 평가를 하면 조직의 성과가 높아지고 성장에 기여하는가에 대한 것이다. 개인의 성과가 확산되는 방향은 크게 세가지로 나눠볼 수 있다. 첫째는 수직적·상향적 확산으로, 개인의 직무수행이 조직의 성과에 기여하는 것이고, 둘째는 수평적 직무영역의 확산으로, 과업의 성과가 다른 행동으로 확산하는 것이다. 셋째는 시간 변수를 고려하여 현재의 성과향상이 장기적·지속적 성과로 확산되는 것이다.

가. 상대평가는 조직의 성장을 막는다는 비판

상대평가를 통해서 저성과자를 파악하고 더 적극적으로 솎아내는 것이 조직의 성과를 향상시키지 않는다는 주장은 이런 제도 자체가 운영에 비용이 든다는 것이다. 평가에는 상당한 행정부담이 든다. 예를 들어, 팀장이 한 사람을 평가하는 데 1시간이 소요된다고 할 때, 팀원이 15명이면 이틀동안 평가 업무만 해야 한다. 팀장 인원만큼 조직은 팀 관리 외에 행정의 시간을 소요하게 된다. 이 점은 개인의 직무수행 향상을 위한 제도가 조직성과에 기여하지 않는다는 비판이라고 할 수 있다.

더 중요한 것은 미래에 회사에 중요한 인재를 육성하지 못하고 성과창출 요소를 발굴하지 못하게 된다는 점이다. 조직의 성공에 진정으로 필요한 위험 감수나 도전적 목표 설정으로 혁신을 이루지 못하게 되는 것이다. 특히 개인의 업무를 과도하게 강조하여 협업과 팀워크를 소홀하게 여겨서 조직 전체의 성과와 무관한 직무수행을 하게 된다. 실제로 동료와 자신이 비슷한 수준으로 직무수행에 대해 평가받거나 협업을 하면 오히려 동료의 입지가 높아지는 경우에는 협력 의향이 감소하는 것이 밝혀진 현상이다(Garcia & Tor, 2007). 이는 본인과 동료가 모두 우수한 인재일 경우 더 심해지고, 심지어 협업을 하면 자신의 성과가 더 좋아지는 경우에도 마찬가지이다(Garcia, Tor & Gonzalez, 2006). 이 점은 과업성과가 다른 행동으로 확산되지 않는다는 비판에 해당한다.

나. 조직성과에 대한 상대평가의 기여

상대평가를 운영한 기업에서 나타난 결과에 따르면, 10년간 반복적으로 저성과자를 제거하면 조직 전체의 성과와 생산성이 향상되며, 특히 4년 정도가 지난 시점에서 조직의 성과는 최고 수준이 되는 것으로 상대평가의 기여가 증명된다(Scullen, Bergey, & Aiman-Smith, 2005). 왜 그럴까? 우선 성과기반 문화가 형성되기 때문이다. 성과중심적인 조직문화에 의해 리더는 인재를 구별하고 그들을 육성할 수 있는 평가정보를 활용하게 된다(Grote, 2005). 성취지향적인 인재들이 회사에 모여들게 되고, 조직관리자는 성과의 잠재력이 높은 구성원을 구별하면 된다. 인사부서는 이직에 따른 충원비용을 고려하고 저성과자를 지원하기 위한 별도의 성과관리 계획을 잘 세우면, 조직의 성과에 도움을 줄 수도 있다.

　반대 측면을 보자면, 절대평가는 보상이나 승진 등 조직 내 인사결정에 참고하기 어렵다. 상대평가와 달리 평가 결과를 통해 성과에 대한 개인별 기여정도를 비교할 수 없기 때문이다(Dominick, 2009). 상대평가 방식을 포기한다면 이런 조직관리 방식을 수행할 수 없다. 또한 상대평가의 단점으로 주로 언급되는 과도한 경쟁과 팀워크 및 협업 저하는 상대평가이기 때문에 나타나는 문제인가? 절대평가 방식을 도입한다면 사람들은 자연스럽게 협업을 위해 노력하는가? 그렇지 않다. 언제나 그룹을 짓는 것은 인간의 자연스러운 행동이며, 조직 안에서 비공식적 파벌은 협업과는 다른 부작용이 있다.

다. 조직성과를 정하는 기준의 문제

경쟁의 문제는 상대평가로 인한 문제가 아니라 평가에서 사용하는 기준, 즉 준거(criterion)로 인해 나타나는 문제이다. 육성에 중점을 두는 절대평가가 긍정적이라는 국내 연구도 있지만(예 : 임상호, 2016), 혁신활동, 이직률 감소, 노사관계 등 장기적인 태도에 주는 영향을 주로 제시하였다. 현재 많은 조직이 사용하는 평가 준거는 개인의 직무수행과 성과에 초점을 두고 있다(Coens & Jenkins, 2003; Kluger & Nir, 2008). 그렇기 때문에 조직 구성원은 팀워크와 협업을 추구하기 보다는 자신의 성과를 높이기 위해 노력한다. 상대평가 하에서 다른 사람보다 더 높은 성과를 달성하기 위해 경쟁에 몰두하게 되는 점은 부작용이지만, 문제의 원인이 평가 방식이 아니기 때문에, 절대평가로 변경하기보다는 평가의 준거를 바꿔야 한다.

따라서 변화하는 환경에 맞는 평가 준거를 사용하는 것이 낫다. 즉, 개인의 직무성과의 영역을 과업성과 외에 변화하는 환경에 맞는 행동으로 확장하는 것이다. 종업원의 협업을 이끌어내기 위해서는 협업을 많이 하는 사람이 좋은 평가를 받을 수 있도록 해야 한다(Grote, 2005). 이러한 사례를 보여주는 것이 마이크로소프트의 평가 방식이다. 2장에서 사례로 소개하는 마이크로소프트는 평가 체계를 바꿨는데, 'Impact' 요소를 통해서 협업을 평가의 준거로 사용했다. 동료와 협업하지 않는다면 좋은 평가를 받을 수 없도록 바꿈으로써 각 구성원의 협업을 이끌어냈다. 팀평가와 팀수준의 보상에 대한 일관성 있는 체계도 필요하다. 즉, 개인의 직무수행이든 팀 협력이든 그 수준에 맞는 개인보상이나 팀 보상으로 일치하도록 할 필요가 있다.

(3) 구성원(피평가자)의 사기

가. 소수를 위한 평가에 대한 비판

'The winner takes it all'이라는 오래 된 팝송처럼, 상대평가는 고성과자로 평가된 일부 구성원 외에는 상당수 구성원은 사기가 저하되고, 당황하며 자존감이 떨어진다. 상대평가를 하는 이유가 조직에서 한정된 자원을 나누기 위한 목적인 경우에 주로 해당하며, 특히 승진과 같은 인사결정을 할 때 피라미드 생태계와 마찬가지로 다수는 소외된다. 이런 평가제도가 지속되면, 마태효과(Mathieu Effect), 즉 '가진 자는 더 받아 넉넉해지고 가진 것이 없는 자는 가진 것마저 빼앗길 것이다(마태복음 13장).'라는 현상이 나타날 수 있다. 이런 현상에는 좌절을 넘어서 반감이 생기기 때문에 평가를 하는 리더나 조직과 부하 간의 신뢰가 깨지고 조직에 대한 몰입이 떨어질 수 있다.

나. 능력주의의 이점

상대평가를 지지하는 입장은 사람들은 능력에 걸맞은 대우를 원한다고 주장한다. 실제로 사람들이 능력에 따른 차등이 미흡할 때 공정하지 못하다고 느끼며, 저성과자에 대해 좀 더 적극적으로 대응하기를 원한다는 것이다(Woolen, 2003). 또한 저성과자를 오랫동안 방치하면 조직의 성과가 낮아지고 우수 인재가 떠나가게 된다는 점을 강조한다. 상대평가는 고성과자가 합당한 보상과 인정을 받기 때문에 회사에 대한 신뢰가 높아진다(Mayer & Davis, 1999).

다. 정서의 문제가 핵심

상대평가를 옹호하는 주장은 합리성에 초점을 두지만, 상대평가에 대한 비판은 동기와 정서의 문제에 대한 것이다. 상대평가가 구성원의 사기에 부정적인 것은 흔하게 발견할 수 있다(예 : 성의철, 양혁승, 2015). 특히 평가자인 리더에 대한 신뢰를 잃게 되면 리더의 동기부여 활동이 어렵게 되고 리더 자신도 인재 개발이나 부하의 성과를 향상시켜야 하는 책임을 경시하는 문화가 조성되어서 성과촉진 역할을 관리자의 임무로 생각하지 않게 된다. 이렇게 되면, 상대평가를 통한 성과의 확산이 장기적·지속적으로 이루어지지 않는 문제가 생기게 된다. 결론적으로 상대평가는 구성원 사기 관리 목적에서는 취약하다고 할 수 있다.

상대평가에 의해서 발생하는 이런 정서적인 부작용 때문에 평가방식이 상대평가일 때 성과관리의 중요성은 더 부각된다. 저성과자 하위 10%를 해고했던 GE조차 2014년 성과관리를 강조하기 위해서 수시로 성과를 관리할 수 있는 시스템을 개발했다. 성과관리를 위해서 평가의 과정에 대한 소통방법을 정교하게 수립해서 평가 과정의 설계에 대한 설명부터 상하 간에 기대하는 바를 알려주고, 고성과자가 아닌 구성원들의 사기를 관리할 필요가 있다. 제도적으로 구성원이 이의를 제기하거나 자기평가 방식을 도입하는 등의 쌍방향성을 확립하고, 개방적인 조직문화를 구축해야 한다.

이 책은 인사평가가 구성원의 육성을 추구하는 성과관리에 초점을 두고 있기 때문에 이 논쟁과 관련된 문제를 다루는 성과관리에 대해서는 성과코칭 부분에서 다룰 것이다.

(4) 법률적 소송

우리나라에서 인사평가 실행에 따른 소송에서 판례는 대체로 기업의 고유한 경영활동으로 인정하고 기업의 결정을 존중하는 편이다. 그러나 인사결정이 해고에 해당할 때는 좀 더 복합적인 요인을 고려한다(SCOPE, 2016). 저자의 개인적인 경험에 비추어 보면 법률전문가는 이런 법률적 다툼의 상황에서 절대평가를 선호하는데, 대체로 인사평가와 관련된 법률전문가가 노동법 전문가들인 점에서 평등적 관점이 선호된다는 것은 이해할만 하다. 미국의 경우 상대평가가 고연령자에게 불리하게 나타나는 차별에 의해 차별법을 위반할 가능성을 주의해서 보는 편이다.

그러나 소송의 상황까지 갈 때는 평가방식 외에도 그런 상태까지 이르게 된 과정의 다양한 요소를 고려하게 된다. 그 과정이란 인사결정을 내리기 전 인사평가와 성과관리의 제도적 절차적 과정인데, 이 과정은 조직의 경영활동의 일부이기 때문에 타당한 활동을 하고 합리적으로 실행한다면 상대평가를 쓰더라도 충분히 방어할 수 있다. 타당한 활동이란 주로 공정한 절차와 구성원이 참여하는 방식이다. 평가가 직무와 관련되는 부분에 초점을 두고, 평가제도 도입 과정에서 목적과 운영방식을 전달하며, 평가자에게 교육을 실시하고, 평가결과에 대해 재검토하고 이의를 제기할 수 있는 시스템을 구축하며, 이러한 과정에서 법률자문을 받는 등 인사평가제도 설계에 대한 핵심요소를 포함하면 된다. 또한 평가세션과 평가면담에서 적절하게 대화하고, 평가정보는 다면평가로 다양한 측면에서 수집하고 자기평가를 포함하여 동료와 인식의 차이를 알게 하고, 해고와 연계하고자 한다면 합리적인 퇴직 패키지를 제공하는 등 성과관리의 과정도 마련하면 된다.

위와 같은 요소들은 실질적으로 상대평가를 비판하게 되는 문제와는 거리가 있어서 상대평가를 반대하는 근거논리로 적합하지 않다. 그러나 앞서 본 것처럼 상대평가는 구성원의 사기를 떨어뜨리고 반감을 야기하는 정서적 부작용으로 문제가 더 악화되는 상태로 가도록 만들기 쉬우므로 법률적인 측면도 고려하면서 평가과정을 검토할 필요가 있다. 따라서 법률적 소송 이슈에서는 상대평가와 절대평가를 논하는 것이 지나치게 미시적이거나 이념적인 논쟁이 될 수 있으며, 좀 더 거시적인 관점에서 논쟁의 요소가 남아 있다.

3. 핵심인재 확보와 개인 성장의 조화

1) 이미 이룬 업적 정보와 미래의 잠재력

성과관리에는 시간 축도 중요하다. 성과가 좋은 직원에게 상을 준다면, 그것

은 이미 이룬 성취에 대한 인정일까, 아니면 미래를 위한 인재 관리일까? 예
를 들어, 인센티브를 준다면 과거 업적에 대한 보상일 것이고, 승진을 시킨다
면 미래에도 그런 성과를 기대하는 메시지일 것이다.

(1) 성과관리를 위한 실적 정보

성과관리의 정보를 어디에 지향하는가에 따라 중시하는 정보가 달라지기도
한다. 성과관리를 위한 정보에 대한 관심은 기본적으로 업적을 관리하기 위
한 것이다. 회사의 경영목표와 직접적으로 관련되는 객관적 · 양적 지표는
과거부터 현재까지 수행한 업무를 모니터링하는 데 도움을 준다. 특히 금융
사나 일반회사의 영업직무의 성과는 재무적 · 금전적 수익으로 나타나는 것

표 1-3　영업직무 업적평가 사례

업무 구분	과 업	지 표
고객관리	수주관리	신규고객 매출액
고객관리	수주관리	기존 거래처 매출액
국내 영업	판매목표 달성	목표 매출 달성률
국내 영업	채권관리	기준 채권 회전일 준수
국내 영업	시장관리	가동률
국내 영업	손익관리	영업이익 증가율
국내 영업	재고관리	부진, 불량 재고 소진율
해외 영업	목표 및 손익관리	제품 아이템 증가율
해외 영업	신규 판매 채널 발굴	발굴 채널 수(%)
해외 영업	업체 및 바이어 관리	DB작성 및 유지율
해외영업지원	수출입 업무	수입면허 실사
해외영업지원	수출입 업무	수출입 통관 면허 정정건의 제로화
해외영업지원	외환관리 업무	외환 손실율
고객응대	콜통화성공율 향상	적정인원 유지율
고객응대	고객불만처리	고객불만처리 경과기간

이므로 이에 기여하는 개인의 성과지표도 그에 맞추는 것이 당연해 보인다. 그리고 〈표 1-3〉의 예에서 보듯이, 객관적 지표를 포괄적으로 만들면 조직의 경영성과와 관련성이 상당히 커 보인다(한태영, 성상현, 박우성, 오승훈, 노재항, 이정현, 2016).

(2) 실적지표의 약점

가. 성과지표의 불안정성

양적 성과지표 정보를 깊이 있게 분석하면 몇 가지 약점이 있다. 가장 큰 단점은 신뢰도가 낮다는 점이다. 예를 들어, 영업매출은 신모델이 출시되는 해에 개인의 노력과 상관없이 높고 제품의 수요가 많은 시즌에는 우수한 성과로 나타날 수 있다. 이러한 시간에 따른 불안정성은 객관적 지표가 부분적으로 개인의 직무수행과 관련이 없다는 점을 보여준다.

나. 처한 여건에 따른 난이도 차이

외부효과가 모두에게 같은 조건이라면 문제가 없지만, 사람마다 다른 조건이 되면 공정성 측면에서도 문제가 된다. 예를 들어, 금융업무 지구의 은행 지점에 근무하는 직원은 연봉이 높은 고객을 만날 기회가 많기 때문에 공장 지역에서 근무하는 은행직원보다 영업실적이 높을 것이다. 이런 성과지표를 기반으로 구성원을 육성한다면 공정성의 인식을 훼손하게 된다. 이를 보정하기 위해서 다른 지표를 추가하기도 하지만, 역차별 소지가 있어서 과도한 보정도 어렵다.

다. 지표 간 낮은 관련성

또 다른 문제점은 객관적 지표들이 서로 관련성이 낮다는 점이다. 성과관리를 위한 정보는 업무수행에 관한 여러 차원 또는 항목을 포함하며, 이들을 합해서 활용하는 경우가 많다. 이러한 합산은 여러 차원이 직무수행의 진점수 (true score)로 수렴한다는 것을 가정한다. 그런데 생산량과 불량률 간에는 상관이 낮으며, 영업실적과 결근율 간에도 관련성이 적다. 이 점은 각 객관적 지표들이 서로 다른 영역을 반영하기 때문이다.

라. 성과지표의 비현실성

지표들의 근본 속성이 다를 때도 있지만, 각 지표의 변별력이 다른 경우도 있다. 결근일수나 사고건수처럼 일부 지표는 성과관리의 지표이기는 하지만, 현실적으로 잘 보이지 않는 행동이라서 성과 점수가 바닥효과를 보인다. 즉, 일부 직원에게 나타나는 행동으로 나머지 대다수는 차이가 별로 없기 때문에 주목할 만하지 않다.

이상의 단점들은 평가 전에 이룬 업적을 관리하는 목적에서는 큰 문제가 되지 않는다. 그러나 구성원의 책임에 속하는 행동과 능력에 초점을 두고 그들의 미래 성장을 지원하는 성과관리에 초점을 둘 때는 문제가 되는 것이다. 그래서 성과관리를 위한 평가가 업적(outcome)의 평가보다는 직무행동 (behavior)에 초점을 두어야 한다는 주장이 제기되는 것이다. 직무행동에 초점을 둔 평가의 결과는 미래에도 일어날 것이기 때문에 조직도 성과를 책임지는 리더 발굴에 활용할 수 있다.

2) 핵심인재 발굴과 육성

(1) 미래 잠재력의 관리

미래의 인재를 발굴하고 구성원의 잠재력을 육성하기 위해서 개인의 재량에 해당하는 행동에 초점을 두고, 이런 행동에 영향을 주는 요소를 찾을 필요가

있다. 실무 분야에서 이러한 노력으로 발전시킨 개념이 역량(competency)이
다. 즉, 성과관리의 핵심인 직무수행(performance)의 범위를 성과와 구별되는
행동의 영역으로 확장한 것이다.

가. 역량의 개념과 발전

객관적인 성과지표가 가지는 약점을 보강하는 주관적 평가는 여러 성과차원
(dimensions)에 입각해서 이루어진다. 실무에서는 이 차원을 역량이라고 하
며, 조직의 목표달성을 위해서 성과를 창출해 내는 관찰가능한 행동 요인으
로(American Compensation Association, 1996), 지식, 기술, 태도, 가치, 동기,
성격 등의 다양한 요소로 이루어져 있다.

역량이 다양한 요소로 혼합되어 있다는 점은 과학적 심리학의 관점으로
보면 어색하기도 하다. 예를 들어, 태도나 동기는 한 학자가 평생동안 파고들
면서 연구하는 영역일만큼 정교한 연구체계가 수립된 분야인데, 이런 영역
들을 조합해서 하나의 역량이라고 한다는 것이 뒤죽박죽 같기도 한 것이다.
그러나 '비빔밥'도 하나의 메뉴이며 그 안에서도 전주비빔밥, 돌솥비빔밥처
럼 정체성을 가지듯이 오랜 기간을 거쳐 역량도 체계화되어왔다.

역량의 개념체계가 정교하지 않게 보이는 것은 실천(practice)의 접근법을
취하기 때문이다. 역량의 출발은 정통과학에 반대하는 과학혁명의 몸짓이라
고 할 수 있다. 1970년대 McClelland는 지적능력(즉, 지능)의 응용성에 의구
심을 가졌다(그의 연구는 'Testing for competence rather than for intelligence'
로 제시되었다). 심리학 내의 정통과학에서는 지적능력이 성과에 미치는 영
향이 절대적이라고 주장하며, 학업수행에서는 20세기 전반부에 이런 주장이
일관적으로 증명되었다.

조직에서 선발방식도 지적능력과 상관이 높은 학교 활동과 성적에 의존
했다. 하지만 이러한 방식이 향후의 유능한 인재를 잘 예측하지 못하고, 소

수 인종을 차별하는 문제가 생겼다. 이런 문제를 반영해 외교관 선발제도를 개선한 McClelland(1973)는 상사, 동료 및 고객의 평가를 통해 높은 성과를 나타내는 사람들과 그렇지 않은 사람들을 구분하는 요소를 찾았다. 그는 업무상황에서 성과창출과 관련된 사고와 행동방식을 밝히고, 이러한 요소를 역량이라고 개념화했다.

1990년대 말 미국의 산업조직심리학회(Society for Industrial & Organizational Psychology)의 연차학술대회에서도 역량을 학문영역에서 받아들일 것인가에 대한 의구심이 여전했지만, 실무현장의 활용사례가 계속 나타나면서 역량에 대한 연구가 많아지고(Dubois & Rothwell, 2004), 대표적인 산업심리학자인 Campion과 동료들(2011)은 업무에서 효과적인 성과를 창출하는 데 필요한 지식, 기술, 능력, 그리고 다른 특징들의 집합으로 역량을 규정하게 되었다.

나. 역량의 특징

역량은 직무분석처럼 실증적 접근법을 취하기 때문에 업무수행에 대해서 다음과 같은 특징을 갖고 성과관리에 활용할 수 있다.

- 역량은 조직의 미션을 달성하는 구성원의 책임에 기반한다. 따라서 업무수행에 대한 방향성을 제시하고, 조직문화에 맞는 활동이 무엇인지 명확하게 알려준다.
- 역량은 관찰과 측정이 가능하다. 다음 항의 역량의 구조에서 설명하는 것처럼, 역량은 심층적인 요소를 깔고 겉으로 보이는 요소를 포함한다. 그러므로 성과관리의 지표로 활용할 수 있다.
- 역량은 고성과자의 행동을 구분하는 특징이다. 이러한 특징과 앞에서 언급한 관찰가능성과 결합해 보면, 역량은 타고난 특성이 아니라 개발

하고 배울 수 있다.

- 역량은 조직에 따라 다를 수 있다. 조직의 사업특성을 고려하여 특정 조직에 맞는 체계를 만들 수 있고, 더 정교해지면 직군에 맞는 체계도 만들 수 있다. 이 특징을 반영하면, 아래의 역량의 구조가 형성된다.

다. 역량의 구조

고성과를 위해서 필요한 역량의 수준은 조직 내에서 수행하는 역할의 지위에 따라 다르며, 필요한 역량의 조합은 수행하는 업무 영역에 따라 다르다. 그렇기 때문에 성과관리를 위해서는 직무, 직책, 및 직급에 역량의 유형과 구체적인 행동지표를 수립하는 것이 필요하다. 이런 역량체계를 수립하는 과정이 역량규명(competency modeling)이며, 하위역량을 구조화하고 구체적인 방법으로 성과관리를 위한 지침을 만드는 것이 역량구조화(competency mapping)이다.

> 일반적으로 조직에서 어느 한 직급이 수행해야 하는 역할은 일차원, 조직차원, 사람차원, 개인차원으로 구분할 수 있으며, 이러한 차원 아래 하위역량을 6~12개 정도로 구성하게 된다.

역량의 구조를 체계화하려고 한 Spencer와 Spencer(1993)의 모델은 역량을 구성하는 다섯 가지 유형으로 지식(knowledge), 기술(skill), 자기개념(self-concept), 특질(trait), 동기(motive) 등을 제시하였다. 그러나 이 유형이 구성개념인지 유형의 분류인지 불분명하다. 역량의 구조가 학문적으로 명확하지 않은 상태에서 성과관리를 위한 역량규명도 이론적 근거가 있는 것은 아니다. 실무적으로 역량규명은 다음과 같은 네 가지 활동에 해당한다(Hendry & Maggion, 1996).

- 고성과자와 저성과자(또는 평균 성과자)가 업무목표를 달성하는 데 보이는 행동의 차이점을 규명하는 것
- 조직의 목표에 집중하는 개인의 특성들을 분류하고 평가하며, 직원들과 소통하고 개발하는 것
- 바람직한 성과를 달성하는 데 필요한 행동들을 기술하는 것
- 제반 HR 시스템(예 : 보상, 성과측정, 선발, 교육, 보직, 경력개발 및 승계계획 등)을 위해 필요한 기술, 태도, 특성을 체계화하는 것

(2) 미래 잠재력의 진단 방법

실무에서 역량의 개념을 정립해가면서 응용성을 높여가는 동안, 학계의 활동은 직무수행의 개념을 회사와 사회 환경의 변화를 반영하여 개념을 확장하는 노력을 기울였다. 평가나 진단을 위한 개념 확장의 양상은 2장에서 구체적으로 소개하였다. 또한 외부환경이 역동적으로 변하면서 적응수행(adaptive performance)과 같은 환경변화에 대응하는 행동도 직무수행의 개념에 포함되면서 역량의 범위를 확장하였다.

가. 역량평가 : 업무상황에서 미래 리더의 진단

역량평가위원회(assessment center)는 미래 리더를 진단하는 데 적절하고(즉, 타당도가 높고), 현실적으로 수용성도 높기 때문에 이 방법을 적용하는 기업이 늘어나고 있다. 이 방법은 5장에서 구체적으로 살펴보기로 한다.

나. 행동면접 : 성공경험을 통한 동기와 태도 평가

행동면접 혹은 행동기반 면접이란 과거의 행동을 기반으로 미래의 행동을 예측하는 면접기법으로 과거의 특정상황을 어떻게 처리했는지 질문하고, 그 상황과 자신의 감정 및 행동방식을 설명함으로써 면접관은 업무능력, 리

더십, 문제해결 능력 등을 파악하게 된다. 면접의 질문은 구조화 하여 동일한 질문과 평가기준으로 객관적으로 평가하여, 차별 등의 문제를 방지할 수 있다.

행동면접 질문의 구조는 STAR 모델에 입각하여, 면접대상자의 이야기를 유도하고, 평가자도 쉽게 평가할 수 있다.

- Situation : 면접대상자가 처했던 상황으로, 문제해결, 목표달성, 결정사항, 초과근무, 일정차질, 업무갈등 등 업무수행에 영향이 커서 기억에 남는 상황을 일깨워준다.
- Task : 대상자가 그 당시에 수행했던 일에 대해 구체적으로 파고 든다. 따라서 면접관은 직무와 직무맥락에 대한 지식을 충분히 갖춘 사람이어야 한다.
- Action : 대상자가 어떤 행동을 했는지 묻는다. 상황을 파악한 이후의 탐문(probing) 질문 단계로, 더 많은 정보와 대응방식을 알기 위해서 개방형으로 질문하고, 대상자가 그럴듯하게 포장하지 않도록 다양한 각도에서 확인해 나간다.
- Results : 대상자의 행동으로 나타난 결과, 또는 성과로, 실제로 자신의 행동으로 나타난 성과인지 교차점검할 수 있는 방안을 마련할 필요가 있다.

3) 부하성장을 위한 피드백

성과관리의 운영방법이 글로벌 기업을 중심으로 변화하고 있다. 이러한 변화는 2장에서 설명하는 바와 같이 다양하지만, 구성원에 대한 상시적인 성과면담을 강조하는 것이 공통점이다. 과거에도 잘했다면 이런 변화가 필요 없었을 것이고, 과거에 잘 안 했던 이유는 현실적인 어려움이 많았기 때문이다.

(1) 성과면담의 어려움

상시평가, 상시적 성과관리에 대해 책임자는 부담이 많다. 과거 조직의 리더는 부서장으로서 성과를 창출하고 관리해야 하는 역할을 맡지만, 구성원의 직무수행 과정에 대한 관리는 리더십 영역이고 성과창출 과정보다는 결과로 보여주면 되었다. 그러나 변화하는 방식에서는 리더가 자신의 주 역할을 제쳐두고라도 부하의 성과와 성장과정을 지원해야 하고, 이런 행동이 성과관리 요소 또는 리더십 평가 항목으로 포함되어 부담을 느끼는 부서장도 생겼다.

면담을 하고 피드백을 하는 방식도 과거 회식문화가 보편적일 때는 음주 분위기에 기대어 이루어진 경우가 많다. 하지만 후배직원과 세대 간의 가치 차이가 크고, 직장 내 괴롭힘이 법제화된 이후 합리적·이성적 면담이 필요해졌다.

면담의 기술은 상담의 기본요소와 유사하며, 의사소통의 기술이 필요하다. 특히 건설적인 비판이라도 받아들이는 사람의 판단에 따라 괴롭힘이 되는 상황에서 리더의 피드백은 기교 이상의 마인드가 필요해졌다. 부하의 성장을 위한 성과면담은 성장중심 코칭으로서 강점관리의 방법을 적용할 수 있다. 그러나 성과 코칭은 직무수행의 개선을 통한 성장에 초점을 두므로, 과거 성과리뷰, 목표관리, 직무수행의 장애요인을 찾는 복합적인 문제해결 과정이다. 즉, 정서적인 교감과 좋은 말로만 피드백해서는 공허해질 수가 있는 것이다.

(2) 개인성장의 범위

조직의 비전과 개인의 성장비전을 맞춘다는 원칙도 이 시대에는 설득력이 떨어지고 있다. 개인의 미래 잠재력을 발굴하고 육성하는 노력은 조직의 성과에도 기여해야 한다는 조건은 조직 입장에서는 자연스럽지만, 개인은 성장의 방향을 회사와 맞추는 것(alignment)이 조건이라면 환영하지 않는다. 자신이 성장하면 자연스럽게 조직에 도움이 되고 비전을 달성한다는 것이지 그 반대는 받아들이지 않는 가치관이 퍼진 것이다. 이런 변화는 특히 팀제조직으로 운영되는 현대조직에서 성과를 관리하는 데 어려움이 된다. 게다가 일 외의 삶을 강조하는 '워라밸'로 개인생활을 중시하여 조직의 성과보상체계가 작동하지 않는 경우도 있다. 예를 들어, 성과에 대한 책임을 맡는 부서장으로 승진하기 원하지 않는 사람에게 성과중심의 보상이 의미가 없는 것이다.

따라서 이런 가치관을 가진 구성원을 피드백하는 데는 일의 의미(meaning)을 주는 것이 필요하다. 이를 통해 자신이 스스로 일의 주인이 되는 주인의식을 가진 구성원이 되면 개인의 이익을 위해 기득권을 방어하려고 '주인행세'를 하는 행동과 다른 직무수행을 보인다. 이러한 행동에 대해서는 자신이 회사에서 신임을 받는 내부자라는 인식을 주는 피드백으로 조직과 개인의 비전을 일치시킬 수 있다. 그와 함께 구성원을 존중하는 성장 피드백으로 소통할 때 일에 대한 소명(召命)과 삶의 목적에 대한 통찰력을 일깨워 줄 수 있다. 이와 관련된 성과관리는 6장과 7장에서 좀 더 구체적으로 다룰 것이다.

변화하는 시대의 성과관리

그래도 집이 좋아!!

현대사회에서 사회적 존재로서 개인의 정체성은 일과 조직을 떠나서 생각하기 어렵다. 조직은 구성원이 모임으로써 존립의 목적을 수행하고, 각 개인이 역할과 책임을 맡아서 성과를 달성한다. 개인의 직무수행이 조직성과에 기여하는 과정에서 전체 구성원들의 직무행동은 단순히 합산되는 것이 아니라 인적자원 시스템을 거치며, 이를 통해 상호작용이 일어나고 극대화된다. 그러므로 이러한 다양한 상호작용 요소를 관리함으로써 개인이 직무수행을 개선하도록 자극할 수 있으며 조직성과에 기여하는 방향으로 직무수행을 유도할 수 있다.

조직은 개인이 일하는 데 적합한 환경을 조성하며, 조직의 기대를 전달하는 환경에 해당하는 상위 관리자는 리더십을 활용하여 개인의 동기를 높인다. 개인 구성원은 공식적인 환경이 성과를 내기에 적절한 체계인지에 대한 의견을 피력한다. 그 과정을 매개하는 것이 성과관리 시스템이다. 즉, 성과관리는 개인이 역할을 발휘하는 동기를 자극하고 개인의 성과를 모니터링하며 조직성과에 기여하도록 매개하는 시스템이라고 할 수 있다.

어느 정도 규모를 갖춘 조직은 대부분 성과관리 체계를 구축하고 있다. 하지만 운영 과정에서 불만과 불편이 나타난다. 어떤 운영의 문제는 1장에서 설명한 것과 같이 시스템의 하위요소들 간에 조화가 되지 않아서 나타나기도 하며, 3장에서 소개하는 것처럼 평가과정에서 구성원이 인식하는 바와 시스템이 맞지 않아서 불만을 표현하기도 한다. '성과'라는 것은 움직이는 과녁처럼 변수가 다양해서 성과관리 시스템은 이러한 불만과 불편을 한 번에 해결하지 못하며, 개선을 거듭하는 모니터링이 필요하다.

체계적인 성과관리 시스템을 공식적으로 갖추지 않는 경우도 많다. 우리나라 중소기업의 반 정도는 공식적인 인사평가 체계를 운영하지 않고 있다. 그래서 여건이 열악한 기업이 성과관리 체계를 쉽게 도입할 수 있도록 국가가 모듈처럼 만든 성과관리 가이드가 'SCOPE'이다. 이 체계는 2016년 고용노동부에서 인사평가의 전 과정을 모듈화한 것으로, 시스템을 시작하는 단계(Start)에서 그 중간 과정들(Create, Operation, Progress)과 후속의 법적 문제관리(Enable)까지 포함하며 각 단계에서 기업이 선택적으로 도입할 수 있는 하위 모듈로 구성된 체계이다.

우리나라의 경우, 인사평가 제도가 제대로 수립, 운영되지 않았는데도 서구 기업이 주장하는 평가폐지론을 언급하는 경우도 있고, 정치적 환경도 성과관리의 도입과 폐기에 영향을 주는 경우도 있다. 이렇듯 성과관리는 시대의 흐름에 따라 달라질 수 있는 것이며, 특히 평가와 관련된 경쟁의 역동성이 강한 우리나라에서는 사회적인 환경의 영향을 받는다. 게다가 비대면 업무 환경으로 변화할 수 있게 만드는 ICT 테크놀로지 혁명에서 성과관리 시스템도 자유로울 수 없다. 따라서 성과관리에 영향을 미치는 환경의 변화를 살펴볼 필요가 있다. 이러한 변화 속에서 사람의 직무성과를 관리하는 근본적인 목적이 변하는 것은 아니다. 성과에 대한 '관리의 속성'이 변함으로써 전체적으로 근본 목적을 달성하는 과정이 변하고 있는 것이다.

1. 성과관리의 흐름이 변하고 있는가?

1) 성과관리 접근법의 세계적인 추세

(1) 해외 글로벌 기업의 변화

성과관리에 대한 변화는 글로벌 기업들 중에서도 주로 정보통신 산업을 주도하는 기업에서 먼저 시작되었다. 이런 기업은 내부적으로 일을 구성하는 요소가 전통적인 조직과 다르고, 성과를 도출하는 과정에서 데이터를 모니터링하는 기술시스템이 존재하며, 구성원들의 가치와 문화가 다양하다. 따라서 조직의 관리를 위해서 적용했던 전통적인 인사평가시스템이 조직성장 과정에서 자사와 잘 맞지 않다고 느끼면서 성과관리에 대한 변화를 시도하였다.

가. Adobe

Adobe는 미국의 컴퓨터 그래픽 소프트웨어 개발 회사로 1만 명이 넘는 구성원의 성과를 관리하기 위해서 전통적인 인사평가제도를 운영했다. 그러나 IT 기업의 성과관리는 일반 제조기업과 다를 필요가 있고 팀과 협업에 기반을 둔 기업 문화에 적합한 시스템으로 변화를 시도하였으며, 약 5년 정도의 내부 연구를 통해 2012년 "The Check In"이라는 성과관리제도를 구축하였다.

이 제도는 평소에 실시간 피드백이 가능한 시스템이다. 또 관리자가 분기에 한 번 "check-in"을 요청하고, 면담 전에 여러 명의 내부 구성원들(관리자 및 동료)로부터 면담대상인 구성원의 성과에 대한 피드백을 수집하게 된다. 이런 자료를 참고하여 면담 과정의 피드백은 보상이나 직급에 관련한 논의보다는 개인의 성과 개선에 초점을 맞추고 있고, 관리자는 코칭이나 지속적인 협력과 지원 과정을 계획한다. 공식적인 면담이지만, 면담과 평가의 결과를 HR 부서에 제출하기 보다는 관리자가 수시 피드백의 일정을 만들고, 부하들의 개인별 목표를 설정할지 정할 수 있도록 한다.

이러한 성과관리 제도에서 관리자는 부하의 잘못된 직무수행보다 개인별 목표, 경력 관리 및 전략적 향상에 초점을 맞추고, 다른 동료들의 성과와 비교하는 것보다 개인이 세운 목표에 얼마나 도달하였는지에 중점을 둔다. 좀 더 넓게는 성과관리를 인재관리(talent management) 시스템과 연계하여 활용하고 있다.

내부에서 반응은 개인 구성원의 성과에 대한 논의가 훨씬 쉬워졌다는 긍정적인 인식이다. 평가 후에 구성원의 사기가 떨어지지 않고 동료들 간의 협업이 더 개선되었다. 성과가 높은 구성원들이 개인의 성과에 대하여 조직이 좀 더 분명하게 인정해 준다고 인식하여 자발적 이직을 30%가량 감소시키는 효과가 있었다고 HR 관리자가 발표하였다. 그렇지만 이러한 성과관리 제도가 분위기를 우호적으로만 만드는 것은 아니다. 새로운 시스템을 운영하면서 성과가 낮은 직원의 경우 상사가 주기적으로 실질적인 조언을 하고 냉정하게 현실적인 문제를 자주, 명확하게 논의하게 되어서 비자발적 이직률은 50%가량 증가하였다.

나. General Electric

General Electric(GE)은 전 세계 누구나 직·간접적으로 이 회사의 제품을 사용할 정도로 에너지, 의료, 금융, 소비자, 산업장비 등 다양한 분야에서 글로벌 영향력을 가진 대기업이다. 성과관리 측면에서는 Jack Welch 회장 시절에 활력곡선(Vitality Curve)으로 알려진 인사평가제도를 활용하여 매년 하위 10%의 구성원을 해고하기도 하였다. 이러한 강제할당 방식은 구성원들에게는 가혹하였지만, 이 곡선을 기반으로 하는 체계적인 인적자원관리 방법은 많은 기업의 본보기가 되었다. GE는 여전히 인사평가제도를 운영하고 있지만, 구성원들의 목표 달성을 위한 가이드를 제시하는 성과관리의 접근법으로 바뀌었다.

　새로운 성과관리 체계에서는 개인이 스스로 목표를 달성할 수 있도록 관리자들에게 코칭 및 가이드 하는 역할을 추가하였다. 보다 정기적인 피드백을 전달할 수 있는 애플리케이션을 개발하고, GE는 이 애플리케이션을 PD@GE(Performance Development at GE)로 불렀다. 온라인과 이동 중에도 사용할 수 있도록 하여, 상사와 부하가 정기적인 피드백을 주고받고, 조언이나 충고 등을 요청할 수 있도록 만들었다. 대기업이다보니 과거에는 구성원 평가 후에 방대한 양의 평가문서가 만들어지고 이를 관리하는 것이 HR 부서의 책임이었는데, ICT 테크놀로지를 활용함으로써 기록 시간과 에너지를 절감하는 효과도 있다.

다. 마이크로소프트

2014년 성과위주의 상대평가를 폐지하고 조직 구성원 간 협업과 구성원 개인의 성장을 위한 시스템을 도입하였다. 과거 MS의 성과관리는 경쟁을 통해 성과를 창출하는 것을 기본으로 하지만 소프트웨어 회사의 특징이 구성원 간 협업이 중요하고, 프로그래머들은 자신의 전문성을 개발하여 전직할 때 몸값을 높이는 경쟁력이 경력의 관심이다. 그러나 구성원들은 성과관리 시스템이 지나친 내부경쟁을 유발하고, 평가등급의 강제배분으로 인해 보상이 불공정하다고 느꼈다. 관리자는 성과관리의 행정요소에 너무 많은 시간이 소요된다고 느꼈다. 이러한 문제점에 대응해서 성과관리 시스템을 통해 구성원들이 협업을 통해 성과를 창출하도록 하며, 구성원의 학습과 성장을 돕도록 피드백을 제공하는 것을 리더의 성과관리 역할로 규정하였다.

　핵심적인 변화는 커넥트 미팅(Connect meeting)이라고 하는 세션을 구성하여 성과면담을 강화한것이다. 커넥트는 구성원의 성장을 지원하기 위해 기존의 평가 시스템과 달리 필요할 때마다 상사가 업무의 진행 상황을 수시로 확인하고, 효과적인 직무수행 방법에 대해 관리자와 구성원이 의견을 나눈다. 관리자는 이 과정에서 구성원에게 피드백과 코칭을 제공한다. 즉, 성과자체도 중요하지만, 성과향상을 위해 구성원이 어떤 것을 학습하고 개발해야 하는지를 피드백하면서 구성원의 성장에 보다 집중하는 성과관리로 변화되었다.

성과관리의 방법의 변화로, 상대평가를 폐지하고 절대평가를 도입했다. 기존 시스템에서는 아무리 높은 성과를 달성했다 하더라도 강제분포를 사용하여 등급을 매겼기 때문에 성과에 맞는 보상을 받지 못했다고 생각할 여지가 있었다. 또 평가 기준을 바꿨다. 기존 성과관리 시스템에서 구성원들은 좋은 평가를 위해서 자신의 성과 향상에 초점을 맞추었다. 그러나 변화된 성과관리 접근법에서는 MS의 회사 전체 비즈니스에 구성원이 기여하는 과정이 어떤 것인지, 또한 이를 어떻게 이루었는지 살펴보기 시작했다. 개인의 성과만 측정하는 것을 넘어 성과를 이루기 위해 다른 사람의 의견을 구하고 반영했는지, 동시에 다른 사람의 성과에 얼마나 기여했는지 등을 평가했다. 이를 종합적으로 고려한 것이 '임팩트(Impact)'이며, 임팩트를 사용함으로써 구성원이 성과를 내는 동시에 다른 구성원과 협업할 수 있도록 유도했다.

(2) 아시아권 국가의 변화

아시아 각국은 문화적으로 성과를 기반으로 조직을 운영하는 미국과 개인주의 가치를 중시하는 유럽의 기업과 차이가 있다. 기본적으로 아시아권 국가들은 체계적인 인사평가제도를 활발하게 시행하지 않고 있다. 전세계 경영자들을 대상으로 17개의 HR practice들을 얼마나 사용하는지 조사한 자료에 의하면(2015, Bain & Company의 Management Tools & Trends), 아시아에서는 조직 전체의 성과를 관리하는 균형성과카드(balanced scorecard)의 사용이 15위의 순위로, 성과관리를 근로자 관리방식으로 중시하지 않는 것으로 나타난다. 미국은 7위, 유럽과 남미는 3위이다.

아시아의 사기업 조직은 성과관리의 기본이 되는 인사평가 방법과 도구에 대하여 문제점을 인식하고 구성원들도 불만이 있지만, 성과관리에 대하여 서구의 글로벌 기업처럼 급진적인 접근법을 시도하지는 않는다. 기존의 성과관리 제도 안에서 평가방식을 상대평가를 하면서도 강제할당보다는 다소 유연한 등급을 사용하는 변화를 하거나, 행정적인 비효율성을 극복하기 위해서 평가와 성과면담 기간을 단축시키고 평가세션과 보상을 좀 더 자주하는 변화를 적용하고 있다. 또한 구성원들이 성과관리에 참여할 수 있는 기회를 좀 더 넓혀서 다면 피드백이나 성과관리에 대한 의견수집을 늘려서 성과향상의 동기를 높이고 있다.

가. 중국과 일본

중국 기업의 경우는, 거시적으로는 독특한 정치체계하에서 미시적으로는 정교한 성과관리 방법을 개발하고 있지만, 대체로 위계적인 성과관리를 하고 있다. 일본의 경우에도 전통적인 인사평가와 1장에서 논쟁과정을 설명한 강제평가식 상대평가를 유지하고 있다. 아시아의 성과관리는 문화적으로 상하관계를 크게 벗어나지 않는 보수적인 성과관리 방식을 고수하는 경향을 보인다.

나. 홍콩

좀 더 서구적인 변화와 유사한 경우는 홍콩인데, 기존의 전통적인 성과평가 시스템에 대한 불만이 증가하였다. 이 나라에서 제기되던 문제점은 성과관리 측면에서는 상사가 저성과 부하에게 피드백을 주는 것을 꺼려해서 상사가 관리역량이 부족해지는 것, 강제할당 방식의 상대평가 때문에 관대화와 중심화 경향이 생기는 점, 그리고 통합적인 성과관리 체계가 구축되지 않아서 평가와 보상이 일치하지 않는 현상 등이다. 이에 따라 참여적 성과관리 방식으로 변화하고, 평가와 보상을 분리시켜버려서 성과관리 피드백을 좀 더 진솔하고 직접적으로 제공하여 실질적으로 성과를 높이도록 변화하였다. 또한 성과관리를 경력관리와 연계하여 개인의 경력개발 동기를 자극하는 선행적인 제도로 구성하였다.

(3) 국내 성과관리의 트렌트와 정책

국내 성과관리는 전통적인 인사평가 체계를 고도화하는 흐름, 성과관리의 공정성을 높이는 흐름, 인재육성을 위한 성과관리 흐름이 혼재되어 있다고 할 수 있다.

가. 일상적 성과관리의 고도화

경제부문에서 국가적인 개혁 중에서 노동과 관련된 변화의 필요성은 지속적으로 제기되어 왔다. 이 장의 뒤에서 살펴볼 인력부분의 메가트렌드의 변화에 대응하기 위해서는 조직에서 평가와 성과관리 제도가 필수적으로 갖춰져야 한다. 그런데 대기업은 성과관리 제도에 대해 구성원들의 신뢰가 충분하지 않으며, 중소기업의 경우 50%에 가까운 회사가 성과관리 제도를 운영하지 않고 있는 것이 현실이다.

그에 따라서 고용노동부는 성과관리를 지원하기 위한 프로젝트로 'SCOPE'이라는 국가적인 표준성과관리모델을 구축하였다(성상현, 박우성, 한태영, 오승훈, 노재항, 이정현, 2016). 이 모델은 인사평가제도에 초점을 두고 도입단계별로 표준적으로 참조할 수 있는 사항을 모듈화한 것이다. 〈그림 2-1〉의 흐름처럼, 체계적인 성과관리를 처음 도입하려는 회사는 시작(S, start) 단계에서 성과관리를 도입하기 위한 조직진단을 하게 된다. 그 다음 단계에는 실질적인 제도의 구축(C, create), 운영(O, operate), 고도화(P, progress), 그리고 결과의 활용 방안(E, enable)까지 포함하고 있다.

SCOPE 단계별 상태 및 필요사항

준비단계(Start)
- 제도화된 인사평가가 없거나
- 인사평가를 재정비해야 하는 경우

- 평가의 의미에 대한 이해
- 현상 진단 도구

구축단계(Create)
- 인사평가제도의 본격 구축 단계
- 평가방식을 체계화·세분화하는 경우

- 직종별 과업특성 분석과 분류 방법
- 업적평가 방법, 역량평가 방법
- 지표 DB 및 측정 방법

운영단계(Operate)
- 인사평가 과정별 요구 활동 점검
- 원활한 작동을 통해 조직목표 달성 필요시

- 목표관리, 과정관리, 피드백
- 절대평가와 상대평가, 다면평가

고도화단계(Progress)
- 기존 제도와 운영방식 개선·향상
- 인사평가의 공정성 및 수용성 제고
- 인사평가를 효과적으로 경영활동에 연계

- 평가결과의 활용, 성과 코칭 및 면담 기법
- 수용성과 공정성 진단 및 확보 방안
- 평가자 훈련 방법

지원 모듈(Enable)
- 인사평가 관련 법적 쟁점 점검 필요시
- 실제 사례와 동향 정보 필요시

- 단계별 법적 쟁정과 점검 사항, 판례
- 실제 기업의 인사평가 사례, 현황과 동향
- 인사평가 모듈 활용 방법

예시 : E4 핵심 활용 모듈 선택 가이드라인

평가제도가 없어 처음부터 준비를 하려면?	기존의 주관적, 초보적 평가를 체계화하려면?	조직력을 높여 실적을 향상하려면?	공정성과 수용성을 높이려면?
		O2 성과 면담 및 코칭	
		C3 역량 평가	
		C2 업적 평가	
S1-1 인사평가에 대한 이해	S1-1 인사평가에 대한 이해	C1 과업특성 분석 및 분류	P1-1 이의제기 처리 방법
S2-1 인사평가 준비도 진단	P2-2 인사부문의 공정성 확보 역할 가이드라인	S2-1 인사평가 준비도 진단	P2-1 피평가자 반응 진단도구
S2-2 인사평가 분위기 진단	P2-1 피평가자 반응 진단도구	S2-2 인사평가 분위기 진단	P2-2 인사부문의 공정성 확보 역할 가이드라인
E3 국내외 인사평가 동향과 변화 방향	P1-1 이의제기 처리방법		

그림 2-1 ▶ SCOPE 단계별 상태 및 필요사항

시작 단계에서는 제도화된 성과관리 제도가 없거나 재정비해야 하는 조직을 위한 단계로 현상을 진단하도록 했다. 평가제도를 본격적으로 구축하는 단계에서는 평가방식을 체계화 세분화하는 경우에 필요한 직종별 과업특성 분석과 분류방법을 제시하고, 업적 및 역량평가에 대한 도구를 제시했는데, 특히 업적평가의 경우 12개 영역에서 752개의 지표를 개발하여 대부분의 조직이 사용할 수 있는 문항을 제시하고 있다. 운영단계에서는 성과관리 과정별 요구활동 점검 사항을 제시하고, 원활한 목표관리를 위한 피드백과 다면평가의 가이드를 제시하였다. 고도화 단계는 기존 제도가 있는 조직의 경우 기존 제도와 운영방식에서 개선사항을 도출하고 성과관리에 참여하는 이해관계자들의 수용성과 공정성을 제고할 수 있는 방법을 제시하였다. 경영활동과 연계하기 위한 평가결과의 활용과 성과코칭의 가이드도 포함하고 있다. 그리고 활용 단계에서는 인사평가를 둘러싼 법적 쟁점과 유의사항까지 가이드를 제시하고, 실제 중소/중견 규모의 IT, 제조, 서비스 기업에 적용하여 실제로 기업이 액션러닝을 할 수 있도록 구성하였다.

나. 공정성을 높이는 흐름

성과관리는 보상과 연계해서 실행하는 경우가 많은데, 분배의 공정성은 연봉과 인센티브를 조정하면서 생길 수 있다. 과거에는 기업이 구성원들에게 당장의 보상이 아닌 승진과 연계하는 장기적인 보상의 비전을 주는 경우가 많았다. 하지만 최근의 젊은 구성원들에게는 이런 방식이 잘 수용되지 않으며 빠른 시장 흐름에 대응하기도 어렵다. 최근의 국내 기업들도 착한 경영의 흐름에 맞춰서 성과보상에서 공정성을 높이는 변화를 시도하고 있다.

그러나 이러한 변화는 어느 정도의 조직자원이 지원될 때 가능하다. 실제로 A사는 최근 영업손실을 입어서 전년 동기(수백억 원 흑자)보다 순익이 감소했다. 또한 인사부서를 포함해서 임원들이 대거 퇴사했다. 그 중 일부 임원은 타사에서 영입되어 입사한 이후 적절한 업무가 주어지지 않았고, 성과창출을 위한 직무 지원이나 투자가 뒷받침되지 않는다고 판단해 이직을 결정한 것으로 알려졌다. 이러한 결과는 구성원이 공정하게 인식하는 성과관리를 위해서는 조직이 자원을 지원할 필요가 있다는 것을 뜻한다.

다. 인재육성을 위한 성과관리

앞서 살펴본 세계적인 변화 추세와 우리나라도 함께 하고 있다. 아시아 문화권의 다른 나라들처럼 개인주의적 문화가 강한 서구의 접근법을 적용하는 데 공격적이지 않은 면도 있다. 그러나 큰 흐름에서 개인 구성원의 요구사항을 중시하는 변화는 뚜렷하게 보인다. 예를 들어, SK이노베이션은 성과관리에서 성장 요소에 주목하고, 성장이 목적이 되는 방향으로 개선하였다. 성과에 대한 상시적인 피드백과 소통이 이루어지도록 'O! WorkS(Open, Optimize, On-line Work System)'라는 모바일 기반의 평가시스템을 도입하고 이를 통해 성과에 대한 데이터가 축적되도록 하였다. 또한 동료코칭을 도입하여 경쟁보다는 협업을 유도하는 파트너 의식을 갖는 조직풍토를 유도하고자 하고 있다.

버드뷰

2015년 출발한 화장품 스타트업 기업인 '버드뷰'는 2021년 기준 뷰티 관련 어플리케이션 중 Top 5 안에 들 정도로 급격한 성장세를 보였다. 이 기업은 기존에 판매자(제조사)가 가진 정보의 비대칭을 해소하고자 '화해'라는 애플리케이션을 개발하여 화장품의 상세한 정보를 제공함으로써 소비자 중심의 화장품 시장으로 접근한 것이다.

버드뷰는 특이하게 기존의 성과 관리 시스템을 사용하지 않고 구성원이 자율적으로 성장하고 또 함께 성장하는 것을 의미하는 '자율적 성장플랫폼'을 운영하고, '성장관리제도(Merry Growth)'와 '성장지원제도' 등을 구축하였다. 이러한 성장 관리제도는 크게 '성장진단'과 '피드백'으로 이루어져 있다. 성장진단은 현재의 상태에 대한 정보를 제공하는데 중점을 두고, 절대평가를 사용하여 개선 포인트를 정확하게 알 수 있도록 한다. 특히 팀원과 협업팀, 리더에게 피드백을 주고받고, 정성스러운 내용으로 서로의 성장을 응원하는 문화를 구축하였다. 지속적인 커뮤니케이션과 교육을 통해 서로의 성장을 위한 피드백을 주고받는 것에 구성원 모두가 훈련이 되어 있고, 먼저 적극적으로 피드백을 찾는(Feedback seeking) 것을 중요시하며 실제로 좋은 효과를 거두어 피드백을 기다리기보다 먼저 피드백을 요청하는 것이 일상적이다.

2) 국내 인재관리 메가트렌드

국내 조직의 성과관리의 흐름이 글로벌 기업의 성과관리 변화에 둔감할 수 없다. 특히 우리나라에도 글로벌 기업과 경쟁하는 기업이 증가하면서 대표적인 국내기업들은 글로벌 기업의 성과관리 시스템을 부분적으로 적용하고 있다. 그러나 아직 평가의 정확성과 공정성에 대해서 구성원들의 신뢰가 충분하지 않은 국내 기업도 많은 것이 현실이다. 국가의 성과관리 지원정책이나 내부 인사관리 제도도 여론과 정책결정자에 따라 변경되기도 한다. 이렇게 여러 방향이 혼재해 있는 국내의 성과관리의 변화를 이해하기 위해서는 좀 더 거시적인 변화의 흐름을 고려할 필요가 있다.

(1) 사람의 흐름 : MZ세대의 증가

가. 현상

세대차는 시대마다 거론된다. 최근의 세대차는 계층이 훨씬 촘촘해진다는 특징을 갖는다. 역사적으로 큰 사건을 겪은 이전의 동시대 집단(cohort)의 구분보다는 급속한 ICT 발전에 따른 소통문화의 차이가 반영되는 것이다. 이런 현상은 일터에서 다양한 세대가 혼합될 수 있다는 점을 반영한다. 최근 기업 내에는 베이비붐 세대, X세대, M세대, 그리고 Z세대까지 혼합되고 있는 것이다. 이런 환경 내에서 밀레니얼(millennial) 세대와 Z세대가 점차 조직에 들어오면서 비율이 높아지고 주류 신세대를 형성하고 있다. 이들을 합하여 MZ세대라고 한다.

이들이 기성세대와의 격차를 의미하는 세대차가 이전에 비해서 큰지는 논란이 있는데, 세대차는 정도의 차이보다는 질적으로 다르다. 다시 말해서, 같은 잣대를 갖고 통계적으로 보면 이전 세대의 관점과 차이가 크지 않을 수 있지만, 문화적인 차원을 달리 볼 필요가 있다. MZ세대는 소비의 영역이 급격하게 변화하는 경험을 많이 하였다. 정보통신기술의 혁신주기가 짧아지면서 자신이 사용하는 상품과 유통에서 어느 세대보다 급격하고 빠른 변화를 경험했다. ICT 기술이 통합되는 제품과 온라인 세계의 현재진행형 변화에 익숙하고, 이러한 변화를 활용하는 교육, 문화생활, 교통수단의 변화를 겪었다.

그들은 온라인 소통을 하면서 성장해서 개인주의 성향이 강하고, 수평적인 소통을 선호하며, 온라인 표현에 익숙하다. 예를 들어, 기성세대의 행동을 개그의 컨셉으로 만든 '피식대학'같은 유투브 컨텐츠는 기성세대보다는 오히려 MZ세대에게 인기가 있다. 동영상에 달리는 댓글을 MZ세대가 주로 쓰는 것은 온라인 소통에 익숙한 그들의 특징을 반영하기도 하지만, 댓글의 내용은 주로 기성세대와 자기세대의 차별성을 더 부각시키고 다른 세대를 희화화하며, 자신들이 일터에서 불합리한 처우를 받는다는 것을 드러낸다.

이 세대는 불합리한 관행을 거부하고 불분명한 기준에 대해 직접적으로 이의를 제기하며, 온라인을 통해 지체함 없이 자신의 의견을 표현한다. 이전 세대는 사내 정치로 인한 인사이동이나 부당하다고 여겨지는 사건을 경험하더라도 조직의 생리를 빨리 학습해야 한다는 인식이 강했다. 즉, 생존을 위해 조직 감각을 키우는 것을 덕목으로 삼았다. 또한 업무 분배와 보상 수준에 불

만이 있더라도 관행으로 여기고 묵묵히 견디며 평판을 쌓는 계기로 여기는
경향이 강하다.

하지만 MZ세대는 현재의 노력을 인정받고 자신의 커리어에 도움이 되는
것이 중요하다. 이들은 사회적인 가치보다 자신의 이익에 우선순위를 둔다.
전체적으로 자신들이 누릴 수 있는 경력의 기회와 사회적 자원이 제한되어
있다고 느낀다. 사회적 가치나 연대(connection)에 적극적일 때도 있는데, 그
들이 불공정하다고 생각하는 것에는 강하게 저항하거나 시정을 요구하기도
한다. 이런 행동이 가능한 것은 소셜 네트워크를 통해서 쉽게 개인의 의견을
피력하고 익명의 다수가 호응함으로써 쉽게 여론화가 가능하기 때문이다.
그렇지만, 그런 사회적으로 옳고 그름은 자신의 이익을 양보하거나 희생하
면서 우선순위에 두지 않는 것이 이전 세대와 다른 점이라고 할 수 있다. 공
정성에 대한 기준이 높은 것도 공공의 선(善)에 대한 관심보다는 자신에게 돌
아오는 불형평 때문이다. 특히 개인의 권리를 침해당하거나 자신이 받을 만
한 대가를 받지 못했을 때는 집단의 힘을 빌리지 않고도 개인적으로 정당한
요구를 한다는 점에서 개인주의 형태를 보인다. 이 세대는 자신이 중요하게
생각하는 가치를 충족시켜 주고 자신의 역량을 개발시켜 주는 일에서 동기부
여가 되지만, 그런 업무 환경이 아니라고 여겨질 때는 쉽게 조직을 떠나므로
입사 초년생의 이직률이 과거보다 높다.

한편, 이러한 행동은 발달심리적 관점에서 성인 초기의 자연스러운 행동
도 섞여 있다. 기성세대도 그들이 젊은 시절에 이전 세대에 도전하는 행동을
했다는 점에서 시대마다 거론된 세대차 현상으로 볼 수도 있으며, 나이가 듦
에 따라 일반화가 가능한 행동의 변화도 포함되어 있다. 그래서 MZ세대의
존재에 대해 회의적인 시각도 있다. 세대의 독특성과 청년기의 특징이 각각
어느 정도 차지하는지 명확하지는 않지만, 현재의 MZ세대는 기성세대와 달
리 일과 생활의 균형을 선호하며, 더욱 유연한 업무일정과 재택근무, 협력과

능동적인 학습을 지향한다. 이러한 특징은 성과관리를 위한 피드백 과정에서도 고려해야 한다. 전체적으로, 현재의 한국 문화에서 비슷한 성장경험을 하고 동시대적(cohort) 가치관을 지닌 MZ세대의 특성을 체계적으로 파악하고, 그들을 동기 부여하기 위한 HR 전략을 적용할 필요가 있다.

나. 사례

금융산업은 고객을 직접 대하는 서비스업이지만 국가의 경제망과 관련되어 있어서 국가의 통제도 엄격한 산업이므로 전통적으로 보수적인 성향이 강했다. 이러한 금융산업에서 MZ세대가 참여하면서 '토스'와 같이 새로운 온라인 금융 비즈니스 모델을 제시하는 기업이 생겨나고 있다. 이 기업은 사내 다양한 소통 채널을 통해 업무 참여를 독려한다. MZ세대는 업무가 직관적이고 유연하고 재미있다고 느낄 때 가장 생산적인 인력이 된다는 가치를 갖고 있는 것이다. 코로나19이전부터 비대면 회의를 통해서 ICT 통신기술을 활용하였다. '토스'에서는 'Slack'이라는 업무 메신저의 #idea 채널을 운영하며 자신의 업무나 소속한 팀을 넘어서서 자유롭게 아이디어를 내며 업무에 참여할 수 있도록 유도한다. 자유롭게 정보를 공유하는 과정을 통해서 거대한 전통 금융 기업과 경쟁할 수 있는 유연한 조직대응력을 강화할 수 있다. 내부적으로 상호 협업하는 분위기가 조성되어 MZ세대가 선호하는 수평적 소통분위기를 구축하는 것이다.

 토스의 급성장은 수평적인 조직 문화가 한몫하고 있는 것으로 평가한다. 이 회사는 직급이 없으며, DRI(Directly Responsible Individual) 제도를 통해 직원들이 각각 맡고 있는 일에 대한 최종 의사결정권을 부여하면서도, 이로 인해 발생할 수 있는 실책에 대해서는 묻지 않는 원칙을 취하고 있다.

(2) 일의 흐름 : 원격업무(remote work)

가. 현상

원격업무는 자신의 업무 스타일에 맞게 다양한 장소와 공간에서 자유롭게 일하는 방식으로, 집에서 근무하는 재택근무보다 넓은 의미이다. 리모트 워크는 자신의 업무 스타일에 맞춰 다양한 공간에서 자유롭게 일할 수 있으며, 장소적인 의미의 유연근무와 시간적인 의미의 탄력근무를 포함하고, 업무방식에서 정보통신기기와 온라인을 활용하는 비대면(contactless)을 특징으로 하므로 우리나라에서는 언택드(untact) 또는 온택트(ontact)라는 신조어로 표현된다.

최근 10년간 정보통신혁명으로 기업들이 생산성이 낮은 회의 문화와 대면보고의 비효율성을 줄이기 위해 노력했고, 세계에서 가장 높은 수준인 업무시간 때문에 워라밸 이슈가 대두되었다. 이러한 문제를 해결하기 위해서 스마트 오피스와 스마트 워크를 적용하고자 했지만, 기존의 업무관행을 변화시키는 데는 시간이 걸리는 듯했다. 글로벌 팬데믹인 코로나19는 이런 저항을 해소시키는 동력이 되었다.

하지만 감염병의 유행 이후에 이러한 트렌드의 장점을 활용하기 위해서는 성과관리와 관련되는 부정적인 요소를 개선해야 한다. 가장 큰 인간요소는 상사와 대면 상호 작용의 부족으로 감독과 성과를 지원하는 것이다. 조직은 동료들과 어울리는 사회적 상호작용의 현장이기도 한데, 사회적 고립이 심해지고 조직에 대한 유대감이 줄어들 수 있다. 또한 일-가정 갈등이 일어날 환경도 증가한다. 집에 아이가 있거나 마땅한 업무공간이 없을 경우 업무에 집중하기가 어려울 수 있다.

원격 업무는 코로나19 이전부터 진행되고 있던 디지털 변혁(digital transformation)에 대해 가지는 구성원의 부정적인 인식과 혼합되면서 반감을 만들 수도 있다. 회사의 구성원 개개인 모니터링을 위한 소프트웨어 활용이 늘어나면서 일터에서 근로자 자신의 말과 행동이 다양한 소프트웨어로 추적되고 축적된다. 이때 개인정보의 수집과 업무수행 정보를 활용하는 방식에 대해서 우려사항을 해소하기 위해서 구성원들과 인사평가에 대한 기준을 공식적으로 협의할 필요가 있다. 이 문제는 뒷부분의 다섯 번째 트렌드와 밀접하게 관련된다.

원격에서 근무하는 사람과 백오피스와 원활한 업무 교류를 위해서 지원체계를 구축하는 과정에서 과거와 다른 교육과 보안 시스템이 필요할 것이다. 직원의 입장에서 업무 진척상황을 보여주기 위해서 정리하고 회의를 위해서 자료를 공유하고 취합하는데 시간이 많이 들어서 정작 담당 업무를 할 시간이 부족하다는 문제가 생긴다. 성과누수에 영향을 주는 보안문제는 기술적인 요소이지만 일의 지원체계에 대한 문제이다. 비대면 커뮤니케이션의 내용에 대한 보안을 위해서 조직 차원에서 모의 해킹이나 보안취약점 진단 활동이 필요하고, 정보를 사용하는 직원들을 위한 교육체계가 달라지면서 상사의 성과관리 역할도 새롭게 규정될 필요가 있다.

나. 사례

코로나19 발생 이전에 이미 Teams라는 온라인 회의 시스템을 상업화한 마이크로소프트는 전면적인 재택근무로 원격 근무가 시작되면서 직원들이 조용하고 방해받지 않는 공간을 확보하고, 안전하게 모바일 접속을 할 수 있는 가이드를 구축하였다. 자사의 Microsoft teams를 사용하여 채팅, 화상회의, MS Office 연결을 통한 공동작업을 지원해서 디지털 협업 플랫폼을 원활하게 활용할 수 있도록 만들었다. 같이 일하던 직원들끼리 유대감을 유지하기 위해서 점심시간 이후 온라인 요가와 같은 활동을 지원하였다.

웹사이트 저작도구인 워드프레스를 만든 오토매틱(Automattic)사는 설립 당시부터 사무실 없이, 직원들이 출근하지 않고 일하는 원격 업무를 했는데, 경영 상의 민감한 통계 자료도 모든 구성원에게 공개하여 실시간 데이터를 확인할 수 있도록 하였다. 비슷한 자료를 조회하는 일이 반복되면 전용 도구가 만들어지곤 한다. 정보의 독점에서 오는 조직문제나 부서 간 갈등도 방지했다. 성과관리는 연 2회 동료나 팀장에 대해 피드백을 보내는 방식으로 평가하며, 자기 평가도 연 2회 한다. 이런 피드백은 의무가 아니고 선택이다. 팀장은 상사나 관리자라기보다는 팀 구성원이 더 나은 성과를 내도록 돕는 조력자이다. 인사팀과 교류하는 모든 피드백은 당사자에게 원본 그대로 공유하며, 구체적인 동료 피드백은 당사자의 개발에 도움이 된다.

(3) 조직의 흐름 : 착한 경영

가. 현상

사회중시 경영과 기업의 사회적 책임, 내부적으로 GWP(Great Work Place)와 같은 논의는 이미 20여 년 전부터 꾸준히 제기되어 왔다. 그렇지만 다른 한편에서 주주가치경영을 강조하고 기업 경영이 주주의 수익을 올리는데 집중되면서, 이를 위해서 장기적인 동반성장보다는 단기적인 재무 성과를 달성하는 데 치중해 온 경향이 있었다. 지속가능성을 강조하는 경영도 장기적인 성장을 위해 필요한 노동환경과 근로자의 처우 문제, 산화 및 탄화물질과 폐기물로 인한 환경 문제, 협력사들과의 관계를 강조했지만 주요한 목적은 기업의 성장에 있었다.

그러나 최근에는 '약자의 반란'이라고 할 만큼 기업의 성장에서 소외되거나 행복이 위협받는 당사자들이 목소리를 내기 시작했다. 소셜네트워크를 통해 급속하게 전파되는 그들의 문제제기를 통해 존중해야 할 대상으로서 기업의 협력사, 소비자, 그리고 결국 고객이자 소비자인 내부 구성원이 모두 연결되어 있다는 점이 부각되었다. 연결성은 사회적 문제로 파급되기 때문에 소셜 네트워크에서 연대를 이루면서 호응하는 사람들이 있고, 여론이 쉽게 형성되어 기업에 파급력을 미치는 사례들이 반복되면서 기업은 착한 경영에 대한 인식이 커졌다.

구성원 다양성도 같은 맥락에서 볼 수 있다. 2020년 미국에서는 'Black Lives Matter' 운동에 의해 공권력에 저항하는 다양성 문제가 다시 화제가 되었다. 국내에서도 고용주와 상사의 폭력, 과거 학교폭력과 성폭력을 고발하고, SNS 내에서 소비자들이 호응하면서 경영에 영향을 미치는 활동이 활발해졌다. 조직 내에 소수 집단 구성원들이 공정성에 대한 요구를 좀 더 강하게 제시하면서 자신과 관련되어 공정하지 못한 조직운영과 경영상의 부정 문제를 제기하는 것이다.

거시적인 조직운영에서도 환경(Environmental)과 사회(Social)뿐만 아니라 지배구조(Governance) 영역에서 사회적 책임을 실천하는 ESG 사회적 책임이 흐름이 되어가고 있다. 또 이러한 방향에서 실행방안 중 하나로 기업시민(Corporate Citizen)이라는 개념이 등장하기도 하였다. 기업이 하나의 '시민'으로서 사회의 문제해결에도 기여하여 가치를 높여야 한다는 개념이다. 기업이 성과를 나눠서 평판을 높이기 보다는 가치관을 바꾸는 것을 강조하는 것이다.

이러한 경영흐름에서 중요한 내부기능이 법무와 인사일 수 있다. 과거에는 조직 내 법무팀이 기업의 비밀을 보호하는 의심스러운 역할을 하거나 문제를 피하고 경영자를 보호한다는 불신이 있었고, 인사부서는 경영자의 대리인의 역할에 충실해 왔다. 착한 경영으로 변화는 고객, 직원, 미래의 지원자가 기업을 보는 시각이 달라지고 있는 것이기 때문에 인사부서의 역할은 좀 더 적극적일 필요가 있다. 불공정의 기준을 적극적으로 제시하는 역할을 할 필요가 있으며, 개인주의화 되어가는 구성원들의 가치와 착한 경영을 요구하는 외부의 힘을 조화시킬 수 있는 성과문화를 조성하는 과제를 맞고 있는 것이다.

나. 사례

포스코는 '동반성장' 프로그램을 통해 파트너 간 협업으로 다양한 혁신 활동을 함께 추진했다(천성현, 2021). 이를 통해 거둔 성과는 협력사와 공유함으로써 원가절감과 품질 향상에 기여할 뿐만 아니라 협력사와 관계를 강화하는 기회로 활용했다. 협력사뿐만 아니라 자사의 철강을 원재료로 제품을 만드는 객사의 가공기술, 품질 개선을 위한 협업을 통해 성과 개선도 도모해 왔다. 생태계를 구성하는 기업 간에 공생가치를 위해 협업하다 보면 비용절감과 판로개척에 대한 해결방안을 찾는 데도 서로 도움을 줄 수 있게 된다.

(4) 노동시장의 흐름 : 긱 이코노미

가. 현상

전세계적으로 메가시티처럼 도시화가 가속되고, 코로나19로 비대면 환경을 경험하면서 일과 사람이 연결되고, 임금과 노동이 교환되는 경제시스템인 노동시장의 변화가 일어나고 있다. 글로벌 경제에서 신자유주의가 대세일 때 고용과 관련되어 나타난 트렌드가 외주(outsourcing)이며 그에 따라 단기 계약직이나 임시직 인력충원이 증가하였다. 노동시장의 이런 형태는 특정한 목적을 지닌 프로젝트나 기간이 정해진 단기 고용으로 나타난다.

최근에 성장하는 긱(gig economy)의 트렌드는 아웃소싱처럼 기업이 비용을 줄이고 효율성을 높이기 위한 목적과 달리 온디맨드(on-demand) 경제의 확산으로 온라인 플랫폼 업체와 단기 계약 형태로 서비스를 제공하는 생태계가 형성된 것이다. 이와 더불어, 조직에 얽매이기 싫어하는 젊은 층을 중심으로 일하고 싶을 때 일하고 쉬고 싶을 때 쉬는 자유와 유연성을 늘이고 싶어하는 기업의 욕구가 맞아 떨어져서 나타나는 현상이라는 측면에서 과거와 더욱 다르다.

이와 함께 『긱 이코노미』의 저자 Diane Mulcahy(2016)는 정규직 소멸이 긱 이코노미의 성장을 이끌고 있으며, 긱 이코노미에서는 직업이 사라지고 그 자리를 일이 대신하고 있다고 말한다. 지식 노동자는 자신의 전문지식을 활용한 초단기 자문이나 가치가 높은 기능을 수행하는데 집중하고, 핵심 역량이 아니거나 가치가 떨어지는 기능은 아웃소싱으로 대체하는 것이다. 과거의 관점으로 보면 고용의 불안이 문제이지만 현재의 트렌드에서는 노동자도 그것을 원하기 때문에 노동조합과 같은 힘을 발휘하지 않는다. 오히려 고용보다는 업무수행 중에 보호받아야 할 법적인 안전망과 임금 외 지원이 부족해질 수 있다는 문제가 있다. 또, 노동조합처럼 임금협상을 해 줄 단체의 힘이 없어서 임금이 제대로 오르지 않는 문제도 생길 수 있다(Vallas, & Schor, 2020).

성과관리와 관련된 HR 이슈는 이러한 긱 근로자를 적시에 고용하여 조직에 부족한 역량을 보강하거나 성과창출에 차질을 빚고 있는 부분에 투입하는 조율이다. 조직의 내부 인력과 긱 워커가 원활하게 융합하여 업무 프로세스가 톱니바퀴처럼 잘 맞아 돌아가는 시스템 구축도 과제가 된다. 예를 들어, 프리랜서를 고용한 경우 정규직 근로자들이 재작업을 했다고 불만을 보이는 경우가 있다. 그러므로 긱 노동자의 역할을 분명히 제시하고 소속 직원들과 협업할 수 있는 체계를 마련하는 것이 필요하다. 이런 문제에 대응하기 위해서 긱 노동자가 내부 구성원과 일에 대한 동기가 다르다는 것을 인식하고 그에 맞게 커뮤니케이션 하는 문화를 구축할 필요가 있다.

나. 사례

국내에서 긱 이코노미를 활용하는 사례는 다양한 형태를 띤다. 휴넷의 경우 '탤런트 뱅크'를 구축해서 시니어 전문가들은 원하는 시간만큼 일할 수 있는 일자리를 연결해주고, 기업은 인력채용 대신 필요시점에만 활용이 가능하여 고용에 대한 비용 부담이 줄어들게 하였다. 특히 우량중소기업의 경우 인사 부서가 잘 구성되지 않아서 구직난 때문에 채용 인력에 비해 지원자가 많아서 높은 고정비와 모집, 홍보 및 검증 업무에 부담을 느끼는 경우가 많은데, 비용과 긴 채용 시간이 줄어들어서 긍정적으로 받아들이며, 특히 코로나19 감염병 이후 의뢰가 크게 늘어났다(류영상, 2020).

프리랜서 인력을 연결하는 플랫폼인 크몽의 경우, 서비스를 세분화한 '뉴크몽'으로 프리랜서 마켓 플랫폼, 맞춤견적 서비스, 엔터프라이즈 등 관련 서비스를 세분화하였다. 이런 시스템으로 프리랜서는 자신을 홍보하는 포트폴리오를 효과적으로 제시하고, 이를 보고 프리랜서를 활용하기 원하는 회사(구매자)들이 자신에게 맞는 프리랜서를 선택할 수 있도록 한 것이다.

배달의 민족의 경우에는 인공지능(AI)기술을 도입하여, 배달원에게 적합한 주문(콜)을 연결해 주고 픽업과 배달의 최적 동선을 추천해서 사고를 줄여 준다. 이러한 ICT 시스템에 더해서, 배민커넥터(크라우드 소싱 배달 서비스)와 지입 계약 라이더(플랫폼 노동자)의 근로시간을 각각 주간 20시간, 60시간으로 제한하는 정책을 적용하여 긱 이코노미에서 나타날 수 있는 노동환경이 나빠질 수 있는 문제에 대응하고 있다. 또한 우아한 라이더 살핌기금으로 임금 외 지원으로 노동조합의 역할을 보충하는 긱 이코노미 정책을 실행하고 있다(서보성, 2020).

(5) 방법론의 트렌드 : 데이터기반 결정(people analytics)

가. 현상

최근 글로벌 기업들이 성과관리 제도를 없애겠다는 과감한 결정을 할 때 그에 대한 대안은 무엇일까? 무엇이 자신감의 근원이 되었을까? 그것은 제도를 대신할 수 있는 데이터가 있다는 점이다. 데이터기반 의사결정은 ICT 기술이 발달하면서 여러 분야에 확산되고 있었지만, 특히 사람을 관리하는 영역에서는 인사 데이터 분석활동이 강화되고 있다. 구체적으로, 직원을 우수한 인재로 만들기위한 전략적 인재관리(talent management)의 계획을 세우고, 과거보다 많아진 이직현상과 관련되는 직원의 행동과 성과에 대한 데이터를 관리하고, 적합한 직무에 핵심 인력을 배치하는 과정에서 인사 데이터를 기반으로 결정하는 것이다.

딜로이트와 미국인사관리협회의 연구에 의하면, 미국 내 10,000 명 이상의 규모가 큰 기업의 경우에 79%가 HR 부서 내 데이터 분석을 전문적으로 하는 담당자나 팀이 별도로 있다(Fineman, 2016). 이러한 부서에서 수집되는 데이터는 인사관리를 위한 데이터를 넘어서 회사 전체의 디지털 혁명에 적합한 인력을 준비하는 데도 활용된다. 또한 성과관리를 위해 현업부서의 응답으로 받는 데이터를 줄이고 업무 중 활동 데이터로 대신하여 성과관리 과정에서 효율성을 줄일 수 있는 것이다.

people analytics에 대한 관심은 '4차 산업혁명', 디지털 변혁(digital transformation)에 대한 담론 이후 커지고 있었지만, 코로나19 감염병 이후 성과관리 측면에서 더욱 부각되었다. 원격 업무를 통해서 재택근무와 스마트 오피스가 늘어나고 작업환경의 변화로 인한 작업 방식, 커뮤니케이션이 질적으로 변화하면서 인재의 역량관리 방법, 평가와 보상 등에 대한 결정방식도 혁신할 필요성이 늘고 있다. 직원들이 사무실 외의 공간에서 일할 때, 휴식이나 정서관리처럼 업무사기에 영향을 주는 요소도 확인해야 하는 과제에 직면했다.

이러한 도전에 대해 개인 업무수행과 관련된 다양한 데이터를 수집하고, 팀워크와 관련되는 커뮤니케이션 정보를 빈도, 교류방식, 빈번한 내용에 대한 텍스트 등을 수집한다. 그에 더하여 비즈니스 전반에서 산출되는 인적요소 외의 데이터도 함께 포함한다. 이러한 데이터는 빅데이터가 되고 인사부서에서는 의미 있게 산출되는 데이터의 패턴과 추세를 people analytics를 사용하여 찾아낸다. 데이터가 시사하는 바는 구성원의 복지, 원격 작업의 영향을 모니터링할 수 있으며, 생산성, 협업, 및 직무탈진을 측정하는 데 단기적으로 활용할 수 있다. 장기적으로는 인력소요 규모를 산출하고 향후 인재확보를 위한 전략적 결정에 도움을 줄 수 있다.

관리자의 경우 원격업무를 하고 있는 자신의 팀원들을 모니터링하는 데 데이터의 도움을 받아서 보상에 대한 결정을 최적할 수 있고, 인사부서가 구축한 데이터분석 시스템을 활용하여 공정한 보상을 결정할 수 있다.

데이터기반 의사결정을 통해 구성원의 적응성과(adaptive performance)와 조직의 위기관리에도 활용할 수 있다. 앞에서 언급한 네 가지 메가트렌드는 모두 급격한 변화와 점점 더 복잡해지는 ICT 테크놀리지에 의해서 발생하는 변화이다. 과거의 기술에 익숙한 관리자와 인사부서는 자원을 어디에 배치할 것인지 명확한 대상을 정의하기가 어려울 수 있다 데이터기반 결정을 통해 관리자는 비일상적인 업무가 발생할 때 우선순위를 지정하고, 팀이 집단지성을 발휘할 수 있다.

나. 사례

데이터에 기반한 인재관리는 다양하게 적용되며 디지털 변혁(digital transformation)이 큰 축을 형성하고 있다. 기존의 구성원을 대상으로 하는 데이터분석은 이직률 예측 및 감소에 적용되는 경우가 있으며, 역량을 파악하는 분석체계를 갖추고 필요한 경우에는 전환배치를 통해 인력을 적재적소에서 활용하기도 한다(예 : 시스코시스템즈). 또한 AI 시스템을 활용하여 인재 선발에 대한 컨설팅 방법을 적용하는 전문 기업과(예 : 마이다스아이티) 신입사원 지원 경쟁률이 높은 기업들은 이러한 방법을 초기 스크리닝 단계에 활용하여 인재확보의 효율성을 높이고 있다.

2. 성과 달성 과정에서 무엇이 변하고 있는가?

1) 성과관리에 미치는 환경요소

앞에서 언급한 5대 변화의 흐름은 때로 '메가 트렌드'라는 수식어로 시중에서 얘기할 만큼 경영의 큰 흐름이라고 할 수 있다. 성과관리에도 이러한 흐름이 스며드는 것은 지극히 당연하다. 거시적으로 볼 때, 사회문화적 가치, 법률과 정책, 경제적 활력, 정보/기술 변화, 및 인적/물리적 자원 등 다섯 개의 요인은 조직을 둘러싸고 있는 외부환경으로 볼 수 있다(Katz & Kahn, 1978). 일과 회사가 개인의 삶에 중요한 축이 된 이래로 이러한 환경은 다양한 방식으로 영향을 미친다. 삶의 다른 한 축인 휴식과 관련하여 성과지향적인 압박을 강하게 줄 수도 있고, 반대로 여유 있는 개인의 삶을 강조할 수도 있다. 이러한 요인이 성과관리에 미치는 영향은 다음 절에서 살펴볼 것이다.

　환경이 일 자체에 미치는 영향은 좀 더 직접적이라고 할 수 있다. 무엇이 일(work)인가? 일의 개념을 근로(勤勞)라고 하거나 노동(勞動)이라고 하거나 심지어 종교적인 의미로 소명(召命)이라고 하기도 한다. 이러한 차이는 일의 주체가 누구이며 일이 주는 혜택이 무엇이며, 일의 결과물 안에 무엇이 담겨야 하는지를 달리 보는 것이다. 작업(task), 직무(job), 직업(vocation)으로 점점 확장하면 이 책의 후반부에서 다루는 내용처럼 성과관리의 대상이 달라진다. 구성원의 업무행동을 어떻게 정의하고 어떤 행동에 초점을 두고 성과관리를 할 것인가에 영향을 주며, 인사평가 제도에 대한 영향을 통하여 조직의 구성원인 평가자와 피평가자의 평가행동에 간접적으로도 영향을 줄 수 있다.

2) 사회문화적 환경 : 직무수행의 개념 변화

성과관리와 관련된 최근의 학계의 활동과 실무현장의 흐름을 살펴보면 〈그

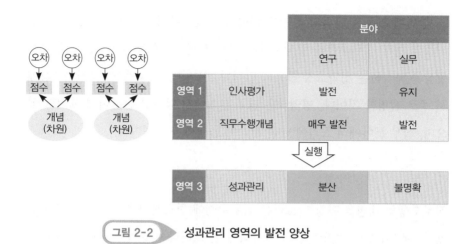

그림 2-2 성과관리 영역의 발전 양상

림 2-2〉와 같이 표현할 수 있다(Austin & Crespin, 2006 참조). 성과관리와 관
련된 활동은 세 분야로 나누어 볼 수 있다. 첫 번째 활동은 그림의 상단에 해
당하는 평가 영역(영역 1), 즉 직무수행과 성과를 점수로 산출하는 영역에 초
점을 둔 활동으로 〈그림 2-2〉의 왼쪽에 표현된 점수와 오차의 연결고리를
끊고 되도록 오차가 없는 점수를 찾는 활동이다. 이 영역의 핵심은 점수에서
오차를 제거하여 정확하게 평가하는 것으로 주로 인사평가에 해당하는 부분
이다.

두 번째 활동은 중간 부분에 해당하는 활동으로 개념 영역(영역 2), 즉, 평
가 영역에서 도출한 점수의 의미와 이론체계를 밝히는 것이다. 이를 통해 〈그
림 2-2〉의 왼쪽에 표현된 점수와 개념, 즉 구성개념(construct) 간의 연결고리
가 명확해지며, 지난 50여 년간 연구 분야에서 많은 발전이 있었다. 이 활동
은 조직환경의 변화와 밀접하게 관련이 되며, 특히 사회문화적 가치를 반영
하는 발전에 해당한다. 이 활동은 첫번째 활동인 평가 영역에도 영향을 주며,
세번째 활동인 성과관리 영역의 발전과도 밀접한 관계를 갖는다(이 영역을
산업심리학에서는 준거이론(criterion theory)이라고 한다).

세 번째 활동은 그림의 하단에 해당하는 성과관리 영역(영역 3), 즉, 구성 원들의 향후 직무수행을 향상시키기 위해서 제도적으로 지원하고 직무수행 향상을 자극하는 성과코칭 활동을 말한다. 이 영역은 이 책에서 6장과 7장에서 주로 설명할 것이다. 영역 3은 연구 분야에서 다양한 논문이 발표되고 있으며, 실무 분야에서 효과에 대한 검증이 불명확한 상태이다.

(1) 직무수행 개념의 확장

직무수행의 개념을 확장한 노력은 직무수행에 친조직적 행동(또는 조직시민 행동, 맥락수행)을 반영하면서 시작되었다. 그러나 이 개념은 개인주의 사회인 서구에서는 새로운 시각으로 보았지만, 집단주의 사회인 우리나라와 일본에서는 그렇게 참신한 것은 아니다. 왜냐하면 협동심, 충성심, 조직친화력 등의 개념으로 이미 오래 전부터 반영하고 있었다. 서구에서 이 개념을 성과관리의 영역으로 포함시킨 것은 1980년대 일본의 경제성장 과정을 보면서 동양문화, 특히 집합주의적 조직문화가 조직성과에 영향을 미친다는 인식아래 시작되었다. 최근에는 팀제조직이 보편화되면서 효과적인 팀워크의 전제조건인 팀 역량과 관련되는 행동으로 본 것이다.

사회문화적 영향은 바람직하지 않은 직무행동을 배제하려는 성과관리 노력에 반영되기도 한다. 반조직적 행동은 소수에 의해 나타나고 눈에 띄지 않는 경우도 많으며 문제가 발생한 이후에 비로소 알려지는 행동이라서 과거에는 적극적으로 성과관리에 큰 영향을 주지 않았다. 그러나 2008년 전세계적인 금융위기를 초래한 비윤리적인 기업가 행동을 통해서 반생산적 행동(counter-productive behavior), 일탈적 작업행동(deviant workplace behavior)으로 조직에 해를 끼치는 행동의 관리가 중요하게 나타났다. Bennett과 Robinson(2000)은 직원의 약 80%가 정해진 시간이상의 휴식시간을 사용한다는 사실을 밝혔다. 한국이 세계적으로 긴 업무시간에 비해 생산성이 낮다는 통계 결과를 감안하면 이러한 행동이 상당히 빈번하다고 추론할 수 있다. Spector와 Fox(2005)는 절도 같은 반조직적 행동이 스트레스에 의한 부정적 정서로 발생한다고 주장하며, 유연근무제나 근로자지원프로그램(Employee Assistant Program)을 제안한다. 즉, 성과관리가 직무행동의 영역을 재검토하는 것을 넘어서 근태관리 제도와 정서적인 코칭으로 확장되어야 한다는 점을 보여주는 것이다.

(2) 적응수행

바로 다음 항에서 설명할 ICT 기술의 변화를 포함해서 급변하는 사회관계적 환경의 변화에 대응하고 적응하는 행동도 성과의 준거에 포함되고 있다. 적응수행(adaptive performance)과 같은 환경변화에 대응하는 개념으로도 확장되었다. 적응수행은 직무상의 요구가 다양해짐에 따라 변화에 대응하고 이를 통하여 학습하는 능력을 보여주는 행동이며, 개인이 현재의 비일상적인 과제를 다루기 위하여 이전의 학습내용과 단절하고 새로운 틀(configuration)을 만들어서 성과를 도출하는 행동이다(Han & Williams, 2008). 이러한 성과 행동은 (1) 비상사건이나 위기상황에 대처함, (2) 직무 스트레스를 다룸, (3) 창의적으로 문제를 해결함, (4) 불확실하고 예측이 힘든 직무 상황을 다룸, (5) 직무과제, 테크놀러지와 절차를 학습함, (6) 대인관계 적응성을 발휘함, (7) 문화적 적응성을 발휘함, 그리고 (8) 신체적 적응성을 발휘함 등의 행동을 포함한다.

조직이 변화환경에 적응하는 데는 팀의 적응성과도 조력을 한다. 팀이 개인 구성원(nodes)과 그 사이의 연결(links)의 네트워크 체제라고 볼 수 있다. 이렇게 보면, 팀의 적응성과는 팀이 네트워크의 만들어 내는 수행의 결과이다(Kozlowski, Gully, Nason, & Smith, 1999). 즉, 가능한 네트워크 내에서 적절한 네트워크를 선택하거나 새로운 틀을 고안해 냄으로써 상호 간의 협력적인 수행을 조화롭게 만드는 활동이다. 팀 구성원들이 (1) 시기적절하고 신속하게 적합한 네트워크를 선택하고(네트워크 선택), (2) 구성원들이 경험이 적거나, 핵심 구성원이 부재 시, 또는 업무흐름이 변할 때 팀의 틀을 재빠르게 변경하여 새로운 네트워크를 신속하게 만들고(네트워크 고안), (3) 병목현상이나 과부하를 피하기 위하여 활동의 속도와 순서를 조율(조율 유지) 하는 것이다. 변화가 일상인 시대에는 이러한 속성이 성과관리의 한 영역으로 부각되었다.

3) 기술환경 : ICT의 영향

앞 절에서 설명한 성과관리에서 혁신적인 변화를 주창하는 글로벌 기업들은 ICT(Information & Communication Technology)를 기반으로 사업을 하는 조직이다. 이런 기업은 성과관리의 변화를 시도하기 쉽다. 최근에는 평가와 관련된 모든 면에서 변화가 일어난다. 기술적으로 성과관리의 효율성을 높일 수 있도록 인력관리전산시스템(e-HR)을 적용하고 있다. 이를 통해서 조직의 평가 과정에서도 객관적인 정보를 활용하기가 더 쉬워졌다. 기존의 성과관리는 성과지표가 매출액, 생산량, 근태, 통화수 등으로 제한적이었지만, 이제는 온오프라인에서 생성되는 데이터가 엄청나게 늘어난다.

과도기의 정보통신기술을 사용할 때는 개별 관리자의 관리범위가 증가하고 평가대상자의 수도 증가하게 된다. 이럴 경우, 상사는 부하의 직무행동을 관찰할 시간이 줄어들기 때문에 성과관리를 효과적으로 하기 위한 스킬이 필요하다. 반면에 직무행동이나 성과에 대해서 비교할 수 있는 대상자가 많아지므로 상대적으로 차이를 가늠하기 좋다. 이러한 변화가 데이터기반 결정(people analytics)으로 고도화되고 있는 것이다.

(1) 직무수행의 시간과 공간 변화

정보통신 기로이 업무장소와 시간을 유연하게 함으로써 성과관리에 영향을 줄 수 있다. 예를 들어, 마츠시타는 2006년 1,000명의 사원을 대상으로 재택근무를 시범 실시한 후 시간이 절약되고 자신의 재량으로 노동시간을 결정하는 등 업무의 효율이나 팀워크를 악화시키지 않았다는 결론을 내린 후 2007년에는 사무직 전 직원을 대상으로 재택근무제도를 시행하였다. 이러한 관리방식을 벤치마킹하여 다양한 기업이 스마트오피스를 구축하였으며, 이런 측면은 물리적 환경이 과거의 성과관리 방식을 변화하도록 촉진하는 요소가 된다는 점을 시사한다. 스마트오피스에 대한 반감도 많았지만, 최근의 코로나19 감염병에 의해서 어쩔 수 없이 비대면 업무환경에 급격하게 적응하게 되었다.

(2) 비대면 업무변화에 따른 성과관리

초창기 스마트워크(smart-work) 방식에 대해서는 부정적인 인식이 많았지만, 코로나19 감염병을 계기로 각종 모바일 기기와 무선인터넷 등의 정보통신기술을 통해 시간과 장소의 제약 없이 업무를 볼 수 있는 유연한 근무형태를 도입하고 있다. 이러한 근무 환경 하에서 관리자는 부하의 직무행동을 관찰할 여지가 줄어들게 된다. 이 경우 상사는 직무행동보다는 성과의 결과에 초점을 둘 수밖에 없으며, 수행과정에 대해서는 e-HR의 개발을 통해서 직무행동을 자동적으로 모니터링할 수 있는 방법을 개발할 수 있다.

사람마다 ICT에 적응하는 능력과 동기는 다른 개인요소가 변화의 차이를 만들기도 한다. 기술의 변화가 급격하고 복잡할 때 관리자인 상사가 기술변화를 제대로 따라가지 못하고 부하직원의 역량과 업무에 대하여 포괄적으로 이해하지 못하여 부하에 대한 성과관리 장악력이 떨어질 수 있다. 그렇지만 성과관리를 인간답게 만드는 것은 평가가 아니라 성과를 해석하는 관리자, 동기를 높여주는 멘토, 의사결정을 도와주는 코치이므로, ICT의 영향이 클수록 리더의 성과관리는 일하는 과정에 대한 통찰력이 필요해진다.

4) 법률과 제도적 환경

앞서 설명한 사회문화적 환경의 변화와 노동력의 변화에 대한 대응을 국가가 촉진하거나 기업을 규제하기 위해서는 법률적 변화가 일어나게 된다. 예를 들어, 고령화의 사회현상이 가속화되기 시작한 2010년대에 정년연장을 법률로 정하였고, 부서장이 아닌(또는 부서장에서 복귀한) 평사원 중장년 구성원을 해고하는 인사결정을 내리기 어렵게 만들었다.

　전통적인 인사평가는 해고와 같은 인사결정에도 영향을 주는 경우가 많다. 이때 근로와 관련된 법률의 내용에 따라서 성과관리의 방식은 바뀔 수 있다. 구성원이 승진누락이나 해고를 당했을 경우에 이의를 제기하고 법적 소송으로 대응하기에 개인의 힘은 약하다. 미국의 경우 1960년대에 시민권법(Civil Rights Act)으로 평가자의 주관성이 많이 개입되거나 부정확한 인사평가제도에 대해 소송을 제기할 수 있는 법률적 근거를 마련하였다. 그 결과, 기업은 인사평가의 공정성과 객관성을 확보하는 제도적 장치가 필요하였고, 이러한 객관성을 법정에서 증명하기 위한 연구가 활발하게 진행되었다.

　우리나라의 경우에는 조직 구성원의 인사와 관련된 획기적인 법적 강제조항이 별로 많지 않았고 해고와 관련된 소송이 개별 개인의 문제로 여겨진 경우가 많아서 법률적 환경이 큰 영향을 끼치지는 않았다. 그러나 주5일 근무제의 예에서 보듯이 최근 노동법의 변화가 일과 가정 및 여가와의 관계에 대한 가치가 바뀌는 계기가 되고 조직 구성원의 직무행동에 영향을 주고 있다. 법적 환경은 공휴일에 자기계발을 하거나 조직의 공식 교육훈련 프로그램 참가하여 역량을 개발하는 기회로 활용하는 데 영향을 미치기도 한다. 법률환경의 이러한 영향은 역량개발을 통한 성과관리에 긍정적인 여건이 된다.

(1) 직장 내 괴롭힘 관리

사회적으로 다양성에 대한 존중이 중요해짐에 따라서 직장내괴롭힘법이 최근 제정되었다. 개인에 대한 공격성(workplace aggression), 비인격적 감독 (abusive supervision), 조직 내 무례함(workplace incivility) 등 비슷한 현상을 아우르는 직장 내 괴롭힘은 학문적인 개념이다. 우리나라의 현장에서는 간호 분야의 '태움', 서비스 업종에서의 '진상고객', 사업주나 상사의 부당한 지시나 신체적·언어적 폭력인 직장 '갑질', 동료 간의 인간적인 소외를 주로 의미하는 직장 내 '따돌림' 등 다양한 산업, 직종, 당사자에 대한 현상을 반영하는 행동이 공론화되었다.

이러한 법률적 변화에 영향을 주게 된 것은 사회문화적 영향이 크다(조은정, 한태영, 2018). 예를 들어, 경쟁적 풍토는 구성원이 조직에서 주어지는 보상이 자신과 동료의 성과를 비교해서 주어진다는 인식을 공유하는 것으로, 자신이 지각하는 보상을 최대한 얻으려 하면서도 다른 구성원에 비해 비용을 최소화하려는 행동 방식으로 나타난다(Stanne, Johnson, & Johnson, 1999). 따라서 경쟁적 풍토 아래에서는 구성원이 동료 집단과 비교할 수 있는 직무수행에 주의를 기울이게 하고, 목표와 관련되는 활동에 초점을 맞추게 된다. 이러한 풍토는 직무수행을 증가시키는 긍정적인 효과도 있지만, 팀 내 경쟁이 관계 갈등을 유발하여 집합적인 수준에서 직장 내 괴롭힘을 만들기 때문에 성과관리에서는 이런 문화적인 요소의 영향을 살필 필요가 있다.

정책과 여론에 악영향을 받거나 법적 소송에 휘말리지 성과관리를 하기 위해서는 구성원이 피드백을 받고 평가에 관해서 이의제기를 할 기회가 있어야 하며, 리더는 부하의 성과를 관찰할 기회가 충분해야 한다(Bernardin & Beatty, 1984). 앞서 설명한 ICT 기술변화에 따른 가상조직(재택근무)을 많이 할 때는 객관적인 근태 데이터 같은 다른 방식으로 이러한 기회를 만들어야 한다. 그리고 해고처럼 종결적인 인사결정을 될 때는 인사평가의 기록과 근거를 남겨야 한다.

(2) 주40시간 근로

2018년 국회에서 '근로기준법 개정안'을 통과시킴으로써 주당 법정 근로시간을 기존 68시간에서 52시간(법정근로시간 40시간+연장근로12시간)으로 단축하였다. 상시 노동자 300인 이상 기업은 2019년 4월부터 본격적으로 시행하였으며, 상시노동자 5~50인 미만 기업은 2021년 7월부터 적용되었다. 그 이상의 노동시간에 대한 처벌과 초과근로수당을 지급 및 위반 시의 처벌을 포함하는 이 제도는 삶의 질을 개선하고 일자리를 공유하여 고용을 확대하겠다는 취지가 포함되어 있다.

이러한 법적 규정으로 근무 환경도 많이 변화하고 있다. 특별연장근로 인가사유를 확대하면서 다소 유연한 법적용을 시도하기는 하지만, 기업들도 출퇴근 시간을 자유롭게 조절하는 선택적 근로시간제를 실시하며 적응하고 있다. 많은 기업이 규제를 맞추기 위해 다양한 근무형태를 내놓고 있지만 주52시간 근무제가 완전히 자리잡기까지는 시간이 필요할 것으로 보인다. 이 제도의 도입으로 일부 직원은 임금 감소를 우려하고 어떤 기업은 시기에 따라 다른 업무량 처리에 어려움을 겪는다. 이 법률과 정책의 안정적 정착을 위해서 기업은 '스마트워크'를 적용하면서 업무의 낭비 요소는 줄이고, 중요한 업무에 몰입할 수 있도록 하는 능률적인 업무 방식을 도입하였다. 즉, 축소된 근무시간을 보다 효율적으로 운영하려는 변화를 시도하는 것이다.

3. 성과관리는 개인에 대한 초점을 넘어설 것인가?

1) 집합적 성과관리

조직은 개인, 팀, 본부 등 서로 다른 수준(즉, 레벨, level)으로 구성되어 있다. 성과관리는 조직의 구성원 개인에 대한 평가를 통해서 개인의 직무수행을 향상시키고자 한다. 팀제의 평가와 성과관리를 위해서는 일반적인 성과관리와 다른 요인들을 고려할 필요가 있다(한태영, 2015).

(1) 보편화된 팀제 조직관리

가. 집단에서 개인의 수행

집단적인 수행에 대한 최초의 관심은 호손 연구(Hawthorne studies)이다. 이 현상을 통해서 집단(group)에 대한 연구가 조금씩 이루어졌지만, 기업 조직에서 팀(team)은 일반적인 집단의 사회적 현상과는 차이가 있다. 팀은 조직의 구성원으로서 하나 이상의 공통 목표 존재하며, 일의 흐름(workflow) 및 성과를 위해서 구성원들이 서로 의존하면서 교류하고, 각 개인이 서로 다른 역할과 책임을 갖고 있다(Kozlowski & Ilgen, 2006).

나. 개인의 집합적 수행

집단지성(collective intelligence)은 생태계에서 다수의 개체들이 협동하여 하나의 집합적인 지능을 만들고, 그것이 어떤 지능적인 활동과 역할을 수행하는 것을 말한다. 조직에서 한 명의 전문가보다는 집단적으로 의견을 모은 것이 더 좋은 결정을 내릴 수 있다는 집단지성은 조직성과를 책임지는 경영자가 볼 때 매력적인 아이디어이다. 그렇지만 그것의 실체가 무엇인지, 어떤 과정으로 형성되는지, 조직의 지원환경은 무엇인지 체계적으로 밝혀지지 않은 비과학적인 측면이 많다. 오히려 체계적인 연구는 집단이 의사결정 할 때 잘못된 결정을 내리게 되는 집단사고(groupthink) 같은 부정적인 측면에서 밝혀지기도 하였다.

그러나 개인의 성과를 조직성과로 전환하는 과정을 강조한 IPO(input-process-output) 모형으로 소개된 팀 성과에 대한 모형은 개인의 성과를 집합적으로 더 큰 성과로 도출하는 데 도움을 주었다. Hackman과 Morris(1975)

집단사고

응집력이 강한 집단이 내리는 잘못된 사고체계를 말하는 것으로, 구성원들이 만장일치를 이루려고 하는 의욕을 갖고 현실적인 사항을 판단하는 경향성을 의미한다. 이러한 개념은 재니스(Irving Janis)가 여러 사례를 연구하여 출간한 저서인 "집단사고의 희생자들 (Victims of Groupthink, 1972)"과 "집단사고 : 정책 결정과 대실패에 관한 심리학적 연구(Groupthink: Psychological Studies of Policy Decisions and Fiascoes)"에서 소개되었다.

그가 제시한 대표적인 사례는 케네디 대통령의 쿠바 피그스만(灣) 침공 사건이다. 소련의 지원을 받는 쿠바의 위험을 제거하기 위한 침공은 계획 단계에서는 매우 쉽고 긍정적인 결과를 예상했지만, 결과적으로는 대실패로 끝났다. 실패의 원인을 검토하는 과정에서 케네디 대통령은 자신의 바보 같은 결정에 탄식했고, 고문으로 참여했던 역사학자 슐레진저(Arthur Schlesinger, Jr.)는 당시의 토론 분위기 때문에 소극적인 질문 몇 가지를 하는 정도로 반대 의견을 제시하지 못했다. 전체적으로 자신만만한 분위기와 이미 결정되어 있는 듯한 방향에 대해 이견을 내면 '왕따'를 당할 가능성을 무의식적으로 느끼게 되는 것이다

Janis는 일본의 진주만 침공에 대한 예측 실패도 집단사고의 사례로 들었다. 당시 미국은 일본의 통신을 감청하고 일본이 전면적인 대미전쟁을 준비하고 있다는 것을 알았다. 정부는 즉시 하와이에 주둔한 육군과 해군에게 알렸지만 군은 이 경고를 무시했다. 그들은 일본의 전력으로 미국이 2차 대전에 참여하게 될 공격을 할 만큼 어리석지 않다고 내부 결론을 내렸고, 만약 일본의 준비가 사실이라 하더라도 진주만에 집중 배치되어 있는 공군과 해군의 대응전력에 자신만만했다.

가 팀의 투입, 프로세스 및 결과를 설명하는 이 모형을 더욱 발전시키면서 40여 년간 팀 연구를 촉진하였다. 최근에는 다수준 이론과 실제로 팀 조직 성과관리를 위한 연구가 활성화되면서 외과수술팀이나 재즈연주팀처럼 개인들이 단순한 집합과 전혀 다른 성과(예 : 수술성공, 앙상블)를 만들어내는 승화(emergence)현상을 보강하게 되었다. 이러한 현상은 소셜네트워크처럼 개인들의 원래 의도와 다른 새로운 온라인 패턴이 만들어지는 집합적 결과물을 설명하는 데도 적용될 수 있다.

다. 팀 조직관리의 활성화

전통적인 개인 성과관리와 달리, 집합적 현상의 연구가 이론으로 축적되어, 현재의 조직은 대부분 공통 목표를 추구하는 집단적인 수행으로 점차 이동해 왔다. 외부 환경의 변화가 커지고 내부 성과창출 방법이 복잡해지면서 개인의 직무수행보다 팀워크가 효과적이라고 인식했기 때문이다.

이러한 변화에 따라 학계에서도 팀으로 이루어지는 행동에 주목하고 성과를 창출하는 과정의 복잡성에 대해 진지하게 생각하기 시작하였다. 〈표 2-1〉에 제시된 연구성과물을 보아도 그 점은 뚜렷하게 나타난다. 기업에서 심리적 현상을 주로 연구하는 응용심리학회지(Journal of Applied Psychology)의 최근 연구경향을 보면 과거 10년에 비해 최근 10년간 팀, 집단 및 집단 성과에 대한 연구가 상당히 많이 증가하고 있다. 실질적으로 이 주제들을 합하면 가장 많은 양의 연구논문이 발간되고 있음을 알 수 있다.

최근의 논문 중에서 팀 성과를 적절히 연구하는 방법이나 측정 방법에 대

표 2-1 팀 연구의 활성화

연구순위	1997~2006년	논문 수	2007~2016년	논문 수
1	직무태도	194	직무수행	244
2	직수수행	149	직무태도	157
3	성격	118	리더십	128
4	조직행동	95	조직행동	121
5	리더십	68	**팀**	**118**
6	직무만족	61	성격	104
7	**팀**	**54**	**집단**	**101**
8	타당도	52	스트레스	54
9	업무환경	51	**집단성과**	**50**
10	구성원 상호작용	50	공정성	49

출처 : Kozlowski, Chen, & Salas (2017), Journal of Applied Psychology

한 논문도 다수 있는데, 과거에 비해 조직의 다양한 층(level, 즉 개인, 팀, 및 본부 등)의 관련성을 다룬 다수준(multi-level)의 역동적인 현상을 직접 다룰 수 있는 방법도 개발되었다. 이를 통해 팀 조직관리는 단순하게 개인의 직무 수행을 합산하거나 조직목표를 할당하는 문제가 아니라 복잡성이 증가하는 개인 업무(과업 특징)와 팀에게 권한과 책임을 함께 부여하는 조직체계(과업 구조)가 얽혀 있는 속성을 밝혀내고 있다.

(2) 집합적 성과관리의 양면성

가. 성과와 보상의 불일치

팀워크라는 용어가 내포하는 낭만적인 의미에도 불구하고 구성원의 심리적인 역동성은 다르게 작동하기도 한다. 개인 수준과 팀 수준에서 일어나는 성과와 보상들이 서로 맞지 않을 경우, 자동차의 두 바퀴가 정렬되지 않아서 핸들 조작이 부정확하고 연료가 낭비되는 것과 같은 비효율이 생긴다. 현실적으로 팀제 운영에서는 평가와 보상 양측이 커버하지 못하는 맹점(blind spot)이 존재한다. 개인에 대한 직무수행평가와 개별보상이 있고, 사업부와 같은 상위조직 단위의 실적평가와 성과금(예 : profit share, profit incentive)이 별도로 있다. 하지만 팀 수준에서 이런 제도를 운영하는 조직은 별로 없다. 그럼에도 불구하고 대부분의 현대조직은 팀제를 기본으로 하고 있는 것이다.

팀제에서는 팀원들 간의 협력과 팀 수준 성과가 중요한데, 정작 보상은 개인별 보상으로 개인 수준에서 하게 되면 모순적인 신호가 된다. 팀 구성원들은 경쟁적 관계에 놓이기 때문에 팀 성과에 덜 관심을 두고 개인주의가 생긴다. 내 일이 제일 중요하다고 생각하게 되는 것이다. 반면, 개인별로 상대평가를 하는 조직이 정작 성과에 대해서 팀원들 모두에게 균등한 보상을 하게 되면 개인 구성원은 이러한 불일치에 편승하여 사회적 태만과 같은 행동을 보여서 조직 수준에서 동기손실(motivational losses)이 일어날 수 있다(Karau

& Williams, 1993).

그나마 이런 성과와 보상 간의 불일치는 개인과 사업부 단위에서는 일어
날 법하지만, 팀 수준에서는 평가와 보상 제도가 불분명하기 때문에 팀 수준
성과관리는 애매한 요인이 더욱 많다. 개인에 초점을 둔 평가와 관리방법과
달리, 팀제 조직에서는 구성원에 대한 성과관리와 팀 조직의 성과창출이 함
께 이루어질 수 있는 통합된 성과관리시스템이 필요한 것이다.

나. 동료 간의 경쟁

팀제 조직에서 동료평가는 팀 구성원이 동료와 협력하거나 팀 목표에 기여
하는 정도에 대한 가치 있는 정보를 제공한다. 따라서 동료평가는 이러한 프
레임워크를 채택하는 조직에게 특히 매력적이다(Levy & Williams, 2004). 다
면평가가 우리나라에서 20여 년 적용되었지만, 동료평가를 과감하게 도입하
지는 않았고 조직에 미치는 영향을 조심스럽게 검토해 왔다. 조직의 역학관
계로 볼 때, 동료는 평가 점수에 따라 보상을 분배하거나 가치 있는 성과금을
받을 때 서로 경쟁관계로 인식하게 된다(Greguras, Robie, Schleicher, & Goff,
2003). 즉, 상사나 부하에 대해서는 부정적인 피드백을 제공하는 데 부담을
느끼지만, 동료에 대해서는 긍정적인 피드백을 제공하는 데 오히려 부담을
느끼는 제로섬 게임 상황에 처하는 것이다.

또한, 현실적으로 성과관리 제도는 한번 실시하고 끝내지 않는다. 신입사
원 채용이나 교육 프로그램 참여처럼 한 구성원이 한 번만 겪는 것이 아니다.
매년, 어떤 기업은 해마다 몇 번씩 반복해서 이루어지므로 한 구성원은 계속
평가를 하고 또 받는다. 동료들끼리 몇 년간 성과관리에 참여하고 나면 어떻
게 될까? 이상적으로는 동료에 대해서 평가를 하게 되면 긍정적인 팀워크가
생겨야 한다. 조직은 팀 지향적인 행동에 대해 인센티브를 제공하는 구조로
운영하므로 개별 팀 구성원은 사회적 태만과 팀 성과에 대한 무임승차를 줄

이게 되는 것이다.

그러나 이러한 긍정적인 효과가 항상 나타나지 않는다. 업무를 하면서 개인 구성원은 집단적 합리성(collective rationality; 모두가 협력하면 모든 사람이 이익을 얻는다는 인식)과 개인적 합리성(individual rationality; 자신의 이익이 올라갈수록 다른 사람에게 더 많이 의존하여 집단목표를 달성)의 논리 사이에서 한 가지를 선택하게 된다. 사회적 딜레마는 공동의 최종 성과나 결과에 대한 책임을 공유하는 팀원들이 종종 직면하게 되는 이중 효용 기능(dual utility functions)에 의해 발생하는 역설이다(Bamberger, 2007).

동료평가 도입 초기에는 우정의 효과로 동료들에게 관대한 평가를 하는 경향이 있다. 그렇지만, 회기가 계속되면서 구성원이 자신의 생각보다 낮은 평가를 받았다고 여기고 동료평가의 희생자가 된 것으로 인식하는 경험을 하게 된다. 내가 평가하는 것보다 동료가 나를 평가하는 것이 엄격하다는 억울함을 느끼게 되고, 이러한 인식을 서로 비슷하게 갖게 되면 '동료평가왜곡'의 팀 풍토를 형성할 수 있다. 즉, 동료평가를 엄격하게 하고 있다고 느끼며, 평가점수는 하향 편향되었다고 생각하면 되면, 평가 회기가 진행될 수록 점점 더 심한 의도적 왜곡을 조장하는 동기가 생기게 된다. 이렇게 되면 동료평가를 통해서 협력적인 팀 프로세스를 유도하는 긍정적 연관성이 감소하게 된다. 이러한 사회적 딜레마 현상을 다면평가에서 다루는 방법은 4장에서 설명하고 있다.

(3) 소셜네트워크의 영향력

SNS의 발달에 의해 가상(virtual) 조직이 늘어나고 네트워크의 영향력이 점점 커지고 있다. 조직에서 여러 사람들 간의 네트워크에는 다른 구성원들과 특히 많이 연결되어 중심을 차지하고 있는 사람이 있기 마련이다. 일반조직의 팀에서는 중심에 위치해 있는 인물이 공식적인 리더이다. 하지만 다른 팀원들과 가깝게 교류하면서 타인의 관심사에 적절히 반응하고 자기주시(self-monitor)가 높은 팀원이나 성과가 좋은 구성원처럼 비공식적으로 네트워크의 중심에 위치하는 구성원도 있다(Merha, Kilduff, & Brass, 2001). 조직수준에서도 다른 조직과의 네트워크 상에서 중심성이 높을수록 생존율이 높거나 기업 성과가 좋다(정명호, 오홍석, 2005). 이처럼 네트워크는 개인이나 조직에게 성과창출의 결과이거나 자원이 될 수 있다. 최근에는 네트워크를 시스템으로 활용하는 플랫폼 기업들은 광고 이상의 수익을 창출하고 있고, 네트워크를 자본으로 인정하게 되었다. 성과관리 측면에서 이러한 네트워크는 데이터기반 결정(people analytics)에 시사점을 제시할 수 있다.

가. 네트워크 중심인물

개인 구성원이 네트워크 활동을 하게 되면 전통적인 자본과 다른 사회적 자본(social capital)을 갖게 된다. 네트워크 중심성이 높은 사람일수록 이러한 사회적 자본을 확보하기가 쉽고, 이런 사회적 자본을 통하여 다른 사람보다 경쟁적 우위를 누릴 수 있다는 장점이 있다(Adler & Kwon, 2002). 네트워크 연결망에서 유리한 위치를 가진 사람들은 어떤 기회를 잡거나 좋은 선택을 하기 위한 유용한 정보를 수집할 수 있고, 성과와 관련되는 문제해결 과정에서 의사결정을 내리는 역할을 하며, 네트워크 내에서 다른 구성원과의 관계에서 정서적 지원을 받을 수 있다. 이들은 자신이 생각하고 있는 아이디어나 정보 외에 여러 사람의 다양하고 유용한 정보를 빠르고 쉽게 활용할 수 있다. 또한, 그들은 다른 구성원들과의 연결에서도 가장 짧은 거리에서 정보를 통제할 수 있다. 따라서 네트워크의 중심에 있는 사람은 네트워크의 성장과 팀 성과에 중요한 영향을 미치게 된다. 그들은 위험을 감수하는 데 부담을 덜 느끼게 되어 과감하거나 이전과는 다른 방식으로 업무에 임하여 창의적인 행동을 할 수 있다(Perry-Smith, 2006). 국내에서도 네트워크의 중심에 있는 인물이 좀 더 창의적인 행동을 하는 것으로 나타났다(김은실, 2011).

나. 네트워크의 밀도

팀원들 간에 만들어지는 또 다른 네트워크 요소는 밀도(density)이다. 팀 내에서 교류가 얼마나 촘촘하게 얽혀 있는가에 대한 현상을 말한다. 즉, 밀도는 네트워크 내 구성원이 서로 간에 관계를 맺고 있는 정도나 유대관계의 수를 말하며, 연결 가능한 전체 수에 비례하여 실제 연결된 수로 계산한다(Ibarra, 1995). 네트워크의 밀도가 높다는 것은 정보를 서로 활발하게 공유하며, 팀 구성원들끼리 서로 조언을 더 많이 한다고 볼 수 있다.

비대면 업무와 가상 팀이 증가하는 최근의 조직에서 적절한 의사결정이 이루어지기 위해서는 팀이 의사결정에 필요한 정보를 원활하게 획득할 필요가 있다. 팀이 가능한 해결방안을 다각적으로 검토하고 구성원 간 상호작용도 다양하게 모색해야 한다. 문제 발생 시 네트워크가 느슨하거나 불완전한 구조를 가지면 정보가 의사결정자에게 도달하지 못하고 차단될 수 있다. 반면, 네트워크의 밀도가 높으면 다양성(diversity)을 훼손할 가능성도 있어서 경우에 따라 상쇄효과가 생길 수도 있다. 국내 연구에서도 팀 수준에서 네트워크 밀도가 높아도 팀 적응수행을 향상시키지 않는 것으로 나타났다(윤석현, 한태영, 2012).

혁신적인 성과를 창출하려는 경우, 네트워크를 통한 교류가 있는 직원들은 혁신의 달성도 및 추진속도가 훨씬 높다. 하지만 이와 같은 경우의 네트워크는 '혁신 네트워크'라는 속성을 가져야 한다. 국내의 연구에서도 밀도가 높을수록 팀 창의성이 높게 나오는데, 팀 내 업무방식의 개선이나 문제해결에 대해 서로 잘 협력할 수 있기 때문에 오히려 팀 네트워크 밀도가 팀 창의성에 정적인 영향을 줄 수 있다는 것이다(김은실, 2011).

2) 기술과 동기부여의 통합 : 애자일 조직(agile organization)의 성과관리

(1) 기술적 애자일

애자일은 ICT 분야의 테크놀로지가 급격하게 변하는 속도에 맞춰서 신속하게 프로젝트를 수행하기 위한 방법론으로 시작되었다. 정보의 폐쇄성이 강하던 과거에는 독점적인 기술, 제품 또는 서비스로 시장을 만들어 놓으면 후발주자가 따라오기 힘들었다. 대규모로 생산하고 소비하던 시기의 대규모 자본과 기술을 보호하는 특허를 활용해서 경쟁우위를 지키기도 쉬웠던 것이다. 그러나 현재는 역공정(reverse engineering)을 통해 경쟁사들이 비슷한 제품을 더 싼 값에 내놓을 수 있게 되면서, 물리적인 자원을 활용하는 차별화 전략으로 진정한 차별화를 만들기 힘들어졌다. 기술연구 분야에서는 대표적으로 린 스타트업 방식으로 프로젝트를 관리한다.

과거에는 전체 성과과정 또는 프로젝트를 분석, 설계, 개발, 테스트, 출시, 유지보수라는 단선적인 프로세스로 운영했다면, 애자일 방식은 〈그림 2-3〉과 같이 이 과정을 잘게 나누고(스프린트라고 표현하기도 함), 각 과정에서 완성도를 높여가는 성과관리 방법이다. 이러한 방식은 개인이 하나의 상설

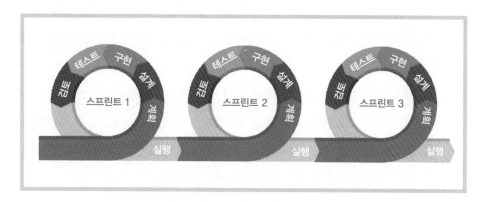

그림 2-3   애자일 성과관리

팀이 소속하는 것이 아니라 여러 프로젝트 팀에 소속되어 일하는 경우가 많기 때문에 각 단계에서 구성원이 달라지기도 하는 현재의 팀 조직 특징(즉, 멀티팀 업무)와도 관련이 된다.

개인의 직무수행에서도 성과의 전체를 끝내고 상사에게 보고하는 방법이 때로는 의사결정을 지연시키고 문제를 신속하게 해결하지 못하는 경우가 있기 때문에 수시보고를 유도하는 조직구조가 된다. 성과가 창출되는 짧은 단계를 반복하기 때문에 프로젝트 전체가 실패하게 되는 리스크를 미리 찾아서 줄일 수 있고, 중간 과정에 리뷰를 통해서 구성원들이 하나의 팀으로 학습할 수 있다는 업무수행의 상식적인 지혜를 시스템으로 구축하기 위한 방법이다.

(2) 동기적 애자일

이러한 기민한 성과관리 방법은 실제로 목표관리와 동기부여의 원리를 도입하는 것이다. 즉, 성과관리에서 구성원들에게 내재적 동기를 부여하는 것이 애자일 조직관리의 핵심이다. 이때 내재적 동기는 성과에 대하여 열망(aspiration)을 만들어 내는 가치관을 포함하는 것이다. 맥킨지 컨설팅은 이와 관련해서 애자일 조직을 구성하는 5 가지 특성을 제시하였다. (1) 공유된 목적과 비전, (2) 권한위임을 받은 네트워크 팀 구조, (3) 빠른 의사결정과 학습 사이클, (4) 역동적인 사람 중심의 운영, (5) 차세대 기술 활용을 포함한다(김성남, 2020).

애자일 조직은 성과관리의 변화 트렌드를 적용하면서 전통적인 인사평가의 원리를 재구조화하는 것으로 볼 수 있다. 기술적으로 속도를 중시하면서 시작된 방법이지만, 빠른 제품화나 성공(즉, 스케일업)을 가능하게 하는 조직 시스템은 성과관리의 원리를 적용하게 되는 것이다.

가. 구성원 육성에 초점

성과관리의 패러다임 변화를 기민한 조직에서는 그대로 적용한다. 리더가 주도하는 업무수행과 결과에 대한 보상결정 방식을 변화시켜서 구성원이 갖는 권한이 커진다. 모든 사람이 새로운 방식과 아이디어를 제안하는 권한위임을 하고, 그에 맞추어 팀 구성원들이 동료를 평가하는 공유리더십을 발휘한다. 평가의 내용도 평가 자체보다는 목표 달성에 필요한 행동 변화를 유도하는 데 초점을 두므로 동료 피드백이라고 하는 것이 더 정확하다.

피드백은 스프린트를 끝낼 때마다 리더에게서 받는 것과 달리 구성원들은 실행과정에서 수시로 나누며, 이러한 피드백은 공식적인 조직앱이나 소셜네트워크를 통해서 이루어진다. 이러한 수시 피드백은 MZ세대에는 익숙하면서 그들을 성장시키는 데 도움이 된다. 공식적인 성과관리 제도와는 별개로 프로젝트를 기민하게 관리하는 제조 기업이나(예 : Pfizer, P&G) 고객의 소비변화에 신속하게 대응하는 것이 성과에 영향을 주는 조직(예 : Gap, Cigna 보험)에서 활용되고 있다(Rigby, Sutherland, & Takeuchi, 2016).

나. 팀 성과관리로 수렴

팀기반 프로젝트의 특성상 성과가 특정 개인 누구의 공인지를 명확하게 구분되지 않는다. 기민한 조직은 규모가 작고 구성원들이 능동적으로 협업을 하기 때문에 팀 목표 달성에 기여하는 정도가 성과관리의 대상이 된다. 이러한 대상을 목표추진열의(Objectives and Key Results, OKR)라고 하며, 과거의 성과관리에서 적용한 목표관리(Management by Objectives, MBO)로 구분된다.

MBO는 하향식으로 회사의 경영 목표를 개인까지 폭포수처럼 내려서 적용했지만, OKR에서는 목표몰입에 초점이 강하며, 목표를 추진하는 개인의 열의가 중요하며 작은 목표달성을 통해 조직목표까지 상향적인 파급력을 가진다. 따라서 이 개념은 목표추진열의라고 할 수 있다. 목표관리의 기반이 되는 목표설정이론(goal-setting theory)에서도 도전적이면서 구체적인 목표와 함께 목표에 대한 몰입(commitment)의 중요성을 강조했다(Lock & Latham, 1990. 그러나 경영 목표를 시작으로 하향식 목표관리를 중시하면서 개인의 몰입은 상대적으로 간과되었다. 목표추진열의(OKR)는 개인의 경력에 대한 열망(aspiration)을 존중하면서 조직의 목표와 조화되는 상향식 목표를 추구한다. 또한 그 과정에서 팀 목표를 인식하도록 유도하여 권한위임을 받은 구성원들이 의사결정하도록 한다. 이러한 현상에 대한 좀 더 근원적인 동기과정은 3장에서 보다 상세하게 설명하고 있다.

다. 작업단위별 수시 평가

과거의 인사평가는 서구에서 연간리뷰(annual review)라고 지칭하듯이 1년이라는 시간 단위에 익숙한 성과관리 방식이지만, 기민한 조직은 애자일 프로세스의 스프린트 기간을 기준으로 한다. 스프린트는 대개 여러 주 동안 지속되는데, 한 스프린트가 끝나면 결과물을 점검하고 다음 스프린트를 위한 준비 시간을 잠시 갖게 된다. 이 때가 평가와 피드백을 위한 가장 적절한 타이밍이다. 즉, 조직의 리더에게 수시면담과 피드백을 하라는 최근의 성과관리 방식이 관리자의 역할을 모호하게 하는 단점을 좀 더 명확하게 프로젝트 단위로 설정하여 평가의 공식적인 시기를 잘게 쪼개어 설정하는 것이다.

성과향상에 대한 동기

일할 맛 나게 해 주네!

조직에서 구성원은 업무수행을 통해 내재적·외재적 보상에 대한 동기를 충족되기 바라며, 향후 보다 나은 성과를 올릴 수 있도록 부족한 역량을 개발하기 원한다. 또한 회사의 제도가 자신의 성과 향상을 지원해 주기를 바란다. 회사의 관련 시스템에 대해서 인식이 좋지 않을 경우에는 성과관리의 책임자인 상사와 당사자인 부하가 성과정보를 갖고 면담하는 것을 꺼리게 된다. 이런 상황에서 부하직원은 이 제도를 관리하는 인사담당 부서를 통제자로 인식하며, 상사는 인사평가나 성과면담을 연례행사로 여기고, 회사는 추가적으로 다른 제도나 외부 컨설팅의 지원을 받게 되어 시간과 비용이 추가되기도 한다.

조직이 성과향상의 동기를 잘 이끌기 위해서는 개별 구성원을 고객으로 인식하고, 성과향상을 주도하는 동기를 높여줄 필요가 있다. 최근 구성원의 적극적인 고객만족 활동을 조직의 비전을 달성하는 핵심적인 전략으로 보는 경향이 강화되고 있고, 이러한 추세에 맞추어 인재개발의 분야에서도 고객

만족에 대한 인식이 증가하고 있다. 성과향상 과정에 참여하는 조직 구성원과 그들의 관리자를 인사부서에 성과정보를 제공하는 피평가자와 평가자로 바라보기보다는 이들이 추구하는 욕구를 충족시킬 수 있는 체계를 구축하는 것이 고객지향적 성과관리 관점이다(Hedge & Borman, 1995).

구성원에게 초점을 두는 성과관리의 출발점은 공정한 과정 관리이다. 과거에는 정확한 인사평가에 방점을 두다 보니 정확한 평가를 위한 심리측정 요소에 관심이 집중되어 결과적으로 인사평가제도가 조직관리 시스템으로서 조직성과에 기여하는 기능을 소홀히 하였다(Murphy & Cleveland, 1995). 그러나 점차 구성원의 성과향상과 미래 직무에 대한 동기를 관리하는 것이 중요하다는 인식이 생기게 되었다. 이러한 접근법으로 성과관리 제도가 양호한지를 판단하는 기준을 반응준거(response criterion)라고도 한다. 구성원이 성과관리 제도를 경험하면서 평가문항, 운영, 피드백, 및 성과향상 지원 등에 대해 가지는 태도를 중요한 반응으로 보고 성과관리 제도를 관리하는 것이다.

1. 성과관리에 대해 구성원은 어떤 태도를 갖는가?

1) 구성원 인식의 중요성

(1) 성과평가의 주체 : 일선부서

구성원의 장기적인 육성을 궁극적으로 지향하는 것이 성과관리이지만, 당장의 평가와 피드백에 대해서 성과관리의 대상자인 부하는 호의적이지 않은 경우가 많다. 단기적으로 누군가가 자신을 지켜보고 평가한다는 것은 스트레스를 주고, 더욱이 평가의 결과에 따라서 보상이 달라질 가능성이 있으면 긴장도는 더 높아진다. 또한 자신에게 불리한 결과가 나타나면 사람들은 대개 결과를 야기한 과정을 좀 더 진지하게 살펴보는 경향이 있다(Folger, 1993). 자신에게 우호적인 결과가 나타나면 그런 결론을 내리게 된 과정에 대한 탐색도 적고 절차적인 측면이 공정성 지각에 영향을 미치는 정도가 적지만, 결과가 부정적일 때는 절차적인 측면에 민감해지고 결과도출 과정의 적절성을 살펴보게 된다. 즉, 자신에게 돌아온 결과보다는 오히려 이러한 공정성에 대한 인식이 그 다음 반응에 큰 영향을 준다(Greenberg, 1987).

이러한 반응과 성과관리에 태도가 중요한 이유는 다른 인사제도와 달리 성과관리의 실질적인 주체가 인사담당부서가 아니라 당사자(조직구성원인 부하와 상사)들이기 때문이다. 예를 들어, 채용정보는 선발부서가, 교육정보는 연수부서가 주도적으로 만들어낸다. 하지만 평가정보는 공식적인 진단 외에는 직무수행에 대한 정보의 생성부터 성과향상 정보 활용까지의 핵심과정이 일선 부서의 상사와 부하에게 달려 있으며, 인사담당부서는 실행을 지원하는 조력자인 것이다.

(2) 조직 성과에 대한 파급력

구성원의 태도를 중요시하는 것은 HR 가치 제고(value proposition)라는 지향점에 부합한다. 예를 들어, 구성원의 교육훈련과 관련해서 교육프로그램 평가의 준거로 사용하는 Kirkpatrick의 4단계 평가에서도 참여자의 만족도에 해당하는 반응(response)은 교육프로그램이 조직성과에 기여하는 첫 번째 단계이다. 즉, 교육 후 반응은 교육프로그램 자체에 대한 뒷 얘기나 교육강사에 대한 풍문을 만드는 정도로 직접적인 영향은 크지 않지만, 교육참여에 대한 풍토를 조성하는 데는 중요한 요소로 인식되고 있다(Alliger, Tannenbaum, Bennet, Traver, & Shotland, 1997). 채용과 선발은 우수한 역량을 가진 인재를 찾아서 뽑는 것이 핵심적인 목적이지만, 최근에는 외부고객에게 조직의 이미지를 구축하는 기회로 활용하기도 한다. 직원 선발 과정을 잠재적인 미래 고객에 대한 기업브랜드 이미지를 제고하는 고용 브랜딩(employee branding)으로 활용하는 것이다. 예를 들어, 어떤 기업은 자기 회사에 합격한 졸업생을 축하하는 현수막을 대학교에 걸어서 잠재고객을 만족시키면서 우수인력을 확보하는 활동을 하였다.

성과관리 제도에서 중요한 고객은 내부고객, 즉 조직의 구성원들이다. 이들을 만족시키는 성과관리 제도가 성과향상으로 연결되어 조직성과에 기여하는 성과나선(performance spiral)을 만드는 것이 필요하다. 최근에는 우리나라 기업들도 조직관리의 방법으로 목표관리법(MBO)을 많이 도입하고 있다. 그러나 상위에서 주어지는 객관적인 목표와 성과달성 정도에 의한 성과관리 과정에서 목표가 자신의 직무에 맞게 할당되어 있다는 인식이 있어야 긍정적인 태도를 가질 것이고 순차적인 성과향상이 가능하다. 하향적으로 내려오는 목표는 대개 도전적이고 달성하기 어려우며, MZ세대라 불리는 젊은 직원은 일과 삶의 균형을 원하기 때문에 목표를 선뜻 수용하지 않는 경우가 많다. 목표에 대한 몰입이 없으면 목표설정의 효과는 작동하지 않는다(Latham, Erez, & Lock, 1988). 최근에는 이러한 몰입의 중요성을 인식하며 성과관리와 에자일 조직을 연계하는 OKR(objectives & key results; 이후 이 책에서는 '목표추친열의'로 표기)을 적용하기도 한다.

(3) 체계적인 연구의 도전

구성원의 태도를 기준(즉, 준거)으로 성과관리 제도가 효과적인지 파악하려고 할 때 걸림돌이 있다. 그것은 고객관점에서 구성원의 반응을 준거로 본 연구들을 하나의 프레임 안에서 통합하는 것이 쉽지 않다는 점이다(Keeping & Levy, 2000). 그 이유는 (1) 통계적인 분석, 특히 심리측정학적 준거를 강조한 흐름에 밀려서 그 동안 조직구성원의 반응을 구성개념으로 체계화한 연구가 많지 않고, (2) 성과관리에 대한 태도를 조작적으로 정의하고 측정한 것이 연구자들마다 달라서 측정도구들 간에 일관성이 부족하며, (3) 그나마 연구자들이 독자적으로 개발한 방법도 지속적이고 체계적인 타당화 검증작업이 부족하였기 때문이다. 따라서 성과관리에 대한 반응이 일어나는 과정을 통해 이 개념을 구체적으로 살펴볼 필요가 있으며, 이를 바탕으로 성과관리에 대한 구성원의 반응을 검증하고 효과를 측정할 도구(tool)를 구성할 수 있고, 실무적으로 관리해야 할 영역을 구체화할 수 있다.

2) 성과관리에 대한 반발 과정

(1) 반발의 불씨

Holbrook(2001)은 주로 평가 후 상사와 부하가 면담하는 과정에서 부하의 공정성 지각에 대한 심리적 메커니즘에 초점을 두고 〈그림 3–1〉과 같은 과정을 제시하였다. 대부분의 성과관리가 직무수행에 대해 평가하는 단계와 부하와 대면하여 의사소통하는 두 단계로 나눠진다고 보고, 부하가 불공정하다고 반발하는 세 영역을 보았다. (1) 분배 공정성은 평가와 그에 따른 처우를 납득하는 정도, (2) 절차 공정성은 성과면담 전후에 구성원이 의견을 표명할 기회, 그리고 (3) 상호작용 공정성은 성과면담 과정에서 상사의 경청과 설명 등이다.

성과관리에 대한 이 모형에서는 인화물질에 불이 붙는 '접촉점(contact point)'과 '인화점(flash point)'을 은유적으로 적용하였다. 접촉점이란 불씨가 될 가능성이 있는 어떤 물질들이 부딪혀서 실제로 화염을 만들어낼 수 있는 여건을 말하는데, 해당 모형에서는 부하가 성과관리과정에 접촉하는 지점으로서, 공정성에 대한 반발이 나타날 수 있는 모든 상황을 의미한다. 반대 측면에서 보면, 구성원이 성과관리에 대하여 기대하는 것이라고 할 수 있다. 인

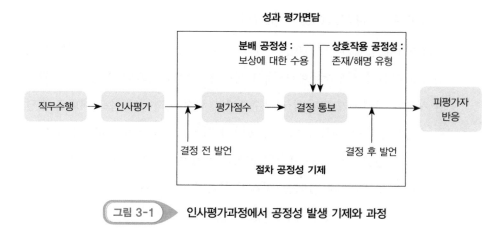

그림 3-1 ▶ 인사평가과정에서 공정성 발생 기제와 과정

화점은 상사가 성과 면담하는 과정에서 부하가 감정적으로 반응하는 어떤 사건을 가리키는 것으로, 불공정성이라는 불이 붙는 신호가 된다.

성과관리 과정에서 이 접촉점에 해당하는 측면, 특히 면담과정에서 접촉점이 되는 측면을 효과적으로 관리하면 원만하게 끝나지만, 이런 접촉점을 제대로 관리하지 않으면 '화재'가 발생하는 것과 같이 불미스러운 상황이 전개될 수 있다. 따라서 모든 접촉점은 잠재적인 인화점이라고 할 수 있다.

가. 접촉점 1 : 성과관리에 따른 처우

성과관리는 직무행동이 어떤 가치가 있는지를 알려주며 때로 평가점수가 포함되기 때문에 이 과정에서 구성원이 조직에서 인정받는 가치의 정도를 나타낸다. 게다가, 직무성과는 장기적으로 인사결정의 근거가 되기 때문에 구성원들이 기대하는 보상을 받을 수 있을지를 알게 해준다. 그러므로 평가와 후속의 처우가 좋지 않을 때 해당 접촉점이 인화점으로 변하는 것은 자연스러운 현상이다.

나. 접촉점 2 : 성과면담 중의 의견표명 기회

성과면담 과정에서 구성원이 의견을 표명할 기회가 있다. 초반부에는 자기 평가로 자신의 직무수행에 대해서 생각하는 바를 나타낼 수 있다. 성과면 담 시에는 상사에게 그간의 직무수행에 대해서 피력하고 서로 대화로 전달 할 수 있다. 특히 부하가 도구적 발언의 기회, 즉 상사의 인사결정에 영향 을 주고 싶은 의도로 의사 표현할 기회를 가지면 부하가 만족을 느끼게 된다 (Korsgaard & Roberson, 1995). 따라서 성과면담을 갖기 전에 무엇인가 결정 하기보다는 그 전에 면담과정을 갖고 의견을 피력할 기회를 많이 주면 인화 점에 이르지 않을 수 있다.

다. 접촉점 3 : 처우에 대한 배경설명

부하는 성과관리에 따라 자신의 처우가 달라질 수 있는 배경이 무엇인지에 관해 설명을 듣고 싶어 한다. 그 과정에서 자신에 대한 평가가 잘못되지 않았 는지 확인할 수 있으므로 전체 성과관리 과정이 공정한지를 인식할 수 있다. 이때 세 가지 요소에 대한 설명이 필요하다. 첫째, 부하가 직무수행을 평가할 때 사용한 목표와 성과를 판단하는 기준을 알려주고, 둘째, 직무수행에 관해 서 수긍할 만한 근거를 제시하고 이 근거와 관련되어 부하가 발언하는 기회 를 주며, 셋째, 처우나 인사 결정을 내릴 때 일관적인 기준을 적용하고 합당 한 절차를 지키는 것이다.

라. 접촉점 4 : 평가와 처우 결정 후 의견표명 기회

직무수행의 결과에 대해서 의견을 표명하는 것은 조직을 위해서 자신이 가진 일에 임할 때 무엇을 중요하게 생각하는지에 대한 가치를 표현하는 행위에 해당한다(Lind & Tyler, 1988). 특히 평가나 인사결정에 대해 이의를 제기하 는 것은 회사가 중요시하는 방향과 자신의 업무 태도, 상사가 기대하는 수준과 구성원이 달성한 것에 대한 인식을 적극적으로 표현하는 가치표현 행위라고 할 수 있다. 이런 발언은 향후 구성원이 성과관리 과정을 수용하는 데 긍정적인 효과를 준다. 점수와 처우를 확정하기 전에 의견을 피력할 수 있는 기회는 의사결정에 영향을 미치기 위한 도구적 발언인 반면에, 성과평가가 내려진 후의 발언 기회는 자신에 관한 가치표현적 발언이다.

(2) 접촉점에 대한 저성과자와 고성과자의 차이

가. 고성과자의 경우

성과가 좋은 구성원에 대해서는 의견을 피력할 기회를 주지 않아도 성과관리에 대한 태도를 형성하는 데 별 영향이 없다(Lind & Lissak, 1985). 성과관리 과정에서도 우수한 직무행동에 대하여 덕담을 나눌 수 있고, 그러한 성과를 내게 된 구성원의 내적 요소(능력, 노력 등)를 거론하면 더 호의적인 태도를 형성할 수 있다(긍정적인 성과 피드백 원리는 6장을 참고하기 바람). 이것은 내부귀인(internal attribution)으로, '잘되면 내 탓'과 같은 원리이다. 이런 경우에는 별로 접촉점으로 작용하지 않는다.

반면, 좋은 성과에 대하여 우호적인 경영환경이나 업무수행 여건 등에 의해 나타난 결과 등과 같은 외적 요인을 언급하면 운 좋게 평가를 잘 받은 것으로 보일 수 있기 때문에 성과관리에 대한 수용적인 태도를 감소시킬 수 있다. 그래서 불필요하게 성과관리에 태도를 부정적으로 만들게 된다. 즉, 성과면담을 해서 구성원이 의견을 제시할 기회를 주지만 면담 시에 상사가 외부귀인적인 설명을 하면 긁어 부스럼이 되는 것이다.

나. 저성과자의 경우

저성과자는 성과관리 과정에서 자신이 의견을 피력하거나 이의를 제기할 수 있는 과정이 필요하다. 그렇지 않으면 공정성을 낮게 인식하는 접촉점이 될 수 있다. 특히 성과면담을 할 때에 좋지 못한 성과의 이유에 대하여 외부요인을 거론하면서 면담을 하면 저성과의 원인을 개인적 책임에서 찾는 것이 아니기 때문에 외부귀인을 함으로써 부정적인 태도를 줄일 수 있다. 많은 상사가 이렇게 접촉점을 우회하는(또는 회피하는) 성과관리 면담을 한다.

　반면, 구성원에 초점을 두는 내적 설명은 저성과의 원인이 부하의 직무능력 같은 개인 특성에 있다고 보기 때문에 부정적인 태도를 더 강하게 만든다. 이런 경우 성과면담을 할 때 상사는 주의 깊게 피드백을 해야 한다. 피드백을 하는 환경에서 '고성과자에게 외부적 요인을 거론할 때'도 문제가 있지만 저성과자의 개인 특성에서 원인을 찾을 때 접촉점이 인화점으로 급격히 전환되어 성과관리가 실패할 수 있다. 그래서 6장에서 설명하는 피드백 기술이 필요하다.

3) 성과관리에 대한 태도의 차원

(1) 공정성

성과관리제도는 구성원의 보상과 처우에 영향을 줄 수 있으며, 극단적인 경우 해고와 같이 결정적인 사안에도 영향을 줄 수 있기 때문에 공정성이나 정의에 민감하다. 어린아이들도 '불공평해!' 라는 표현을 흔하게 하고, 균등, 공정, 정의와 같은 문구가 정치에서도 앞세울 정도로 공정성은 모든 사람에게 보편적인 관심사이다.

가. 분배 공정성

결과물 또는 이익을 분배하는 것에 대한 공정성은 형평이론(equity theory)이나 상대적 박탈이론에 입각한다. 사람들은 자신이 받은 결과를 다른 사람들이 받은 보상이나 자신이 가진 내적 기준(즉, 기대)과 비교한다. 그리고 이런

공정성이 중요한 사회심리학적 근거

성과에 대한 정보를 구성원에게 적절하게 전달하고, 구성원이 제도의 수립 과정에 참여할 수 있는 기회를 많이 주게 되면 결과의 수용성도 높아지는 경향이 있다(Taylor, Tracy, Renard, Harrison, & Carroll, 1995). 또한 상사의 만족도 높여 준다(Gilland & Langdon, 1998). 상사가 성과관리제도에 대해서 만족한다는 것은 성과관리에 필요한 평가정보를 능동적으로 활용하고 면담에 자신감을 갖고 참여할 가능성이 높다는 것을 암시하므로 성과관리를 위한 바람직한 증거라고 할 수 있다. 이러한 공정성은 앞서 살펴본 접촉점과 같이 분배공정성, 절차공정성, 상호작용 공정성으로 구분할 수 있다(Reb, Goldman, Kray, &; Cropanzano, 2006).

비교를 통해 만약 자신이 회사로부터 받게 될 것이라고 예상했던 보상을 받지 못했다고 느낄 경우 불균형을 지각한다. 그러면, 조직과 관계에 대한 평형 또는 균형을 회복하고자 어떤 행동을 취하게 된다.

이러한 불균형을 회복하는 방향은 심리적인 회복과 행동적인 회복 등 두 가지 방향이 있다. 심리적인 방법은 행동으로 표현하기 힘들거나 상황이 여의치 않을 경우 인지적으로 불공정을 해결할 수 있는 그럴싸한 이유를 만들어 합리화하는 것이고, 행동적인 방법은 직무수행 수준을 낮춰서 일을 덜 하거나 상사에게 자신의 부당함을 호소하거나 소송을 제기하는 것과 같이 불공정을 해결할 수 있는 다양한 방법을 직접 행동으로 나타내는 것이다(Bies & Tyler, 1993). 성과에 대한 개인적 책임을 생각하기보다는 외부요인(특히 상사)에게 결과의 책임을 떠넘기며 상사에 대하여 적대적인 행동 반응을 보이기도 한다.

나. 절차 공정성

절차 공정성은 조직이 확보한 성과나 이익을 구성원들에게 분배하는 '과정'과 관련되어 있다. 이것은 보상을 제공하는 성과급제의 운용에만 국한되는 것이 아니고 성과관리제도를 운용하는 과정의 여러 측면과도 관련이 된다. 조직의 구성원들은 보상의 분배 자체보다는 보상을 분배하는 제도적 절차를 꾸준히 관찰하면서 그 절차에 대하여 평가하고 이를 통해 공정성에 대한 지각을 형성한다(Leventhal, 1980). 다음과 같은 여섯 가지 요인이 중요한 절차적 사항이다.

- 일관성 : 여러 사람에 걸쳐서, 시간의 변화에 상관없이 일관성이 있는가?
- 불편향성 : 사회적인 편견에 해당하는 사항에서 자유로운가?
- 정확성 : 절차가 정확한 정보에 기초해서 진행되는가?
- 수정 가능성 : 결정이 올바르지 않을 경우 수정하는 절차를 마련하고 있는가?
- 대표성 : 절차가 모든 관련 당사자의 관심사항을 반영하는가?
- 윤리성 : 사회의 구성원들이 공유하는 윤리기준에 부합하는가?

이런 요소는 2장에서 살펴보았듯이 법률적 환경에 적절하게 대응하는 성과관리제도의 구비사항과 유사하다. 그리고 공정하다는 인식을 받은 구성원은 피드백을 수용하고, 자신의 직무행동과 조직의 목표 간에 존재하는 차이에 대한 정보로 지각하게 되면 과업중심적 피드백으로 작용해 성과향상의 동기가 높아진다(Kluger & DeNisi, 1996).

다. 상호작용 공정성

성과관리과정에서 다른 사람과 직접적 · 간접적으로 교류하면서 어떤 대우를 받았는가도 공정성 지각에 영향을 미친다. 구성원의 성과에 대한 정보는 여기저기서 논의될 수 있다. 직무수행이 인사평가 정보로 전환되고 관련 부

서에 전달되는 과정에서 여러 사람을 대하게 된다. 성과관리 단계에서 상사
와 면담을 하거나 인사부서와 접촉해야 하는 경우도 있다. 이 과정에서 인간
적으로 존중 받았는지가 중요하다. 이런 공정성 측면이 상호작용 공정성이
다(Bies, 2005).

　예를 들면, 성과관리과정에서 자신이 중요하다고 생각하는 성과정보가 누
락되거나 자신에게 중요한 정보가 전달되지 못한 경우, 또는 자신을 무례하
고 불쾌하게 대한 경우 등이다. 상호작용공정성 역시 후속의 여러 가지 조직
행동에 영향을 미친다(Cohen-Charash & Spector, 2001).

　절차공정성이나 상호작용 공정성이 높으면 부정적인 결과 때문에 분배공
정성이 낮아지는 것을 완화시킬 수 있다(Brockner & Wiesenfeld, 1996). 이러
한 조절효과를 '공정한 과정의 효과'라고 하는데, 절차가 받아들일 만하면 장
기적으로 분배 결과에 대해 통제능력이 있는 도구라고 여기기 때문이다. 즉,
현재 불공정한 자원 배분의 결정이 있더라도 절차는 장기적으로 보상(또는
후속평가)에 대한 통제감을 주기 때문에 미래에 대한 불확실성을 제거해준
다. 상호작용 공정성은 개인의 존엄성과 관련되기 때문에 윤리적인 관심을
일으키고 도덕적인 반응을 자극할 수 있다(Colquitt et al., 2001). 그 결과 상
호작용 공정성을 회복하기 위해서는 불공정성을 야기한 사람을 도덕적으로
처벌하기를 원하게 된다(Folger, Cropanzano, & Goldman, 2005).

(2) 인지적 반응

인지적 반응은 합리성에 따라 성과관리를 논리적으로 따져보고 자신에게 미
치는 유불리를 따져보며, 조직이 목적하는 바와 부합하는지를 판단하는 반
응이다.

가. 유용성 인식

유용성 인식이란 구성원이 성과를 향상시키는 데 성과관리가 도움이 된다고 인식하는 정도이다. 이러한 인식은 성과관리에 대한 제도운영이 영향을 주기도 하지만, 조직의 다른 요소들에 따라서 달라질 수 있다. 즉, 성과관리 과정에서 조직이 의사결정에 참여를 장려하는 정도, 개방적인 수평적 및 수직적 의사소통이 활성화되어 있는 정도, 혁신을 장려하는 분위기, 목표달성 계획이 공식적이고 체계화된 정도가 영향을 준다.

나. 정확성 인식

이것은 평가 데이터가 나타내는 실제 정확성과 별개로 성과관리에 대한 개인적인 인식이다. 즉, 통계분석기법을 적용하여 평가의 정확성이나 오류를 파악하는 통계적인 정확성과 달리, 구성원이 주관적으로 느끼는 지각이다. 실증연구에서는 대체로 다른 태도 요소와 정확성 인식을 혼동한 경우가 많고, 특히 공정성에 관한 반응과 구분하지 못한 경우가 많다(Cawley, Keeping, & Levy, 1998).

(3) 정서적 반응

정서적 반응은 즉각적인 행동을 자극할 수 있으며, 세부적인 요소를 따지지 않고도 전반적인 이미지를 형성하기 때문에 무의식적인 영향이 오래 남는 반응이다.

가. 만족도

성과관리에 대한 만족은 성과관리 후 성과관리면담에 대한 만족, 평가방법에 대한 만족, 성과관리 자체에 대한 만족으로 구성된다. 또, 성과관리제도에 만족하는 관리자(즉, 평가자)는 평가와 성과관리를 효과적으로 할 가능성이 높기 때문에, 상사가 조직의 제도에 만족하는 것도 중요하다. Taylor 등(1995)의 연구결과에서도 성과관리과정을 공정하게 수립하면 관리자가 제도에 만족하면서 동시에 점수를 왜곡하거나 조작하는 경향이 줄어드는 것으로 나타났다.

 그러나 성과관리제도의 만족에 대한 연구는 심도 있게 진행되지 않은 편이고, 일부 연구에서는 제도의 만족에 대한 측정내용이 다른 변수에 대한 측정과 혼동되는 면도 존재한다. 예를 들어, 어떤 연구는 성과관리에 대한 만족과 직무만족을 혼용해서 측정하기도 한다(예 : Dorfman et al., 1986). 이런 연구에서는 "직무성과에 대하여 상사와 자신이 논의하는 것에 대해서 얼마나 만족하는지, 상사에 대해서 얼마나 만족하는지, 직무에 대해서 얼마나 만족하는지"에 대해서 측정하여 초점이 흐려지는 경우가 있다(Keeping & Levy, 2000).

나. 수용성과 납득성

수용성

수용성(acceptability)이란 표면적으로는 상황이나 사물을 받아들이는 정도이며, 심층적으로는 외형적인 행동의 변화와 함께 내면적 가치체계와 태도를 바꾸게 되는 정도를 말한다. 성과관리 제도에서 수용성이란 평가의 결과를 받아들이는 정도를 의미한다고 할 수 있다(Noe et al., 2013). 성과관리시스템은 구성원 본인의 승진이나 성과급과 관련될 때 개인적으로 중요한 이슈가 된다. 개인적인 관여도가 높아지는 시스템은 만족과 동기부여에 중요한 영향요인이 되므로 수용성은 정서적 반응을 포함한다. 수용성은 성과관리제도의 유용성 인식과 함께 장기적인 제도화에 중요한 역할을 하게 된다(류성민, 2016). 평가수용성에 대한 연구들은 대부분 행정조직 혹은 공공조직과 관련되어 있는데, 이는 수용성이라는 구성개념이 측정의 영역에서 체계적으로 연구되지 않았기 때문이며, 사실 위에서 언급한 인지적인 반응과 혼합되어 있다.

납득성

납득이란 용어는 부정적인 측면, 즉 성과관리에 대한 불만과 관련된 경우가 많다. 상당수의 조직이 성과관리의 신뢰성과 타당성을 구성원들에게 납득시키지 못한 채 성과주의의 인사원리를 성급하게 추진하면서 불만이 증가된 구성원들이 관심을 갖는 것이다. 사실 납득성을 확보하기 위해서는 공정하고 객관적인 성과관리 절차를 명시하고, 시기적절하게 평가제도를 정비하고, 그것에 기초해서 공정하게 성과관리를 하고 적용결과를 공개·설명하는 것이 요구된다는 주장(예 : 고준기, 2005)을 보면 납득성은 공정성과 개념적으로 혼용되는 것으로 보인다. 또한 의견을 표명할 수 있는 기회를 만들기 위해서 고충처리기구의 운영을 제안하거나 의사소통을 원활하게 해야 한다는 주장도 절차적 공정성과 개념적으로 크게 다르지 않다(예 : 정동관, 2015).

(4) 성과관리에 대한 태도의 통합 모형

앞서 성과향상 동기에 영향을 주는 태도에 대한 연구가 체계적으로 이루어지지 않았던 점을 언급하였다. 그래서 성과관리 제도가 구성원들에게 잘 받아들여지는지를 판단하기 위한 기준을 어떻게 구성할 것인지, 현재까지 알려진 태도 요소들을 적절하게 측정할 수 있는지, 그리고 이러한 여러 가지 준거들을 하나로 통합하여 성과관리에 대한 태도의 통합 모형을 찾게 되었다. 연구 결과, 성과관리에 대한 태도는 여섯 가지 개념으로 구분할 수 있으며, 하나의 고차원적인 개념으로 통합할 수 있다(Keeping & Levy, 2000).

　이 구조는 국내의 연구에서도 유사하게 나타났다(한태영, 2010). 한태영 (2010)의 연속된 3개의 연구를 보면, '평가효과성'이라고 명칭을 붙인 측정

도구를 조정하면서 성과관리에 대한 구성원의 태도에 대한 구조를 검증하
였다. 하위요인들 간의 높은 상관관계는 성과관리 상황에서 성과관리 대상
인 구성원들이 유사한 개념으로 인식한다는 것을 나타내는 것이다. 연구 2에
서는 다른 표본을 대상으로 요인구조를 재확인하여 측정도구를 재검증하였
다. 연구 3에서는 평가효과성의 척도와 개념구조가 다양한 조직의 근로자에
게 일반화될 수 있는지 확인하였으며, 좀 더 나아가 정서적 반응에서 만족도
를 성과관리 시스템에 대한 제도만족과 평가 회기에 대한 만족으로 구분하였

표 3-1 **성과관리의 태도 진단도구**

차원	문항
	우리 회사의 인사평가는,
평가 정확성	내가 얼마나 일했는지 반영해 평가가 이루어진다. 인사평가는 내가 업무에 쏟은 노력을 바탕으로 이루어진다. 나의 업무책임 완수 정도를 반영하여 평가가 이루어진다.
유용성	인사평가는 일을 더 잘할 수 있는 방법을 알도록 도와준다. 나는 인사평가로부터 많은 것을 배운다. 인사평가는 나의 실수를 이해하는 데 도움을 준다.
회기만족	나는 지난 인사평가 시즌의 평가과정에 만족한다. 나는 우리 회사 인사평가 운용과정을 긍정적으로 본다. 나는 평가자들이 평가에 임하는 태도에 만족한다.
제도만족	우리 회사 인사평가제도는 이해하기 쉽다. 우리 회사의 인사평가제도는 교육과 안내가 잘 되어 있다. 현재의 인사평가제도로 내 업무를 평가받는 데 만족한다.
	나의 평가자들은,
절차 공정성	평가에 대해 이의를 제기할 기회를 준다. 성과를 일관적으로 판단하기 위한 기준이 있다. 평가결과에 관해서 유용한 피드백을 제공한다. 평가결과에 대한 자료를 요청할 수 있다.
분배 공정성	나의 업무 책임 정도에 따라 공정하게 평가한다. 내가 담당한 업무 수행을 고려하여 공정하게 평가한다. 내가 투자한 노력에 따라 공정하게 평가한다. 나의 업무 성과에 따라 공정하게 평가한다.

다. 따라서 연구 3에서는 평가만족의 개념을 좀 더 확장한 것이다. 종합해보면, 〈표 3-1〉에 제시되어 있는 '성과관리에 대한 태도' 문항들은 하위 요인을 반영하여 서로 구분할 수 있고, 또 그 요인들을 하나의 고차요인으로 통합하는 고차요인의 존재를 상정할 수 있는데, 상대적으로 6요인 구조가 좀 더 유의미하게 나타났다.

4) 고객관점의 성과관리 원리

(1) 성과관리에 대한 태도의 영향

성과관리의 과정을 불신하고 수용하지 않으면 구성원의 미래성과에 대한 동기를 자극하기 어렵다. 구성원과 리더 모두가 신뢰하는 절차와 이 과정을 통해서 산출된 평가결과와 보상체계는 조직 전체의 성과를 높이는 데도 기여할 수 있다. 그리고 정교하게 잘 고안된 시스템과 더불어 구성원이 성과관리에 대해 호의적인 반응을 보일 때 다른 인력관리 시스템과 연계할 수 있다. 성과관리에 대한 반응이 구성원의 행동에 미치는 영향은 직무, 조직 그리고 사회 시스템을 지향하는 법적 행동으로 나누어 연구되었다.

가. 동기와 직무수행

성과관리에 대한 구성원의 태도와 직무동기의 관계에 대해서는 연구결과가 분명한 일관성을 보이지 않는다. 공정성과 성과향상의 동기 간의 상관관계에 대한 연구가 많이 이루어졌다. 이 연구들에서는 공정성에 대한 지각이 높으면 성과를 향상시키고자 하는 동기가 높은 것으로 나타났지만, 보다 정교하게 살펴본 연구에서는 성과관리의 시스템과정에서 공정성의 정도를 서로 다르게 조작하여도 직무동기가 크게 다르지 않은 것으로 나타났다(Taylor et al., 1995). 직무수행과 성과가 실제로 직무동기 외의 여러 가지 요인에 의해서 결정되기 때문에 공정성에 대한 인식과 좁은 범위의 직무수행과 직접 상관을 보이기는 어렵다는 것이다. 그러나 직무수행을 넓게 보면서 공정성의 영향을 분석한 연구에서는 조직의 공정한 대우는 자발적으로 동료를 돕는 행동과 같은 조직시민행동과 직무열의에 긍정적인 영향을 주며 직무성과와 관련이 있다는 것이 밝혀졌다(Gilliland & Langdon, 1998; Konovsky & Cropanzano, 1991; 한태영 & 박수연, 2011).

나. 조직에 대한 태도

성과관리에 대한 공정성 지각이 상사에 대한 신뢰, 직무 만족, 조직몰입 등 조직에 대한 태도에 영향을 준다는 점은 국내외 연구를 통해서 다양하게 밝혀졌다(Konovsky & Cropanzano, 1991; Korsgaard & Roberson, 1995; 이광희 & 황규대, 2002). 또한 공정하다고 지각되고 구성원에게 수용되는 제도일수록 공식적 불만사항의 제기나 이직을 줄일 수 있다(Klaas, 1989; Greenberg, 1990; 홍종성, 2004). 해고와 같은 극단적인 결정이 내려지는 경우에도 그 결정이 구성원을 공정하게 대우한다고 인식할 수 있는 체계를 구축하고 있으면 조직을 떠나는 자나 남아 있는 구성원 모두가 긍정적인 태도와 행동을 보이게 된다(Konovsky & Brockner, 1993; Gilliland & Langdon, 1998). 그러나 이런 관계에 대한 연구는 대개 조사연구로 실시된 것이고, 특히 국내에서는 모두 설문조사에 의한 연구라서 실제로 공정성의 영향인지 회고적으로 공정성을 원인으로 돌리는지에 대한 인과관계가 분명하지 않다.

다. 법적 대응

국내에서 해고나 성과급제에 대한 문제가 법적 논쟁으로 발전하는 사례들이 증가하고 있다. 그러나 성과관리와 관련해서 본격적인 연구가 이루어진 경우는 거의 없다. 성과관리의 결과에 근거하여 내려진 의사결정의 법률소송에 이르게 되는 것은 공정성 지각과 관련되어 있다. 즉, 같은 의사결정이라도 구성원이 불공정하게 지각하는 결정이라면 이의를 제기할 가능성이 높다는 것이다. 법률 소송에서 직원이 회사에게 승소하거나 우호적인 판결을 받은 사례를 분석해보면 성과관리가 구성원에게 공정하다고 인식되는 면이 영향을 준다(Barrett & Kernan, 1987; Werner & Bolino, 1997). 공정성과 정당한 절차적 제도를 구축하고 있는 것이 법률 소송 문제에서 좋은 결과를 얻을 수 있는 결정적인 요인이다. 하지만 실질적으로 더 중요한 타당도 검증 작업이나 성과관리에 대한 투명성과 같은 과학적인 요인은 상대적으로 간과되는 면이 있다(Grilliland & Langdon, 1998).

(2) 평가세션과 피드백 면담에서 공정성 관리

상사의 평가이든 다면평가를 통한 동료나 부하의 평가이든, 성과에 대하여 실질적으로 결정하는 평가세션은 공식적인 절차이다. 때로 약식으로 진행되거나 비공식적으로 하더라도 성과관리와 관련하여 보편화된 단계이므로 공정성을 비롯한 다수의 반응과 관련되어있다. 참여당사자인 구성원의 반응 중에서 가장 핵심적인 부분은 공정성이기 때문에 공정한 시스템을 수립하는 것에 우선 초점을 맞추어야 한다. 구성원들의 의견을 수집하고 그 과정에서 모든 구성원을 일관적으로 대우하며 상사의 편파를 최소화시켜야 하고 충분한 의사소통으로 업무에 대한 이해와 기대수준을 전달해야 한다. 조직은 잘 구조화된 시스템으로 구성원에게 공정한 성과관리라는 인식을 충분히 심어주어야 한다.

가. 의견표명 기회 제공

평가점수를 매기기 전에 피평가자가 자신의 의견을 표명할 기회를 제공하는 것은 절차 공정성에 영향을 주는 중요한 요인이다. 제도적 측면에서 구성원이 자신의 성과에 대한 의견 표명할 기회가 자기평가이다. 자기평가를 단지 성과 면담을 위한 참고용으로 활용하더라도 자기평가제도가 존재한다는 자체가 공정성 확보를 위해서 매우 효과적인 방법이다(Korsgaard & Roberson, 1995). 상사가 평가하기 전에 피평가자인 부하와 면담을 하는 단계를 포함시키거나 비공식적으로 권장하는 것도 구성원의 의견을 반영할 수 있는 방법이다.

나. 성과기준의 일관성 적용

어떤 구성원의 상사는 관대화 경향이 있는 반면에 어떤 구성원의 상사는 관대하지 않게 평가한다면, 실제 성과와 상관없이 상사에 따라서 승진에 유리한 경우가 생길 수 있다. 팀을 넘어서 조직 전체에서 상대적인 기준으로 승진 결정을 내리는 경우가 많기 때문에 관대하지 않은 상사 때문에 평가점수가 좋지 않은 구성원은 성과관리 시스템이 공정하지 못하다고 느끼게 된다. 실제 성과관리 과정에서 평가자들이 부서에 관계없이 동일한 성과기준을 적용하여 구성원을 평가하는 것은 행동 정확성을 높이면서 공정성을 확보할 수 있는 방법이다(Greenberg, 1986). 기준은 구성원들이 의견을 표명할 수 있는 기회가 동일하고 일관성 있게 주어지는 것이 중요하다.

다. 평가자 편파 최소화

성과관리 시스템의 부정확성, 즉 편파에 의해 성과관리의 과정에서 공정성이 손상되었다고 생각하면 구성원은 성과결과를 수용하지 않을 뿐만 아니라 상사와 좋지 않은 관계가 형성되고, 장기적인 성과저하로 나타날 수 있다. 시스템의 편파는 평가자 교육이나 성과관리 방법의 표준화, 그리고 다면평가 제도의 도입 등으로 줄일 수 있다. 그러나 성과관리는 다양한 심리적인 힘의 작용이 개입되기 때문에 시스템의 일부 요소에 대한 개입에는 한계가 있다. 성과관리 과정이 이루어지는 단계에서는 정확하게 평가하고자 하는 동기를 높여주는 것이 중요하며, 평가자의 동기는 정확한 평가에 대해 방법을 반영하여 피평가의 자기평가를 평가자인 상사와 공유하고 가능한 한 함께 리뷰하는 시간을 가지는 것이 효과적인 방법이 될 수 있다.

라. 구성원의 업무에 대한 이해도 제고

절차 공정성의 중요한 요인 중 하나는 의사결정자가 대상자의 업무에 친숙한 정도이다(Greenberg, 1986). 만약 구성원의 입장에서 상사가 자신의 업무에 대해서 잘 모른다고 생각한다면 구성원은 성과관리 과정이 공정하지 않다고 지각하게 된다. 다면평가제도로 평가할 경우, 피평가자는 평가자 중 일부가 자신을 평가하기에 부적합하다고 지각할 수도 있다. 특히 피평가자가 재택근무나 외근이 많을 경우 이런 현상이 발생하기 쉽다. 이런 경우 피평가자의 직무에 대한 정보를 평가자가 숙지하도록 하는 것이 방법이며, 평가자가 성과관리에 대한 일지를 기록하도록 하는 것도 방법이다(Greenberg, 1987). 이를 통하여 평가자가 피평가자의 직무영역 내의 직무수행을 관리하도록 하여 직무관련성을 높일 수 있다. 최근에는 비대면이라도 HR 분석체계(analytics)로 실시간으로 직무수행을 체크할 수 있는 시스템을 이용하여 온라인 근태상황부터 업무정보 교류까지 다양하게 확인할 수 있으며, 실시간으로 상호교류하는 메타버스(metaverse)로 업무수행 과정에 대한 구성원의 계획과 의도를 이해할 수 있다.

마. 평가결과에 대한 구성원의 기대 관리

구성원의 성과에 대해서 조직과 상사가 자신의 성과에 대해서 기대하고 있는 정도와 구성원의 실제 점수인 인사평가 기준에 대해서 의사소통을 하는 것은 상호작용 공정성에 많은 영향을 미친다(Taylor et al., 1995). 성과관리의 과정에서 이러한 의사소통이 있어야 하며, 성과에 대한 기대나 기준이 바뀌었을 경우에는 상사와 구성원이 서로 이러한 변화에 대해 논의해야 한다. 이러한 기대를 공유하지 않으면 피평가자는 자신에 대하여 실제보다 높게 인식하고 상사의 평가나 다면평가점수가 자신의 평가와 지나치게 차이가 나면 당황하게 되고 불공정하게 느낄 수 있다. 요즘처럼 업무변경이 잦은 상황이나 조직에서는 상사가 구성원의 업무변경이 있을 경우 업무적응이 무엇인지 명확하게 설명하는 것도 필요하다. 왜냐하면 부하직원은 업무적응을 상황요인으로 해명하려고 하고, 상사는 이미 적응했어야 한다는 기대로 변명으로 여길 수 있기 때문이다.

자신의 기대보다 높은 평가점수를 받았을 때는 당황함보다는 놀라움이 있겠지만 이때에도 불공정을 지각할 수 있다. 성과관리의 결과에 보상이나 처벌이 수반된다면 분배 공정성도 낮게 지각할 수 있다(Greenberg, 1986). 피평가자가 현실적인 기대를 갖지 못하는 것은 성과관리 시스템 실패의 전조이며, 상사가 적절하게 피드백을 주지 못했기 때문이라고 할 수 있다.

바. 성과관리에 기초한 의사결정

성과관리 시스템이 의사결정(보상, 승진 등)에 적절하게 반영되는지는 분배 공정성에 영향을 주는 중요한 요인이다. 구성원들은 성과결과를 통보받게 되면 이를 바탕으로 보상이나 승진 등 성과중심으로 의사결정에 대한 기대를 형성하게 된다. 이것은 기대 유인가 이론의 P-O 기대(performance-outcome expectancy)에 해당한다. 직무수행(performance)에 따라서 결과(outcome)가 발생할 것이라는 연계성에 대한 확률을 낮게 지각하면 공정성에 대한 지각뿐만 아니라 직무수행 동기도 떨어질 수 있다. 따라서 조직은 성과결과에 의한 의사결정을 명확하게 해야 한다.

공정성 확보를 위한 이상의 사항을 요약하면 〈표 3-2〉와 같다.

표 3-2 평가세션과 피드백 면담에서 공정성 관리

결정요인	내용	실행방법
의견표명	평가과정에 부하가 자신의 직무행동에 대한 정보를 제공	• 부하가 자기평가를 함 • 직무수행 정보를 상사와 공유하도록 구성원을 교육 • 상사가 부하에게 직무수행 정보를 요청하도록 교육
일관성	피평가자들을 평가할 때 일관적인 기준을 견지	• 사전에 통보한 내용, 구성원의 정보, 수집된 직무수행 정보에 대하여 일관성을 유지 • 상사가 일관성을 유지하도록 교육 • 평가과정과 도구를 표준화, 공식화
편파 제거	평가 기간에 상사의 편파를 최소화	• 상사를 교육시키고 평가 도구를 표준화 • 다면평가를 활용 • 평가자의 동료 또는 상급 관리자가 평가를 리뷰하도록 하여 평가자의 책임의식을 고양
업무이해도	• 평가자가 피평가자의 직무에 익숙하도록 조치 • 직무와 관련되는 영역에 대해서 평가	• 부하의 직무행동과 성과 내용을 지속적으로 기록 • 평가자는 동료와 중간관리자에게 정보를 요구 • 평가제도가 직무와 관련되어 있는지 확인
의사소통	• 평가 전에 직무수행에 대한 기대수준 전달 • 평가에서 예기치 않은 평가로 당황하지 않도록 함	• 인사평가의 기준과 평가방법에 대해 구성원이 알도록 함 • 평가 기간 동안 변화가 있다면 구성원이 알도록 함 • 지속적으로 피드백을 제공 • 평가기간 동안 구성원이 합리적인 기대를 갖도록 관리
결과	평가에 기초한 의사결정	• 평가결과와 관리적 결정을 일치(봉급인상, 보너스, 승진 등) • 인센티브 시스템에 대한 정보를 구성원과 공유

2. 성과목표는 동기를 어떻게 부여하는가?

성과향상은 상사가 부하에게 업무의 방향을 제시하는 것을 출발점으로 한다. 성과관리에서 방향성은 목표로 표현된다. 성과관리는 업무수행의 방향성, 즉, 목표와 관련되는 정보, 지원요소, 및 적절한 보상 등을 제공하면서 바람직한 성과를 내도록 자극하는 과정을 관리하는 것이다. 개인이 직무수행을 시작하는 시점에서 조직이 어디로 향하고 있으며, 현재 어떤 조직 환경에 처해 있는지를 투자자, 고객, 경쟁기업 등의 정보와 관련하여 명확하게 알려준다. 더 나아가 구성원 자신의 경력과 성과관리의 궁극적인 목표인 조직의 비전을 함께 고려하도록 유도한다.

또한 성과관리의 주요 책임자인 상사는 부하와 관련된 심리적 관계도 관리하는 섬세한 균형이 필요하다. 관리자와 부하는 조직의 필요사항과 개인의 성장에 부합하는 목표를 세심하게 선택해야 한다. 이를 위해 관리자는 부하가 열심히 일하도록 만드는 동기가 어떻게 작용하는지, 현재 구성원의 직무할당의 양과 내용이 그들의 역량과 잘 맞는지를 점검해야 한다. 또 부하는 자신의 욕구를 이해하고 현재의 직무가 이러한 욕구를 충족시켜줄 수 있는지에 관해서 관리자와 허심탄회하게 의견을 나눌 필요가 있다.

1) 목표관리의 의미

조직 구성원이 성과를 내는 과정을 전체적으로 보자면, 인사평가는 과거의 직무행동을 현재 시점에서 살펴보는 것이다. 과거의 저조한 직무수행으로 현재 나타난 결과를 되돌릴 수는 없다. 그렇지만 성과향상 계획은 과거의 직무수행과 성과를 토대로 미래에 대한 업무를 계획하고, 성과의 장애요소를 확인하여 이를 극복하면서 목표를 달성할 방안을 모색한다는 면에서 미래지향적이다. 현재 많은 기업이 목표관리를 성과관리의 접근법으로 채택하고 있는 것도 미래지향적이고 조직 전체의 성과를 지향하는 데 적합하기 때문이다.

(1) 목표의 동기적 힘

성과계획의 출발점은 목표설정이다. 목표관리법은 조직의 목표에 기초하여 각 하부조직의 목표가 결정되고, 그에 맞추어 구성원이 자신의 목표를 세운다. 목표를 정하는 것이 업무동기에 미치는 긍정적인 영향은 도전적인 목표가 주는 심리적인 힘이 있기 때문이다. 목표설정이론(goal-setting theory)에 따르면, 이와 함께 목표에 대한 몰입과 자기효능감이 이러한 목표의 힘을 촉진한다.

조직에서 회사가 추구하는 바는 경영진이 최상위 미션과 비전으로 나타난다. 그 아래 단위별로 부서의 비전을 수립하게 되고, 그것을 달성하기 위해서 구성원은 무엇을 해야 하는지를 명확하게 설정해야 한다. 그것이 구성원의 역할과 책임이다. 성과관리 맥락에서는 이것이 목표이며 추진방향이다.

목표를 정하는 핵심은 구체적이고 도전적인 목표이다. 예를 들어, 과일 가게 상인이 일년에 오천만 원을 벌겠다는 목표는 큰 힘을 발휘하지 않는다. 반면에 오늘 오전에 복숭아를 팔아서 십만원을 벌겠다는 목표는 매우 도전적이다. 왜 이렇게 구체적이고 도전적인 목표가 힘을 발휘할 까?

가. 할 일의 방향을 분명하게 정함

조직에서 목표는 할 일이 무엇인지를 정하는 것이다. 일은 언제나 많다. 심지어 일을 안 하는 것도 선택지 중 하나이다. 그중에서 어떤 일을 할지 결정할지를 정하는 것이 구체적인 목표이다. 특히 조직에서는 위로부터 하달되는 일에 따라서 자신의 일을 결정하는 경우도 있기 때문에 어떤 일이 더 중요한

지에 대해서도 분명하게 정하는 것이 목표이다.

나. 더 많은 노력을 기울임

목표를 설정하는 것은 인지적인 주의과정을 거치는 것이다. 닥치는 대로 하는 것이 아니라 의식적으로 생각한 것이며 나와의 관련성을 더 생각한 결과물이다. 나의 역할, 나와 관련된 사람들에 대한 파급효과, 나의 미래 생활이나 경력과의 관련성을 고려해서 정한 것이다. 그러므로 목표를 달성해야 하는 힘이 강하고, 목표달성에 대한 노력을 더 기울이게 된다. 이 과정에서는 뒤에서 설명하는 목표에 대한 중요성을 더 강하게 인식하는 몰입(commitment)의 영향을 받게 된다.

다. 어려움에 더 잘 견딤

목표를 정해야만 하는 정도의 일이라면 단번에 끝나는 일이 드물다. 시간이 드는 활동을 하는 과정에는 생각하지 않은 다른 상황이 발생할 수 있다. 활동을 방해하거나 주의를 분산시키는 다른 일이 생기거나 활동을 순조롭게 하지 못하게 만드는 어려움이 생기기도 한다. 심지어 신체적으로 지루하거나 피곤해질 수도 있다. 목표는 이러한 과정에서 해야 할 일에 초점을 둘 수 있는 집중력을 제공하며, 방해물을 해결하는 의지를 발휘하는 데 도움을 준다. 이러한 힘은 목표를 설정한 후에 목표에 전념하는 뇌의 전전두엽(pre-frontal cortex) 활동과 관련되며, 실무적으로 목표추진열의(objective and key result, OKR) 활동을 효과적으로 만드는 것이다.

라. 해결방법(전략)을 찾음

도전적인 목표는 어려운 목표라는 의미이다. 목표설정 이론은 달성하기 쉬운 과제를 선택하는 기대(expectancy)와 달리 달성하기 어려운 목표의 효과를 강조한다. 같은 난이도의 과제라도 기간이나 제약이 있을 때는 어려운 목표가 된다. 부담스러운 일을 어쨌든 해야 한다면, 꾀를 내야 한다. '피할 수 없다면 즐기라'는 말은 개방적으로 방법을 찾아보라는 의미와 일맥상통한다. 도전적인 목표를 달성하려면 자신이 활용할 수 있는 방법을 치밀하게 찾게 된다. 열 가지 방법 중에서도 더 효과적인 방법을 분석하게 된다. 이런 과정은 인지적 전략이다. 목표달성의 방법을 찾는 전략적 과정은 목표에 대한 초점을 분명하게 하는 데 부가적인 도움을 주게 된다.

(2) 목표의 힘을 돕는 촉진 요소

가. 목표관리를 위한 목표할당과 참여

부하가 스스로 목표를 설정하거나 목표설정에 참여하는 것이 상사가 목표를 할당하는 것보다 나을까? 일반적으로 사람들은 스스로 결정하는 목표, 또는 목표설정 과정에 참여하는 것을 더 좋아할 것이다. 스스로 목표를 정하는 것이 효과적이라는 생각은 자율적으로 세운 목표에 더 몰입하게 될 것이라는 생각에 기초한다. 다시 말해서, 사람들은 다른 사람이 세워준 목표보다 자신이 스스로 정한 목표를 달성하고자 하는 동기가 높다는 것이다.

참여는 어떤 효과가 있을까? 일단 목표수립 과정에 참여하면 자아(ego)가 더 관여하게 된다. 참여를 통해서 자신이 더 밀착적으로 목표를 생각하게 되면 과업에 대해서 점점 더 구체적으로 이해하게 된다. 인지적으로 과업을 어떻게 해결하면 목표달성이 가능한지에 대한 전략을 더 세울 수 있게 된다. 목표에 대한 참여는 목표를 어떻게 달성할 수 있는지에 대한 정보공유를 촉진시키고, 그런 정보공유가 목표를 달성할 수 있다는 자신감을 높여줄 수 있다. 또한 자신이 목표수립과정에 참여하도록 조직이 허가했다는 사실은 자신을 신뢰하고 인정한다는 의미를 전달해 준다. 이 과정에서 목표설정의 수준을 결정하는 데 중요한 자기효능감이 높아지게 된다. 실제로 높은 수준의 목표를 세우는 데는 높은 자기효능감의 역할이 필수적이다.

그렇지만 이런 장점에도 불구하고 목표를 스스로 세운다는 것이 기업조직에서 그렇게 현실적이지 않다. 조직에서 개인 스스로 목표를 설정하도록 허용하거나 기다려주는 경우가 얼마나 될까? 자율적 조직을 지향하는 소수의 몇몇을 제외하고 대부분의 조직은 동료와 유기적으로 일하기 때문에 한 사람만을 위해 기다려줄 시간적 여유가 충분하지 않다. 또한 스스로 목표를 설정할 때 조직에서 구성원들이 동기적인 힘이 작동할 만큼 도전적인 목표를 세울까? 더욱이, 만약 목표를 달성했는지 여부로 보상이 따라온다면? 자신이 쉽게 달성할 수 있는 적당한 목표를 세울 가능성이 많을 것이다. 요컨대, 스스로 세우는 목표가 기분 좋고 수용성이 높기는 해도, 조직목표를 달성하는 데에 반드시 효과적이지는 않다.

Locke와 Latham(2002)의 인간의 내재적(intrinsic) 동기에 대한 이론은 일반 기업 조직의 현실을 놓치는 측면이 많다고 비판해 왔다. 이 두 동기심리학자에 따르면, 목표를 자기 스스로 세운 경우에 나타나는 성과와 누군가가 이미 정한 목표를 할당 받은 경우의 성과는 다르지 않다. 현실적으로 리더는 이러한 주장을 더 환영할 것이다. 그러나 목표할당이 효과적이기 위해서는 조건이 필요하다. 목표수준이 정해지고 할당하게 된 이유를 납득할 수 있게 전달해야 한다. 목표에 대해 아무런 설명 없이 목표를 할당하면 효과가 줄어든다. 그래서 상사는 성과관리를 위한 피드백을 정교하게 제시해야 한다. 이 책의 뒷부분(6장)에서도 살펴보겠지만, 목표를 할당하는 리더는 부하직원이 그 상사의 권위를 인정할 만큼 피드백을 적절하게 제시해야 한다.

Goal Setting Theory

목표설정이론은 목표설정과 달성과정에서 목표의 특성에 대한 기본 전제 외에도 목표수립단계에서 자기효능감과 목표추구 과정 내 목표에 대한 태도(예 : 목표몰입)와 상황요인이 함께 어우러져야 성과로 나타난다는 점을 보여주기 때문에 성과관리의 기본 이론으로 많이 활용된다. 목표설정이론은 인간이 합리적인 행동을 한다는 기본적인 전제에 기초하여 개인이 의식적으로 설정한 목표가 동기와 행동에 영향을 미친다는 이론이다(Locke & Latham, 2002). 이론의 기본 전제는 명확하고 구체적이며, 달성이 어렵고 높은 수준의 목표를 설정하면 수행동기가 증가함으로써 더 높은 수준의 성과를 가져온다는 것이다.

나. 목표몰입의 효과

몰입(commitment)이란 자기(self)와의 관련성이다. 조직몰입처럼 사람들로 구성된 조직이 관여되면 자기의 정체성에 관한 정서(affect)가 중요한 역할을 한다. 반면에 과업과 관련된 몰입은 자기가 해내고 말겠다는 의지와 보상에 대한 절박성이 중요하다. 목표에 대한 몰입은 성과에 강한 긍정적인 효과가 있다. 또한 목표에 대한 몰입은 그 자체로 효과가 있지만, 〈그림 3-2〉에서 보듯이 목표의 효과를 증진시키기도 한다. 즉, 목표수준과 성과수준 간의 관계

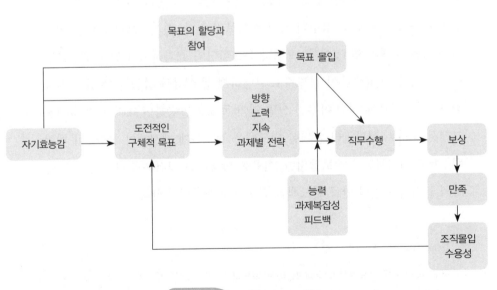

그림 3-2 ▶ 목표의 동기과정

를 몰입이 더 강하게 해주는 상호 작용 효과가 있다. Locke와 Latham(2002)은 목표-성과 관계에서 목표몰입을 자극하는 두 요인으로 (1) 목표를 달성하는 것이 자기(self)에게 중요함을 인식하는 것, (2) 목표달성에 대한 믿음(자기 효능감)을 갖는 것을 제시했다.

목표몰입을 자극하는 두 요인은 주로 성과관리 과정에서 상사와 면담하고 피드백을 교환하면서 발생하는 경우가 많기 때문에, 리더의 역할이 중요하다. 또한 조직이 어떤 성과달성 과정을 관리하고 있는지에 따라서 목표추진 열의가 달라질 수 있다.

다. 상사-부하 관계의 촉진 요소

Locke와 Latham(2002)은 목표설정이론에서 목표달성 활동을 조절하는 변인으로 자기효능감과 피드백을 강조한다.

자기효능감(self-efficacy)은 자기조절(self-regulation)의 핵심적인 개인특성이다. 자신이 의도한 것은 이룰 수 있다는 능력에 대한 신념(belief)인 자기효능감이 높은 사람은 낮은 사람보다 더 높은 목표를 세운다. 할당된 목표라 하더라도 권위 있는 리더가 자신의 효능감을 인정하면서 목표를 할당하면 거기에 전념하고 목표를 달성하기 위해 더 나은 작업전략을 찾아 사용하며, 낮은 자기효능감을 가진 사람보다 부정적인 피드백에 더 긍정적으로 반응한다.

목표달성 과정에서 주변의 피드백은 목표를 더 구체적으로 만들어 준다. 목표가 효과적이게 되려면, 사람들은 자신의 목표와 관련된 진전을 보여주는 구체적인 피드백이 필요하다. 직무수행의 과정이 막연하면 노력의 수준이나 방향의 조정, 그리고 목표에 따른 성과전략을 조정하기가 어렵다. 특히 리더는 부하에게 성공경험을 공유하고 목표를 달성하는 방법을 알려주면서 적절한 역할모형이 되고, 목표달성의 전략을 더 만들 수 있는 교육훈련이나 목표를 달성하는 데 확신감을 주는 커뮤니케이션을 통해 자기효능감을 함께 향상시킬 수 있다. 피드백 또한 구성원이 최선을 다하도록 요구하는 막연한 피드백보다 좀 더 구체적인 목표와 관련되는 피드백이 동기자극의 힘을 갖는다.

2) 성과추구를 위한 목표몰입과 목표추진열의(OKR)

앞서서 설명한 목표설정의 힘은 이론적인 간명성(parsimony)에 있다. 간명한 이론이므로 매우 일관적으로 증명되었고, 경영 컨설팅에서는 목표관리(Management by Objectives, MBO)로 활용되고 있다. 그래서 스마트(SMART)목표, 즉 specific, measurable, achievable, realistic, 및 time-based로 명확하게 요약해서 적용해 왔다.

그러나 경영 컨설팅과 경영학 이론은 목표설정이론을 과도하게 단순화해서 적용해왔다. 이러한 단순화에 의해 간과되어온 부분이 몰입이다. 몰입 없이는 목표의 효과는 없다고 할 수 있는데, 목표몰입이라는 심리적 요소에 대한 중요성을 간과한 것이다. 목표에 대한 몰입은 목표를 설정하는 시기보다는 목표추구 과정에서 더 중요해진다. 사실 이 부분은 목표설정이론도 명확하게 설명하지 않은 부분이다. 이렇게 간과된 부분을 보강하는 최근의 움직임이 OKR이라고 소개되는 접근법이다. OKR은 용어를 명확하게 번역하지도 않은 채로 거론되고 있는데, 이 책에서는 목표추진열의라고 소개하고 있다.

(1) 목표몰입의 힘

가. 목표의 추구에 대한 자기조절 과정

목표에 대한 몰입이 어디서 나오는가에 대해서 목표설정이론은 명확하게 설명하지 않는다. 몰입현상은 자기조절(self-regulation)이론으로 설명할 수 있다. 자기조절이란 자신이 세운 우선순위의 기준에 따라 자기를 움직이고 스스로를 통제하는 활동이다(Vohs & Baumeister, 2004). 이러한 활동은 변화하는 환경에 따라 자신을 가이드하는 것이며, 사고, 감정, 주의를 조절하는 능력에 해당한다.

자기조절을 통해서 성과를 내는 자기조절 과정은 4단계로 볼 수 있다. 즉, 목표의 수립, 활동계획, 목표의 추구, 결과 평가와 변경 등이다. (1) 목표 수립 단계에서는 개방적으로 정보를 탐색해서 가능한 활동들이 목표로서 실현 가능한지와 매력도를 의도적으로 평가하는 단계이며, (2) 계획 단계는 선택하고 행동을 적용하는 데 필요한 정보의 방향으로 인지가 선회하고, 선택한 목표를 긍정적인 태도로 분석하는 단계이다. 이 단계의 분석은 불완전하다고 할 수 있다. (3) 목표 추구 단계에서는 실행의 마인드셋(mind-set)이 발현된다. 몰입이 강하게 작동하며, 목표추구 행동과 관련 없는 정보에는 마음을 닫아버린다. (4) 목표 평가/변경 단계는 다시 한번 목표의 실현가능성과 매력도를 평가하는 단계이며, 그 다음 세션에 필요한 자기조절로서 목표를 변경하든가 새로운 목표 선택에 영향 주는 단계이다.

나. 목표추구의 중요성

자기조절의 첫번째 두 단계는 목표설정과 관련성이 크다고 할 수 있으며, 세번째 단계인 목표의 추구 단계는 계획 단계에서 개발된 행동 계획, 즉 설정된 목표를 실행하는 단계이다. 이 단계에서는 자기통제(예 : 주의 집중, 과업 전략)이 필요하며, 추구과정에서 자기관찰(self-monitoring, 예 : 직무수행 관찰)가 필요하다. 이 과정에서 몰입이 중요하다. 목표를 추구하는 과정에서는 자기 감각을 잊고 과업에 온전히 몰두하며, 의식적 정보처리 과정이 항상 필요하지는 않고, 오히려 정서가 중요한 역할을 한다.

몰입상황에서 개인은 의식적 내용이라도 모든 것을 의도적으로 통제할 수 없다. 인간은 정보처리의 범위에 한계가 있기 때문이다. 그래서 개인은 자신이 고유하게 만든 방법, 즉 자기-보상(self-reward)의 방법으로 목표추구 과정을 간접적으로 통제하는 전략을 사용하게 된다. 하지만 이러한 상황 속에서도 자신이 직접적으로 통제할 수 없는 행동으로 들어가게 되는데, 이는 초월(transcendence)의 상태가 되는 무아지경이 되는 것이다. 이 과정이 부정적으로, 과도하게 작용하면 일에 대한 중독이 되는 것이다.

(2) 성과에 대한 목표추진열의

가. 목표추진열의 관리의 개념

OKR과 MBO를 비교하는 시중의 많은 책과 동영상, 컨설턴트의 주장은 혼란스러운 정도이다. 아마도 개념이 체계적이지 않으니 명칭도 OKR이라고 충분히 번역을 하지 않고 쓰고 있는 것으로 추측된다. 목표추진열의는 John Doerr에 의해 실리콘밸리에 널리 퍼지기 시작하였다. 이것은 '어떤 방향으로 갈 것인가(Objective)'와 '그곳에 가고 있다는 것을 어떻게 알 수 있는지(Key Results)'의 합성어로서, 목표를 정의하고 각 목표를 구현하기 위해 측정 가능한 핵심 결과를 정의하는 것을 의미한다(Hao Zhou, 2018).

목표관리와 크게 다르지 않은 내용을 언급하지만, OKR을 주장하는 사람들은 공통적으로 책임감과 도전의식을 강조한다. 즉, 목표에 대한 정서적인 요소를 강조하는 것이다. 이 점은 과거의 목표설정이 인지주의의 패러다임에서 발전되어서 직무수행의 동기가 작동하는 인지과정에 주로 초점을 둔 것인 반면에, 정서적 측면을 포함했다는 면에서 좀 더 진화된 측면이 있다.

또 하나의 강조점은 하향적 목표하달보다는 상향적 목표의식에 있다. 조직목표와 하향적으로 정렬하면서도 개인이 성과달성 과정에서 보이는 주도성을 강조한다. 이 점도 개인의 경력관리에 입각한 우선순위를 허용함으로써 목표와 자기정체성을 좀 더 강하게 결부시키는 장점이 있다. 세계적으로 MZ세대가 개인주의화 되어가면서 조직의 비전만을 강조할 수 없는 변화에 적절하다고 할 수 있다.

나. 목표추진과 관련되는 정서

개인이 주도하는 목표추진을 위해서 정서적인 힘을 강조한다면, 인간의 동기를 관장하는 뇌에서 목표추구 과정에서 정서체계가 어떻게 작동하는지 살펴볼 필요가 있다.

뇌의 가장 앞부분에 해당하는 전전두엽(Pre-frontal Cortex, PFC)은 중뇌 도파민 체계와 관련된 길목관리(gating mechanism)를 통해 기존 정보를 유지하거나 새로운 정보로 갱신하는 변환을 유도하는 역할을 한다. 이 길목관리 시스템은 잠재적 보상 정보를 받게 되면 기쁜 정서가 발생하고 도파민이 분비된다. 도파민은 인간을 인간답게 만드는 핵심적인 신경전달물질로서, 전전두엽(PFC)을 안정화시킨다. 그리고 간접적으로 뇌신경의 일반적인 작업영역(즉, 광역작업공간, global neuronal workspace, GNW)을 통제하여 현재의 목표에 집중할 수 있도록 조절한다.

반면에, 보상이 이루어지지 않을 경우 부정적 정서가 발생하고 도파민이 분비되지 않아 전전두엽(PFC) 내 활성화된 패턴을 불안정화시켜 새로운 패턴이 출현하도록 만들게 된다. 간단히 말해서 집중보다 산만의 모드가 된다. 이 과정에서 새로운 목표를 구성하여 PFC 내에서 유지되며 새로운 목표와 관련된 정보의 접근성을 높인다(Diefendorff & Lord, 2008).

정서의 경험이 긍정적이든 부정적이든 목표추구의 왜곡(biasing) 현상은 두 경우 모두 발생한다. 긍정적 정서 상태일 때는 목표추구가 강화된다. 전전두엽(PFC)의 활동은 광역작업공간(GNW)에 접근하여 목표와 관련된 정보에 더 잘 접근하도록 왜곡하고 집중력을 높인다. 예를 들어 '모든 것이 잘 될 것 같다, 신난다!!' 와 같은 정서가 작동하는 것이다. 반면에, 장애 요소에 직면했을 때 발생하는 부정적 정서의 역할은 지속적으로 발생하고 있는 해로운 자극에 대하여 인지 처리과정을 자동적으로 재편하는 것이다. 즉, 부정적 정서는 새로운 과업 수행 방식을 탐색하도록 유도할 수 있다. 예를 들어, 부하직원이 계획된 만큼 일을 못하고 있다면 답답함이나 걱정스러운 정서를 경험하며 다른 목표추구 방식을 탐색하는 것이다.

다. 목표추구를 위한 지원

목표추진열의를 관리하기 위해서 다시 자기조절이론으로 돌아와 보자. 자기조절의 구조체계는 목표의 위계적 구조를 설명한다. 낮은 위계는 주로 단기적, 구체적인 목표에 해당하고, 높은 위계는 장기적·추상적 목표에 관한 것이다. 실질적으로 낮은 수준의 목표는 높은 수준의 목표를 달성하기 위한 전략이 된다. 낮은 수준의 목표에 대한 관리는 목표와 현재 수준에 대한 격차에 대한 피드백을 지속적으로 제시하는 것이며, 자기효능감을 높여주는 과정이다.

또한 자기조절의 내용체계는 목표를 추구하는 구성원의 마인드셋의 차이를 설명한다. 개인이 가진 마인드셋은 초점을 둔 과업의 프레임이 어떻게 자신이 선택한 목표에 영향을 미치는지를 설명한다. 향상초점의 마인드셋을 가진 구성원은 목표의 기준이 자신이 바라는 것인 반면에, 방어초점의 마인드셋을 가진 구성원은 자신이 책임져야 하는 것이 목표의 기준이다. 기존의 목표관리는 후자의 마인드셋을 강조했지만, 목표추구열의를 자극하기 위해서는 성과면담 과정에서 향상초점의 마인드셋을 강화하는 피드백을 제시할 필요가 있다. 즉, 목표추구열의 관리체계의 '책임추적'이란 이상적인 자아에 도달하고 있는지를 확인하는 피드백인 것이다.

라. 목표추구 실패의 관리

목표추구에 실패하는 것은 두 경우로 볼 수 있다. 하나는 이른 시기에 포기한 것이고, 또 하나는 목표추구를 그만두어야 할 때도 지속하는 것이다.

이른 시기에 활동을 멈춘 유형에는 개인적 환경적 원인이 있다. 먼저 목표

추구에 방해되는 장애 요소를 극복하는 능력이 부족한 것이다. 이것은 전전
두엽(PFC)의 뇌 활동이 하부 기능을 통제하지 못한 것이라고 할 수 있는데,
주의를 집중할 수 있는 의식적 전략 실행 능력(즉, 방해요소 제거 능력)이 부
족한 것이다. 동기적 관점에서 보면 자기 동기부여를 못한 것인데, 자신의 목
표추구 행동에 대해 보상을 부여하지 못한 것이다. 따라서 목표추구에 실패
하지 않도록 스스로 줄 수 있는 보상계획을 마련하고, 조직도 성과관리 과정
에서 수시로 보상을 관리하며 피드백을 제공할 필요가 있다.

  또 하나의 원인은 부정적 정서를 무시하는 능력이 부족하기 때문이다. 목
표추구 과정은 목표설정 단계보다 시간적으로 길고, 보다 상위 목표를 달성
하는 구조에서 상위 목표 달성에 대한 의심이 생길 수 있다. 이때 부정적인
정서가 작동하면 원래의 목표를 포기하고 다른 곳에 눈을 돌리게 되는 것이
다. 따라서 목표의 위계와 연계성에 대한 확신을 제시할 필요가 있다.

  목표 추구를 멈춰야 할 때 멈추지 못한 실패 유형은 실현가능성이 없는 목
표에 대해 의식적으로 통제하지 못한 결과로 나타난다. 행동적으로 중단해
야 할 과업을 물리적으로 진행하는 것일 수도 있다. 과도한 몰입은 일 중독
(workaholic)이 될 수 있으며, 방어초점이 강한 자기조절 마인드셋의 구성원
은 타인의 눈을 의식하여 잘못된 목표에 계속 집착하는 것이라고 할 수 있다.
인지적으로 과업에 대해 계속 심사숙고하면서 지속하려고 할 수도 있다. 특
히 집단사고(groupthink)와 같이 현대 조직에서 팀으로 일을 하는 경우에는
주변 동료들의 비현실적인 피드백으로 목표점검에 실패할 수 있다. 이러한
유형의 실패는 개인의 무의식과 업무를 벗어나는 영역에서 넓게 접근할 필요
가 있다. OKR의 기교보다는 성과 코칭의 범위에서 살펴볼 필요가 있으며,
6장에서 좀 더 설명할 것이다.

3. 무엇을 위한 성과향상인가?

1) 성과달성의 가치

(1) 주관적인 가치

가. 기대유인가 이론

조직의 구성원이 갖는 태도는 오랫동안 중요한 요소로 연구되어 왔는데, 가장 전통적인 관점은 계산적 접근법(calculative approach)이다. 이 접근법은 개별 구성원이 직무에서 원하는 보상과 실제 자신이 직무수행으로 받은 것 간의 비교로 태도가 형성된다는 인지적 관점이다. 이러한 설명은 현실적으로 유, 무형의 보상이 관련되는 조직의 상황에서 사람들은 대체로 이성적인 판단을 한다는 점에서 설득력이 있다. 성과향상을 향한 동기적인 힘을 찾기 위해서 사람을 경제적인 동물로 바라볼 수 있다. 사람들은 여러 대안 중에서 의식적인 과정을 통해 선택하여 행동하고, 이러한 행동은 지각, 신념 형성과 같은 심리적 과정을 거친다. 무엇인가를 선택하는 목적은 행복을 최대화하고 고통을 최소화하는 쾌락주의(hedonism)에 입각한다.

개인이 선택과정에서 쾌락을 근거로 내리는 판단은 합리적이다. 계산적, 합리적, 인지적 선택은 모두 비슷한 현상을 반영하는데, 조직이라는 환경에서 개인이 추구하는 보상추구 행동도 이러한 인지적 판단에 관한 기대이론(expectancy theory)을 통해 설명할 수 있다. 이 이론은 Vroom(1964)에 의해 제안되었으며, 사람을 자기가 바라는 보상을 얻을 수 있는 활동에 대해 노력을 기울이는 합리적 의사결정자로 가정하여 직무동기는 유인가(valence), 도구성(instrumentality), 그리고 기대(expectancy)의 3요소에 의해 결정된다고 본다. 즉, 행동(노력)이 성공적인 성과로 이어지는가, 그러한 성과가 보상으로 이어지는가, 행동(노력)의 결과로 나타나는 보상이 자신에게 가치가 있는가에 대한 믿음에 의해 결정된다.

유인가는 행동의 결과로 주어지게 될 보상에 대해 갖는 선호의 강도이고, 도구성은 어떤 특정한 수준의 성과 달성에 바람직한 보상이 주어질 확률에 대한 신념, 또는 주관적 판단이고, 기대는 어떤 행동이 특정 성과를 가져올 가능성에 대한 주관적인 판단을 의미한다. 이후 Porter와 Lawler(1968)는 도구성을 P-O 기대(즉, 성과-보상 기대), 기대를 E-P 기대(즉, 행동-성과 기대)라고 하여 기대를 두 요소로 구분하여 이론을 발전했다. 이 세 요소를 모두 포함하여 기대이론을 기대-유인가 이론 또는 VIE 이론이라고도 한다. 이 이론에서 거론하는 세 요소의 크기는 개인마다 다르다.

나. 유인가의 원천-보상의 가치에 대한 개인차

유인가는 보상의 종류에 따라 개인의 선호가 다르며, 도구성과 기대는 개인의 특성(예 : 능력과 자기효능감), 개인의 성공경험, 환경요소에 대한 지각(예 : 공정한 보상, 장애요인의 인식) 등에 따라 주관적인 확률이 다르다. 그러므로 개인의 동기수준도 서로 다르며, 행동을 야기할 수 있는 동기의 강도는 이 세 요소의 곱, 즉 유인가×도구성×기대로 나타낼 수 있다. 따라서 이 세 요소 중 하나라도 없으면 동기는 0이 되어 행동이 일어나지 않게 되고, 유인가나 두 기대의 강도가 강하면 비례적으로 동기유발도 강해진다.

사람들은 이러한 심리적 과정을 거치면서 가장 높은 동기의 강도를 나타내는 최적의 대안을 선택한다. 보상이 직무동기를 자극하는 것은 보상 자체의 가치(valence)와 함께 가치 있는 보상을 받을 수 있는 방법과 기대(expectancy)에 달려 있다. 그래서 구성원의 성과향상에 대한 동기는 구성원이 직무수행을 잘 할 수 있다는 자신감(노력-수행 기대)과 직무수행을 잘 했을 때 보상이 주어진다는 기대(수행-보상 기대)를 함께 고려해야 한다. 그리고 조직은 구성원이 성과향상을 위한 방향으로 행동할 수 있는 보상이 무엇인지 잘 파악해야 한다.

(2) 조직의 보상제도

가. 금전적 보상

성과에 따른 보상은 조직이 구성원을 움직이도록 만드는 핵심적인 동기부여 방법이다. 외재적 보상은 임금, 복리후생, 이익공유제, 스톡옵션과 같은 금전적 이익을 제공하는 보상이며, 내재적 보상은 피드백, 인정, 칭찬, 자율성 부여와 같은 무형의 보상이다. 이러한 보상에 대해서 구성원이 생각하는 매력도, 즉, 유인가는 어떨까? 보상이 성과향상에 미치는 효과를 고려하면 일반적인 유인가를 판단할 수 있다.

연봉이나 인센티브와 같은 금전적 보상은 조직이 도구적으로 사용하는 어떤 보상방법보다도 효과가 크다는 점은 여러 연구에서 지속적으로 인정되고 있다(Jenkins, Mitra, Gupta, & Shaw, 1998). 외재적 보상은 금전적인 이익뿐만 아니라 정보적 가치와 실용적 가치를 지니고 있기 때문에 조직 구성원의 직무수행과 성과향상에 영향이 크다. 성과급(merit pay) 제도는 조직 구성원들이 자신의 수행과 임금이 관련되어 있다고 생각하도록 만들어 동기화하는 데 효과적이다(Lawler & Jenkins, 1992).

조직은 개별 구성원에 대한 보상뿐만 아니라, 구성원이 속한 집단이나 조직 전체의 성과향상을 위한 보상제도로 스톡옵션이나 이익공유제를 사용하기도 한다. 집단 단위의 보상은 생산성 증가와 더불어 긍정적 태도를 갖게 해준다(Florkowski & Schuster, 1992). 결근과 이직을 줄이고 조직 단위 성과향상에도 영향을 주는데(Hallock, Salazar, Venneman, 2004), 이러한 효과는 집단의 역동성이 긍정적으로 작동해야 가능하다. 그렇지 않으면, 집단 단위 보상제도는 개인 단위 보상제도보다 직무수행과 보상 간의 연관성을 인식하기 어렵기 때문에 상대적으로 효과가 적으며, 사회적 태만이나 무임승차 효과가 나타날 수 있다.

나. 비금전적 보상

비금전적인 유형의 보상제도로 복리후생, 연금제도, 근로자 지원프로그램 (Employee Assistance Program)이 있다. 이러한 보상은 구성원이 회사를 떠나지 않고 고용관계를 지속하는 데 긍정적인 효과가 있지만, 임금에 비해서 피부로 느끼는 효과가 적기 때문에 성과향상에 대한 동기에는 큰 영향을 주지 않는다(Meyer & Allen, 1997). 성과향상의 동기를 자극하는 데는 성취감이나 소속 욕구, 또는 직무 자체에 대한 만족감 등과 같은 내재적 보상이 효과적이다. 실제 연구 결과에서도 임금보다 흥미나 능력 발휘를 더 가치 있게 여기는 경향이 있다(Hugik & Leonard, 1991). 이 효과는 상사의 성과관리 피드백과도 관련성이 있다. 왜냐하면 무형의 내재적 보상은 시간과 장소에 대한 제약이 적어서 행동(노력)에 대한 보상을 자주, 빠르게 줄 수 있기 때문이다.

조직 구성원의 행동(노력)을 동기화하기 위한 보상은 부정적인 측면 또한 존재한다. 일부 보상제도 때문에 구성원이 보상을 제공하는 상사에게 반감을 느낄 수도 있다. 성과에 대한 기준이 있는 경우에는 성과와 보상을 일치(도구성)도 같이 존재해야 비로소 행동(노력)이 발현된다.

(3) 보상의 일치도

결과물 또는 이익을 분배하는 것에 대한 공정성은 형평이론(equity theory)이나 상대적 박탈이론에 입각한다. 이런 이론들이 공통적으로 예측하는 면은 대부분의 사람들이 자신이 받은 결과를 다른 사람들이 받은 보상이나 자신이 가진 내적 기준(즉, 기대)과 비교한다는 것이다. 그리고 이런 비교를 통해 만약 자신이 회사로부터 받게 될 것이라고 예상했던 보상을 받지 못했다고 느낄 경우 불균형을 지각하게 되고, 조직과 관계에 대한 평형 또는 균형을 회복하고자 어떤 행동을 취하게 된다. 이 점은 앞서 설명한 성과관리에 대한 반발을 야기하는 계산적인 과정이다.

성과에 대한 평가의 경우에도 형평이론에서와 같이 개인은 대개 자신의 직무수행이 평균 보다 높다고 인식하고, 자신이 생각한 것보다 낮은 평가를 받을 때 부정적인 심리를 경험하며 평가 회기 다음의 직무수행에도 영향을 끼쳐서 저조한 성과를 보일 수 있다(Pearce & Porter, 1986).

이러한 불균형을 회복하는 행동 방향은 심리적인 회복과 행동적인 회복 등 두 가지 방향이 있다. 심리적인 방법은 행동으로 표현하기 힘들거나 상황이 여의치 않을 경우 인지적으로 불공정을 해결할 수 있는 그럴싸한 이유를 만들어 합리화하는 것이고, 행동적인 방법은 직무수행 수준을 낮춰서 일을 덜 하거나 상사에게 자신의 부당함을 호소하거나 소송을 제기하는 것과 같이 불공정을 해결할 수 있는 다양한 방법을 자신이 직접 행동으로 나타내는 것이다(Bies & Tyler, 1993). 인사평가 후에 피평가자의 행동의 경우 자신의 개인적 책임을 생각하기보다는 외부요인(특히 평가자)에게 결과의 책임을 떠넘기며, 평가자인 상사에 대하여 적대적인 행동 반응을 보이기도 한다.

2) 유연한 목표관리

(1) 개별 구성원의 동기에 초점을 두는 성과관리

부하직원의 성과향상을 위해서 바칼 컨설팅(Bacal & Associates)에서는 '효과 증진 시스템(effectiveness enhancement system)'이라는 성과관리 방법을 제시하였다. 이것은 관리자가 구성원을 개별적으로 고객 관점에서 대우하며 함께 성과를 어떻게 관리할지에 대해 구체적으로 결정하는 접근법이다. 이 방법의 원리는 아래와 같다.

- 구성원과 팀 등의 성과관리 단위를 개별화한다.
- 개별 구성원을 '고객' 혹은 성과 관리의 소비자로 간주한다.
- 구성원이 주로 원하는 방법과 성과개선을 위해 필요한 것을 제공한다.

이 원리는 유연한 목표관리에 입각하는 것으로, 성과관리를 위해 정보를 수집하고 평가하는 방법과 도구가 제한되어 있지 않고, 성과 면담 회수나 시간도 알아서 정하는 것이다. 그러한 유연성은 구성원의 요구사항에 맞추는 것으로, 구성원을 성과관리 과정의 고객으로 생각한다는 것이다. 기존의 성과관리는 평가의 구성요소(방법, 기준, 교육 등)를 회사 내에서 표준화하여 적용하는 경우가 많다. 그러나 표준화가 갖는 강점이 조직 환경과 내부 시스템의 변화에 따라 오히려 다음과 같은 장애물이 될 수도 있다.

- 획일성 : 구성원의 개인적인 동기와 업무의 도전성을 생각하면 모두가 같은 방식으로 피드백을 받는 것이 효과적이지 않을 수 있다.
- 목표지향성 : 어떤 구성원은 성과목표를 보여주고 싶어하는가 하면 다른 구성원은 일에서 학습하는 것을 원하며, 그에 따라 성과목표를 명확하게 설정해주면 좋아하는 구성원도 있지만, 어떤 구성원은 전체적인 맥락을 잡아줄 때 동기가 높아질 수 있다.
- 성과보상 : 보상에 대한 가치는 주관적이어서 가치라기보다 유인가(valence)로 명명한다. 금전적 보상을 추구하는 정도가 개인마다 다르고, 성과달성 과정에서 느끼는 흥미와 성취감도 서로 다를 수 있으므로 획일적인 보상이 성과를 자극하지 못할 수도 있다.

표준화된 성과관리와 달리 Bacal은 구성원을 참여시키는 성과관리를 강조한다. 기본적인 전제는 성과 관리 과정을 통해 직원들이 성과 개선을 위해 자신이 필요로 하고 원하는 것을 제공받을 수 없다면, 성과가 개선될 가능성은 높지 않다는 것이다. 효과 증진 시스템에서는 상사와 부하가 협의하여 부하 구성원에게 독특한 성과관리 방식을 개발하도록 하며, 같은 일을 하는 구성원이라도 성과관리의 방식은 전혀 다를 수 있는 것이다.

(2) 참여적 성과목표 관리의 단계

효과증진시스템은 성과관리에 구성원을 참여시킴으로써 주인의식을 높일 수 있다. 권한위임(empowerment)과 같은 맥락이다. 구성원이 필요로 하는 것에 초점을 두고, 모두가 서로 다른 필요와 요건을 가진 존재로 보며, 서로 다른 방식으로 지원해야 할 인격체로 취급한다. 이렇게 함으로써 성과관리의 주도자인 리더와 그 외 다른 고객의 필요성도 성과관리 과정에서 같이 고려할 수 있게 된다. 효과 증진 시스템을 설계하는 과정은 다음과 같다.

가. 성과관리를 위한 고객 규명

궁극적으로 시스템이 관리자 본인은 물론 다른 사람들에게도 도움이 되어야 한다. 그래서 첫째 단계는 누가 성과관리 시스템으로부터 무엇을 필요로 하는가를 정의하는 일이다. 그래서 먼저 성과관리에 성공하거나 실패하는 데 영향력이 가장 큰 사람이 누구인지, 그리고 성과향상의 시스템이 작동하기 위해서는 누구의 필요를 충족해야 하는지를 파악한다.

나. 목표달성 방법의 합의

목표와 관련해서 일단 조직의 필요를 파악하고, 각각의 고객 집단에 대해 이들이 목표를 달성하기 위해 또는 회사의 목표를 달성하기 위해 무엇이 필요한지 결정한다. 필요사항을 결정할 때, 관리자가 '고객'과 소통한다. 성과관리를 주도하는 관리자는 각 상황에 맞는 방법을 협상하고, 문제를 해결하며,

성과를 향상시켜야 한다. 이러한 것을 '고객'과 함께 진행해야 벌어지는 상황에 대해 충분히 대응할 수 있다. 구성원들마다 서로 다른 방법을 사용한다면, 어떻게 성과를 관리할 것인지에 대한 구체화된 '계약'은 소규모로 한다.

다. 성과계획의 실행과 주기적 평가

역동적(dynamic)이고 지속적인 방법으로 제대로 효과를 발휘하는지 평가해야 한다. 효과 증진 시스템의 키워드는 유연성이다.

(3) 효과 증진 시스템의 핵심

- 개인차를 인정하는 인본주의적 관점을 적용한다. 직원과 관리자가 함께 성과 관리 과정을 설계함으로써 주인 의식을 갖도록 한다.
- 회사의 성과관리 시스템과 조화를 이루기 위해서 유연한 변경이 가능하며, 하위집단을 나눌 수 있다면 일관성과 다양성을 조화시킬 수 있다.

최근의 업무는 유연하고 가변적이어서 명확하지 않은 경우가 많다. 게다가 팀워크와 팀의 성과를 중시하면서 개인 구성원의 역할에 대한 직무기술서가 그러한 유연성을 반영하지 못할 때가 많다. 직무기술서와 연초에 설정한 목표에 포함되지 않았다고 해서 구성원이 할 수 있는 일을 하지 않는다면, 성과관리가 구성원의 자율성을 막는 셈이 된다. 업무 수행 과정에서 언제, 무엇이 필요한지를 가장 잘 아는 사람들 구성원 자신이다. 그러므로 구성원을 고객으로 대하면서 목표 달성 과정에 효과를 발휘하는 방법을 이해하도록 성과관리를 하면 성과관리의 유연성을 갖게 된다.

3) 중장년 구성원의 성과동기

(1) 경력에 초점을 두는 성과관리

가. 경력관리의 의미

경력(career)은 크게 두 가지로 나뉘는데, (1) 객관적인 요소는 직무관련 사건, 직위, 업무 활동, 직업 관련 결정으로 구성된 사항이며, (2) 주관적 요소는 포부, 기대, 가치, 필요, 특별한 경험에 니즈 등이다(Greenhaus, Callanan, & Godshalk, 2009). 이러한 객관적, 주관적 요소의 경력 모두를 관리하는 것을 경력관리인데, 현재의 개인은 한 조직에서 평생을 일하기보다 직업을 전환해간다. 따라서 조직이나 사회가 아닌 개인이 스스로 경력행동을 주도하게 되었다.

성과향상의 동기에 초점을 두면 조직의 목표달성에 대한 관심사를 벗어나서, 즉 회사의 경계를 벗어나서 구성원이 발전하고자 하는 비전을 충족시켜 줄 필요가 있다. 직속상사인 리더는 6장에서 살펴볼 성과코칭에 입각해서 지원해 줄 필요가 있으며, 조직의 인사체계에서는 전 인생에 초점을 둔 경력개발 동기를 자극할 필요가 있다.

나. 전 생애를 고려하는 성과관리

개인이 한 기업에서 평생을 보내는 고용환경 관점을 넘어서 여러 조직, 여러 직무를 수행하는 변화를 반영하여 Hall(1996)은 프로틴 경력(Protean careers)을 제안하였다. 프로틴 경력이란 조직이나 사회가 아닌 개인이 주도하는 경력행동을 의미하며, 프로틴 경력을 쌓으려는 개인은 수직적인 승진이나 연봉보다는 자신의 심리적인 성공을 목표로 한다. 이는 과거와 달리 조직이나 사회가 개인의 경력 전환을 완전히 도울 수 없는 현실에서, 스스로 경력을 관리할 필요가 있음을 시사한다. 프로틴 경력은 개인의 가치에 의해 결정되는 경력에 초점을 둔다(Briscoe & Hall, 2002).

프로틴 경력에 더 나아가서, 무경계 경력은 경력이 보여주는 무한한 가능성, 경력성공을 만드는 기회를 인식하고 얻는 것에 중점을 두며(Arthur, Inkson, & Pringle, 1999), 이런 경력을 추구하는 사람들은 대체로 주도적 성격, 결단력, 자기효능감, 책임감이 높으며, 아래와 같은 주도적 경력 행동을 한다(Clases & Ruiz-Quintanilla,1998).

- 경력계획 : 목표를 설정하고, 선택지를 찾으며 계획을 만들어 미래의 경력을 준비함
- 기술개발 : 개인의 직업과 관련된 다양한 기술들을 숙달하게 만드는 행동이며, 전통적 경력에서의 과업 숙달활동과 비슷함
- 경력상담 : 타인으로부터 정보와 조언, 도움을 구하는 행동
- 네트워킹 : 정보, 조언, 도움을 구하기 위한 개인적 관계를 구축하는 활동

(2) 인생 후반기의 성과동기

국내 기업에서 중장년 직원은 계륵 같은 존재가 되어간다. 성숙기의 국가경제 환경하에서 피라미드 조직구조가 줄어들면서 승진의 자리는 점점 줄어들고, 신산업 위주로 재편되면서 역할의 확장도 어려워지고 있다. 반면에 현재 우리나라의 65세 이상 인구 비중은 15%로 고령사회이며, 빠르게 초고령사회로 진입하고 있다. 그만큼 조직 내 중장년 근로자가 많아지고 있다. 중년기는 경력 상 정점에 이르렀거나 머지않아 정점에 도달하는 시기이며, 그중 상당수는 현재 조직에서 지낸 경력을 끝내고 경력변화를 고려하며 제2경력을 준비하기도 한다. 중장년 직원의 성과관리는 기업과 부서장에게 도전이 되고 있다. 그들의 성과동기를 끌어 올리기 위한 방법이 필요하다.

한 국내 연구에서 핵심자기평가, 작업능력, 멘토링이 주도적 경력행동에 긍정적인 영향을 보였다(이현주, 한태영, 2014). 국내에서 프로틴 경력, 무경계 경력, 주도적 경력행동 등 개인의 경력관리에 대한 많은 연구들이 이루어졌지만, 이를 유발하는 선행요인에 대한 연구는 거의 이루어지지 않았다. 또한 주도적 경력행동이 개인의 경력성공에 긍정적인 영향을 미치는 요소임에도 불구하고, 중장년 근로자가 조직에서 직면하는 부정적 요소의 영향에 대한 연구는 미흡하다.

가. 중장년 근로자의 직무수행 능력

나이로 직무수행을 예측하는 것이 타당하지 않다는 것이 산업심리학적인 관점이며(Cleveland & Landy, 1989), 다양한 연구에서 나타난 나이와 성과 간의 관계는 일관적이지 않다.

Avolio와 Waldman(1994)은 나이가 들수록 일반지능, 언어능력, 계산능력, 공간능력이 떨어진다고 주장했다. 복잡한 업무에 약점을 보인다는 연구에서는 젊은 직원보다 직무수행이 떨어지는 것으로 나타났다(Verhaeghen, Steitz, Silwinski, & Caella, 2003). 능력뿐만 아니라 직무동기가 줄어들어서 젊은 구성원들은 무언가를 얻기 위한 목표(예 : 나는 나의 건강을 증진시키기 원한다)를 설정하지만, 나이 든 직원들은 회피목표(예 : 나는 나의 건강이 이상 없기를 바란다)를 설정하기도 한다(Ebner, Freund & Baltes, 2006).

그러나 반대의 주장도 있다. Waldman과 Avolio(1986)는 나이가 들수록 성과는 증가하는 정적인 관계가 있다고 주장하였다. 적어도 성과가 하락하는 부적 관계는 유의미하지 않다(McEvoy와 Cascio, 1989). 특히 문제해결 과업에서는 젊은 직원보다 더 합리적으로 행동하며(Tentori, Osherson, Hasher, & May, 2001), 사회적 갈등에 대해 더 현명하게 대처한다(Grossman, Varnum, Park, Kitayama, & Nisbett, 2010). 또한 Colonia-Wilner(1998)는 나이 든 구성원의 전략적 역량은 젊은 직원들보다 우수하다고 주장하였다. 대체로 나이든 구성원은 경력이 쌓임에 따라 늘어나는 지혜와 전문성으로 인지적 · 신체적 능력의 부족을 보완할 수 있다는 것이다(Baltes, Staudinger, Maercker, & Smith, 1995).

나. 생애발달 관점의 생산성

개인발달 측면에서 중장년 구성원은 사회적으로 확대된 역할을 발휘할 수 있다. Levinson(1978)의 성인생애단계 이론에 따르면 중장년은 생물학적 능력은 감소하나 사회적 책임은 더 커지고 정력적으로 일에 몰두하며 후배의 후견인, 지도자의 역할을 하게 된다. 구성원의 경력이 쌓일수록 조직 내에서 부하나 신입사원을 지도하고 적응을 돕는 멘토(mentor)로서 역할이 확장된다. 이런 활동을 성공적으로 수행하면 Erikson이 제시한 중년기 인생발달 과업 중 생성감(generativity)을 이루기 때문에 개인 인생의 정체(stagnation)을 막을 수 있다(신교수, 한태영, 2014). 더 나아가 사회 참여 역시 중장년의 확대된 역할로 볼 수 있다. 참여 활동을 통해 퇴직, 실직 등 중년기 변화로부터 오는 상실감을 일정 수준에서 해소할 수 있어 노후의 삶의 질을 높여주고 만족도를 높일 수 있기 때문이다(정숙균, 방희명, 2014).

다. 다양성(diversity)관점에서 이해

현재 조직 내 구성원의 나이는 더욱 다양해지고 있다(Kunze, Boehm, & Bruch, 2013). 즉, 여러 세대의 근로자들이 한 팀으로 성과를 창출해야 하는 상황이 더욱 많아졌다는 것을 의미한다. 조직 내 다양성은 조직에 긍정적인 영향을 미칠 수 있지만, 반대로 서로 간의 갈등이나 차별과 같은 부정적인 현상으로 이어질 가능성이 있다. 국내에서 "90년생이 온다", "밀레니얼과 함께 일하는 법" 등 조직에서의 세대차에 대해 다루는 책들이 지속적으로 출판

되고 있을 정도로 조직 내 세대차에 대한 관심이 높아지는 것을 알 수 있다. 실제로 많은 사람들이 직장에서 세대차를 경험하는데, 구인구직 매칭플랫폼 사람인이 2018년 실시한 설문조사에 따르면 응답자의 약 79%가 직장 내 세대차를 경험한 적이 있다고 응답했다. 또한 세대차로 인해 스트레스를 받고, 심한 경우 갈등으로 이어지기도 한다.

Zhu 등(2016)은 상사와 부하 간 세대차로 인한 갈등은 부하의 직무열의와 성과에 부정적인 영향을 미친다고 한다. Kunze 등(2011)은 조직 구성원의 나이가 다양할수록 나이로 인한 차별 현상이 나타나며, 이는 구성원의 조직에 대한 정서적 애착과 기여에 대한 의지에 부정적인 영향을 미쳐 동기를 떨어뜨릴 수 있다고 주장했다.

전통적인 연공서열은 유교문화의 가치와 잘 맞아왔지만, 성과주의에 입각한 문화로 변화하면서 중장년 근로자에 대한 편견이 커지는 경향이 있는데, 서구에서도 성, 인종과 함께 대표적인 연령차별(ageism)의 현상이 커지는 것이다. 집단심리에 대한 유사성-매력 패러다임(similarity-attraction paradigm; Byrne, 1971)에 의하면, 겉으로 드러난 동질성이 같은 집단에는 의사소통과 응집성을 강하게 만들면서, 반대로 다른 집단을 차별하는 부정적인 현상이 발생한다. 과거에는 중장년 구성원이 직급체계에 따른 힘이 있었으나, 최근 수평조직에서는 같은 팀원으로서 앞서 설명한 직무수행 능력 측면에서 편견의 대상이자 소수집단이 되는 것이다.

그러나 다양성의 효과를 통합적으로 설명하는 범주화-정교화 모델(Categorization-Elaboration Model; van Knippenberg, De Dreu, & Homan, 2004)에 의하면, 집단이 다양할수록 서로 다른 의견을 교환하면서 과업을 수행하는 방법을 정교하게 개발하는 효과가 생겨서 다양성이 긍정적일 수 있다. 그렇지만, 다양성에 대한 단서에 의해서 타 집단을 특정한 범주에 넣고 이 범주가 부정적인 평가를 만들어내면, 정교화의 효과보다는 차별에 따른 부정적인 효과가 발생할 수 있다는 것이다. 국내에서는 나이 차별을 업무장애로 인식하여 성과 저하에 영향을 준다는 연구도 있는데, 이러한 영향은 특히 정규직이 더 크게 느낀다(한태영, 정의영, 2019). 아마도 비정규직의 경우 객관적인 업무 지원 환경에 있는 경우가 많기 때문에 업무 수행에서 나이 차별의 영향이 덜 한 것으로 보인다. 해당 연구는 다른 세대 구성원과 다양성 측면에서 중장년 정규직과 젊은 세대와의 관계를 바라볼 필요가 있음을 시사하고 있다

(3) 중장년 근로자를 위한 조직의 성과관리 지원체계

나이차별(ageism)이란 Robert butler(1969)가 처음 사용한 개념으로, 나이로 인해 발생하는 차별을 의미한다. 초기에는 나이차별을 성차별, 인종차별과 유사한 개념으로 다루었다(Butler, 1969). 하지만 나이차별은 특정 대상이 아닌 모든 연령대의 사람이 겪을 수 있다는 점에서 다른 차별과는 차별성을 갖는다. 나이차별은 크게 편견과 차별 두 개념으로 구분되며(Palmore, 1999), 시간이 지나면 자연스럽게 해결되는 젊은 시절의 차별보다는 오랜 시간 지속되는 고령자에 대한 차별이 연구의 중심이었으며(Blytheway, 1995), 현재 사회의 문제와도 일맥상통한다. 나이차별은 직무만족, 조직몰입, 직무열의에 부정적인 영향을 주고(Orpen, 1995), 부서이동, 퇴직권고, 좌천 등 부정적인 권고를 받을 가능성이 높다(Rupp, Vodanovich, & Crede, 2006).

가. 세대조화 문화조성

이렇듯 조직에서 다양성 자체는 조직에 부정적인 영향을 미칠 수 있기 때문에, 다양성을 넘어 포용성(inclusion)을 갖추기 위한 노력이 필요하다. 포용성이란 다수집단의 구성원에게 주어지는 참여기회와 조직성과에 기여할 수 있는 역할을 소수집단의 구성원에게 동등하게 제공하고, 각각의 구성원이 조

직에 완전히 몰입할 수 있도록 지원하는 것이다(Shore, Cleveland, & Sanchez, 2018). 연령과 관련한 포용성은 세대조화를 이루는 조직문화를 구축하는 것이 핵심이며, 세대 간 차이로 인해 차별이나 갈등을 방지하고 신구조화의 긍정적인 영향력을 도출할 수 있다. 이렇게 구축된 문화 하에서는 현대 지식산업사회에서 중요한 지식을 공유하고 지식의 역사적 흐름을 유지하는 데 기여할 수 있다(한태영, 이진영, 2021). 이러한 지식공유는 데이터에 기반한 디지털 변혁(digital transformation)을 위한 조직역량이 되는 것이다.

세대 조화의 문화(intergenerational climate)는 나이 든 부하의 성과향상 동기에 필요한 모든 구성원이 공유해야 하는 문화이며, 아래와 같은 다섯 가지 하위요인으로 구성된다.

- 세대 고정관념(Lack of generational stereotype)이 없는 상태와 관련해서 중장년이 청년 세대에 갖는 나이 관련 고정관념에는 믿음직하지 않고, 책임감이 없으며, 경험과 기술이 부족하다고 여기는 것 등이 있다 (Snape & Redman, 2003).
- 호의적 정서(Positive intergenerational affect)는 정서적 요소로 청년 세대와의 상호작용에 대한 긍정적인 느낌을 의미한다.
- 세대 간 교류(Intergenerational contact)는 행동적 요소로 다른 세대의 동료들과 갖는 상호작용이 빈번하게 일어나는 문화를 의미한다.
- 세대 포용성(Workplace generational inclusiveness)은 자신이 속하지 않은 외집단을 더 큰 범주 안에서 내집단으로 여기는 것을 의미한다. 협력적 교류를 통해 다른 세대의 구성원과 공통의 내집단 정체성을 공유하는 것은 편견을 줄이고 상호 의존도를 증진한다(King & Bryant, 2017).
- 세대 간 고용유지(Workplace intergenerational retention)는 다른 세대에게서 받는 퇴사 압박의 정도를 의미한다.

MZ세대는 특정 이슈에 대한 평가 및 태도 형성에 있어 자신만의 기준이 분명하고 그 기준에 맞춰 움직이며, 자신의 소신을 거리낌 없이 이야기하는 경향을 보인다(손정희, 김찬석, 이현선, 2021). 이러한 세대적 특징이 부각됨에 따라, 조직 구성원의 약 63.9%가 세대 차이를 경험한다고 하며, 세대 차이로 인해 일하는 데 부정적인 영향을 받는다는 사람이 40%를 넘는다(대한상공회의소, 2020). 조직 내 세대집단 간의 교류와 세대조화 풍토를 형성하여 서로 부정적인 고정관념을 갖지 않고 긍정적인 정서를 갖고 빈번하게 교류할 때 개별 구성원은 세대집단 간의 조화를 인식하게 된다.

중장년 근로자의 경우, 세대조화가 양호할 때 연령차별에 대한 인식 수준이 낮은 것으로 나타난다(Lagacé et al., 2019). 이러한 상황에서는 중장년 구성원이 효용이 높은 지식을 공유하기 위해 적극적으로 발언할 수 있다(한태영, 이진영, 2021). 그 과정에서는 심리적 안전감을 갖고 서로 관계를 맺으며, 상호 간의 관점을 수용하는 인식이 생긴다(최두환, 한태영, 2022).

나. 역전된 감독관계 지원

수평적인 팀제 조직에서 팀장 외의 직책은 없지만, 오랫동안 직급을 인식하면서 은연중에 계선조직과 같은 문화가 존재했었다. 한국사회는 유교적인 수직적 문화에 따라 나이가 주는 의미가 강하기 때문이다. 그러나 최근 많은 기업이 직급을 단순화하고, 이를 문화로 반영하기 위해서 호칭에서 직급을 없애는 변화를 적용하면서 좀 더 실질적인 수평조직이 되어 가고 있다. 이런 상황에서 팀장과 같은 리더의 직책을 내려 놓고 비관리자인 팀 구성원으로 돌아간 중장년 구성원의 성과향상은 신임 리더에게 도전이 되었다.

과거 문화에서는 직책을 내려 놓은 고참은 '갈참'이라고 부르며 자의반 타의반 경력을 마무리하며 쉬는 시기로 여겼다. 그래서 고참 직원은 스스로 위축되기도 하며, 직무동기가 떨어지는 경우가 많았다. 그러나 그들이 조직에 대한 계속적 몰입은 증가하였는데(Johnson & Neumark, 1996), 이는 나이차별을 경험한 근로자의 경우 조직 밖으로 나갔을 때 경력에서 더 큰 기회가 없을 것이라고 생각하기 때문에 발생하는 현상으로 볼 수 있다. 이러한 형태의 몰입은 때로 건강한 주인의식보다는 '주인행세'를 하는 방어적인 행동으로 나타나서 '꼰대', '아재' 같은 유행어를 만들며 차별의 대상이 되기도 한다.

그러나 고령사회라는 사회의 변화와 정년연장이라는 법적인 보호, 그리고 퇴직하고 더 나은 제2경력을 찾기 어렵다는 경제적인 상황이 복합되어 이제는 팀원이 된 고참 직원이 과거와 달리 성과를 내도록 해야 하는 방법에 대해 관심이 커지게 되었다. 그와 동시에, 나이가 많은 직원이 부하가 되고 나이 어린 상사(또는 팀장)가 등장하는 현상이 많이 나타난다. 이렇게 되면 나이가 역전된 감독관계(Age-Inverse Supervisory Relationships; AISR, Kunze & Menges, 2017)가 생기는데, 사람인(2014) 조사 결과 연하 상사와 일해 본 경험이 있는 중장년 근로자는 48.5%가 될 정도로 국내 조직현장에서도 드물지 않은 현상이 되고 있다. 이러한 나이역전을 경험하면 절반 이상이 스트레스를 받으며, 27.3%는 이로 인해 이직을 준비했다고 한다(박소정, 한태영, 2019).

앞서 구성원마다 다른 처지를 반영하는 효과 증진 시스템의 측면에서 보면, 늘어나는 고참 직원의 성과관리는 인생발달 단계를 고려하여 젊은 직원과 다른 접근법이 필요하다. 그리고 팀 조직에서 젊은 세대와 교류하면서 일어나는 상호작용을 함께 반영해야 하는 조직문화 관리의 선상에서 성과관리를 보아야 한다.

다. 젊은 리더의 성과관리

젊은 리더는 역지사지하는 지식이 필요하다. 젊은 리더는 앞서 세대차이 문제에서 설명한 것처럼 다양성을 이해하는 통찰력을 갖춰야 한다. 리더가 되기 위한 성숙함을 인격적으로 갖추는 것이 바람직하겠지만, 조직이 포용성 (inclusion) 프로그램 내에 중장년의 발달심리적 특성을 포함하고, 그들의 역량측면의 특징을 이해할 수 있도록 지원해야 한다.

업무수행 중에는 리더는 나이 많은 구성원에 대해 공식적 상하관계보다는 파트너 의식을 가져야 한다. 팀의 근본철학은 수평적 관계를 활용하는 것이므로, 자신도 상대방에게 팀원처럼 생각할 필요가 있다. 중장년 파트너는 다양한 능력과 암묵지(tacit knowledge)를 갖고 있다. 이를 잘 활용하기 위해서는 중장년 직원이 동기가 떨어지지 않도록 존중해 주는 관계가 필요하다.

현대 조직에서 지식경영을 추구할 때 지식공유(knowledge sharing)는 집단 지성으로 진화하면서 핵심적인 요소로 보고 있다. 지식공유는 문제해결, 아이디어 개발, 제도나 절차 이행을 목적으로 타인을 돕거나 타인과 협업하기 위해 과업 정보와 노하우를 제공하는 것이다. 방법 측면에서는 문서작성, 지식의 기록 및 조직화 등 문서교환이나 다른 구성원과의 네트워크 형성과 대면 상호작용을 통해 실행한다(Cummings, 2004). 중장년 구성원의 암묵지는 긴 재직기간 동안 쌓은 많은 경험과 노하우의 집합으로 이러한 조직-특화된 (firm-specific) 지식은 성과관리에 도움이 된다(Gilson, Lim, Luciano, & Choi, 2013).

영화 '인턴(The Intern)'

뉴욕의 스타트업의 30대 여성 CEO인 줄스 오스틴(앤 해서웨이)이 은퇴한 70대의 벤 휘태커 (로버트 드니로)를 회사의 인턴으로 채용한 뒤, 나이 어린 상사 줄스와 나이가 훨씬 많은 벤이 함께 일하며 생기는 스토리가 전개된다. 조직생활과 인생의 경험이 풍부한 '벤'은 '줄스'에게 자신의 경험을 공유하며 도움을 주고, 줄스는 그의 의견을 존중하면서 힘든 상황을 다루어 나간다. 현실적으로 스타트업에서 10살 이상 많은 기술전문가를 채용하는 경영진이 드물지 않다.

라. 나이 든 부하의 자기관리 지원

부하인 고참직원은 후배인 상사를 돕는 자세를 갖도록 해야 한다. 전문직 경력으로 설정한 사람이 아니라면 중장년 고참의 역할은 그의 업무에 한정하지 않도록 해야 한다. 조직시민행동을 직무수행의 요소로 포함하는 것이 이들에게 매우 중요하다. 이때의 조직시민행동은 집합주의적 동양문화에서 인사평가에 반영하던 협조성과 같은 차원을 넘어서는 것이다. 고참 직원이 능동적으로 젊은 상사를 돕는 새로운 조직사회화가 필요한 것이다. 신입사원이 입사하면서 배우는 적응이나 이사회 멤버가 경영상황을 파악하는 온보딩(on-boarding) 프로그램처럼 낮은 수준으로 내려오는 오프보딩(off-boarding)의 조직사회화 과정이 필요한 것이다.

최근의 기술발달에서 경력전환을 준비하는 오프보딩 과정에서 중장년 근로자는 ICT 스트레스를 경험한다. 인지능력은 나이가 듦에 따라 떨어지는데, 특히 중고령자는 급변하는 정보통신기술을 활용하는 능력이 부족하다고 느끼게 되어 이와 관련된 자기효능감(self efficacy)이 낮고 거기에서 촉발되는 컴퓨터 불안(computer-anxiety)을 경험한다(예 : Czaja et al., 2006; Fiske et al., 2009; Mead et al., 2000; Tams, Grover, & Thatcher, 2014). 현재 확대되고 있는 정보통신기술과 그들이 가진 실제 정보통신기술 활용 역량 간 차이는 중장년 구성원의 업무에 스트레스가 되고 성과관리에 영향을 미칠 수 있다.

마. 전문직 경력에 대한 내재적 보상

중장년 근로자는 조직에 오랫동안 기여했기 때문에 언젠가 승진할 것이라 기대한다. 하지만 앞서 언급했던 고령화와 승진적체 현상으로 인해 승진의 기회는 줄어들게 되고 받을 것으로 기대하던 보상, 즉 승진을 하지 못함으로써 업무에 대한 동기와 성과가 저하될 수 있다. 그렇기 때문에 조직은 부하를 거느리지 않는 (즉, 인사권과 예산권이 없는) 전문가 경력을 밟고 있는 이들의 동기를 높일 수 있는 방안에 대해 고심하고, 동기부여를 위한 프로그램을 마련해야 한다.

멘토링은 직장에서 서로 다른 세대의 구성원이 교류할 수 있는 대표적인 프로그램인 동시에 중장년 근로자의 동기를 다시금 높일 수 있다. 멘토링은 주로 경험과 기술이 풍부하고 나이가 많은 근로자가 멘토의 역할을 하며, 비교적 젊은 근로자인 멘티를 지도하는 형식으로 이루어진다. 경력기능은 멘티가 직무를 수행하는 데 필요한 지식과 기술을 가르치고, 승진 혹은 경력 발전을 지원하는 것이다. 심리사회적 기능은 멘토와 멘티가 대인관계를 형성하여 멘티에게 심리적 안정감을 제공하는 기능을 의미한다. 멘티가 겪는 불안을 극복할 수 있도록 돕거나, 멘티와 비공식적 관계를 형성해 서로를 이해하고 스트레스를 감소시키는 등의 기능이 이에 해당한다.

중장년 근로자에게 멘토 역할을 부여함으로써 이들의 성과향상에 대한 동기를 높일 수 있다. 이들은 앞으로 승진을 통해 자신의 경력을 개발할 수 있는 기회가 줄어들었다고 느끼며, 자신이 맡은 업무에 익숙해져 일에 대해 싫증을 느껴 동기가 떨어진 상태이다. 이에 멘토라는 새로운 역할을 부여한다면 멘티에게 자신의 지식과 기술을 가르치며 새로운 과업에 대한 성취감과, 자신이 속한 조직에 기여한다는 느낌을 받을 수 있다(Beazley, Ball, & Vernon, 2017). 나아가 멘토로서 성장 가능성을 인식할 수 있다. 또한 멘토는 멘티와 교류하는 과정에서 테크놀로지와 관련된 역량을 강화하는 데 도움을 받을 수 있고, 새로운 관점을 접함으로써 변화에 대처할 수 있는 역량 역시 기를 수 있다.

뿐만 아니라 멘토링은 서로 다른 세대 간의 편견을 줄여 세대차를 극복하고, 모든 세대의 구성원에게 포용적인 조직문화를 구축할 수 있다. Allport(1954)는 평등한 두 집단이 협력하고 긴밀한 관계를 형성하며, 제도적 지원을 받을 때 집단 간 교류를 통해 편견을 줄일 수 있다는 접촉 가설

(contact hypothesis)을 제안했다. 이러한 관점에서 멘토링은 멘토와 멘티, 즉 서로 다른 세대의 구성원 간 협력적인 교류에 해당하며(King & Bryant, 2017), 세대 간의 관계를 형성하고 커뮤니케이션에 긍정적인 영향을 미쳐 (Sanner-Stiehr & Vandermause, 2017) 서로에 대한 편견을 줄일 수 있다. 또한 포용성은 중장년 근로자의 조직몰입과 성과에 영향을 미치고(Cho & Mor Barak, 2008), 세대 간 긍정적인 관계를 통해 젊은 세대와 더 적극적으로 교류하며 자신의 지식을 나누는 동시에 만족감을 통해(Lagacé, Van de Beeck, & Firzly, 2019) 동기가 더욱 높아질 것이다.

다면평가와
성과향상 피드백

이거 현실이지?

1. 어떤 정보로 성과를 관리할 것인가?

성과관리의 1차 책임자는 공식적인 인사권을 가진 직속상사이다. 전통적인 인사평가도 상사가 주로 이 역할을 담당해 왔다. 성과관리의 동력이라고 할 수 있는 성과면담에서 상사는 다양한 측면에서 부하의 성과에 대한 피드백을 제공하기 위해서 정보 또한 다양한 측면에서 수집할 필요가 있다. 다면평가는 원래 이러한 개발목적으로 시작되었다. 인사평가 제도가 정보의 불완전성과 공정성에 대한 불만에 직면하다 보니 육성을 위한 다면 피드백보다는 평가제도로 확장되어 왔다. 다면평가의 본질적인 가치는 육성을 위한 다양한 정보의 수집에 있고, 이러한 정보를 활용한 풍부한 피드백이 성과관리의 핵심이 될 수 있다.

구성원의 입장에서도 다면적인 정보는 평가제도에 대한 수용성을 높여주고, 자신도 자기에 대한 평가에 참여함으로써 3장에서 설명한 성과향상에 관해 주인의식을 갖도록 하는 장점이 있는 제도이다. 다양한 주변사람들이 관찰한 해당 직원의 직무수행에 대한 정보를 입수하므로 여러 각도에서 직무행동을 평가할 수 있고, 평가점수를 피평가자에게 제공할 때 다각적으로 관찰한 직무행동을 피드백으로 활용하여 직무성과를 향상시키는 성과관리 방법으로도 활용되고 있다. 이러한 평가형태를 360도 피드백, 다면 피드백(multi-source feedback), 또는 중다평가자(multi-rater) 피드백 등으로 부르기도 한다.

다면 피드백 제도는 명칭도 다양하듯이 다양한 목적을 위해서 사용될 수 있는데, Lepsinger와 Lucia(1997)의 설문에 따르면, 이 제도를 활용하는 목적이 조직개발과 경영관리를 위해서라는 응답이 58%로 가장 많다. 인사평가를 위해서 다면평가제도를 사용하는 것은 25% 정도로 오히려 적은 점을 주목할 필요가 있다. 그 외에도 조직의 전략을 실행하고 문화변화를 위한 목적으로 사용하는 경우가 20% 정도이며, 팀제 조직이 활성화되면서 팀 동료들을 평가하기 위한 경우도 19%를 차지했다. 간단한 형태의 설문조사 결과이므로 정보로서의 가치는 부족하지만, 다면 피드백이 인사평가 외에도 조직 수준의 다양한 목적에 사용되고 있다. 즉, 일반적으로 다면평가 제도라고 불리는 이 체계는 궁극적인 목적이 평가에 있는 것이 아니라 더 큰 틀에서 조직의 발전을 위해 사용되는 제도인 것이다.

최근에는 다면평가 방법이 리더십을 진단하기 위해서 리더의 영향력 범위에 있는 사람들의 다면진단으로도 활용된다. 리더십의 핵심적인 두 축은 성과주도와 관계주도이다. 성과관리의 리더십은 이 둘의 교집합에 해당한다. 다면적인 평가는 이 두 측면을 모두 반영할 수 있으므로, 누가 성과관리의 주도자가 되어야 하는지는 리더십 선발과 연계되어 있다. 또한 그러한 성과관리 리더십을 잘 발휘하기 위해서 리더에게도 피드백을 주면서 역량향상의 노력을 하도록 자극할 필요가 있다. 그래서 다양한 사람들이 리더 한 사람에 대하여 평가하는 접근법은 다음 장에서 소개하는 리더십 평가와 개발과 관련성이 크다. 다음 장의 역량평가위원회(assessment center)에 대한 내용은 주로 리더에게 초점을 둘 것이지만, 역량을 평가하고 성과향상을 위한 제도 아래에 존재하는 이론적 · 실무적 관점은 다면 피드백을 위한 진단과 육성방식과 매우 비슷하다고 할 수 있다.

1) 상사의 정보

상사가 부하의 회사생활에 대해 제시하는 정보는 전통적인 인사평가에서 인사부서에게 가장 중요하게 생각하는 정보이다. 왜냐하면 상사는 조직의 관점에서 부하직원을 보고 상위층에서 하달된 업무 목표를 할당하고 지시하는 입장이므로 부하의 업무수행에 대해서 가장 관찰하기 좋은 위치에 있다. 더구나 조직의 위계구조는 명령체계나 커뮤니케이션이 하향적으로 이루어지는 경우가 많아서 상사는 부하의 업무수행이 조직의 목표달성에 기여하는지를 판단하기 쉽기 때문에, 일반적으로 상사가 제시하는 정보는 성과관리 과정에서 부하가 수긍하는 경우가 많다.

성과관리에 대한 관점에서 보자면, 부하에게 직무수행에 대한 결과를 알려주고 피드백을 주면서 성과향상을 위한 면담을 하는 사람은 상사이기 때문에 평가와 육성을 연계하여 성과관리제도를 운용하기도 적합하다(Latham & Wexley, 1994). 또한 성과관리 과정에서 상사는 부하와 교류하는 관계주도적 리더십을 발휘하게 되므로 6장 이후에서 설명하는 성과코칭의 기술도 필요하다.

그러나 상사가 제공하는 정보는 그 무게감만큼 부작용도 크다. 인사결정을 내리고 보상과 연결할 때는 상사의 정보가 가장 크게 영향을 미치기 때문에 평가정보로서 부정확성 요소와 정치적 요소는 대체로 상사의 부하평가 과정에서 나타난다. 평가자의 동기와 관련해서 의도적인 평가점수 왜곡의 가능성도 많으며, 평가에서 관대화 오류를 많이 포함하고 있다. 그래서 조직 전체의 성과를 향상시키는 비전을 갖고 다른 정보를 잘 활용하면서 자신의 판단에 반영하여 리더십을 발휘할 수 있는 리더를 선발하는 것도 성과를 관리하는 맥락에서 중요하다.

2) 동료의 정보

(1) 동료정보의 장점

동료가 제공하는 정보는 자신의 업무를 직접 보고하는 상사나 보고를 받는 부하가 아닌 피평가자와 유사한 직급에 있는 동료에 의한 평가를 말한다. 이때의 동료는 직급과 소속팀이 동일할 수도 있고, 직급이나 소속부서가 다른 동료일 수도 있다. 다면평가제도에서 동료평가는 뒤에서 설명할 부작용 때문에 비교적 덜 쓰이는 평가방식이다. 그러나 최근에는 조직의 구조가 전통적인 위계조직에서 팀 중심의 수평조직으로 변화되면서 그 활용성이 점차 확대되고 있다(Conway, Lombardo, & Sanders, 2001; Greguras, Robie, & Born, 2001).

대리인 이론(agency theory)에 따르면, 동료가 관찰을 하는 것은 모니터링 행동에 해당하며, 동료들이 자신의 행동과 수행 결과에 대해 주목하고 반응하는 것이다(Loughry & Tosi, 2008). 동료 모니터링 행동은 평가의 기준 설정, 동료들의 행동을 관찰, 그리고 동료가 기대 이하의 결과를 보일 경우에 제재를 하는 것을 포함하는 것이다. 이런 행동은 동료들에 대한 평가정보를 제공하는 심리적인 비용(cost)을 필요로 하기 때문에 단점도 발생한다(Barron & Gjerde, 1997).

가. 자연스러운 관찰과 감독

동료가 제공하는 정보의 장점은 동료들이 팀 구성원들로서 감독효과를 높일 수 있다는 점이다. 업무상의 동료는 해당 직원의 직무행동과 직무 외적 행동을 가까이서 관찰할 수 있는 기회가 가장 많고 빈번하게 상호작용을 하면서 대인관계 행동을 관찰할 수 있다. 따라서 폭넓은 범위의 직무행동을 관찰하는 면에서는 가장 우수한 정보 제공자라고 할 수 있다. 동료는 서로 자연스럽게 접촉하는 경우가 많으므로 관찰당하고 있다는 느낌이 다른 정보원들보다 적은 장점도 있다.

나. 책임성

인사평가 점수로 생각할 때, 평가자를 많이 확보할 수 있다는 면도 장점이다. 이 점은 평가과정에서 평가자들이 자신의 평가점수에 대한 근거와 정당성을 제시해야 하는 책임성과 관련된 장점이다. 책임성(accountability)이란 평가자가 자신이 내린 평가점수의 근거를 밝혀야 하는 공식적 또는 비공식적 과정에 의해 인식하게 되는 심리적인 압박으로 규정된다.

책임성을 부여하면 평가자 자신의 평가가 노출될 가능성이 높아지게 된다. 책임성 때문에 평가자가 좀 더 신중하게 관찰하고 평가하는 장점이 있다. 하지만 이로 인하여 평가점수를 왜곡하는 경향성, 특히 관대화 경향성이 높아진다. 개별 동료는 우정의 효과로 이런 부작용이 생길 수 있다. 그러나 동료평가는 여러 명의 동료 점수가 합산/평균되어 도출되기 때문에 평가점수에 대해 평가자의 익명성이 다소 보장되므로 이러한 부작용을 완화하는 데 도움이 된다.

다. 평가점수의 신뢰성

또한 특정인의 평가점수가 극단치에 해당하더라도 많은 수의 평가자가 존재하므로 극단치의 효과가 상쇄되어 평가점수의 신뢰성이 높다. 이러한 장점은 대체로 성과관리에 참여하는 동료의 수가 많기 때문이다. 상사는 한 사람에 불과하고, 옆 부서의 상사를 포함하여 평가정보를 수집하는 것도 업무의 분리에 따른 한계가 있다. 이에 반해서 동료는 같은 업무단위 안에서 여러 평가자를 참여시킬 수 있기 때문에 풍부한 정보를 활용하는 통계적 · 동기적 효과가 있는 것이다. 동료평가가 신뢰도나 타당도 등의 심리측정 준거 면에서나 유용성 면에서 우수하다는 것은 여러 연구에서도 확인되고 있다(Diedorf & Surface, 2007; Drexler, Beehr, & Stetz, 2001).

(2) 동료정보의 단점

가. 인간관계와 팀워크

동료평가의 단점은 정보의 수 보다는 동료와의 관계에서 생기는 경우가 많다. 상사의 정보와 달리 동료는 직무수행과 관련 없는 인간관계 측면의 정보도 많기 때문에 이런 요소가 정확한 정보에 대한 오염요소가 될 수 있다. 또한 조직구조상 동료는 협력과 상호의존의 대상이지 지휘계통에서 지시나 명령을 주고받는 관계가 아니므로 공식적인 평가를 서로 주고받는 것이 불편할 수 있다. 이런 자연스러운 관계를 억지로 평가자-피평가자 관계로 만들면 경쟁상대나 감시자로 생각하게 되고 갈등을 만들 수 있다(Latham & Wexley, 1994).

나. 관대화의 문제

개별적인 대인관계를 넘어서 동료평가는 비공식적인 팀워크를 깨고 싶어하지 않는 우정효과 때문에 서로 후한 평가점수를 주는 경향성을 보이고 평가점수상 범위축소의 오류가 있을 수 있다. 우정효과는 상식적으로 추론할 수 있는 부작용이지만, 실제 연구에서는 그 효과가 분명히 밝혀지지는 않았다

(Murphy & Cleveland, 1995).

3) 부하의 정보

(1) 참여적 성과관리

부하의 정보는 성과관리 대상자의 직접적인 지시와 명령을 받는 아랫사람으로부터 오는 정보이다. 부하가 상사에 대하여 제공하는 정보는 상사의 대인관계능력이나 의사소통 기술과 같은 관리역량에 대해서 잘 평가할 수 있다 (Bernadin & Beatty, 1987). 또한 상사의 성과관리에 동참한다는 인식을 부하에게 주기 때문에 권한위임을 통한 주인의식을 고취할 수 있으며, 성과관리에 대하여 더 많이 몰입할 수 있다. 상사는 부하를 업무수행의 동반자로 인식하고 의사결정의 내용을 이해시키는 노력을 더 기울이는 효과도 있다.

따라서 부하의 정보를 적절히 검토하면 이직, 팀 갈등, 낮은 생산성 등과 같은 잠재적인 문제를 빨리 파악할 수 있다. 차상위 리더나 인사부서에서는 이러한 정보를 활용하여 조직분위기를 감지할 수 있고, 상사의 리더십에서 오는 조직관리 문제를 예측할 수 있다.

(2) 부하정보의 한계

이 정보는 조직위계상 권력의 역전에 해당하는 평가이기 때문에 상사는 권한의 역전이 되는 불편함을 느낄 수 있으며 부하는 자신이 나쁜 정보를 제시할 때 상사로부터 받게 될 불이익에 대해 우려하므로 서로 불편한 관계가 될 가능성이 많다.

또한 부하는 상사의 업무를 일부만 알 뿐 큰 틀에서 이해하거나 중요한 의사결정에 대한 업무수행 과정을 관찰하지 못하는 경우도 흔하기 때문에 정확한 판단을 못할 수도 있다.

그렇기 때문에 부하정보를 유익하게 활용하기 위해서는 정보의 정확성이 전제되어야 하며, 이 정보를 인사결정을 위한 평가로 반영하는 제도하에서는 평가점수의 익명성이 보장되는 것이 중요하다.

4) 성과면담을 위한 자기평가 정보

(1) 자기인식의 효과

성과관리의 출발은 인식의 격차를 알게 되는 것이다. 이것이 성과관리의 핵심은 아니지만, 동기를 자극하는 촉발제가 되는 것이다. 그렇기 때문에 자기평가가 필요하다. 다면 피드백을 활용하여 성과관리를 할 때 성과관리의 대상인 본인이 스스로의 직무수행에 대해서 어떻게 인식하고 있는지 포함한다. 본인의 정보는 직무수행의 내용, 직무를 수행할 때의 맥락, 그리고 어떤 결정을 내리게 된 의도 등에 대하여 가장 많은 정보를 가진 자신이 스스로를 평가하는 것이다.

(2) 자기고양의 오류

동료 피드백과 마찬가지로 정보가 많다고 스스로 제시하는 정보가 정확한 것은 아니다. 가장 흔한 현상은 과대평가이다. 동료 피드백이 우정효과 때문에 평가 왜곡의 문제가 있다면, 자기평가에서 과대평가 또는 관대화는 인사평가의 점수가 승진이나 연봉결정 등의 인사결정과 직결될 때 자신의 입지를 좋게 만들기 위한 의도에 의해 나타난다(Mitchell, Green, & Wood, 1981).

인사결정의 목적으로 평가할 때 동기적인 왜곡이 많이 일어나지만 자기평가의 경우에는 특히 심하게 된다. 또한 인사결정의 목적이 아닌 경우에도 자연스럽게 인지적인 왜곡이 생긴다. 자신의 긍정적인 행동은 자기의 공으로 생각하고 타인의 긍정적인 행동은 환경의 덕택으로 생각하는 반면, 자신의 과오는 환경의 탓으로 생각하고 타인의 부정적인 행동은 그 사람의 의도로 생각하는 기본적 귀인 오류(fundamental attribution error) 현상 때문에 나타나기도 한다.

이러한 이유로 자기정보는 다른 정보원이 제공하는 피드백 정보와 차이가 나는 경우가 많다. 인사결정을 위한 정보로 자기평가 점수를 활용하는 경우는 바람직하지 않으며, 대개 직무수행에 대한 스스로의 관점과 타인의 관점이 얼마나 다른지 확인하고 이러한 차이를 기반으로 평가면담 시간에 피드백으로 활용하는 것이 유용하다. 만약에 자기평가를 인사결정을 위한 정보로 활용할 경우에는 정확한 평가정보를 수집하도록 많은 노력을 기울여야 한다. 예를 들어, 자기평가점수를 차후에 객관적 준거나 타인의 평가점수와 비교하여 교차 점검할 시스템을 마련할 필요가 있다. 교차점검 방법은 부가적으로 스스로 평가의 책임성을 높일 수 있다.

또한 성과관리 제도의 전체 틀이나 평가기준을 숙지할 수 있도록 교육을 시키고, 자기평가의 대상이 되는 직무내용과 역할을 분명하게 정의하는 것이 필요하다(Williams & Levy, 1992).

2. 조직 성과관리에 필요한 정보

구성원을 위한 다면 피드백 정보를 제공하는 타인은 앞에서 소개한 상사, 동료, 부하 등 세 그룹이 있지만, 그 외에도 추가적인 정보를 파악하기 위해서 경영층 및 그에 가까운 상사인 차상급 관리자의 정보와 고객 평가를 활용하기도 한다.

1) 차상급 관리자 정보

차상급 관리자는 작은 조직의 경우 경영층이 최하위직의 구성원도 모두 잘 알기 때문에 적용 가능하나, 일반적으로 구성원의 행동을 직접 관찰할 가능성이 많지 않기 때문에 평가점수 자체는 정확하지 않은 경우가 많고 피드백 제공자로서 큰 의미를 갖지 않는다. 차상급 관리자는 조직의 다면 피드백 제도 또는 다면평가제도 전체의 절차를 승인하는 역할을 하는 정도이다.

그러나 차상급 관리자는 절차승인의 과정을 통하여 조직의 대리인(agency) 역할을 하게 된다. 즉, 공식적인 성과관리 시스템에서 어떤 사항을 중요하게 생각하고 어떤 직무행동이 관찰대상이 되는지를 공식적·비공식적으로 알려주어서 조직의 기대를 구성원에게 전달하는 의사소통 채널의 역할을 한다.

따라서 차상급 관리자는 조직 구성원의 직무에 대하여 조직이 설정한 준거(criterion)를 보여준다. 이 직책이 가진 막강한 영향력 때문에 (특히 고위급의) 차상급 관리자는 자신의 부하인 직속상사의 평가를 뒤집는 정치행동을 하는 경우도 있다. 따라서 인사부서가 원래의 성과관리 목적에 맞게 그들의 행동과 직무수행 정보를 관리가 필요한 경우도 있다.

2) 고객의 피드백

최근에는 고객만족을 핵심적인 가치로 삼는 회사가 많기 때문에 고객을 또 하나의 정보 제공자로 포함시키는 경우가 늘어나고 있다. 국내 산업구조도 서비스직 종사자가 이미 전체 근로자의 약 70%이기 때문에 상당수 조직의 구성원은 서비스 직무에 종사하고 있으며, 제조를 중심으로 하는 조직도 핵심기술기능(technical core)을 해외로 이전한 경우가 많아서 상대적으로 서비스 직무를 담당하는 인원의 비율이 높다.

판매실적으로 성과지표가 나타나는 전문 영업직과 달리 서비스 직무는 상사가 구성원 개인의 서비스 직무수행을 관찰할 수 있는 기회가 많지 않고 우수한 직무수행에 대한 판단도 간접적인 특성이 있다. 이 경우 직무수행을 직접 소비하는 고객이 받은 서비스 경험을 바탕으로 피드백 하는 것이 보다 정확한 정보가 된다. 고객과 접촉이 빈번한 직무에서는 암행평가자(mystery shopper 또는 secret shopper)의 정보를 반영하여 서비스 직무를 수행하는 구성원을 평가하고 있으며, 고객과의 통화기록이나 인터넷 게시판의 고객불만사항을 고객에 의한 정보에 포함시키는 경우도 흔하다.

조직의 마케팅 전략으로 '고객의 소리(voice of customer)'는 고객만족경영의 일환으로 중요하게 활용되고 있다. 그러나 개인 성과관리에 초점을 둔 암행평가자와 같은 고객평가의 타당도와 신뢰도에 대한 체계적인 연구는 적으며, 고객의 정보가 구성원의 직무수행에 미치는 영향에 대한 연구도 드물다(Bernadin, Hangan, Kane, & Villanova, 1998). 또한 서비스 시간이나 전화응대 시간처럼 객관적 준거를 활용하거나 효율성 지표를 측정하기는 쉽지만, 서비스 자체가 복잡한 구조를 가지거나 심리적 편안감과 신뢰성을 주는 것이 핵심적인 요소일 때는 고객평가로 직무수행을 측정하기 어렵다(Bolton & Drew, 1994).

고객을 피드백 제공자로 활용할 수 있는 직무가 제한되어 있고 고객이 '갑'과 같은 강자로 여겨질 때 인간적인 존엄성에 대한 지각을 훼손하여 심리적인 반발을 야기할 수 있기 때문에 내부고객인 인접 업무의 직원을 고객 피드백 정보원으로 활용하는 경우도 있다. 이때는 동료 피드백과 비슷하지만 피드백 내용이 고객 서비스의 관점에 맞추어진다. 고객을 개인 성과관리에 반영하는 것은 제한점이 있기 때문에 개별 구성원의 피드백보다는 직무전체나 팀의 성과향상에 활용하여 직무별, 팀별 인센티브 결정에 반영하는 경우도 있으며, 조직의 시장지향적 전략을 수립하거나 검토하는 데 사용하기도 한다.

3. 피드백 정보의 위험요소

1) 자기평가의 역동성

(1) 자신에 대한 평가의 심리

유치원 아이들이 신호등을 배우면서, 파란불은 지나가요, 빨간불은 멈춰요, 노란불은 준비해요라고 배운다. 막상 운전을 하다 보면 노란불에서 빨리 지나가는 차를 보면 규칙을 지키지 않는 운전자, 난폭한 운전자라고 생각하기 쉽다. 막상 내가 운전할 때는 그렇게 서둘러야 할 바쁜 일이 있다고 해명한다. '내로남불'이라는 유행어가 생길 정도로 나와 남을 보는 시각, 행동의 원인을 찾는 인식, 즉 귀인(attribution)이 다를 수 있다.

흥미로운 사회심리학 현상을 많이 밝힌 스탠퍼드대학에서 Loss 교수는 자신에 대한 평가에서 이런 현상에 착안했다고 한다. Loss 교수는 1학기 때는 주로 통계학(심리통계학)을 가르쳤고 2학기 때는 인본주의 심리학을 가르쳤다. 그가 받은 강의평가에서 1학기 때는 차갑고 냉정하다는 평가를, 2학기 때는 다정하고 따뜻한 사람이라는 평가를 많이 받았다. 다른 사람들, 즉 학생들이 그의 행동에 대해서 상황(즉, 과목) 내용으로 판단하기보다는 Loss 교수 자체에 주목하며 사람에 대한 평가를 내린 것이다.

위의 사례처럼, 다른 사람에 대해서는 기질적 귀인에 해당하는 사람의 성격, 취향 등 그 사람의 특성과 태도에 관련된 요소에서 원인을 찾으며, 본인에 대해서는 권력, 구조, 절박한 상황, 규범, 오해 등 주변 상황과 관련되는 원인을 찾는 것이 모든 사람에게 보편적으로 나타난다는 의미에서 기본적 귀인오류(fundamental attribution error)라고 한다.

성과관리의 상황에서도 이러한 경향이 나타나는데, 자신의 낮은 직무성과는 외적 요인(운이나 상황적 요인)으로 돌리고 타인의 낮은 성과는 내적 요인

(능력이나 노력)으로 돌리는 현상 때문에 타인의 평가와 비교하면 자기평가
점수가 높은 경향이 일관적으로 나타나는 것이다. 또한 자기평가가 타인의
피드백보다 관대한 현상은 대체로 스스로 알기 때문에 자기평가 점수는 나중
에 더 낮게 수정될 수 있다는 점을 염두에 두고 의도적으로 더 높게 평가하는
연쇄적인 영향이 생긴다.

(2) 자기평가와 타인평가의 상관

자신과 타인에 대한 평가의 관점이 다르다면, 당연히 다른 사람들이 내린 타
인평가와 자신의 자기평가가 다를 것이다. 이러한 통계는 다면평가의 결과
에서 나타난다. 〈표 4-1〉과 같이 자기평가와 다른 사람들의 피드백 평가와
상관을 보면 꽤 낮게 나온다.

　일반적인 통계기준으로 보면 어느 정도 상관이 있다고 할 수도 있지만, 오
랜 기간 같이 일을 하면서 매일 보이는 직무 행동에 대해서 상관이 이 정도인
것은 높다고 하기 어려운 것이다. 실제적 관련성은 상관계수의 자승인데, .2
의 상관관계면 4% 정도만 중첩된다고 할 수 있으므로 원래의 다면 피드백의
취지로 보자면 별 의미 없는 상관이라고 할 수도 있는 정도이다. 좀 더 구분

표 4-1　자기평가와 다른 피드백 제공자의 상관

대상직급	타인 피드백	상관 평균	표준편차
전체	부하	.14	.048
	상사	.22	.107
	동료	.19	.104
관리자	상사	.19	.041
	동료	.17	.057
일반직원	상사	.26	.138
	동료	.32	.209

출처 : Conway와 Huffcut(1997)

해 보면, 자기평가와 타인의 평가 간의 상관이 일반직원보다는 관리자가 좀 더 높다. 합의된 정보에 기초해서 판단할 때 기본적 귀인오류를 피하기 쉬운데, 관리자는 조직의 규정을 적용하는 역할을 하면서 좀 더 객관적으로 볼 수 있기 때문이다.

2) 동료 피드백의 변화

(1) 사회적 딜레마와 보복의 악순환

동료의 피드백은 최근에 많은 조직이 팀-기반의 작업 구조(team-based work framework)를 만들기 때문에 가치 있는 정보(예 : 동료와의 협력 정도, 집단 목표 기여도)를 제공할 수 있다. 동료 피드백은 의사소통을 원활하게 하고 협력을 통한 성과 향상 마인드를 높일 수 있다. 그렇지만 팀제 조직 아래에서 동료평가는 사회적 딜레마와 같은 이중성을 야기할 수 있다.

특히 피드백 이후에 성과관리를 위한 제도를 정기적으로, 연간 행사로 반복해서 시행하는 과정에서 개인 구성원들은 집단적 합리성과 개인의 합리성 중에 하나를 선택해야 한다. 개인적 합리성은 자신이 더 많은 이익을 얻기 위해서 동료에게 더 나쁜 피드백을 주고 자신의 상대적 입지를 높이는 것이다. 반면, 집단적 합리성은 모두가 협력하여 집단의 이익에 초점을 두고 공정한 피드백을 주는 것이다.

가. 동료 피드백의 왜곡환경의 발생

동료 피드백이 제도적으로 시행되면, 초기에는 동료들이 정직하게 서로에게 도움이 되는 피드백을 주는 것에 함께 관심을 갖는다. 그래서 서로의 평가프로파일이나 피드백을 제공한다. 그런데 피드백 회기가 반복되면서 동료 피드백 시스템과 관련하여 왜곡이 발생한다. 그렇게 되면 구성원 자신이 의도적인 왜곡의 희생자라고 느끼고, 동료의 평가가 낮은 점수로 편파되어 있다고 인식하는 팀 환경, 즉 동료평가 왜곡풍토를 만든다(Bamberger, 2007). 이런 풍토는 처음에는 약하지만, 시간이 지남에 따라 자기-강화 및 힘의 상승이 생긴다.

나. 피드백 왜곡환경 발생 원인

회기마다 반복되는 동료 피드백 과정에서 다음 회기의 동료 피드백을 왜곡하도록 하는 주요 요소는 내현적 보상구조이다. 동료 피드백을 승진, 보너스와 같은 인사결정의 목적으로 지각하면 동료 피드백을 보상구조로 받아들이게 된다. 이러한 인식이 구성원들에게 더 강하게 지각할수록, 팀 수준에서 실제로 가혹한 평가가 널리 퍼지게 된다. 사실 인사부서에서는 개발 목적으로 활용한다고 공식적으로 홍보해도 직원들이 인사결정 목적으로 쓰인다고 지각하면 위협을 느낄 수 있다. 그렇게 되면 경쟁적 결과를 고려해야 할 것으로 심리적 압박을 느끼고, 의도적으로 동료를 하향 평가하게 된다.

또한 익명성의 조건에서 동료들이 자신의 피드백에 대해 책임을 지지 않는다는 공유된 지각이 발달하면, 의도적으로 가혹하게 평가하게 된다. 동료에 대해 하향적으로 왜곡된 정보를 줘도 손해 볼 것이 거의 없으며, 이런 상황에서 당사자는 피드백을 주는 동료를 명확히 알 수 없다. 따라서 대개의 경우 해당 동료가 왜곡된 피드백을 주는 것에 책임부담(즉, 책임성)을 지우는 것도 불가능한 일이다. 결국 그 다음 회기에서 다른 동료의 점수를 깎아내린다. 그럼으로써 다른 동료 평가가 가혹할 것에 대한 대비책이 될 수 있고, 상대적으로 자신의 입지를 지킬 수 있으며, 이는 다분히 적응적인 행동인 것이다.

(2) 왜곡된 피드백의 결과

다음 회기로 이어지는 동료 피드백은 협력적 팀 프로세스를 약화시키게 된다. 사회 딜레마 관점에서, 동료평가는 협력적이며 팀 지향적 행동을 촉진하는 의도가 있지만, 평가가 친사회적 행동을 정확히 반영하지 못한다고 구성원 대다수가 느끼게 되면, 계속 협력적 행동을 해서 얻는 이익이 거의 없다. 오히려 협력적 행동을 적게 하면 '잘 속는 사람' 같은 느낌을 주지 않아서 자신에게는 인센티브가 된다.

또한 다른 구성원이 주는 피드백을 불신할 수 있으므로, 오히려 정확한 피드백을 묵살해 버리려는 의향이 더 생길 수 있다. 더 나아가 동료의 협력적 행동이 위선적인 것이며 자신에게 속임수를 쓰는 것이라고 의심할 수 있다. 동료가 단지 유리한 입지를 구축하기 위해 협력한다고 생각하는 경우 당사자는 정서적 갈등을 느끼고, 조직에 올바른 규범이 있는지 의구심을 갖게 된다.

4. 다면 피드백을 활용한 성과관리

1) 다면정보의 합산과 분리에 대한 관점

(1) 다양성과 통합의 가치

다양성과 통합은 둘 다 큰 가치를 갖는다. 둘을 조화시키는 방법이 있을까? 한쪽은 독특함을 지향하고, 다른 한쪽은 일치를 지향한다. 한쪽은 개별성을 존중하는 것이고, 다른 한쪽은 융합과 시너지을 추구한다. 사회적인 가치에 대한 이야기일 때는 숨어 있는 변수가 많기 때문에 이 두 측면을 조화시키는 방법도 다양할 수 있다. 그런데 피드백 정보, 특히 수치(평가점수)로 나타난 정보를 활용할 때는 어느 측면을 추구할지 어려워진다.

다면 피드백 정보 중에서 상사, 동료, 부하, 그리고 자기의 평가가 서로 다른 것이 좋은가? 어 정보를 어떻게 통합해서 사용할 것인가? 정보의 신뢰도는 정확성의 하한선을 결정하기 때문에 정보의 질적 요소로 중요하다. 평가자간 신뢰도는 동의도(agreement)로 측정한다. 따라서 특정 대상에 대해서 평가자들 간에 정보가 다르다면 동의도가 낮은 것이며, 전적으로 누구의 피드백을 신뢰하기 어렵다. 그렇다면 이런 정보는 종합점수처럼 통합해서 쓰기 어렵다. 그렇다면 다양한 피드백으로서 가치는 있는가? 서로 다른 면을 보고 있다면 가치가 있다. 마치 신뢰도지수(Cronbach's alpha)가 너무 높지 않고 .7 정도일 때 더 유용한 것과 비슷하다. 콤비네이션 피자가 버섯도 있고 페퍼로니, 양파, 피망, 소고기가 모두 있을 때 그 이름에 걸맞는 피자인 것과 비슷한 이치이다.

  평가주체들은 왜 같은 대상에 대해 다른 정보를 제공하는 것일까? 그들의 눈에 필요한 부분을 특히 많이 보기 때문이다. 상사는 평가대상자의 일에 초점을 둔다. 그래야 책임자로서 자신의 역할에 도움이 되기 때문이다. 동료는 평가대상자와 협력관계를 많이 보는 것이 자연스럽다. 자신과 수평적으로 정보를 교환하고 같이 어울리는 행동이 자신의 회사생활을 만족스럽게 만들기 때문이다. 부하는 평가대상자의 리더십이 중요하다. 자신에 대한 의사결정을 좌지우지하는 경우가 많고 재량권의 범위를 허용하기 때문에 이런 행동을 잘 감지할 수밖에 없다. 요약하자면, 평가주체들이 서로 다른 면을 보는 것은 그들의 회사생활에 도움이 되는 측면이 다르기 때문이다. 이러한 적응적 가치를 중요시하는 생태학적(ecological) 관점에서는 다면 피드백의 다양성이 더 가치가 있다.

(2) 평가자 간 신뢰도의 기준

그렇다면 얼마나 일치해야 통합할만 하고, 얼마나 다를 때 다양성의 가치가 있는 것인가? 일반적인 상관계수로 볼 때 평가자들 간 상관이 .5를 넘는다면 종합점수로 쓰는 데 문제가 없다고 볼 수 있다. 반면에 상관이 .2 이하라면 통합한 점수는 결코 의미가 없다. 이러한 상한 · 하한선의 근거는 다음과 같다. 자기평가와 다른 평가주체의 평가 간에 상관은 대체로 .2를 넘지를 못한다. 자기평가가 가진 독특성을 고려하면 이보다 낮은 상관이라면 평가대상자에 대한 수렴된 모습이라고 보기 어렵다. 반면, 가장 동의도가 높은 상사-동료 간의 상관도 통계적으로 수정하기 전에는 .5를 넘는 경우가 드물다. 따라서 평가주체들 간에 이보다 높은 상관이라면 통합하여 가치가 충분하다고 볼 수 있다.

위와 같은 기준은 다면 피드백이 관대화와 같은 오류가 심하면 좀 더 보수적으로(즉, 더 높은 상관기준으로) 볼 필요가 있다. 관대한 정보는 모두가 한쪽으로 치우쳐져서 과도하게 상관관계를 높일 수 있기 때문이다. 또한 순수하게 피드백을 위한 목적으로 다면 피드백을 사용한다면 상관계수가 .2 이상이라면 풍부한 정보를 제공할 수 있으므로 활용할 만하다. 그러나 세부 차원(또는 역량)에서 상관이 .2 이하라면 다면 피드백 시스템을 전체적으로 점검할 필요가 있다.

2) 다면정보의 활용

(1) 부하직원이 보는 리더십 피드백

가. 상향식 평가에 대한 유용성 인식

일반적으로 부하의 평가에 대해 관리자들이 상사로서 갖는 생각은 다음과 같다.

- 관리자는 부하의 기분을 맞추는 데 신경을 쓰게 된다.
- 부하의 평가는 관리자의 직무수행과 역량보다는 인기를 반영한다. 서로 봐 주기가 늘게 된다. ("내 등을 긁어 주면 당신 등도 긁어 주죠.")
- 상사가 부하에게 업무를 많이 주면 부하가 제공하는 평가 정보는 더 부

정적이다.

- 부하는 상사의 직무수행을 제대로 평가할 능력이 없으므로 점수는 편향된다.
- 부하는 보복의 두려움 때문에 상사에 대하여 솔직하게 평가하지 못한다.
- 상향식 평가 때문에 상사의 권위가 서지 않는다.

그러나 이런 우려사항들은 분명한 근거 없이 막연한 우려인 경우가 많다. 오히려 부하의 상사평가는 일반적인 하향식 평가(상사의 부하평가)보다 더 정확하고 피평가자의 반응도 나쁘지 않은 것으로 나타난다. 어떤 경우에는 리더를 대상으로 하는 관리자 역량평가위원회(assessment center)보다 관리능력에 대한 예측타당도가 더 높으면서 운영하는 데 드는 비용은 더 적은 것으로 나타난다(McEvoy & Beatty, 1989).

관리자들은 상당수가(한 연구에서는 관리자의 56%) 자신에 대한 인사평가 차원 중에서 어떤 것은 부하가 가장 잘 평가한다고 생각한다(Bernardin, Dahmus, & Redmon, 1993). 실제로 IBM이나 RCA같은 조직에서는 부하의 상사평가를 성공적으로 활용하고 있다. 이들 기업의 경우, 상사의 열 가지 관리역량 요인(조직대표성, 리더십, 조정활동, 환경감찰, 정보확산, 대변인, 기업가 정신, 위기관리, 자원배분, 협상력) 중에서 조직대표성과 협상력을 제외한 8개 요인에 대해서는 부하가 상사를 적절하게 평가할 수 있는 능력을 갖춘 것으로 인정되고 있다(Bernardin & Beatty, 1987).

따라서 상사입장에서 부하의 피드백이 도움이 된다고 생각하는 영역에 집중하여 피드백을 수집하는 것이 필요하다.

나. 상사의 자기평가 정보를 통한 행동변화

앞서 설명했듯이 자신에 대한 평가는 관대한 경향이 있다. 상사가 자신에 대한 정보가 부하의 정보와 불일치할 때, 특히 부하들의 평가가 자기평가보다 낮을 때(즉, 과대 평가자일 때) 부하의 정보가 관리자의 성과향상에 기여할 수 있는지가 중요하다. 이론적으로 상사는 자신의 어떤 행동 때문에 부하가 부정적인 마음을 갖게 되었는지 생각하게 되고 자기평가와 타인(즉, 부하)의 인식의 차이를 줄이고자 하는 노력을 기울임으로써 직무수행을 향상시키게 된다.

이런 현상은 목표설정이론이나 통제이론으로 설명할 수 있다. 즉, 과대평가자는 높은 기준(목표)과 부하의 낮은 피드백(현재) 사이의 간격을 인식하여 성과향상의 동기가 생기고, 현재와 목표 간의 차이를 줄이는 노력을 기울였다고 볼 수 있다. 그러나 Smither, London, Vasilopoulos, Reilly, Millsap와 Salvemini(1995)의 연구에 의하면 자기평가가 부하의 상사평가와 같거나 혹은 자기평가가 더 낮은 관리자(즉, 과소평가자)는 부하로부터 피드백을 받는 것이 성과향상에 도움이 되지 않는다.

성과향상을 위한 행동 변화가 다면 피드백의 목적이지만, 인사평가 측면에서는 평가점수를 조정해서 불일치를 해결할 수도 있다. 즉, 다음 인사평가 시즌에 자기평가점수를 조정하는 방법으로 일치시킬 수도 있다. 과대평가자의 경우 자기평가점수를 낮추어서 타인의 평가와 유사하게 맞추고 그 점수 정도로 행동할 수 있다. 실제로 Atwater, Roush와 Fischthal(1995) 등의 연구에 의하면 과대평가자의 경우 후속되는 평가에서 자기평가점수는 낮아지고, 과소평가자는 자기평가점수가 높아지고, 일치된 평가자는 평가점수의 변화가 없다. 따라서 부하의 피드백과 자기평가가 다를 경우 그 차이가 관리자가 불일치를 해결하는 방향으로 자신의 직무수행을 높여서 성과향상의 효과가 나타날 수도 있고, 자기평가점수를 낮추고 그에 맞게 직무수행이 낮아지는 결과가 나타날 수도 있는 것이다. 어떤 경우에 성과향상이나 성과저하가 일어나고 후속의 평가점수가 상승 또는 저하되는지를 살펴보는 것은 다면평가가 성과향상에 기여하도록 설계하는 데 중요한 요소이다.

또한 부하의 평가의 변화를 동시에 고려한 Johnson과 Ferstl(1999)의 연구에 의하면, 과대평가자의 경우 후속 평가시즌에서 부하의 평가는 높아지는 경향을 보인다. 관리자가 자신을 과소평가하는 경우 후속 연도의 부하의 평가는 낮아지고 관리자 자신의 평가는 높아지는 경향을 보인다. 후속 인사평가 시즌에 자기평가점수가 변한 것은 사회비교이론으로 설명할 수 있다. 사회비교 정보가 있을 때 개인은 더 정확하게 자기를 평가하는 경향이 있는데, 후속의 자기평가점수가 타인(부하)의 피드백에 더 가까운 점수로 변하는 것이다.

(2) 상향식 평가를 위한 지침

부하의 피드백으로 상사의 성과향상을 유도할 때 자기-타인 평가의 일치도 패턴에 따라 다른 피드백을 줄 필요가 있다. 즉, 과대평가자에게는 평가점수가 불일치하는 정보를 주는 것이 바람직하지만, 과소평가자나 평가점수가 일치하는 경우 오히려 성과향상의 동기를 감소시키는 역효과를 가져올 수 있다. 그렇기 때문에 오히려 절대적인 성과기준에 비추어 피드백을 하거나 같은 직급의 관리자들과 비교하여 상대적인 피드백을 제공하는 것이 더 낫다고 할 수 있다.

또한 다음과 같은 필요조건이 갖추어진다면 부하의 피드백 정보는 관리자의 성과향상에 효과적일 수 있다.

가. 객관적 지표와 조합

부하의 피드백 정보는 동료나 상사 등 다른 정보원의 피드백과 함께 제공하는 것이 좋다. 또한 부하의 평가는 다른 직원들의 피드백뿐만 아니라 객관적인 성과지표(예 : 생산량, 사고율 등)와 통합적으로 활용하는 것이 필요하다. 왜냐하면 부하의 정보는 아랫사람이라는 지위 특성상 직무수행에 대한 정보로서 타당성의 제약이 있기 때문이다.

나. 성과관리 영역에 집중

상향 피드백은 부하가 잘 관찰할 수 있는 영역으로 한정해야 한다. 성과관리의 영역 중에서 평가에 자신감(자기효능감)을 느끼는 차원을 평가하도록 해야 한다. 상사의 직무수행은 고차적인 정신과정을 요구해서 부하가 관찰하기 힘든 경우가 종종 있기 때문이다. 또한 피드백을 점수로 제시할 때 평가문항은 구체적인 행동에 근거해야 한다. 행동을 구체적으로 나타낼 수 있는 점수일수록 향후 상사의 성과향상에 영향을 주는 피드백으로 활용하는 데도 유용하다.

다. 익명성 유지 시스템

부하의 상사평가는 익명성이 보장되도록 해야 한다. 상향식 평가에는 가능한 많은 부하의 평가를 합산해서 익명성이 보장되도록 해야 하며 부하 5명 정도는 참여하는 것이 좋다(Bernadin & Beatty, 1987). 부하의 상사평가의 경우에는 평가책임성이 평가왜곡으로 이어지는 경향이 있다. 부하가 익명으로 정보를 제공하는 경우와 상사에게 직접 상향 피드백을 주어야 하는 경우(즉, 책임성이 높은 경우)를 비교해보면 익명일 경우보다 책임성이 높은 경우에 더 높은 평가점수를 준다(Antonioni, 1994). 그래서 상사 자신이 개방적이고 참여적 스타일로 피드백을 수용하는 분위기를 만들어서 부하가 피드백을 제시하는 데 부담을 줄여주어야 한다.

그러나 이런 태도가 쉽지는 않기 때문에 시스템을 인사담당부서가 구축해야 한다. e-Performance 시스템이 갖춰져 있는 조직은 부하의 피드백이 상사를 거치지 않고 바로 평가 데이터 베이스로 입력되도록 한다. 문서를 기반으로 해야 하는 조직은 부하의 평가점수를 관리자에게 제출하지 말고 곧바로 인사담당부서로 보내지도록 해야 한다.

(3) 동료 피드백의 활용성

동료 피드백의 활용성에 대해서는 크게 세 가지 측면을 고려해야 한다. 먼저, 동료의 피드백은 다수의 목소리를 합하여 익명성이 보장되지만 문제를 유발할 소지가 가장 많은 평가이다. 개인 구성원은 동료평가를 통해서 기회주의적 무임승차 행동을 줄일 수 있어서 좋다고 생각하지만, 팀과 같이 집단적 목표를 달성하려고 할 때 집단으로서 응집력과 집단지성을 손상시킬 수 있다.

다음으로는 다수의 피드백이라는 점에서 양면성이 있다. 동료에 대해서 직접적으로 솔직한 비판을 피드백하기는 어려운 반면에, 다수의 뒤에서 동료를 공격하는 수단으로 활용될 수 있기 때문이다. 이 점은 책임성에 대한 압력이 줄어서 정확성을 훼손하는 문제가 된다.

이 점은 또 다른 문제를 만들 수 있다. 상사의 평가는 위계구조를 통해서 나오기 때문에 수용성이 높은 반면에, 동료의 피드백은 수용하고자 하는 욕구가 떨어진다(Ilgen, Watson, & Taylor, 1979). 그런데 거기에 더해서 책임성의 부족으로 정확성이 떨어진다고 인식하면, 자신의 직무수행에 대한 정보로서 가치를 낮게 보는 것이다.

위와 같은 이유로 동료 피드백의 활용에 조심스러우며, 다면평가를 활용하는 기업도 동료평가를 인사결정에 반영하는 경우는 많지 않다(Viswesvaran, Schmidt, & Ones, 2002). 그러나 다면평가제도의 평가주체들의 상관을 보면 상사와 동료의 평가가 상관이 가장 높은 것으로 나타나기 때문에 동료평가는 몇 가지의 단점을 극복하면 인사결정과 성과향상을 위한 피드백 제공 목적에 적절하게 활용할 수 있다.

가. 동료 피드백을 위한 차원 구분

먼저 성과향상을 위한 피드백 영역이 어느 정도 관련성을 갖는지 연구결과로 확인해 보자. 상사와 동료의 피드백이 얼마나 일치하는지에 대한 여러 연구를 참고해보면, 무엇을 평가하는가에 따라서 다른 경우가 많다. 예를 들어, 세일즈 능력의 경우 상사와 동료의 점수 간의 일치도는 .74이지만, 대인관계 역량의 경우 .50 정도이다. 책임감에 대한 상관은 .05에 불과한 반면 업무지식에 대한 평가는 상관이 .46으로 나타나기도 한다(Borman, 1974). 생산직 근로자에 대한 평가에서 업무의 질적 측면은 .20의 상관인 반면, 생산성은 .38로 나오기도 한다(Holzback, 1978). 이렇게 연구마다 상사와 동료의 피드백이 평가 차원마다 다르기 때문에 동료평가정보를 통합적으로 활용하는 성과관리 체계에서는 피드백을 제공할 차원을 고려해야 한다.

〈표 4-2〉의 평가 차원에 관해서 상사와 동료의 평가 간 상관을 살펴보면(Viswesvaran et al., 2002), 두 피드백 간에는 기본적으로 다른 피드백 제공자들보다 상관이 상당히 높다. 즉, 두 주체는 성과관리의 핵심주체로 볼 수 있다. 하지만 상대적으로 대인관계, 사무행정, 그리고 권위와 규정준수 차원

표 4-2 **동료와 상사의 평가 간 상관**

평가차원	상관	수정 상관	상관의 신뢰구간
직무 전체	.46	.98	.88–1.00
생산성	.40	.91	.79–1.00
노력	.48	.99	.84–1.00
대인관계	.38	.86	.74–.98
사무행정	.34	.69	.48–.90
품질	.35	.68	.24–1.00
직무지식	.36	.86	.66–1.00
리더십	.41	.91	.66–1.00
권위와 규정준수	.49	.78	.61–.95

이 상관관계가 작거나, 연구마다 결과가 다르다. 그러므로 이런 영역은 강점을 가진 피드백만 선택하는 것이 좋다. 예를 들어, 대인관계 차원에서는 동료가 당사자의 행동을 더 잘 관찰할 수 있기 때문에 상관이 높지 않은 것이고, 사무관리 차원은 주로 보고서나 문서를 작성하고 처리하는 업무로서 상사가 더 잘 관찰할 수 있기 때문에 다를 수 있다. 또한 규정준수 차원도 조직의 명령계통의 선상에 있는 상사가 보는 측면과 명령계통에서 벗어나 있는 동료의 관찰이 다를 수 있다. 따라서 이런 측면을 고려하여 동료평가에 어떤 평가 차원을 포함시킬지 결정해야 한다.

문제해결, 리더십, 의사소통 기술 같은 추상적인 역량도 생산량과 같이 구체적으로 보이는 것보다 상관이 낮게 나타나는데(Wohlers & London, 1989), 더 쉽게 관찰할 수 있는 부분은 더 정확하게 피드백을 할 수 있다. 실제로 정확성이 가장 높은 직무수행은 가장 애매하지 않고 지속적으로 관찰할 수 있는 행동이다(Borman, 1979).

나. 평가의 동기 고려

평가 왜곡에 대한 동기에 관하여 기존 문헌에서는 주로 상사가 의도적으로 평가를 왜곡하는 동기에 관심을 가져왔다. 그러나 동료의 피드백은 더 심각한 왜곡이 생길 수 있다. 왜냐하면 동료들의 피드백은 경쟁에 의해 엄격한 정보가 될 수도 있고, 우정효과에 의해 관대화도 가능해서 어떤 방향으로 왜곡이 될지 일관적으로 예측하기가 더 어렵기 때문이다. 더욱이, 팀 내에서 동료평가의 왜곡은 실제로 동료평가 왜곡풍토를 만들어서 평가 왜곡 현상을 만연하게 할 수 있다.

사회비교이론에 비추어 보면 개인들은 자신과 유사한 사람으로부터 정보를 추구하며 비슷한 사람이 가장 가치 있는 정보를 제공한다. 따라서 동료가 제공하는 정보를 가치 있는 정보라고 할 수 있다. 그렇지만 육성을 위한 정보

를 넘어서 보상과 연계될 때에는 동료들끼리 보상을 두고 얼마나 경쟁해야 하
는지(즉, 개인중심 보상인지) 또는 팀의 목표달성이 구성원의 보상에 얼마나
반영되는지(즉, 팀 보상과 보상 의존성)을 고려할 필요가 있다. 이러한 요인이
경쟁풍토를 형성해서 동료평가 왜곡현상이 나오게 할 수 있기 때문이다.

다. 동료들 간의 업무환경 유사성

직장의 동료들은 대체로 같은 직무환경에서 일하는 경우가 많다. 따라서 그
들의 상호 피드백은 직무환경이 동질적일수록 공통요소가 많아진다. 상사나
부하는 서로 다른 맥락에서 일하기 때문에 직무환경의 영향이 적지만, 동료
의 경우 동료들이 유사한 직급, 직무, 소속 등으로 구성되어 있기 때문에 이
러한 현상이 나타날 가능성이 많다.

직무 맥락과 환경에 따른 평가의 차이는 실제로 어떤 평가 차원에 환경
의 영향이 강한지를 확인해야만 체계적으로 평가시스템에 반영할 수 있다
(Barnes-Farrell, 2001). 피드백을 제공하는 구성원들이 서로 비슷한 환경에 있
으면 기대하는 직무행동도 비슷하다. 이런 현상은 업무수행의 규범, 성과가
주어지는 행동, 공식 교육과 대리학습 등의 요소가 같기 때문에 나타난다. 상
호작용 심리학(interactional psychology)에 의하면 이런 환경은 강한 환경이다
(Mischel, 1973; Tett & Burnett, 2003), 반면, 약한 환경은 이런 기대를 만들어
내지 않는 환경이며, 피드백을 제공하는 동료들도 서로 비슷한 기대를 형성
하지 않는다(Beaty, Cleveland, & Murphy, 2001).

따라서 직무환경이 서로 다른 동료들의 피드백을 비교하는 것은 잘못될
수 있다. 특히 인사평가에 동료평가를 사용할 경우, 서로 다른 직무분야에
있는 동료를 평가하면 직군·직렬별 특성을 반영하지 못하게 된다. 현실적
으로 동료평가는 자율작업팀을 운영하기 위해서 활용되기도 하고(Saavedra
& Kwun, 1993), 테스크포스 팀(taskforce team)을 평가하기 위해 적용된다

(Drexler et al., 2001). 그런데 정작 동료평가를 인사결정에 활용할 때는 이런 다양한 맥락에서 평가된 모든 평가점수를 합해서 결정하게 되므로 이질적인 평가환경이 혼합되게 된다.

그렇지만 동료의 피드백이 조직의 미션과 가치와 관련되는 직무행동에 초점을 둘 경우 환경이 동일하기 때문에 환경의 차이가 덜 개입된다. 따라서 동료 피드백을 직무수행의 수준에 대한 기준으로 활용하여 성과향상을 자극하려고 할 때 피드백을 제공하는 동료들이 비슷한 환경에서 업무를 수행하는지와 피드백의 내용이 조직 내 보편적인 행동에 대한 것인지를 고려할 필요가 있다.

라. 동료평가 정보의 혼합 활용

동료평가는 운영 상에서 보완하는 형태를 취하기도 한다. 〈표 4-3〉에서 보듯이, 상사평가 보완형은 상사평가의 보조자료로 활용하는 것으로, 상사가 평가에 참여하는 동료 2~3명을 지정하는 것이다. 그들의 정보는 상사가 충

표 4-3 글로벌 기업들의 동료평가 방식

구분	상사평가 보완형	상사/동료평가 혼합형	동료평가 독립형
평가 대상자 결정	관리자가 직접 지정	피평가자와 관리자가 함께 지정	모든 동료를 상호 평가
평가자 수	2~3명	5~8명	20~30명
평가 항목	리더십 행동 업무성과 태도와 역량 개선사항	업무기여도 직무역량 개선사항	회사 및 팀 가치창출
평가 방식	사내 이메일 활용 (기술형 문항)	평가 시스템 활용 (객관식, 기술형 병행)	평가 시스템 활용 (순위 평가)
평가 세션	상사평가 후 피평가자와 면담을 통해 최종 확정	상사평가와 동료평가 결과를 평가위원회에서 검토하여 최종 확정	상사를 포함한 동료평가 결과만으로 최종 확정

분히 파악하지 못하는 부하의 장단점을 보완할 수 있고, 관리자로서 코칭에 동료평가 정보를 적극적으로 활용하는 것이다.

혼합형은 보완형보다 좀 더 적극적인 것으로 피평가자와 상사가 동료를 함께 지정하며, 상사는 동료평가 결과를 존중하여 자신의 상사평가와 합산 하여 최종 결정을 내리는 것으로 좀 더 평가의 목적에 기울어져 있다.

독립형은 평가주체가 모두 동료이며 상사도 그중 한 사람인 것이다. 마 치 민주주의 선거와 같이 일인일표 방식으로, 구성원들의 평가역량과 집단 적 성과풍토가 조성된 조직에서 적용할 수 있다. 이러한 조직은 동료에게 리더십을 인정하고 자신도 자발성과 주도성을 발휘하는 공유리더십(shared leadership)이 성숙한 수준일 때 성공할 수 있다.

(4) 자기평가의 활용성

자기평가는 다른 평가주체가 제공하는 피드백보다 이질적인 특성 때문에 인 사결정을 위한 정보로 활용하는 목적보다는 성과관리를 위한 피드백 정보를 제공하는 데 가치가 있다. 다면 피드백의 기저에 있는 가정은 타인이 자신을 어떻게 지각하고 있는지를 알게 되면 그 지각이 당사자의 직무행동과 이후의 인사결정에 영향을 준다는 것이다(Atwater & Yammarino, 1997). 관련 연구들 을 보면, 자기평가와 타인 피드백 간의 일치 정도와 방향에 따라서 직무수행 의 향상 여부가 결정된다고 본다.

가. 자기-타인 불일치의 관리

피드백의 효과를 통합 분석한 Kluger와 DeNisi(1996)의 연구에 따르면, 피드 백 중 3분의 1은 오히려 직무수행을 낮추는 부정적인 영향을 준다. 실질적으 로 자기평가의 점수와 다른 주변인의 피드백이 너무 다르면 당사자는 큰 점 수 차이를 피드백 정보로 수용하기 보다는 정보를 무시하거나 반발할 수 있다. 통제이론의 관점에서 보자면, 자기평가와 타인평가 사이에 불일치를 겪을 경우, 개인은 세 가지 반응 중의 하나를 선택한다. 즉, (1) 기준이 되는 수준까지 직무수행을 향상시키기 위해 더 많이 노력하거나, (2) 자기평가의 기준 자체를 낮추거나, (3) 과업에서 완전히 물러난다. 첫 번째 반응은 자기에 대한 지각이 자신의 행동을 통제하는 능력을 키워주고, 피드백 내용에 따라 자신의 행동을 조정하며, 직무수행을 위한 노력을 적절하게 배분하는 의사결정을 도와준다는 면을 반영한다(Ashford, 1989).

그러나 자기평가를 활용할 때 자기와 타인의 평가가 지나치게 다를 때는 이런 평가의 차이가 피드백으로서의 가치를 떨어뜨린다. 자기평가가 타인평가보다 높은 경우, 이러한 차이가 자기고양 편향의 결과라면, 이러한 편향은 스스로를 과대평가하는 것이므로, 부정적인 행동에 대한 비판과 과업 실패의 가능성을 무시하게 된다. 따라서 조직 내에서 자기-타인 평가의 일치도에 영향을 주는 요인이 제도적인 측면에 기인하는지, 개인 인식의 차이 때문인지, 실제로 직무수행의 차이를 다르게 보는 것인지 파악해야 한다. 이런 차이의 원인은 피평가자가 피드백을 활용하고 이를 토대로 직무행동을 바꾸거나 장기적으로 경력계획을 세우는 데도 활용할 수 있다(Ostroff et al., 2004). 대체로 여성, 젊은 관리자, 경험이 적은 직원, 그리고 교육수준이 높은 직원이 자기평가와 타인평가의 일치도가 높다.

나. 개인특성의 관리

Brett와 Atwater(2001)가 피드백 수준과 자기-타인 불일치 및 피드백에 대한 정서적 반응 간의 관계를 연구한 결과, 동료에 비해 자신을 높게 보는 과대평가자는 피드백에 대하여 부정적인 반응을 보였으며, 부정적인 반응을 한 사람들은 피드백의 유용성을 낮게 보는 경향이 있었다. 따라서 자기평가에 대한 피드백을 제공할 때 부정적인 정서를 관리할 필요가 있다.

　다면평가의 피드백을 줄 때 환경적 측면에서 부정적인 정서를 야기하지 않더라도 개인의 특성에 의해서 정서적 반응이 나올 수 있다. 이럴 때는 개인차를 고려할 필요가 있다. 예를 들어, Bono와 Colbert(2005)의 연구에서는 핵심자기평가가 중간 수준인 사람이 타인평가가 높을 때, 그리고 자기와 타인의 평가가 일치할 때 자신의 목표에 더 많이 몰입하는 것으로 나타난다.

3) 조직성과 향상을 위한 피드백 활용

(1) 팀 성과관리의 피드백

성과관리 방법의 변화는 조직과 경영환경의 급격한 변화에 궤를 같이 하고 있다. 과업은 점점 복잡해져가고 있으며, 물리적인 시스템의 복잡성이 통제 가능한지도 의문이 들 때가 있다. 때로는 운영 시스템이 정지했을 때 원인조차 완전히 이해하지 못하는 경우도 생기게 되었다(Global security, 2003).

가. 적응수행의 관리

업무의 복잡성, 기술의 변화, 그리고 조직환경의 다양성에 의해서 과업의 특성상 표준화된 절차의 중요성이 전반적으로 감소하고 있다. 반면에 추론, 진단, 판단 등에 기초한 적응능력을 요구하는 경향이 증가하고 있다(Han & Williams, 2008). 그에 따라서 한 개인이 성과의 전 과정을 담당하기 보다는 팀을 주요 작업 단위로 고려하는 팀기반(team-based) 조직구조가 중요해진다. 이러한 변화가 구성원의 성과에 영향을 주기 때문에 성과관리의 차원으로 적응수행(adaptive performance)이 성과요소로 거론된다.

　네트워킹이 중요해진 업무환경에 따라 조직성과를 창출하기 위해 팀 수준에서 적응적인 성과관리도 부각되었다. 팀이 개별 구성원을 구성원들 간의 네트워크 시스템으로 보면, 팀이 비일상적 여건에서 성과를 도출하는 것은 팀이 가진 네트워크를 효과적으로 활용하여 피드백함으로써 가능해진다.

나. 위기관리를 통한 조직성과

팀 성과관리는 좀 더 극적인 상황에서 이해하기 쉽다. 극한직업을 보면 위기 상황이 자주 발생하여 일상적인 환경에서 일을 하는 것과 다르기 때문에 팀 워크의 효과가 일상적인 상황과 다르게 나타나며(Driskell et al., 2017), 다면 피드백의 효과가 제한되거나 증폭되기도 한다(Bell et al., 2016; Hällgren et al., 2018). 극한 상황이란 성과를 도출하기 위한 높은 수준의 노력(예 : 지속 시간)과 비일상적인 장애 유형(예 : 물리적 위협) 등을 수반하는 고위험 설정 으로 정의할 수 있다(Bell et al., 2016; Driskell et al., 2017).

극한 상황에서는 구조대, 소방대, 위기대응팀, 위원회 등의 예에서 보듯 이, 팀으로 성과를 관리하는 것이 효과적이다. 또한 일반적인 피드백이 팀 성 과에 활용될 수도 있지만, 중심위치를 담당하는 인물, 즉 지식과 대응력이 축 적된 고참이 필수적이다(Driskell et al., 2017). 예를 들어, 소방대에 화재 신 고가 접수되면, 안전보건환경팀은 화재의 유형, 인화물질의 종류, 관련자 수 등을 모르는 상태에서 즉시 투입되기 때문에 이전의 경험을 근거로 기본적인 대처행동을 해야 하기 때문이다.

그렇기 때문에 위기대응에는 상호 피드백이 달라야 한다. 그 이유는 크게 두 가지가 거론된다(Bechky & Okhuysen, 2011).

첫째, 위기대응 팀의 상황은 상황 강도가 높다. 상황 강도는 특정 행동을 유도하거나 제약하는 외부의 단서가 얼마나 명확한가에 대한 것인데, 특정 상황에서는 일반적인 피드백이 불필요한 관행이 되어서 효율성에 부정적으 로 작동할 가능성이 높다(Bell et al., 2016).

둘째, 위기대응 팀은 시간 압박, 예측 불가능한 사건, 생명을 위협하는 상 황과 같은 기존 환경에서 보기 드문 특성이 수반된다. 그렇기 때문에 이러한 상황에서는 리더와 구성원들 간의 심리적 거리 뿐만 아니라 물리적 거리가 영향을 크게 미친다.

이러한 상황에서는 직속상사와 교류하는 피드백 채널과 피드백에 대응하는 적응수행이 팀 프로세스에 초점을 두는 자율성을 허용해야 한다. 즉, 일반적으로 성과관리에서 중요시하는 목표측면의 조직-팀-개인 간의 수직적 정렬에서 조직-팀 간의 수직적 정렬은 효과가 떨어지는 것이다.

(2) 팀 성과관리를 위한 보상

피드백은 성과의 과정이라고 할 수 있다. 조직성과를 완성하기 위해서는 피드백과 함께 보상을 관리해야 한다. 개인 구성원은 조직이 추구하는 목적과 개인이 추구하는 목적이 조화되지 않으면 성과관리 체계와 다른 행동을 하게 된다. 이 상충관계의 핵심은 직무행동과 보상과의 관계인데, 팀 성과관리 체계에서는 이런 상충관계가 더 중요하다. 현재는 보상에 관한 성과주의를 대표하는 연봉제가 확산됨에 따라 조직 내 개인주의는 늘어나고 있다. 동시에 조직 운영 체계로서 팀제 조직이 증가하고 있기 때문에 팀워크와 팀 성과의 중요성도 동시에 강조되고 있다. 따라서 팀 단위에 기반한 보상 체계의 설계가 중요하다.

가. 팀 보상의 동기 과정

집단보상이 개인보상보다 우수하다고 단적인 결론은 내리기가 어렵다(van de Vegt & van de Vliert, 2002). 그 이유는 개인과 팀이 상호작용하는 과정에서의 동기과정 때문이다.

첫째, 인지적으로 팀 보상은 개인 보상에 비해서 동기부여할 수 있는 유인가가 떨어진다. 기대유인가 이론에 비추어 볼 때 팀 성과달성의 가능성과 성과와 보상의 관련성이 강할수록 동기부여 효과가 높은데, 집단성과급은 개인의 행동이 보상으로 돌아오는 과정이 복잡하여 개인의 동기를 희석시킬 수 있다. 이 과정은 Karau와 Williams가 제시한 집단노력모형(Collective Effort Model, 2001)으로 설명할 수 있다. 〈그림 4-1〉과 같이 개인의 노력이 개인 보상을 거쳐서 동기를 자극하는 과정(즉, 위쪽 경로)은 비교적 간단하며, 이 경로는 기대유인가이론이 설명하는 전형적인 경로이다. 그런데 집단보상의 경우, 개인의 노력은 팀 활동에 기여하고, 이 활동을 통해 팀 성과가 발생하며, 팀 성과에 의한 보상의 가치와 이 보상이 개인에게 돌아오는 정도에 따라 개인의 동기가 자극되는 것이다. 각 경로는 모두 확률적으로 100%가 아니며, 팀 보상의 가치에 대해서 각 팀원들이 생각하는 정도도 다를 수 있다.

둘째, 팀 안에서 팀원들의 투입 요소가 같지 않다는 데 기인하는 동기적 문제가 있다. 각 개인마다 능력과 노력의 수준이 같지 않을 때 성과에 대한 기여도가 큰 구성원이 팀 보상에 대해서 불만을 가질 수 있다. 팀 과정에서 투입 요소가 다른 것은 팀 리더와 팀 평가제도로 관리할 수 있지만, 팀 보상이

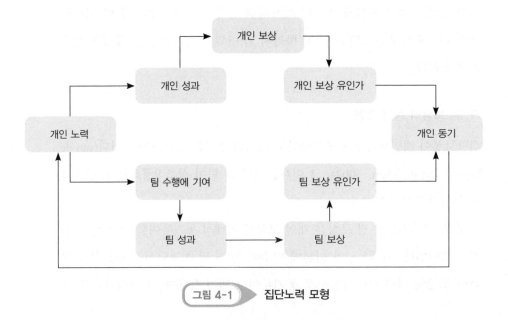

그림 4-1 ▶ 집단노력 모형

이런 투입 요소의 차이를 적절히 반영하지 못하면 기여도가 높은 구성원은 공정성의 문제를 인식하게 된다. 형평이론의 관점에서 볼 때, 투입 요소와 보상 요소가 일치하지 않을 때 개인은 행동적인 측면에서 이 비율을 일치시키기 위해서 다양한 행동을 할 수 있다. 보상 요소를 개인이 바꿀 수 없다면 투입 요소를 바꾸는 행동을 할 것이며, 이것은 집단보상에서 쉽게 나타날 수 있는 사회적 태만(social loafing) 행동이 된다.

나. 팀 보상을 위한 조건

조직의 인사전략은 보상제도가 팀 성과를 높이는 과정을 조절할 수는 있어도 직접적인 효과는 크지 않고, 현재까지 연구에서도 일관적으로 나타나지 않는다(Ostroff, 2000). 팀 보상이 효과를 발휘하기 위해서는 팀 보상에 대한 조건을 관리할 필요가 있다. 한 팀원의 결과가 다른 구성원을 위한 투입일 때 한 팀원의 수행은 다른 팀원들의 성과와 직무수행에 의존한다. 과업의 상호의존성이 높고 성과목표달성이 불확실할 때, 그리고 장기적 협력이 필요할수록 팀 보상의 효과가 높다(Gomez-Mejia & Balkin, 1989). 집단보상의 핵심적인 부작용이 사회적 태만인데, 이와 관련된 연구에서는 상호의존성이 낮으면 사회적 태만이 많이 일어나기 때문에 과업에서 팀 구성원들의 상호의존성을 높이는 것이 방법이 될 수 있다는 것이다.

과업의 상호의존성과 별개로 개인의 업무목표가 팀 목표와 얼마나 관련되어 있는지, 즉 수직적 정렬도 중요하다. 목표관련성이 많을 때 팀 구성원들은 협력적 목표를 갖게 되며, 팀 구성원들은 현실적으로 성공을 위해 서로에게 의존하고 민감하게 반응하며 긍정적인 기대를 가질 수 있다. 협력적 목표 정도가 매우 낮으면 팀과 개인이 독립적인 목표를 갖게 되는데, 팀 구성원들은 서로를 돕기 위한 보상이 없는 경우로, 성과에 무관심하고, 상호작용이 적어진다. 가장 부정적인 경우는 개인의 보상이 팀 목표와 일치하지 않을 때이다.

이때 구성원들은 경쟁적 목표를 갖게 되고, 팀 안에서 정보와 자원의 교환을 제한한다. 따라서 팀 보상체계 수립에서 수준 간 일치성(congruence)이 중요하다.

팀 구성원의 개인특성도 고려해야 한다. 동기와 동전의 양면처럼 밀접한 요인이 정서이다. 평가는 항상 정서적 반응을 수반하기 때문에 팀 보상에서도 구성원의 정서적 반응인 팀 보상 수용도가 중요하다(Kirkman & Shapiro, 2000). 이 팀 보상 수용도는 개인주의/집단주의, 팀몰입, 조직변화와 일치성, 과업의 상호의존성 등과 관련된다.

다. 팀 보상의 체계

Zenger와 Marshall(2000)은 전체 보상에서 집단보상이 차지하는 비율을 팀 보상집중도(incentive intensity)라고 했는데, 이 집중도가 높아지는 데는 집단의 크기, 집단과 조직에 근속기간이 영향을 준다. 이러한 영향요소는 다른 각도로 보자면, 팀워크가 활발하면(이를 진정한 팀, real team이라고 한다), 팀 보상의 비율이 커지는 것이 자연스럽다. 또한 팀이 성과를 내는 데 어떤 요소가 작용하는가에 따라 박원우와 안성익(2005)은 보상대상을 성과와 역량으로 나누는 것을 제안하기도 했다.

앞서 설명한 바와 같이 팀 효과성을 팀 성과와 팀 과정으로 나눌 수 있다는 관점에서 보면 팀 보상의 종류는 성과보상과 과정보상으로 〈표 4-4〉와 같이 나눌 수 있다. 팀 성과는 팀 자체의 활동 외에도 뛰어난 개인의 활동으로 나

표 4-4 **팀 보상 체계**

		보상 초점	
		개인	팀
평가대상	성과	개인 성과보상	팀 성과보상
	과정	개인 역량보상	팀 과정보상

타날 수도 있으며, 조직의 환경과 지원, 그리고 팀 리더의 지도력으로 나타날 수 있다. 이 성과를 내기 위해서 팀 과정이 개입되므로 팀 과정만 별개로 평가하여 보상에 반영할 수 있는 것이다.

개인과 팀의 보상비율인 보상집중도 정도는 보상 초점의 정도에 따라 달라진다. 이 보상집중도를 얼마로 할 것인가는 조직 전반적으로 팀 역량을 진단하여 팀 과정에 몰입할 수 있는 정도를 진단하여 비율을 정할 수 있을 것이다. 팀 역량 수준이 높으면, 보상 초점을 팀 기반 보상의 방향으로 더 나갈 수 있다. 이 판단을 위해서 앞서 설명한 팀 수준 진단 및 분석방법의 적용이 필요하다.

라. 내재적 보상으로 팀 피드백의 관리 : 공유리더십

공유리더십(shared leadership)은 조직목표달성을 위해 구성원들 사이에 일어나는 역동적인 상호작용 과정이며, 리더십이 공식 리더보다 구성원들에게 폭 넓게 분배된 것이다(Pearce & Conger, 2003). 자율관리 팀 구성원이 자신의 목표를 설정하는 데 책임을 지며 스스로 결정하는 것은 유사하지만, 자율관리 팀에 넓게 공유되는 리더십을 만들지는 않는다.

팀의 공유리더십은 다음과 같은 내재적 보상을 통해 가능하게 된다(Carson, Tesluk, & Marrone, 2007).

- 목표 공유 : 팀 구성원들이 팀의 주된 목표에 초점을 두도록 하고, 팀이 공유하는 목표에 리더십 역할을 공유하여 구성원들의 자발성을 증대된다.
- 사회적 지지 : 팀이 목표에 관해 공통적인 개념을 가지면 팀 구성원들이 서로 지지하는 피드백을 준다. 팀 구성원들이 서로 정서적 힘을 주고 각자의 공헌이 인정받는다고 느낄 수 있는 환경을 만든다.

- 참여 : 팀이 목표를 달성하는 수단과 방식에 적극적으로 참여한다. 발언행동(voice)를 통해서 의사결정, 건설적 토의 등에도 참여하며, 상호간 리더십에 몰입하도록 하는 환경을 만들고, 팀의 목표를 향해 도전하게 된다.

팀 권한위임은 팀 구성원들이 영향력을 행사하고자 하는 동기를 부여해줌으로써 공유리더십을 촉진시킨다. 순차적으로, 공유리더십은 팀 구성원들의 자율성, 영향력 혹은 효능감을 높여줌으로써 팀 권한위임을 높이기도 한다. 그러나 영향력이 강한 팀 리더가 존재할 경우 팀 권한위임은 높일 수 있어도 구성원들 간의 공유 리더십이 낮을 수 있다.

(3) 고객평가의 활용성

미래사회는 다양한 형태의 서비스 산업이 다수를 차지하는 산업구조가 되기 때문에 성과관리 체계 안에 고객만족과 관련된 피드백이 궁극적이고도 핵심적인 정보라고 할 수 있다. 서비스 조직은 핵심역량이 가시적으로 보이는 것이 아니며, 직무수행 정보를 누가 언제 관찰하는가에 따라 평가가 달라지는 이질성이 있으며, 결과물(즉, 용역)은 직무수행이 일어나는 그 순간에 동시에 만들어진다는 특징이 있다(Parasuraman, Zeithaml, & Berry, 1988).

고객의 피드백으로써 서비스의 질을 평가하기 위한 설문도구는 전략수준에서 정보를 수집했지만, 개인 구성원의 성과관리에 반영된 사례는 많지 않았다. 예를 들어, 암행평가자의 경우 평가점수를 고객만족 지수로 변환시키기도 하지만 평가자가 어떤 전문성을 가져야 효과적인지에 대한 구체적인 연구가 없고, 암행평가자의 평가항목의 타당도와 신뢰도에 대한 체계적인 연구도 부족하며, 평가를 하는 대상고객의 범위가 조직의 필요에 따라 일관성 없이 정해지는 경우가 많다. 또한 암행평가자가 평가하는 고객만족 지표는 서비스 지체 시간이나 전화 응대 시간 등 효율성 정보에 국한되고 서비스의 가격, 편의성, 독특성 등과 같이 경쟁우위를 점할 수 있는 요소가 다를 경우에는 효율성 정보가 의미 없거나 왜곡된 평가정보를 줄 수도 있다(Bernadin et al., 1998).

따라서 고객의 피드백을 성과관리에 활용할 경우 외부고객이 누구인지를 분명하게 규명해야 하며, 내부고객이 성과관리를 위해서 어떤 정보에 초점을 둘 지도 명확히 해야 한다.

가. 외부고객의 선정

조직은 일단 다양한 고객이 있다는 것을 인식할 필요가 있다. 이런 다양한 고객은 다양한 니즈를 가지며, 모든 고객의 요구를 동등하게 만족시킬 수는 없고 그중에 일부는 특히 중요한 경우도 있다. 따라서 어떻게 서로 다른 고객으로부터 정보를 수집할 것인가를 고려해야 한다. 성과관리 상황에서는 고객의 피드백은 두 가지 형태로 활용할 수 있다.

첫째로, 조직의 구성원이 고객과 접점에 있을 때 고객은 구성원의 직무수행에 대한 피드백을 할 수 있다. 예를 들어, 컨설팅 회사는 고객(client)사의 의사결정자와 담당자(counterpart)가 프로젝트에 대한 평가를 함으로써 고객평가를 컨설턴트에 대한 피드백 정보에 반영하기도 한다. 최근의 판매 조직처럼 조직 내부에 아웃소싱한 인력이 많을 경우에도 이들의 직무수행을 암행평가자가 평가할 수도 있다.

둘째로, 조직이 고객의 욕구에 대응할 준비태세가 되어 있는지에 관해서 체계적인 정보를 수집하는 데 고객의 피드백을 활용할 수 있다. 이런 평가정보는 인적자원관리를 위한 정보를 마케팅 전략과 통합시킬 수 있는 정보로서, 인적자원관리가 전략과 연계되어 채용부터 조직문화까지 전체적으로 고객의 평가 피드백에 대응할 수 있는 조직체계를 구성할 수 있다.

나. 내부고객 활용의 효과

성과관리 체계는 조직의 미션과 목적에 부합하도록 만들어져야 한다. 서비스 조직에 고객 피드백을 직무수행의 정보로 포함할 때도 이 원칙은 지켜져야 한다. 조직 내부의 다른 구성원이 제공하는 서비스나 핵심제품을 받는 구성원인 내부고객은 외부고객보다 이 측면에서 더 나은 피드백 정보원이다.

내부고객이 유용한 피드백 제공자인 이유는 구체적인 성과의 가치를 평가하고 외부고객을 만족시키는 기능이 어떤 측면인지 현장감 있게 파악할 수 있는 위치에 있기 때문이다. 따라서 내부고객을 만족시키는 측면은 아직 발생하지 않은 외부고객 만족을 실현할 수 있는지 예측하는 데 중요한 정보가 된다.

다. 조직목표와 일치

내부고객은 내부 공급자의 목표와 조직의 목적이 일치되도록 하는 데 중요한 정보를 제공한다. 하지만 내부 공급자의 목표와 조직의 목적은 때로 일치하지 않을 수도 있다. 예를 들어, A라는 공공 운송기관은 국민에게 안전한 운송수단을 제공하는 것을 목적으로 하지만, 그 기업의 일부인 구매부문은 단가가 낮은 운송부품을 납품 받는 것을 목표로 하여 양질의 부품을 확보하는 것의 중요성이 상대적으로 약해질 수 있다. 이때 설비부문이 부품을 공급받는 고객으로서 구매부문의 담당자에게 피드백을 하면서 조직의 목적과 부합하는 성과관리를 할 수 있다.

라. 고객지향 조직문화 구축

내부고객의 피드백은 조직 전체에 시장 지향적인 문화를 구축할 수 있도록 만들어준다. 서비스 조직의 경우에도 일부 구성원이 고객접점에 있으며 나머지는 지원부문에서 직무를 수행하는 경우가 많다. 이런 경우에 내부고객의 피드백을 성과관리에 활용하면 고객만족이나 서비스 풍토가 조성되게 된다. 이것은 조직의 목적을 구성원에게 분명하게 전달하면서 내부고객과 외부고객의 평가 피드백을 균형적으로 활용해서 전사적인 인적자원관리로 통합하는 효과를 만들 수 있다.

마. 협력 행동 반영

내부고객은 일터에서 이웃이다. 1장에서 상대평가가 경쟁을 만든다는 비판을 줄일 수 있는 고객이다. 성과관리제도가 개인 수준의 직무수행에 초점을 둘 경우 구성원들이 협력시스템을 가동하여 완료해야 하는 직무활동에는 소홀히 할 수 있다. 또한 개인이나 자기부서의 업무에만 치중하고, 업무 간 연계고리를 무시해서 조직이 유기적이고 효과적으로 목표를 달성하지 못할 수도 있다. 이런 경우 전체 성과달성에서 직무와 직무 사이의 맥락요소에 대한 기여를 공식적으로 인정하고 보상하는 방법으로 내부고객의 정보를 유용하게 활용할 수 있다.

CHAPTER

05

리더 역량진단과
리더십 개발

나를 평가한 자는 누가 뽑는 거지?

1. 누구에게 성과관리의 책임을 부여할 것인가?

이 책의 앞부분에서 설명하는 성과관리는 조직과 상사의 관리감독을 받는 일반 구성원의 성과향상에 초점을 두었다. 그리고 그들의 직무수행 정보를 수집하는 과정에서 공정한 절차를 관리하고 업무동기를 부여하는 이론과 방법을 소개하였다.

위로부터 부하직원의 동기를 부여하는 사람이 상사이지만, 그 상사의 동기부여 활동이 실제로 부하에게 작동하는지 점검받는 것도 필요하다. 즉, 리더는 성과관리의 주체이면서 동시에 성과관리의 리더십을 발휘하는지를 평가받는 대상이 될 수 있다. 이 책의 이전 장들은 주로 아래 직원을 대상으로 성과관리하는 것이라면, 이 장은 한 수준을 높여서 리더를 대상으로 성과관리하는 방법에 해당한다. 한 개인의 경력을 연속선에서 보자면, 부하였던 직원이 어느 정도 성장하게 되면, 해당 직원이 다른 후배와 부하들의 성과관리 책임을 맡을 수준이 되었는지 파악할 필요가 있다. 이 부분은 상위직급에 초점을 둔 성과관리라고 할 수 있으며, 리더십 진단과 개발에 해당한다.

이 책의 전반부에서 구성원들의 성과향상을 위한 체계를 수립하고 평가 시스템을 활용하는 방법에 초점을 맞추었는데, 리더에 대한 성과관리를 위해서는 업무능력뿐만 아니라 관계중심적 소통능력을 활용해서 부하들과 면담하고 코칭하는 역량을 포함할 필요가 있다.

이 장에서는 조직의 성과에 책임을 지는 리더의 역량을 진단하고 리더십을 육성하는 체계에 대하여 소개하는 내용으로 구성되어 있다. 그리고 다음 6장과 7장에서는 리더로서 소통역량을 활용하여 부하에게 피드백을 주고 코칭하는 방법을 설명할 것이다.

1) 리더십 역량평가

(1) 역량평가위원회의 개념

부하의 직무수행을 관리하는 리더의 성과관리를 위해서 그들의 역할에 초점을 둔 진단과 피드백 시스템은 앞장의 다면 피드백 시스템과 다른 접근법을 취한다. 리더는 평상 시에 조직의 대리인(agency)으로서 구성원들을 통한 성과목표 달성의 책임이 있다. 그러나 최근에는 부하와 업무수행을 통해서 성장하도록 지원하고 고충과 요구사항을 듣는 역할이 강조되고 있다. 그렇기 때문에 부하를 대하는 업무적, 관계적 역량이 있어야 한다. 이러한 역량이 조직의 장기적인 발전과 부하들의 성과에 영향을 주기 때문에 리더급에 특화된 진단과 육성방법이 필요하다. 이러한 목적으로 특화된 것이 역량평가위원회 (assessment center)이다. 인적 자원 부문에서 진화되고 있는 다면 피드백은 정기적인 성과관리 제도보다는 평가위원회의 방법에서 유래하였다. 이러한 진단에 대한 방법론은 제1차 세계대전에서 독일의 군 장교를 선발하고 양성하기 위해서 시작했으며, 제2차 세계대전을 거치면서 영국과 미국에서 리더와 첩보원의 역량을 진단하는 방법으로 발전하였다.

국내에서 평가위원회(assessment center)는 영어 표현을 직역하여 평가센터라고도 불리며, 적용대상자를 명시하여 관리자 역량평가라고도 한다. '센터'라는 명칭이 붙은 것은 이 제도가 만들어질 당시 군대에서 신체활동과 관련되는 능력을 체계적으로 평가하기 위하여 상당한 규모의 물리적 장소를 마련했기 때문이다. 군 부대의 유격훈련장과 비슷한 모습을 생각하면 된다. 그러나 현재 기업 및 공공 조직에서 주로 적용하는 평가위원회는 물리적인 장소 개념이 희석되었다. 업무현장에서 벗어나서 특별한 장소를 마련하여 진단하는 경우도 있지만, 그보다는 체계적인 이론을 조직 현장의 평가에 적용하면서 리더 역할을 수행하는 과정에서 이루어지는 주요한 행동을 구조화된 방법으로 평가하는 독립된 평가제도를 말한다. 따라서 이 책에서는 평가위원회라고 명명하였다.

리더 후보자 한 사람에 대해서 다수의 평가자가 평가하는 이 제도의 전략은 최초의 다면 평가 형태라고 할 수 있다. 군대에서 발전한 이후, 평가위원회는 AT&T와 같은 사기업 조직으로 전환되면서 기업조직 상황에 맞는 시뮬레이션 과제가 개발되었고, 회사의 업무 상황에 맞는 다양한 방법으로 적용하게 되었다.

역량평가위원회의 원래의 목적은 다면 진단을 통한 피드백을 제시하는 것이었지만, 역량모델링에 기반한 평가제도로 발달하면서 개발과 육성을 넘어서서 평가결과를 연봉에 반영하는 등 인사결정에 활용하기 시작하였으며, Monsanto나 HP 등이 인사결정에 이 결과를 적극적으로 활용하였다(Lance, Baxter, & Mahan, 2006). 하지만 애초의 목적인 리더십 개발을 위한 역량평가위원회는 여전히 리더십 육성을 위한 피드백으로 활용되고 있다. 특히 최근 사기업을 중심으로 역량개발위원회(development center)를 통한 리더십 개발은 성과관리와 연계되어, 리더가 코치나 멘토로서 부하의 경력개발을 지원하는 역량을 강화하는 핵심적인 방법으로 확산되고 있다.

한국의 역량평가위원회는 2000년대 이전에는 다소 약식의 형태로 일반 기업에 조금씩 적용되어 왔다. 평가위원회가 활발하게 활용되기 시작한 것은 중앙정부에서 2000년대 초반에 고위공무원의 평가에 적용한 것이며, 학문적인 논의가 활발해지면서 지방정부와 공공기관에서도 활용하기 시작하였다. 비슷한 시기에 대기업을 중심으로 한 일반 기업조직에서도 이 제도를 적용하기 시작하였으며, 해당 기간 동안 민간 기업에서 채택한 평가위원회는 주로 임원 승진이나 임원의 역량 개발을 위한 목적으로 사용되었지만, 보다 하위 직급의 채용이나 승진을 위한 목적까지 사용범위가 확장되었다.

(2) 역량평가의 구조와 과정

역량평가위원회에서 평가를 하는 과정은 다음과 같이 진행된다(한태영, 2015).

가. 역량평가의 구조

피평가자 한 사람을 대상으로 다수의 평가자가 평가를 한다는 독특성은 다면 피드백과 비슷하다. 그러나 시뮬레이션 진단도구를 사용하기 때문에 피평가자는 다수의 과제에 포함된 다수의 평가 차원에 대해서 평가를 받는다. 평가과정에서 평가자×피평가자×역량×과제는 상호 교차적으로 구조화된다.

나. 평가절차

평가는 전체 평가위원회가 진행되는 동안 각각의 역량 차원에 대해서 평가자들이 개별적으로 진행하게 된다. 이런 방법을 과제 내 역량 평가방법이라고 하는데, 이것은 각 평가자들이 각 과제에 대해 관찰한 후 그 실행 과제에서 정해진 역량 차원을 평가하는 것이다. 따라서 모든 피평가자는 모든 과제를 수행하게 되지만, 평가자는 일부 과제를 평가하고 일부 역량차원만 평가하게 된다.

다. 평가점수 부여

평가자는 관찰-기록-분류-평정의 인지적 과정을 거쳐서 양적 평가점수를 부여하게 된다. 평가점수를 전산화하는 과정의 설계도 평가위원회가 구성되기 이전에 미리 구상해야 한다. 평가점수는 점수표의 모든 셀(cell)에 점수가 기록되는 완전한 매트릭스가 아니다. 즉, 평가자, 피평가자, 과제에 따라 셀이 듬성듬성 채워지는 기록이기 때문에 이 데이터를 향후 어떻게 활용할 것인가를 구상하면서 데이터 구조를 체계화하는 것이 좋다.

라. 평가정보 결정

평가위원회는 대체로 과제 내 역량평가 방식을 쓰기 때문에 자신이 관찰한 피평가자에 대한 점수는 임시적이며, 실행 과제에 걸쳐 모든 평가자들의 평가가 완료된 후 역량 차원에 대한 양적·질적 평가정보가 완성된다. 이 과정에서 평가자 회의가 진행된다. 평가자 회의를 통해서 각 피평가자의 역량 차원 별 평가점수가 확정되면, 피평가자의 전체 점수가 결정된다. 이 점수를 결정하는 과정에서 평가자 회의가 진행될 수 있고, 그렇지 않을 수도 있다. 이에 대한 결정은 어떤 유형의 평가자 회의를 채택하는가에 따라 달라진다.

2) 역량평가위원회의 핵심요소

평가위원회의 핵심은 성과관리 행동을 관찰하는 평가자(또는 평가위원), 평가에 적용되는 진단도구, 그리고 진단점수를 산출하는 평가자들의 평가 회의 3요소이다.

(1) 평가자(평가위원)

가. 평가자의 역할

조직의 일상적인 성과관리는 상사가 핵심적인 역할을 하지만, 앞장에서 설명한 다면진단이 도입되면서 그 역할은 어느 정도 분산되었다. 그러나 역량평가위원회에서는 진단점수를 산출하는 평가자가 여전히 중추적인 역할을 담당한다.

그만큼 평가위원의 전문성은 역량평가의 성공에 중요한 것이며, 이들은 역량, 조직, 평가 등 3개 영역에 대한 전문성과 경험이 있어야 한다. 먼저, 역량은 성과를 도출하는 지식, 기술, 태도와 좀 더 심층적인 개인특성인 동기와 성격을 포괄하는 개념이므로 응용 심리학의 전문성을 의미한다. 조직에 대한 전문성은 해당 분야의 조직에 대한 경험을 의미하므로 실제 유사한 조직 맥락과 업무를 경험해 본 사람이 평가자가 되는 것이 좋다. 평가 영역은 이론적으로 인사평가와 관련되는 연구를 한 전문가나 실무적으로 조직구성원의 성과관리 경험이 있는 현장전문가를 의미하며, 평가과정의 통계적 오류와 공정성에 대한 이론과 윤리적 가치관을 가져야 한다.

이러한 세 영역 모두에 걸쳐 전문성을 가진 평가자는 국내 현실에서 많지 않으며, 간접적인 경험으로 전문성을 보충할 수도 있다. 하지만 반대로 이 세 영역 중 하나라도 전문성을 갖지 않은 사람이 평가위원이 되는 것은 이 시스템을 훼손할 수 있다. 우리나라에서는 인맥이나 지인의 추천으로 위에서 언급한 세 전문성 영역 어디에 해당하지 않는 사람이 평가자에 포함되는 경우를 보게 되는데, 서구에서는 이러한 문제에 대해서 윤리적인 가이드라인으로 통제하고 있다.

진단의 목적에 맞는 가이드라인에는 평가자에게 대체로 다음과 같은 역할과 책임을 제시한다.

- 표준화된 방식으로 행동을 진단하고 역량 구조에 맞게 체계적으로 분류하고 평가함
- 평가자가 모의과제에 등장하는 상사, 부하, 이해관계자 등의 역할도 직접 하는 경우, 진단대상자와 원활하게 상호작용하면서 요구되는 역할을 객관적이고 일관되게 수행
- 진단대상자에게 피드백을 하는 경우, 관찰의 근거행동을 활용하면서 긍정/부정 피드백을 전달함
- 코치 역할을 할 경우, 과정 초반에 DC의 배경과 목표를 설명하고, 역량 개발을 위한 참여 동기를 자극함
- 참가자가 자기개발 계획과 목표를 설정하는 과정에 관여하여 조언하며, 강점 및 개발점에 대해 이론적, 실무적으로 피드백함
- 인사적 의사결정을 위한 보고서를 작성하는 경우, 명료하면서도 리더십 전반에 대해 포괄적인 보고서로 진단결과를 통합적으로 마무리함

나. 평가자의 구성

평가자는 크게 구분하여 외부평가자와 내부평가자로 구성되며, 외부평가자는 조직과 업무에 대한 외부 전문가(교수, 시니어 컨설턴트)이고, 내부평가자는 현업 관리자로 볼 수 있다. 평가자는 역량평가위원회의 명칭에 맞추어 평가위원이라고 흔히 부른다. 사기업 조직의 평가위원회의 외부평가 전문가는 인사조직에 대한 전문가로 구성되며 공공기관의 평가에는 인사조직과 함께 인사행정 전문가가 포함된다. 내부, 외부 평가자들은 각각의 장단점이 있으며, 어떤 평가자를 구성하는 가는 평가위원회의 타당도에 영향을 미치는 것으로 나타나므로 평가위원회 운영의 주 목적을 고려하여 결정할 필요가 있다.

일반적인 실무자는 타당도의 이론체계에 입각하기보다 주로 안면타당도 (face validity), 즉 겉으로 그럴듯하고 타당하게 보이는 면에서 판단하고 내부

평가자로서 현업을 많이 알기 때문에 외부의 학자보다 낫다고 생각한다. 그러나 내부 평가자는 평가의 맥락에 대한 지식은 풍부하지만, 평가를 위한 판단과 평가역량 자체에 대한 지식은 외부평가자가 더 깊다. 그리고 평가위원회의 이론적 체계와 역량에 대한 심리적 특성과 관련한 지식이 많을 때 타당도가 높은 결과를 도출할 수 있다. 평가자의 효과와 관련한 통합분석에서도 내부 평가자보다 외부 전문가를 평가자로 구성할 때 예측 타당도가 높은 것으로 나타났으며(Gaugler, Barbara, Rosenthal, Douglas, Thornton, George, & Benton, 1987), 구성타당도 측면에서 산업조직심리학에 특화된 전문가가 평가하는 것이 양호한 것으로 나타났다(Lievens & Conway, 2001).

다. 평가자-피평가자 비율

평가위원회는 한 실행과제에서 몇 개의 역량 차원을 평가하도록 할 것인지를 결정해야 하며, 한 평가자가 몇 명의 피평가자를 평가해야 하는지도 결정해야 한다. 그러나 이 비율에 대한 분명한 기준은 없으며, 이에 대한 체계적인 연구도 많지 않기 때문에 대체로 인지적 정보처리에 관한 이론에 입각해서 판단할 필요가 있다. 이러한 판단은 평가 정확성을 유지할 수 있는 인지적인 부담과 평가위원회의 효율성(예 : 시간, 비용) 사이에서 판단해야 한다.

그리고 평가자-피평가자 비율은 평가위원회의 구성요소에 따라서도 달라질 수 있다. 예를 들어, 평가자가 한 실행과제에서 평가해야 하는 역량차원이 많다면 그만큼 피평가자의 수는 더 적어야 하는 것이다. 또한 뒤에서 언급하겠지만 평가자 회의에서 평가자들이 얼마나 많은 논의를 해야 하는지에 따라서 평가자의 피로도가 달라지기 때문에 이런 후속 절차의 특성도 고려해야 한다. 기본적으로 평가위원회에서 평가자는 많은 정보처리를 해야 하고 인지적 자원을 상당히 요구하기 때문에 정보처리에 대한 오류를 조심하면서 비율을 결정할 필요가 있다.

(2) 진단도구 : 평가를 위한 모의과제

평가위원회의 가장 독특한 면은 진단에 참여하는 피평가자가 모의상황으로 만들어진 과제(exercise simulation)를 받아서 가상의 상황 속으로 들어간다는 점이다. 이 평가 과제는 실제 상황과 유사한 직무환경을 제시하면서 피평가자의 직무수행과 관련된 효과적인 행동을 잘 이끌어내는 과제다. 이 과제는 특성활성화 이론(Trait-Activation Theory)에 기반해서 만들어진다(Tett & Burnett. 2003). 이 이론은 피평가자의 특성과 상황적 특징의 상호작용에 입각한다.

먼저, 상황적 특징을 강도(強度)로 구분해 볼 때 강한 상황은 누구에게든지 비슷한 반응을 끌어내는 반면(예 : 옆 동료의 심장마비는 도움 행동을 이끌어 낸다), 약한 상황은 사람마다 다른 행동을 유도할 수 있다(예 : 리더 없는 집단 상황은 자기주장부터 협업까지 다양한 행동을 끌어낼 수 있다).

특성(trait) 관련성은 상황이 피평가자의 특성과 관련되는 정도이다. 대인관계를 평가하는 예를 생각해 보면, 발표 상황은 이 특성을 유도하는 데 한계가 있지만, 불평하는 고객을 응대하는 역할수행은 관련성이 크고 이 특성을 나타내는 다정다감한 행동을 유발하는 단서가 더 많은 것이다. 이러한 상황은 심리적 현실(psychological reality)이므로, 자신의 업무 상황과 유사하기는 하지만 반드시 해당 조직이나 업무가 아닐 수도 있다.

평가를 하다 보면 어떤 피평가자에게 유리한 과제 상황이어서 불공정하다는 의견을 제기하는 경우가 있는데, 평가 과제는 역량(즉, 특성)을 도출하기 위한 자극(stimulus)으로 활용하는 데 의의가 있다고 봐야 한다. 진단도구는 피평가자들에게 공정하고 중립적인 자극이 되기 위해서 낯선 상황의 업무를 제시하는 경우가 많다. 그러나 피평가자에게 친숙한 업무상황이라고 하더라도, 자신이 하는 업무와 비슷하다고 만만하게 진단에 임하다가 평가자가 진단하는 역량과 맞지 않는 행동으로 오히려 더 낮은 평가를 받는 경우도 있다. 이것은 평가하려고 하는 역량이 쉽게 드러나 보일 때 오히려 성과가 우수한 직원을 예측하지 못한다는 연구결과와 일맥상통한 것이다(Ingold et al., 2016). 그러므로 과제 상황이 진단하는 조직, 직무의 실제와 얼마나 비슷한가는 진단의 핵심이 아니다. 단지 심리적인 현실감을 주어서 직무수행이라는 반응(response)를 이끌어 내는 데 초점이 있다.

이 과제는 작업 표본 검사(work sample test)와도 다르다. 작업 표본 검사는 실제로 직무수행에서 이루어지는 것과 동일한 표본이 주어진다. 반면에 평가위원회는 미래 행동을 이끌어낼 잠재적인 역량에 초점을 맞추기 때문에 특정한 작업 표본과 유사하지 않을 수도 있다. 또한 평가위원회는 직무를 수행할 때 필요한 복잡한 맥락을 반영하게끔 되어 있어서 좀 더 고차적인 사고 과정이 필요하며, 정서적인 반응을 유도하는 관계적 갈등 상황을 담기도 한다.

진단도구에 해당하는 모의과제는 다양한 형태가 있다. 아래에 설명하는 형태가 기업 조직에서 활용하는 대표적인 시뮬레이션 유형이라고 할 수 있다. 그 외 다양한 과제유형과 역량의 결합방식은 본인의 다른 책(인사평가와 성과관리, 한태영, 2015)을 참고할 수 있다.

가. 현안해결

정보통신이 발달하지 않았던 시대에 결제, 보고, 메모 등을 서류함에 분류해 두던 상황을 시뮬레이션하여 만든 진단방법이라서 서류함 과제(In-Basket)라고 부르던 형태이다. 현안해결은 주로 피평가자 혼자서 다양한 직무 현안에 대해 검토하고 처리하는 과정과 결과를 진단정보로 도출하는 방법이다. 업무를 처리한 의도와 판단 과정을 좀 더 구체적으로 파악하기 위해서 추후 평가자의 인터뷰와 질의응답으로 보강하는 경우가 많다.

현재는 이메일로 교환되는 현안으로 주로 구성하며, 소과제는 3~15개 정도로 다양하다. 이 방법은 기민하게 정보를 파악하여 조직화하고, 상황 내에서 주어진 자원을 효과적으로 사용하는 역량, 이면의 문제를 분석하고 평가하는 역량, 직무 지식과 조직 내 역할을 인식하여 문제해결이 가능한 의사결정을 내리는 역량 등을 평가하게 된다. 또한 피평가자의 평소 자기관리에 대한 역량도 평가하여 목표지향적 행동과 역할책임에 대한 인식능력을 평가하수 있다.

전형적인 현안해결은 10개 이상의 작은 과제(지시, 메모, 보고서 등)를 해결하는 방식으로 각 소과제에 대한 신속한 대응력, 과제 간에서 보이는 일관적인 태도, 행간을 해결하는 현장중심적 대응력을 보도록 구성되었다. 현재 우리나라에서는 변형된 형식의 큰 과제를 3, 4개 주는 방식이 많다. 이런 변형된 방식은 좀 더 깊이 있는 인지역량(기획, 전략 등)을 관찰하기는 좋으나 뒤에서 소개하는 개인수행 과제와 중복되는 문제가 있고, 현장 중심적인 역량을 관찰하기는 힘들고 기획부서 같은 인력에게 유리할 수 있다.

나. 집단토론

리더는 팀 회의를 주재하거나 유관기관의 리더들과 논의하는 상황에서 서로 이해관계가 중첩되는 문제에 대한 의사결정을 하고 조정을 하는 경우가 많다. 이러한 상황을 모사하여 3~5명의 참가자에게 일정한 시간을 배정하고 주어진 상황을 해결하도록 하는 방법이다. 리더가 없는 토론 과정에서 자연스럽게 리더의 역량이 부각되도록 하는 진단도 포함하므로 평가자가 사회자 또는 촉진자로 토론 진행에 최소 한도로 개입한다.

이해관계자들이 함께 협력해 최선의 대안을 찾아내는 이해관계자간 토론이 있는가 하면, 리더가 주도하는 상황을 유도하거나 경쟁적인 팀 토의상황을 구성할 수 있다. 피평가자는 조직의 문제나 장기적·거시적 상황에 대한 배경정보를 활용하여 다른 피평가자들과 이러한 문제점에 대해 논의한다.

집단 토론은 아이디어 제안 능력이나 토론 진행 능력과 같은 집단 리더십을 평가하는 데 효과적이며, 그 과정에서 문제분석과 상대방에 대한 설득과 조정의 능력도 평가할 수 있다. 그러나 피평가자들이 서로 알고 있는 관계인 경우에는 현실의 지위와 관계가 행동을 왜곡할 수 있다. 만약 피평가자가 연배가 높거나 현실에서 상급부서 출신이라면 실제 역량과 상관없이 토론을 주도하거나 심리적인 장악력을 가질 수 있고, 반대로 현실에서 상징적인 지위가 낮은 경우는 평가 이후의 실제 업무에서 불이익을 받을지 모르는 염려로 행동이 위축될 수 있다. 이러한 심리적 역학은 피평가자들 사이에서 무의식적으로 생길 수도 있다. 따라서 단일 조직(기관) 내에서는 집단토론이 의도한 역량을 충분히 파악하는 못할 수가 있다.

다. 개인수행

대표적으로 정책발표와 인터뷰 상황의 모의과제이다. 리더의 역량은 상사나 대중에 대해 상황을 전달하고 본인의 생각을 제시하며 방향을 설정하고 자신의 결정을 제시하는 업무에서 발휘되는 경우가 흔하다. 개인수행은 이러한 상황에 모사한 진단방법이다. 대표적인 형식은 상사나 대중을 대상으로 구두발표(oral presentation)하면서 논리적으로 의사 소통할 수 있는지에 대한 역량을 보여주는 과제이다.

때로는 이해관계자와 소통과정에서 논리적인 공격을 받는 인터뷰 상황으로 구성하기도 한다. 피평가자는 직무와 관련된 주제에 대해서 한 명의 평가자나 평가자 패널에게 즉석에서 전략적 대응방안에 대해서 짧은 발표를 하기도 하고, 가상의 기자나 투자자들에게 인터뷰 매체를 통해 브리핑을 하기도 한다. 어떤 경우에는 서류함 과제에서 작성한 의사결정 활동에 대해서 추가적으로 설명하거나 자신이 선택한 대안에 대한 정당성을 논리적으로 설명하기도 한다.

이 모의과제에서는 자신의 업무나 미래역할에 대한 지식, 기술, 태도 등을 전달할 때, 편안한 분위기를 조성하면서 타인을 원활하게 이끌고 자신감 있는 의사소통 스타일로 말하는지 알아볼 수 있다. 또한 대인 스트레스를 적절히 관리하는 역량도 이 과제를 통해서 평가할 수 있으므로 압박적인 질문을 하면서 피평가자를 평소보다 높은 스트레스 수준으로 몰아가는 역할을 평가자가 하게 된다. 그러나 이런 경우 피평가자의 성과향상의 동기에 부정적인 영향을 줄 수 있기 때문에 적절하게 수위를 조절할 필요가 있다.

라. 역할수행

정서적인 교류가 필요할 만큼 긴박하고 밀접하게 상대방과 교류하면서 주로 관계중심적 리더십을 평가하는 방법이다. 피평가자는 리더십에 도전감을 주는 특정한 인물로 연기(role-play)하면서 상대방과 1 : 1로 또는 2인의 이해관계자를 1 : 2로 설득해야 한다. 피평가자는 상사나 부하, 공공 조직 평가의 경우 이해관계자를 만나는 담당책임자 등의 역할을 맡게 된다. 피평가자는 대인관계 문제가 포함된 상황에서 갈등을 직접 해결하거나 문제상황을 타개하도록 도와주는 제3자의 역할을 하게 된다.

상대방은 평가자인 경우도 있고 연기자인 경우도 있다(이 경우 평가자는 관찰자). 이들과 논란의 여지가 있거나 찬반의 이슈가 첨예한 사안에 대해서 자신의 입장을 관철시키거나 자신이 원하는 방향으로 이끌어가는 역할을 맡고, 감정적으로 민감한 상대방을 대하면서 대인관계 역량, 갈등해결 역량 등을 발휘하게 되며, 문제해결의 착안점을 찾기 위해 이면의 상황과 근본원인을 찾아내는 역량을 보이게 된다.

(3) 평가자 회의(평가 세션)

가. 평가자 회의의 개념

평가위원회의 독특한 핵심요소 중 하나는 한 피평가자에 대해서 다수의 평가자가 관여된다는 점이다. 이러한 독특성이 의미하는 바는 개인 평가자가 평가한 것이 곧바로 점수가 되는 것이 아니고, 다른 평가자가 부여한 점수와 통합한다는 것이다. 이렇게 최종 평가점수를 결정하는 과정이 평가자 회의이며, 조정회의라고 부르는 경우도 있다. 평가위원회의 특성상 한 피평가자는 복수의 평가자를 만나고, 그 과정에서 다양한 평가과제를 수행하면서 각각의 과제에서 요구하는 역량을 보여주게 된다. 이를 평가하는 평가자는 평가과정에서 자신의 주관적 판단을 활용하기 때문에 평가자들 간에 서로 다른 평가점수를 보이면 그 원인을 찾는다. 평가위원회의 약 84.1%가 평가자 회의 절차를 거친다(Spychalski, Quinones, Gaugler, & Pohley, 1997).

나. 평가자 회의의 유형

평가자 회의는 점수를 확정하는 과정이므로, 점수의 확정 방법에 따라 평가자 회의의 형식이 달라질 수 있다. 최종점수의 확정은 판단적 방법(judgmental integration)과 통계적 방법(statistical integration)을 통해서 내릴 수 있으며, 이 두 평가회의 유형의 특성을 서로 절충한 중간적인 방법이 사용되는 경우도 많이 있다. 판단적 방법은 평가자들이 피평가자를 관찰한 정보에 대해서 평가자의 주관적 판단을 존중하고, 이러한 판단을 평가자들끼리 공유하고 토론하면서 합의에 도달하는 방법이며, 통계적 방법은 각 평가자들이 부여하는 점수 자체를 존중하여, 각 평가자들의 점수를 평균하는 방법이다. 통계적 방법은 평가하는 차원별로 단순 평균을 내는 방법도 가능하며, 종합점수를 부여하기 위해서 평가 차원별로 중요도(가중치)를 미리 매겨서 가중 평균하는 방법을 쓸 수도 있다.

〈표 5-1〉에서 보듯이 두 방법은 각기 대응되는 장단점이 있다(Thornton & Rupp, 2006). 통계적 방법은 외형적으로 보기에 객관적이다. 평가자의 주관적 판단이 평가 회의 과정에서 표면 위로 나타나지 않고 평가 점수에 의해서

표 5-1 통계적 방법과 판단적 방법의 비교

방법	장점	단점
통계적 방법	객관성 짧은 시간 실증연구에서 지지됨	의미 있는 설명 부족 안정적인 표본 필요-가중치
판단적 방법	피평가자의 강,약점에 통찰력 특이정보(idiosyncratics) 고려 실증연구에서 지지됨	시간이 많이 소요 평가자의 판단에 편향 시간에 따른 비일관성

만 결론이 나므로 객관성이 확보되는 것으로 보인다. 평가회의의 시간이 짧은 것도 장점이다. 그러나 이 점은 단점이 될 수도 있다. 즉, 평가자의 판단을 구체적으로 논의하지 않기 때문에 컴퓨터 프로그램으로 구축해 놓으면 자동적으로 결론이 도출될 정도로 간편하고 시간적으로 짧지만, 점수 자체에 대해서 설명의 기회가 없으므로 의미 있는 해석이 누락되는 단점이 있다. 또한 이 방법으로 결론을 내리려면 안정적인 점수화 체계가 전제되어야 하며 이는 안정적인 사전 표본이 있을 때 가능하다. 특히 역량별로 서로 다른 가중치를 두어서 종합점수를 매기려면 근거가 되는 함수 계산식이 필요하고 이는 사전에 데이터를 통해서 분석이 되어야 한다. 따라서 통계적 방법은 평가위원회를 운영하는 초기에는 적용하기 쉽지 않다.

반면, 판단적 방법은 평가자가 점수를 부여한 배경에 관해서 설명하면서 피평가자의 강·약점에 대해서 서로 공유가 되어 풍부한 해석이 가능하고, 평가자의 독특한 관점(idiosyncracies)과 해석체계가 회의 중에 거론될 수 있다. 물론 이러한 특이성이 정확한 것인지, 점수 결정에 실제로 반영할 것인지는 평가 회의를 통해서 결정된다. 그러나 이러한 논의 과정을 거치기 위해서는 시간이 많이 소요되는 단점이 있으며, 평가자의 편향된 판단이 노출되어 객관적인 형식 구조가 약화될 수도 있다. 그리고 평가자의 판단은 점수 부여 이후 시간이 지남에 따라 흐려지거나 비일관적으로 변할 수도 있다. 따라서 판단적 방법을 적용할 때 평가자 회의는 평가 후 바로 실시되어야 한다.

한편, 평가자 회의의 방법은 조직의 여건과 평가위원회의 특성에 따라서 다양한 변형이 가능하다. 그중 하이브리드 방법은 각 개인 평가자들은 한 실행과제에서 피평가자의 역량을 관찰하고 나서 각 평가 차원에 대해서 점수를 매기게 된다. 이러한 방법은 한 평가 과제를 관찰한 후에 역량별로 평가하는 것이므로 과제 내 차원평가(within-exercise dimension rating)라고도 하며, 과제 사후 차원평가(post-exercise dimension rating)라고도 부른다(Sackett & Tuzinski, 2001). 이렇게 해서 이루어진 평가는 각 평가자가 피평가자의 행동관찰을 요약하는 것을 조건으로 하며, 이 요약은 한 차원에 대해서 한 실행과제에서 이루어진 한 관찰자의 평가이며, 이러한 각각의 요약 사항에 대해서 평가자 회의에서 논의하는 방법이다. 각 평가차원에 대한 평가자간 동의가 이루어지면, 피평가자에 대한 전체 평가점수가 내려진다.

이 방법이 가장 보편적이기 때문에 많은 연구가 이루어졌는데, 실증 분석에 의해 나타난 결과는 평가위원회의 구성타당도에 대한 광범위한 논쟁을 촉발하였다. 즉, 각 요소별 평가 결과가 원래 의도한 평가차원의 구조를 적절히 보여주지 못한다고 보고한 연구가 많다.

다. 평가자 회의의 효과

앞서 실태조사에서도 보았듯이, 평가자 회의는 평가위원회의 보편적인 절차로 포함되고 있는 것으로 보인다. 그러나 평가자 회의가 평가위원회의 한 단계로서 얼마나 효과적인가에 대한 연구를 보면 다소 실망스러운 면이 있다. 평가자 회의의 효과를 구분해 보면, 평가자 회의 자체의 효과에 대한 측면과 평가자 회의 방법(즉, 통계적 방법과 판단적 방법) 간의 비교에 대한 측면으로 나누어 볼 수 있다. 이와 관련된 연구는 주로 미국에서 평가위원회가 가장 활발하게 사용되는 1980년대의 연구가 다수를 이룬다.

먼저 평가자 회의 자체의 효과에 대한 관심을 촉발한 것은 Sackett과 Wilson(1982)의 연구로, 이 연구에서는 평가자 회의를 하는 것이 별다른 이득이 없다는 결론을 내리며 예측타당도 측면에서 각 개인 평가자의 점수가 평가자 회의를 거친 후의 평가 점수보다 더 높다고 밝혔다. 종합 점수를 도출할 때도 개인별 종합 평정과 최종 종합평정을 비교할 때 이러한 통합과정이 정확성 또는 타당도를 높이는 데 별로 기여하지 못한다. Wingrove 등(1985)의 연구에서도 평가자 회의를 거친 전체 점수가 회의 전의 임시적 평가보다 예측력이 더 높지 않은 것으로 나타났다.

Silzer와 Louiselle(1990)의 연구에서는 평가자 회의의 효과가 다소 나타나는 것으로 나타났다. 그들은 4개의 평가차원으로 나누어 2년 후의 직무수행과 관련성을 본 결과, 2개의 차원은 평가자 회의를 통해 토론을 거친 것이 예측타당도가 높았으며, 반면 다른 2개의 차원은 토론 전 점수의 예측타당도가 더 높은 것으로 나타났다. Roch(2006)는 평가자 회의가 평가 정확성에 미치는 영향에 대해서 정확성을 구분해서 보았다. 그녀의 연구에서는 평가자 회의가 평가 정확성(rating accuracy)에 미치는 부가적 효과는 없었지만 행동 정확성(behavioral accuracy)은 개선시키는 것으로 나타났다. 행동 정확성은 역량과 관련된 행동을 평가하는 과정에서 평가위원이 관찰, 기록, 분류 행동을 하는지에 대한 것으로, 이러한 행동이 정확하면 평가도 정확하다고 가정하며 실제 연구에서도 더 정확한 평가를 하는 것으로 나타났다.

평가자 회의 자체에 대한 효과는 통계적 방법과 판단적 방법의 효과를 비교하면서 논할 필요가 있다. 왜냐하면 통계적 방법은 평가자 회의가 없는 것과 같기 때문이다. 이 두 방법에 대한 연구의 결과는 대체로 두 평가자 회의 방법 간에 유의미한 차이가 없다는 연구가 많고, 차이가 있다는 연구의 경우 통계적 방법이 타당도가 더 높다고 본다.

Borman(1982)의 연구에서는 세 준거를 사용하여 비교했을 때 통계적 방법의 예측타당도가 더 높았다. 다른 연구에서도 통계적 방법의 예측타당도가 더 높은 것으로 나타났다(Tziner & Dolan, 1982). Sackett과 Wilson(1982)의 연구에서는 두 방법 간에 별로 차이가 없는 것으로 나타나며, 통계적 방법을 사용해도 비슷하게 높은 예측타당도를 보인다. Herriot(2003)의 연구에서는 통계적 방법을 좀 더 정교하게 해서 가중 합산 방법을 쓰면 판단적 방법보다 더 낮거나 적어도 비슷한 것으로 나타났다.

라. 평가자 회의의 역학

평가자 회의가 원래 목적과 달리 예측타당도나 평가 정확성에 별 효과가 없는 이유는 무엇일까? Herriot 등(1985)은 2,640개의 케이스를 분석해 보았는데, 평가자 회의에서 서로 점수가 다른 평가자들이 회의를 하면서 3분의 1이 자신의 평가점수를 수정한 것으로 나타났다. 의견을 바꿔서 점수를 수정하는 경우에는 높은 점수를 낮은 점수로 변화시킨 경우가 많다. 또한 평가자 회의에서 평가자들의 다수가 높은 점수를 주었을 때보다 다수가 낮은 점수를 주었을 때 소수의 평가자들이 자신의 의견을 더 잘 변화시키는 것으로 나타났다. 이는 평가자 회의에서 부정적 편향(negative bias) 현상이 잘 일어날 수 있다는 것을 의미한다.

　평가자들이 평가자 회의에서 의사결정을 하는 과정은 표면적인 논의 과정으로만 이루어지는 것이 아니라, 평가자들이 가진 일반적인 인상과 평가자 간의 역학관계가 심층적인 수준에서 작동한다. 〈그림 5-1〉에 제시된 바와 같이 평가자 회의에는 두 방향의 과정이 존재한다(Dewberry, 2006). 표면적으로는 각 역량 차원에 대해서 평가를 내린 후에 합리적인 정보교환을 통해서 평가자 회의가 진행되는 것 같지만(명시적 과정), 실제로는 평가자들이 가진 일반적 인상에 의한 사회심리적 설득과 자기주장의 과정이 개입되는 것이다(잠재적 과정). 그리고 이러한 설득의 과정에서 평가자들이 가진 관계가 또

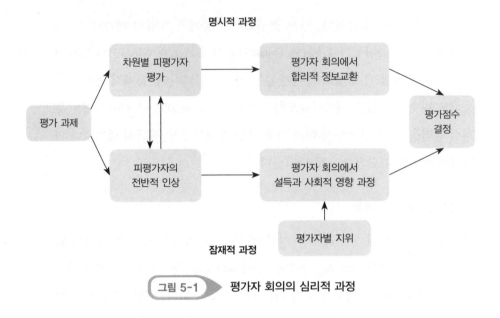

명시적 과정

잠재적 과정

그림 5-1 ▶ **평가자 회의의 심리적 과정**

다른 요소로 개입되게 된다. 이것은 정보처리 이론에 대한 이중과정이론(dual process theories; Kahneman & Frederick, 2002)과 같은 맥락에서 이해할 수 있다. 즉, 빠르고 직관적인 경로(직관적인 인식 모드, Type 1 과정)와 더 느리고 더 정교한 경로(통제된 인식 모드, Type 2 과정)의 두 가지 일반적인 정보처리 경로가 있는데, 평가자는 직관적인 경로를 택하면서 오류에 빠질 수 있는 것이다.

마. 평가자 회의 포함에 관한 결정

앞에서 살펴보았듯이 평가위원회를 운영하는 조직의 80% 이상은 평가자 회의를 시행하고 있으며, 평가자들이 전혀 토의하지 않는 경우는 거의 없다. 이런 실정은 서구나 국내기업이나 유사하다. 그러나 원래의 기대와 달리 평가자 회의가 평가의 정확성이나 예측타당도에 그렇게 큰 기여를 하지 않는다는 연구결과를 보면, 이 단계를 반드시 포함시켜야 하는가에 대해서 진지한 검토가 필요하다. 평가자 회의는 평가자들이 장시간 동안 논의를 하면서 정신적인 노동이 많이 들어가는 과정이기 때문에 그 정도의 노력에 부합하는 효과가 없다면 평가자 회의에 대해 검토가 필요하며, 평가자 회의가 개별 평가자 점수의 가치를 훼손한다면 이 회의를 실시하지 않는 것도 하나의 대안이 될 수 있는 것이다.

이러한 논의에 대해서 Dewberry(2006)은 평가자 회의를 포기하는 것이 조건적으로 가능하다는 다소 진보적인 의견을 제시하였다. 그는 현재까지의 증거로 볼 때 평가자 회의의 부가가치에 대한 증거가 적다는 점을 주 이유로 거론하였다. 또한 평가자 회의 중에 회의의 타당도를 떨어뜨릴 수 있는 심층적 과정이 작동하며, 이를 관리할 수 있는 방법이 뾰족하게 없다는 점도 거론하였다. 실제로 Gaugler 등(1987)의 연구에서는 평가자를 교육시키는 것이 평가자 회의의 타당도를 높이는 것과 관련이 없다고 하여, 평가자 회의 중의 심층적 과정에 대한 방지대책이 뚜렷하지 않다는 점이 제기된 바도 있다.

그러나 Dewberry가 평가자 회의를 포기할 수 있는 조건으로 거론한 것은 타당한 통계적 방법의 존재이다. 각 평가자들이 제시한 점수를 통계적으로 합산하는 것이 타당한가에 대한 확인이 먼저 필요하며, 특히 역량 차원별로 다른 가중치를 두고자 할 경우 이 가중치의 적절성 여부를 먼저 검증할 필요가 있다는 것이다. 평가자들의 점수분포에서 중심화 경향이 적어서 평가오류가 개입할 소지가 적어야 하는 것도 조건이다.

이러한 점은 평가위원회 운영 초기부터 섣부르게 평가자 회의를 누락시키는 것은 적절하지 않다는 점을 의미한다. 평가자 회의가 여전히 필요하다고 주장하는 관점에서는 육성의 용도로 활용할 수 있는 질적 필요성이 존재한다는 것이다.

앞서 판단적 방법의 장점으로 거론되었던 것처럼, 평가자 회의를 통해서 평가자들이 주관적 판단의 근거를 제시하면 피평가자의 장, 단점에 대해서 생생하게 논의가 진행되며 특이적인 정보도 원활하게 교환된다. 이런 정보들을 적절히 종합하면 피평가자의 향후 성과향상을 위한 좋은 정보가 되어 궁극적인 목적인 성과관리에 긍정적인 영향을 주게 된다. 이러한 관점은 평가의 정확성을 평가 정확성(rating accuracy)과 행동 정확성(behavioral accuracy)으로 나누어 볼 때, 평가자 회의가 행동 정확성을 향상시키는 데는 도움이 된다는 연구(Roch, 2006)와 맥을 같이 한다.

그리고 이런 점에서 평가자 회의는 평가위원회의 고질적인 문제인 구성타당도를 향상시키는 데도 도움이 될 것이다. 이 장의 뒷부분에서 설명하는 바와 같이 평가위원회는 대부분의 연구에서 구성타당도의 문제를 보이고 있다. 육성 정보에 초점을 두는 평가자 회의는 평가위원회의 구성타당도를 훼손시키는 평가과제내 역량차원 간의 높은 상관을 줄이고, 역량차원들을 독립적으로 다루는 피드백에 집중하도록 유도할 수 있는 것이다.

따라서 현재까지의 연구를 종합하면, 평가자 회의가 어떻게 진행되든지 간에 평가자 간의 점수 차이를 줄이려고 노력이 지나치면 좋지 않다고 할 수 있다. 이런 시도는 평가자들이 되도록 낮은 점수를 주는 부정적 편향을 범하고 심리적으로 스스로를 방어하게 하는 압박으로 작용할 수 있다. 점수차이로 충돌이 일어나지 않게 중심화되는 경향도 나타날 수 있다. 따라서 점수에 대한 근거를 제시해야 하는 책임성(accountability)보다는 피평가자에게 육성의 피드백을 주어야 하는 책임성을 인식하게 하는 평가자 회의가 보다 바람직하다고 할 수 있다.

3) 평가자 교육

평가자 교육은 평가자가 평가제도의 특징에 대한 지식을 충분히 갖도록 하고 정확한 평가를 하는 방법을 익히는 평가제도 지원시스템이다. 불충분한 교육지원으로 평가제도를 충분히 이해하지 못하면 평가자가 오류를 범하거나 평가에 자신감을 갖지 못하고 능동적으로 참여하지 못하게 된다.

(1) 평가자 교육의 범위

평가자 교육의 기본적인 목적은 평가자가 정확한 판단을 내릴 수 있도록 하는 것이다. 현실적으로 피평가자도 평가에 대한 준비를 한다. 공식적인 교육을 통해서 평가에서 어떻게 하면 좋은 평가를 받을 수 있는지에 대한 식별능력(ability to identify criteria, ATIC)을 키운다(Kleinmann & Ingold, 2018). 또한 소문난 지역에서 사교육을 받든 자체 스터디 활동을 통해서 좀 더 전술적으로 인상관리(impression management) 방법도 연습해서 평가에 임하기도 한다. 따라서 평가자도 정확한 판단을 할 수 있는 다양한 교육방법(강의, 토의, 실습 참가자에 대한 관찰, 비디오 실습, 다른 평가자에 대한 관찰 등)으로 준비할 필요가 있다.

가. 오리엔테이션

평가자 교육이나 실제 평가 전에 평가와 관련된 지식습득이 필요하다. 평가자가 최소한으로 갖추어야 할 기본 역량이 있다. 평가자는 올바른 판단을 위한 조직, 직무/직무군, 규준 집단에 대한 지식을 숙지해야 한다. 각 조직마다 다른 형태의 모습을 띠고 있기 때문에 평가하는 대상이 속한 조직에 대한 지식을 반드시 알아 둘 필요가 있다. 또한 평가자는 평가역량, 역량의 정의, 직무수행과 역량의 관계에 대하여 알아야 한다. 이러한 목적에서 오리엔테이션 과정은 다음과 같은 사항을 포함하게 된다.

- 평가대상자의 업무, 소속기관, 평가대상 집단에 대한 정보
- 평가데이터 사용 방법 등 조직의 평가정책과 실행방식에 대한 완전한 지식과 이해

- 성과차원에 해당하는 역량구조와 정의, 직무
- 평가역량, 역량의 정의, 직무수행과 역량의 관계, 효율적/비효율적 수행의 예시에 대한 완전한 지식과 이해
- 평가기법, 과제 내용, 평가센터의 각 부분에서 관찰될 수 있는 관련 역량들, 예상되거나 일반적으로 관찰할 수 있는 행동 예시, 실제 행동에 대한 예시나 표본들에 대한 완전한 지식과 이해

나. 평가자 기본교육

일반적인 수준에서 모든 평가자 교육에 포함되어야 할 다섯 가지 요소가 있다. 먼저, 평가해야 할 행동 정의가 포함된 역량들에 대해 다루어야 한다. 예를 들어, 정책기획 역량에 대한 평가를 하기 위해 기준이 되는 행동지표로서 정책방향과 목표를 명확히 하고, 최적의 대안을 선정하는 등의 명확한 행동 정의가 구성되어야 한다.

두 번째로 평가해야 할 역량과 관련된 행동의 관찰, 기록, 분류, 판정 방법에 대한 교육이 필요하다. 평가자의 역할에 대한 부분으로 평가자가 관찰을 할 때는 피평가자의 행동에 초점을 맞추고, 감정표현을 최소화하며, 평가자의 판단 및 추론을 자제해야 한다. 기록은 추후 근거가 될 수 있도록 가능한 많이 기록하고 이를 위해 키워드 사용 또는 관찰기록표를 활용하는 것을 숙지할 필요가 있다. 평정에 대해서는 하위역량 단위로 점수를 부여하고, 모든 척도를 사용하며, 절대평정을 해야 한다. 이렇듯 평가자의 역할에 대해 명확하게 다루어 평가자들의 초점을 평준화하는 과정이 필요하다.

세 번째로 어떤 역량을 어떤 과제에서 평가할 것인지와 과제의 내용을 숙지하도록 한다. 평가센터 프로그램에는 과제-역량 매트릭스(Multi-Trait Multi-Method)가 존재한다. 즉, 어떤 과제에서 주로 측정할 수 있는 역량이 무엇인지에 대한 설정이 있다. 예를 들어, 현안해결 과제유형의 경우, 평가할

수 있는 역량으로 문제분석, 의사결정, 행정능력, 서면 의사소통 등이 있다. 그러나 현안해결 과제유형이 팀워크나, 구두 의사소통과 같은 역량을 평가할 수는 없기 때문에 평가 목적에 맞는 과제가 무엇인지에 대해 배울 필요가 있다.

네 번째로 관찰과 평정에서 나타나는 일반적인 오류를 방지하기 위한 교육이 필요하다. 이는 행동과 추론을 어떻게 구별할 것인가에 대한 내용이 포함되어야 한다. 예를 들어, 후광효과는 평가자가 피평가자에게 어느 한 가지 장/단점을 기준으로 다른 것까지 함께 평가할 때 나타난다. 이러한 문제를 해결하기 위해서 해당 질문에 알맞는 역량에 초점을 맞추어 볼 수 있도록 하는 관점을 키워줄 필요가 있다.

이러한 교육 외에도, 평가자가 상호작용 과제(역할연기 또는 정보수집 과제)에서 역할연기를 해야 할 경우, 객관적이고 일관적으로 역할을 소화할 수 있는 지식과 능력이 필요하다. 그러나 객관적 · 일반적으로 역할연기를 할 수 있도록 교육할 수 있다면, 평가자가 아닌 역할 연기자들을 활용할 수 있다.

(2) 평가 역량에 초점을 둔 교육(관찰, 기록, 분류, 평정)

인사평가는 조직이 구성원에게 기대하는 성과의 목표와 그 성과를 달성할 수 있는 직무행동이 무엇인지를 알려주는 것이 최종 목표이다. 이러한 기대는 인사평가제도의 평가차원과 직무수행의 기준에 반영되어 조직의 대리인인 인사부서로 전달되며, 인사부서는 인사평가에서 이러한 기대를 반영하여 체계적으로 평가함으로써 그 기대가 실제로 구현되는 것이다. 체계적으로 평가를 진행할 때에 평가자는 피평가자의 행동을 관찰하고 기록하며, 기준에 따른 분류와 평정을 한다. 이러한 과정에서 보다 정확한 평가를 하기 위한 역량을 키우는 교육을 크게 평가오류 교육과 평가 정확성 교육의 두 가지로 볼 수 있다. 과거 연구에서는 평가오류를 관리하기 위한 교육에 초점을 두었지만, 최근에는 평가 정확성에 초점을 둔 교육에 더욱 집중하고 있다.

가. 평가 오류에 초점을 둔 교육

평가행동은 평가 정확성을 낮추는 체계적 오류를 포함한다. 평가자들은 피평가자들을 각 평가 차원별로 구분하면서 평가하지 못하거나, 평가점수의 수준에서도 관대화 오류, 엄격화 오류 등과 같은 오류를 자주 범한다. 기업현장에서 평가 오류의 흔적은 평가자 전체의 점수분포에 대한 통계 분석을 통하여 쉽게 발견할 수 있기 때문에 평가자 교육에서도 자연히 이 측면에 먼저 관심을 갖게 되는 것이다.

평가 오류 교육

교육을 통해서 평가 오류의 특성을 이해하고 평가자 스스로 평가과정에서 이 오류를 피할 수 있도록 하기 위한 목적으로 행해지는 평가자 교육이 평가 오류 교육이다. 평가 오류 교육은 일반적으로 관대화 오류, 엄격화 경향, 중심화 경향, 후광 오류 등과 같은 오류의 유형을 설명하고, 평가 오류를 대표하는 평가점수 분포들을 알도록 하며, 평가 오류를 범한 예시를 제공한다. 그리고 이러한 오류를 피할 수 있는 방법을 제시하는 것으로 교육이 구성된다.예를 들어, 관대화 오류에 관한 교육을 할 때, 관대화 오류의 특성에 대한 설명과 더불어 발생이유와 대처방법을 도식화한 문서를 제시하면서 평가자가 해야 할 행동을 알 수 있도록 한다. 즉, 평가 오류 교육은 기본적으로 평가 오류에 관한 명제 지식을 주로 전수하는 교육이다.

오류 관리 교육

오류는 적극적인 교육 과정에서 불가피하게 일어나며 자연스러운 산물이며, 더 나아가서 오류는 학습자에게 정보의 기능을 제공함으로써 개선해야 할 지식과 기술을 알게 해준다. 오류 관리 교육(error management training, EMT)은 이렇게 교육참가자에게 오류를 범하는 것을 격려하고 이로부터 학습을 장려하는 교육이다. 다른 교육방법과의 차이점은 교육생(평가자)이 오류를 찾아내고 올바른 평가를 위한 해결책을 단계적으로 제시하는 것이다. EMT는 교육 중에 오류를 통하여 주의를 기울이게 하기 때문에 문제해결의 절차와 과정에 주목함으로써 문제해결 과정의 구조에 대한 지식을 얻게 되고, 결과적으로 일반적인 교육보다 적응적 적용에 더 효과적이다.

나. 평가 정확성에 초점을 둔 교육

과거 인사평가 영역에서 암시적이든 명시적이든 평가점수의 심리측정적 속성과 평가자 오류를 준거로 삼는 것은 그 요소들이 평가 정확성과 관련되어 있다고 가정했기 때문이다. 그러나 심리측정 요소나 평가 오류 준거를 바탕으로 평가 정확성을 논의하는 것은 간접적인 방법이기 때문에 효과가 적다. 예를 들어, 관대화가 심하다고 교육에서 지적하면 실제로 우수한 피평가자에게도 높은 점수를 주지 못하게 되는 것이다. 이처럼 평가 오류에 대한 조작적 정의를 어떻게 내리는가에 따라 결과가 달라지는 경우가 많다. 그래서 이런 간접적인 방법을 통해서 평가의 오류를 찾아내고 이를 통제하려는 노력이 실제로 평가의 오류를 줄여주지만 평가 정확성도 함께 줄이게 되는 모순된 현상도 나타나게 된다. 이러한 문제점으로 인해 평가오류를 바탕으로 평가의 질을 판단하는 간접적인 방법과는 달리 평가 정확성에 대한 직접적인 교육을 하는 추세이다.

성과 차원 교육

성과 차원 교육(performance dimension training, PDT)은 정확성을 높이기 위한 평가자 교육의 기초에 해당한다. 이 교육에서는 평가제도에서 사용하는 성과의 차원에 대하여 숙지하도록 교육시키는 데 중점을 둔다. 일반적으로 실시되는 평가 오류 교육이 평가 정확성에 기여하는 바가 분명하지 않고 논란이 생기면서 평가자의 인지적 정보처리과정에 초점을 맞추면서 개발된 교육 방법이다(Feldman, 1981; Landy & Farr, 1980).성과 차원 교육은 평가자가 평가하게 되는 각 평가 차원에 대하여 구체적으로 이해할 수 있도록 구성하고, 이에 더하여 이를 숙지할 기회를 제공하는 추가적인 활동으로 강화할 필요가 있다.

참조틀 교육 : 평가기준 교육

참조틀 교육(frame-of-reference training, FOR)은 평가자가 평가제도에서 구축한 평가체계를 참조할 수 있는 틀, 즉 참조틀을 형성하도록 하여 평가 시에 이를 활용하여 평가할 수 있도록 만드는 교육이다. 이 교육은 평가의 눈높이 즉, 기준을 맞추는 목적이 커서 성과기준 교육(performance standard training, PST)이라고도 한다(Bernardin & Buckley, 1981). 이 교육에는 직무수행 또는 성과의 차원별로 효과적인 직무행동 사례, 그리고 평가 실습과 피드백이 교육내용으로 구성된다. 즉, 참조틀 교육은 평가 차원에 관한 정확성을 증가시키기 위해서 직무수행을 평가할 때 공통적으로 참조하는 기준(즉, 틀)을 평가자에게 교육시킨다(Sulsky & Day, 1992). 이 교육은 평가자들이 공통적인 평가 차원과 함께 각 차원의 기준에 대한 공통적인 눈높이를 갖도록 하는 것이 주된 목적이다.

참조틀 교육은 차원들 간의 변별 정확성은 증가하지만, 피평가자들의 직무수행에 대한 변별 정확성은 증가시키지 못한다. 그 이유는 참조틀 교육의 초점이 피평가자들 간(between)의 차이가 아닌 각각의 피평가자들 내(within) 평가 차원의 구별에 대하여 교육 내용이 집중되기 때문이다(Hauenstein, Facteau, & Schmidt, 1999).

(3) 교육효과 검증 : 평가자로서의 역할 수행의 정도 검증

교육받은 사람들이 평가자로서의 역할을 적절하게 수행할 수 있는가를 알아보기 위한 몇 가지 확인이 필요하다. 이는 다양한 방법으로 확인이 가능하며, 다음과 같은 세 가지 자료를 포함할 수 있다. 첫 번째는 평정의 정확성과 신뢰도를 확인하는 것이다. 평정 기준이 명확했는가 혹은 평가자 간 신뢰도가 유의한가를 확인한다. 두 번째는 평가자 보고서에 대한 평가이다. 평가의 기준이 구체적인 행동지표를 따랐는가 혹은 과제와 측정역량이 일치하는가를 확인하는 것이 중점이다.

마지막으로 운영진의 관찰이다. 평가자가 교육을 받을 때 운영진이 평가자들을 참관하는 것이다. 평가자들은 실제 평가하기 전에 평가자로서 충분히 교육되었는가를 확인하기 위해 그들의 수행을 평가하는 것이 중요하다. 또한 정기적으로 모니터링하여 교육에서 배운대로 평가행동을 하고 있는가를 확인해야 한다. 이것은 행동정확성에 대한 점검이라고 할 수 있다.

조직은 평가자가 최소한의 수행 기준을 충족시키는가를 확인하고, 평가자들을 위한 추가교육이나 또 다른 조치를 마련할 필요가 있다. 오래 된 평가자는 매너리즘이나 자신만의 틀에 갇힐 수 있다. 동일한 평가자 풀은 평가위원회의 잠재적 과정에 서로 얽혀서 집단사고에 빠질 수도 있다. 운영담당자는 이러한 문제점도 파악할 필요가 있다.

2. 어떻게 리더십을 개발할 것인가?

역량평가위원회(AC)는 사실 역량개발위원회(DC) 안에 포함된다고 할 수 있다. 왜냐하면 성과관리 관점에서 보면 평가는 전체 성과관리 과정의 일부이듯이, 리더십 개발을 위한 전체 시스템 안에서 역량평가가 적용되며, 리더십을 평가한 후에 제공하는 후속적인 피드백 리포트, 육성을 위한 면담, 공식적인 리더십 교육, 지속적인 리더십 코칭 등이 모두 리더십 역량개발 과정이라고 할 수 있기 때문이다.

그러나 좁은 의미에서 리더십 개발을 위해 진행되는 단기적인 과정은 진단과정과 이 과정에 활용되는 실행과제를 갖고 체계적으로 진행된다. AC와 다른 점은 평가는 현재의 역량을 보여주는 것으로 전체 과정에서 부차적이며, 평가 후 또는 중간중간에 이루어지는 피드백 세션이 핵심적인 요소라고 할 수 있다. AC에서는 주로 인사결정(decision)에 대한 결과가 평가대상자에게 전달되지만, DC에서는 매 활동 이후 피드백을 받고 이 피드백을 기초로 참가자의 개발 계획을 세우게 되는 것이다.

1) 역량개발위원회의 개요

(1) 역량평가(AC)와 역량개발(DC)의 비교

가. 역량평가(AC)와 역량개발(DC)의 공통점

역량개발위원회(Development Center, DC)는 주로 역량평가위원회와 전체적인 틀은 비슷하다. 두 체계는 모두 개인의 역량 향상을 통해서 조직의 성과를 개선하는 데 초점을 두며, 현재의 강약점과 개발점을 진단하기 위한 객관적인 방법을 적용한다. 즉, 실제 업무 장면과 유사한 모의과제를 수행하고, 그 과제를 해결하는 과정과 결과에서 드러난 참가자의 역량 수준을 진단한다.

나. 역량평가와 역량개발의 차이점

역량평가위원회와 역량개발위원회는 명칭에서 반영하듯이 목적이 명확하게 다르다. 평가위원회는 평가 결과를 통해 선발이나 승진과 같은 인사결정의 용도로 사용된다. 개발위원회의 목적은 '성장(development)'이라는 점에서

AC와 다르다. DC는 잠재력을 평가하고, 강점과 성장 욕구를 확인할 수 있도록 사용된다.

이런 핵심적인 차이에 따라 참가자의 행동을 관찰하는 사람이 AC에서는 평가자라면, DC에서는 평가자의 역할보다는 역량개발을 촉진하는 퍼실리테이터(facilitator)로 역할을 하는 것이다. 따라서 다면평가와 다면 피드백의 구분처럼, 역량개발위원회는 후자, 즉 다면 피드백의 철학과 마찬가지로 교육을 통해서 리더십을 개발하는 데 초점을 두는 것이다. 그러므로 DC는 개방적이고 투명한 분위기를 조성하는 것이 중요하다. 촉진자가 실수를 하더라도 부정적으로 보지 않고, 진단에 대해서 참가자가 이의를 제기하거나 해명하는 기회도 가지며, 평가를 받는 자와 평가자 모두가 학습의 기회로 여기면서 피드백 교류가 원활해진다.

평가방법과 운영과정 측면에서도 차이점을 가지고 있다. 역량개발위원회는 역량평가위원회의 과정에서 추가적으로 역량개발계획을 수립하고 실행 및 follow-up 과정을 거친다. 그러므로 역량평가위원회는 현직 또는 전직 관리자와 평가전문가로 구성한다. 반면, 역량개발위원회는 진행과정에서 퍼실리테이터의 역할이 중요하기 때문에 전현직 관리자를 반드시 포함하지는 않는다.

역량개발위원회는 피드백 과정에서도 평가를 진단적 목적으로 사용한다. 역량평가위원회가 결정(decision)만이 공유되는 반면, 역량개발위원회는 모든 자료를 공유하여 풍부하고 다양한 피드백을 즉각적으로 전달하는 것을 추구하여 최종 결과물로 잘 정리된 개인의 성장계획이 산출된다. 역량개발위원회에서는 매 활동 이후 후보자들이 피드백을 얻게 되며, 이 피드백은 개개인의 역량개발 계획에 대한 기초가 된다.

역량개발위원회의 피드백은 비교적 즉각적이며, 피드백 내용이 매우 풍부한 점이 특징을 가지고 있다. 그러므로 성공적인 역량개발위원회를 시행하기 위해서는 적절한 피드백을 주는 퍼실리테이터의 역할이 중요하다. 적합한 조정역할로 참가자가 업무수행 장면에서 요구하는 역량에 대한 인식을 증가시킬 수 있으며, 현재 역량수준과 교육 후 역량수준에 대한 인식을 재발견할 수 있다.

(2) 역량개발위원회의 운영

가. 사전 역량진단

역량개발위원회는 개발, 변화, 교육 등과 같은 접근법을 취한다. 따라서 과정에 입문하기 전에 참가자에 대한 기본적인 진단을 먼저 진행한다. 이러한 역량진단은 참가자가 현재 자신의 수준을 인식하는 데 도움을 준다. 사전진단 정보를 통해 리더십과 관련되는 역량의 현재 수준을 파악하고, 개발위원회에 참여하는 동기(motivation)을 자극하게 된다. 또한 참가자가 자신의 리더십 역량개발을 위한 발전계획을 수립하여 실행을 강화하는 데 의미가 있다. 이러한 진단은 역량개발위원회에서 평가하게 될 역량과 관련이 있는 내용으로 구성되지만, 좀 더 기본적이고 포괄적인 내용으로 구성할 수 있다. 예를 들어, 참가자 자신의 성격을 진단하거나, 주변 동료나 상사의 객관적인 평가를 포함할 수 있다.

나. 역량개발 과정

DC는 교육과정의 하나로 운영되는 경우가 많지만, 역량개발의 과정은 다른 교육과정과 달리 독특하게 운영된다. 변형된 형태가 많기는 하지만, 공통적인 학습과정의 진행은 3단계로 나눌 수 있다.

첫 번째 단계는 학습일정 초반부에 이루어지는 과정의 안내단계이다. 이 단계는 학습자들이 역량의 개념과 DC기반 학습방법을 위해 상호 관찰하고 평가와 피드백을 교환할 것이라는 점을 미리 예고하는 것이다. 즉, 다른 교육과정과 달리 밀도 있는 상호작용 과정이 이 과정에서 매우 중요한 요소임을 알려주는 것이다. 이 과정에서 퍼실리테이터는 학습자들이 학습해야 할 역량을 명확히 인식할 수 있도록 해야 할 뿐 아니라, 학습자들 상호 간에 도움이 될 수 있도록 행동을 정확히 관찰하고 기록하도록 해야 하며, 상호 간에 적극적인 피드백이 이루어질 수 있도록 동기를 자극하는 안내를 해야 한다.

두 번째 단계는 본격적인 학습이 이루어지는 단계로 모의상황 유형별(개인작업, 대인작업, 집단작업)로 과제를 수행하는 단계이다. 이 과정의 앞부분은 역량평가(AC)와 매우 유사하다고 할 수 있다. 그러나 역량평가가 역량의 수준을 진단하는 점수화 과정에 초점을 두는 반면에, DC에서는 참여하는 학습자들이 상호관찰한 것에 대한 피드백을 포함하게 된다.

이 과정에서 학습자는 자신의 역할 수행에 요구되는 역량이 무엇이고, 자신의 역량 수준은 어느 정도인지를 절대적 및 상대적 수준으로 파악하게 된다. 절대적 수준이란 자신의 행동을 관찰한 동료 교육생들의 피드백 속에서 공통적으로 언급되는 피드백을 통해서 자신의 강점과 약점을 알게 된다. 상대적 수준이란 함께 참가한 학습자 중에서 고성과자에 해당하는 동료 교육생이 같은 상황속에서 어떻게 행동하는지를 직접 관찰함으로써 자신의 행동과 비교하여 알 수 있게 된다.

세 번째 단계는 자기개발계획(individual development plan, IDP)을 세우는 단계이다. DC 과정을 거쳐서 상호 교환한 피드백을 바탕으로 발전계획 수립 단계로 넘어간다. 이때 사전에 진단한 내용과 학습과정 상에서 상호 관찰, 기록, 평가한 행동에 대해 퍼실리테이터가 종합적인 피드백을 제공하고, 이러한 정보를 종합하여 학습자는 자신의 역할 수행에 요구되는 역량의 수준과 현재 지니고 있는 역량을 가름하여 자신의 개발계획을 수립하게 된다.

네 번째 단계는 현업적용 단계로서, 역량개발을 위한 교육 과정 이후 현업으로 복귀하면 학습자는 스스로 세운 발전계획대로 역량향상을 위한 활동을 지속적으로 실천하며, 교육담당자는 발전계획이 제대로 이행되고 있는지 모니터링하고 지원하여 실행을 강화하도록 한다. 교육 담당자는 지원계획을 수립하여 실행하고, 학습자들은 학습 후 3~6개월 이후 시점에 역량향상에 대해 확인하고 점검해야 한다.

(3) 모의실행과제

가. 모의과제 구성의 원리

DC는 역량수준 평가만을 하는 AC와는 달리 모의과제를 수행하여 개발이 필요한 역량을 도출할 수 있도록 구성한다. 합리적인 문제해결에 초점을 두기 위해서 거시적인 조직환경과 구체적인 업무 요소를 포함하는 것은 AC와 다를 바가 없다. 그러나 현실적으로 평가 상황에서 피평가자가 예민하기 때문에 압박 상황을 강조하기가 쉽지 않다. 평가에 대한 불만을 제기하기도 하기 때문이다. 반면에 개발 상황에서는 업무상황의 현실성(fidelity)을 높이기 위해서 스트레스가 높은 모의상황을 구성할 수 있다. 특히 관계적인 리더십을 개발하기 위해서 코칭을 위한 정서적 자극을 더 풍부하게 포함할 필요가 있다. 정서적 자극은 상담자의 역량을 보고자 하는 것은 아니다. 아무리 개발상황이라고 할지라도 인기관리나 인상관리 같은 행동에 머무르기 보다는 조직의 성과를 창출하는 성과코칭에 초점을 둘 필요가 있는 것이다.

나. 과제 구성의 이론적 근거

인지와 정서가 행동에 영향을 미치는 과정을 설명하는 사회-인지 이론이 인지적 정서적 성격체계(Cognitive-Affective Personality System, CAPS)이다. DC는 CAPS 이론을 적용하여 참가자들이 상황을 어떻게 인지하고 암호화하는지, 그리고 이것이 그들의 행동에 어떤 영향을 미치는지 설명할 수 있다.

　이 사회인지 이론의 핵심은 성격의 기본 단위(인지-감정 체계)가 성격적

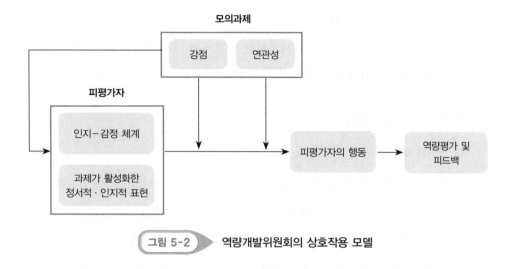

그림 5-2 ▶ **역량개발위원회의 상호작용 모델**

네트워크로서 사람들이 상황을 경험하고, 해석하고, 반응하는 방법을 설명
한다는 가정이다(Mischel & Shoda, 1998). 모의과제의 상황이 개인의 인지-
감정 체계 중 특정한 부분을 활성화시키고 이것은 참가자의 습관적 행동 리
스트 중에서 특정한 행동을 표출하는 데 영향을 미친다. 감정적·인지적 정
신 표현을 촉발하는 것이다. 인지-감정 체계에는 상황인식(인코딩), 기대와
신념, 목표와 가치, 역량 그리고 자기통제 계획이 포함될 수 있다.

   DC는 복잡한 상황의 연속이기 때문에, 이 이론의 이점은 과제에 걸친 행
동의 개인 내 차이처럼 상황에 따라 개인이 보이는 행동의 차이를 설명해 준
다. 여러 과제에서 보이는 행동과 관련하여, DC 과제(즉, 모든 특징과 단서)
가 다양하고 과제마다 다른 상황과 형태이기 때문에 CAPS 이론은 과제에 걸
쳐 행동의 양태가 달라지는 현상을 설명할 수 있다. 즉, 과제마다 개인들의
역량차이를 보여서 역량의 수준이 드러나게 된다.

   같은 과제 안에서는, 피평가자(즉, DC 참가자)가 어떤 표현을 활성화하는
지에 따라 다를 수 있다. 예를 들어, 모의과제 상황에서 적극성을 활성화하여
표현하는 상황으로 인코딩하는 경우 피평가자는 적극적 행동을 보이지만,

다른 사람에게 친근하게 다가가는 상황으로 인식하는 경우에는 협력적 행동으로 표현할 수 있다. 즉, 인지정서적 성격체계 이론으로 보면, 같은 모의과제에서도 피평가자들 간에 서로 다른 행동이 유발되는 이유를 알 수 있다.

다. 모의과제의 유형

개인과제

업무적인 문제에 대하여 제한된 시간 안에 대안을 제시하고, 자신의 해결방안을 기준이 되는 우수한 해결방안과 비교하여 자기개발 요소를 찾아내게 된다. 우수한 해결방안이나 이상적인 결과물이 명확하지 않은 경우가 많으므로, DC 과정에서는 다른 학습자와 해결방안을 상호 비교하면서 피드백을 할 수 있다. 이러한 방법은 많은 시간이 소요된다는 단점이 있지만, 다른 참가자 중에서 탁월한 수준의 역량을 가진 사람이 있다면 자신의 역량을 현실적인 수준에서 가늠할 수 있다. 참가자 중에서 이상적인 해결책이 나오지 않는 경우에는 전문 퍼실리테이터가 답을 제시할 수 있으며, 참가자들 간의 토론을 유도하여 서로 집단지성을 발휘하여 대안을 찾을 수 있다. 이러한 대안은 참가자들이 소속한 조직에 맞는 대안인지 검토함으로써 해당 조직의 문화에 대해서 토론하는 계기도 될 수 있다.

대인과제

대표적인 대인과제인 역할연기 과제는 주로 상담, 코칭, 갈등조정, 협상관련 역할 등을 학습하기 위해 사용된다. 상대방은 다양한 이해관계자가 될 수 있지만, 부하를 대하는 상황인 경우가 많다. 이것은 DC의 경우 문제해결보다는 조직관리에 대한 리더십 역량을 강화하는 목적으로 활용되는 경우가 많기 때문이다. 이 과정에서 성과를 창출하면서 정서적인 문제를 풀어나가는 성과코칭 역량에 대한 개발요소를 도출할 수 있다. 상대방이 연기자인 경우도 있지만, 직접 부하의 역할을 하고, 역할을 바꾸어 번갈아 가며 과제를 수행함으로써 직접 수행과 관찰 평가를 모두 경험해볼 수 있다.

집단과제

3~6명 단위의 2개 집단을 만들고 각 집단이 토론과제를 수행하고, 각 집단별로 활동을 녹화한다. 이후 피드백 세션에서는 수행그룹과 관찰그룹으로 구분하여 상대 집단의 행동이 녹화된 비디오 클립을 관찰한다. 수행집단이 주어진 과제를 이해하고 토의를 실시하면, 관찰집단의 구성원 각각은 수행집단의 특정인을 담당하여 관찰자의 역할을 수행한다. 자신이 관찰하는 학습자의 역량수준과 행동을 기록표에 기록하고, 토의가 종료되면 그 결과를 피드백 한다. 한 차례의 과제 수행이 종료되면 두 집단의 역할을 바꾸어 두번째 집단의 비디오 클립을 관찰하면서 피드백을 한다. 경우에 따라서 효율성을 높이기 위해서 한 집단이 토론한 후에 녹화 비디오를 보면서 서로에게 피드백을 하는 형태로 운영할 수 있으며, 피드백 대상을 지목하지 않고 집단 내의 다른 동료들 모두에 대해서 피드백을 교환하는 패턴으로 운영할 수도 있다.

2) 퍼실리테이터(촉진자, Facilitator)

AC에서 진단의 주체가 되는 평가자(assessor)가 있지만, DC에서는 같은 역할을 담당하는 인물이 평가보다는 역량개발을 위한 조언자, 촉진자(facilitator)의 역할을 담당하는 것이 중요하다. 따라서 교육참가자와 원활하게 교류하며 역량개발의 통찰력을 제공하는 이론지식, 센스, 업무경험도 겸비해야 한다.

(1) 퍼실리테이터 역할의 중요성

역량개발위원회에서 교육을 진행하며 참가자들의 동기를 자극하는 퍼실리테이터의 역할은 매우 중요하다. DC의 교육효과에 영향을 주는 요인은 퍼실리테이터의 전문성, 시뮬레이션의 타당성, 역량모델의 정교성, 상호작용학습 구조화의 네 가지로 분류된다. 퍼실리테이터의 전문성은 퍼실리 테이터의 이론지식, 과정 진행 스킬, 피드백의 질(quality)을 의미한다.

(2) 퍼실리테이터 역량

퍼실리테이터는 사람에 대한 관심이 높고, 상대방의 이야기를 경청하고 통찰력이 있어야 한다. DC에서는 과정운영자, 역할연기자, 역량평가자, 피드백제공자로서 역할을 수행해야 하기 때문에 조직, 역량, 진단에 대한 전문성을 가져야 한다.

가. 조직전문가

조직에 대한 전문성은 DC를 운영하는 조직에 재직하거나 경험이 있는 사람이거나 유사한 조직에 근무한 경험이 있는 사람이 좋다. 정서적인 문제를 많이 다루는 DC의 특성상 조직생활에 대한 애환을 섬세하게 감지할 수 있어야 하기 때문에 간접적인 경험보다는 직접 경험이 있을 때 참여자와 좀 더 가깝게 공감할 수 있다. 그러한 내용전문성은 DC 과정에서 재구조화, 재해석이 필요하므로 조직 내에서 상위 직위까지 경험한 사람이 좋으며, 학습능력, 체계화, 조직화에 대한 역량이 필요하므로 이론체계를 알거나 기획역량이 있을수록 퍼실리테이터의 역할을 잘 수행할 수 있다.

나. 역량전문가

역량에 대한 전문성은 퍼실리테이터의 역할과 관련된 강의나 교육 경험이 있는 사람이나 조직 내 고성과를 내는 사람이 적합하다. 또한 조직심리와 조직행동에 대한 이론가일 필요가 있다. 왜냐하면 역량에 대한 개념적인 지식이 필요하며, 사람의 성격, 동기, 태도 등에 대한 메타지식이 있어야 다양하게 표출되는 참가자의 행동을 이해할 수 있기 때문이다.

다. 진단전문가

또한 퍼실리테이터는 이러한 역량이 어느 정도의 개발의 필요성이 있는지 수치로 측정할 수 있는 정도와 평가오류의 근원을 가늠하는 진단 전문성을 가져야 한다. 가장 깊은 수준의 전문성은 심리적 특성을 수량화할 수 있는 심리측정(psychometrics) 전문성이라고 할 수 있다. 참가자에게서 나타나는 다양한 역량에서 상대적인 강약점을 비교할 수 있어야 하며, 진단과정에서 범할 수 있는 평가의 오류 및 점수화의 오류에 대한 이론적인 지식이 있을 때 참가자의 개발요소를 정확하게 도출할 수 있다.

(3) 퍼실리테이팅 관련자의 역할

가. 과정운영자 및 역할연기자

역량개발위원회 기반 학습에서 모의과제를 운영하기 위해서는 시간운영과 운영방법에 대한 상세한 안내가 이루어져야 한다. 각 모의과제의 특징과 실행방법, 상호관찰과 피드백 등의 제반활동이 차질없이 이루어질 수 있도록 운영할 수 있어야 한다. 또한 퍼실리테이터는 역할연기에 상대역으로 참가할 경우 부하의 역할을 수행한다. 이때, 상사의 지도/육성 역량이 드러나도록 상사를 곤경에 처하게 하는 역할을 수행해야 한다.

나. 역량평가자

모의수행 과정에서 참가자들의 행동을 관찰하고 그것이 어떤 역량과 연결되는지 파악해야 한다. 각 행동들을 역량별로 분류하고 바람직한 행동인지 아닌지를 판단 및 평가한다. 이를 통해 참가자의 역량수준을 밝혀낸다. 따라서 퍼실리테이터는 참가자의 역량관련 행동을 관찰, 기록, 분류, 평가할 수 있어야 하며, 이러한 스킬을 바탕으로 참가자의 역량에 대한 종합적인 피드백을 제공한다.

역량평가자는 역량을 평가하기 위해 요구되는 기술(skill)을 가지고 관찰·기록·분류·평가의 역할을 수행해야 한다. 먼저, 퍼실리테이터는 참가자의 행동을 관찰하고 이를 기록해야 하기 때문에 해당 과제에서 학습하고자 하는 역량을 잘 이해하고 구체적인 행동지표까지도 파악하고 있어야 한다.

둘째로, 관찰한 행동을 성실하고 명확하게 기록할 수 있어야 한다. 현실적으로 평가의 과정은 시간압박이 있으며, 퍼실리테이터에게도 정보처리의 부담이 매우 크다. 관찰된 행동을 기록하지 않으면 최종 역량수준을 판단할 때 임의적인 판단을 하게 되고 참가자의 역량수준에 대하여 잘못 해석할 수도 있다.

셋째, 기록한 행동을 역량으로 분류하기 위한 이론체계를 적용하는 것이 중요하다. 퍼실리테이터는 자신이 관찰 및 기록한 참가자의 행동들이 어떤 역량에 해당하는지 분류할 수 있어야 한다. AC의 경우에는 역량별 강약점을 도출하기 위해서 중요하지만, DC에서는 행동-역량 간의 연계성을 근거로 참가자가 납득할 수 있는 피드백을 제시하는 데 활용할 수 있다.

마지막으로, 평가는 하나의 과제가 종료된 뒤, 관찰·기록·분류한 행동들을 근거로 참가자의 각 역량 점수를 부여하는 과정으로, 사전에 준비된 평가척도를 이용하여 해당 역량을 평가한다. 순수한 DC는 점수화 과정을 생략하기도 한다. 현실적으로 평가점수가 필요할 때는 정확한 평가를 위해 정확한 평가를 위하여 평정요령, 평정척도, 발생 가능한 평정 오류 등에 대해서도 잘 알고 있어야 한다.

다. 피드백제공자

피드백은 역량 피드백과 행동 피드백으로 구분할 수 있다. 역량 피드백은 관찰된 역량관련 행동에 대한 피드백으로서 하위역량별 관찰내용을 분류하고 역량단위 별 점수를 부여하며, 수행행동 전반에 대한 권고 사항을 작성하여 피드백을 한다. 행동 피드백은 과제수행 중에 나타나는 공통적인 관찰사항에 대한 피드백과 과제별 주요 관찰사항에 대한 피드백으로 구분할 수 있다. 공통적인 관찰사항에 대한 피드백은 과제 수행 중에 보이는 자세, 표정, 말투, 말의 강약, 몸짓 등 학습자들이 외현적으로 보이는 행동에 대한 피드백이다. 관찰사항에 대한 피드백은 과제유형에 따라 피드백을 주는 것이다.

가령, 구두발표과제의 경우에는 체계적인 구성, 예시 사용, 질문 요청, 요약 제시 등이 피드백 사항이 될 수 있다. 역할연기나 그룹토의 과제인 경우는 표현력, 상대방 배려, 경청, 적절한 동조 및 반론 등에 대해서 관찰하여 피드백을 한다. 미결업무처리과제(In-basket)의 경우에는 최종 처리한 안건의 수와 같이 과제처리의 결과나 처리과정에서 보이는 업무스타일 또는 행동에 대한 피드백을 제공한다. 피드백 내용에는 과제 처리 시 메모나 자료를 활용하는지, 중요도와 긴급도에 따라 안건처리의 우선순위를 고려하는지 등을 포함한다.

참가자에게 적절한 피드백을 제공하기 위해서 퍼실리테이터는 모의과제 수행과 관련된 역량에 대하여 전문가이어야 한다. 참가자의 모의과제 수행의 과정과 결과를 피드백하고 해당 모의과제의 역량과 관련된 구체적인 스킬과 지식을 연결하여 설명할 수 있어야 한다.

(4) DC의 피드백

역량개발위원회에서 퍼실리테이터의 피드백은 교육생의 육성과 성장이라는 목적을 달성하기 위한 전략으로써 중요한 요소이다. 모의 상황 과제 속에서 교육생의 어떤 역량과 행동을 계발해야 하는지를 파악하더라도, 미래 유사한 상황에서 어떻게 행동 및 대처해야 할지에 대한 피드백이 없다면, 교육의 목적과 효과성을 달성할 수 없기 때문이다.

일상적인 업무상황에서의 성과 피드백과 역량개발위원회의 퍼실리테이터 피드백 원리는 유사하다. London(2003)에 따르면 먼저, 퍼실리테이터는 피드백을 제공하기 전 참가자가 피드백을 수용할 준비가 되었는지 고려해야 한다. 역량개발위원회에 참가하는 참가자들 모두가 자발적이지는 않을 수 있다. 피드백을 수용할 준비가 되지 않은 참가자에게 부정적인 피드백을 하면, 그렇지 않아도 다른 교육과정과 달리 생소한 상황에서 당황하거나 쑥스러워지고 역량을 개발하고자 하는 동기 또한 낮아질 수 있다. 그렇기 때문에 피드백을 제공하기 전 역량개발위원회를 실시하는 목적을 설명하고 자신의 역량을 육성하기 위한 과정임을 인식하도록 해야 한다.

특히 동료 피드백이 함께 활용될 때는 다른 참가자들의 피드백이 같은 조직, 같은 직급에서 생각하는 공통적인 시각이라는 점을 강조하여 서로가 피드백을 원활하게 교류할 수 있도록 해야 한다. 이러한 효과를 발휘하기 위해서 DC 초기에 서로가 자신을 개방하는 소개시간이나 아이스브레이킹(icebreaking) 시간을 적절히 갖는 것이 좋다.

목표설정은 피드백 효과의 힘을 증대시킨다. 명확한 목표가 없다면, 피드백 제공자인 퍼실리테이터의 초점과 피드백을 받는 참가자의 초점이 다를 수 있다. 또한 명확한 목표는 피드백이 행동으로 옮겨지는 중요한 방법 중 하나라고 할 수 있다. 즉, 피드백은 목표설정에 의해 개선된 수행에 대해 동기부여 한다. 따라서 퍼실리테이터가 피드백을 통해 향상시킬 역량은 참가자가 수행하는 업무와 연관되어 있거나, 조직의 궁극적인 목표를 달성하기 위해 꼭 필요한 핵심역량인 것이 좋다.

피드백을 하는 과정에서 다른 참가자의 행동과 비교할 수 있다. 이러한 비교는 참가자의 자존감을 떨어뜨리는 위험성이 있지만, 피드백 과정에서 동료피드백이 공통적으로 나오거나 참가자들이 인정하는 우수한 참가자가 있다면, 역량과 행동의 비교는 개발의 목표수준으로 삼는 데 도움을 줄 수 있다. 이러한 비교과정을 통해서 피드백이 성과 향상에 중요한 행동에 초점이 맞춰져 있고, DC과정을 진행할수록 참가자가 자신의 목표행동에 가까워지는 것을 스스로 인식한다면, 자신의 역량을 강화시키려는 동기가 더욱 높아질 수 있다.

Alvero 등(2001)은 기존 연구들을 종합하여 피드백 효과성에 영향을 미치는 피드백 특성을 조사하였다. 피드백 제공 방식은 단일 방식을 통해 제공하는 것보다 여러 방법을 혼합하여 제시할 때 일관된 효과를 낼 수 있다. 교육생에게 그래프와 함께 서면 혹은 언어적 피드백을 함께 주는 것이 피드백 제공 맥락에 관계없이 교육생의 역량계발에 도움을 줄 것이다. 피드백은 개별 교육생과 전체 교육생 모두에게 제공하는 것이 효과적이다. 따라서 퍼실리테이터는 교육 중간에 개별 교육생들에게 구체적인 피드백을 주고 교육 마지막 단계에서 교육에 대한 정리와 함께 전체 교육생들에게 피드백을 주는 것이 효과적이다. 또한 피드백의 빈도는 일, 주, 월 단위의 피드백이 혼합되었을 때 효과적이지만, 역량개발위원회는 정해져 있는 기간 동안만 운영되기 때문에, 교육생에게 지속적인 피드백을 제공할 수 없다. 따라서 퍼실리테이터는 교육생들이 교육 이후에도 스스로 피드백 할 수 있도록 가이드라인을 제공해주어야 한다. DC를 확대하여 뒷장에서 설명하는 성과코칭 프로그램을 운영할 수도 있다.

3) 참가자의 교육동기

Colquitt 등(2000)은 참가자의 교육동기에 영향을 미치는 요인이 무엇인지 이해하기 위해 메타분석을 실시했으며, 교육동기와 다른 요인 간 관계를 나타내기 위한 모형을 제시했다. 해당 연구에서 교육동기에 영향을 미치는 요인을 크게 간접적 요인과 직접적 요인으로 나누었다.

(1) 간접적 요인

가. 성격

교육동기에 영향을 미치는 참가자의 성격 관련 요인은 통제소재(locus of control), 성실성, 성취동기, 불안이 있다. 통제소재는 개인이 자신의 행동을 통제할 수 있는지에 대한 것으로, 내적 통제소재를 가진 사람은 스스로 자신의 행동이나 경험을 통제할 수 있다고 믿는다. 연구에 따르면 내적 통제소재를 가진 사람일수록 교육동기가 높은 경향을 보인 반면, 교육의 전이 수준은 외적 통제소재를 가진 사람이 더욱 높게 나타났다. 성실성(consciousness)은 성격의 5요인(five-factor model) 중 하나로, 성실성이 높은 사람은 교육에 대한 동기가 높은 경향이 있는데, Colquitt과 Simmering(1998)은 성실성이 교육생의 기대(expectancy)와 유인가(valence)에 영향을 주기 때문이라고 주장했다. 성취동기가 높은 사람은 자기효능감에 영향을 미쳐 교육동기를 높이며, 교육결과에도 긍정적인 영향을 미쳤다. 반면 불안은 참가자의 동기뿐만 아니라 교육결과에도 부정적인 영향을 미쳤다.

나. 상황 특성

참가자의 교육동기를 높이는 데 상황 특성 역시 중요한 역할을 한다. 교육동기와 관련된 상황 특성은 풍토(climate)와 참가자의 상사 및 동료의 지지이다. 이러한 변인들은 참가자의 동기와 교육내용의 전이와 관련되어 있다. 전이 풍토(climate for transfer)와 같은 긍정적인 풍토는 참가자가 교육에서 배운 내용을 떠올리고 이를 실제로 사용할 수 있는 기회를 주며, 빈번한 피드백을 받을 수 있다. 상사와 동료의 지지 덕분에 참가자는 교육에 더욱 집중할 수 있고, 배운 것을 현업에서 사용할 수 있을 것이라고 생각해 교육의 유인가가 높아진다.

다. 인지능력 및 연령

참가자의 연령 역시 교육동기에 영향을 미칠 수 있다. 연령이 높은 참가자일수록 교육에 대한 동기가 더 낮은 경향이 있는데, 이는 교육 전 참가자의 자기효능감이 더 낮기 때문이다. Kanfer와 Ackerman(2004)의 설명에 따르면, 사람들은 나이가 들면서 유동적 지능(fluid intellectual abilities)이 감소하는 경향이 있는데, 유동적 지능은 일반적인 인지 능력이나 작업기억이나 주의집중, 새로운 정보의 처리와 관련되어 있다. 때문에 나이가 많은 사람들은 새로운 것을 배우기 위해서 이전보다 더 많은 노력을 할 필요가 있다. 하지만 더 많이 노력을 해도 성과가 떨어진다면 자기효능감이 더욱 낮아지게 되고 결과적으로 동기가 낮아질 수 있다.

(2) 직접적 요인

가. 교육 전 자기효능감(pretraining self-efficacy)

Colquitt 등(2000)에 따르면, 자기효능감은 과업의 선택과 이에 대한 노력, 그리고 과업을 달성하기 위한 지속성과 관련되어 있으며 교육에 대한 참여동기와 관련성이 있다. Gist와 Mitchell(1992)에 따르면, 간접적인 경험과 설득을 통해서 참가자의 자기효능감을 높일 수 있다.

나. 유인가

유인가(valence)는 3장에서 다루었던 Vroom(1964)의 기대이론에서 설명했던 것으로, 특히 잘 적용되는 상황이 있는데, (1) 자신의 행동을 통제할 수 있고, (2) 보상이 일관적이고, (3) 행동과 결과 간 관계가 명확하고, (4) 예측변인 평가와 준거변인 관찰 간의 시간 간격이 짧은 경우이다(Mitchell, 1982). 일반적으로, 교육 프로그램은 이러한 조건을 충족하기 때문에 교육동기에 대해 다룰 때 기대이론을 자주 사용한다. 기대이론에 따르면, 참가자는 교육에 참여

함으로써 얻을 수 있는 결과 중 선호하는 것이 있으며(valence), 자신이 교육
내용을 숙달할 수 있다는 기대(expectancy)를 갖고 있을 때 교육에 참여하려
는 동기가 더욱 높아진다.

다. 직무/경력관련 요인

교육동기에 영향을 미치는 직무/경력관련 요인은 직무몰입, 조직몰입, 경력
계획, 경력탐색이다. 이 변인들은 참가자의 교육동기뿐만 아니라 교육에 대
한 반응, 교육 후 자기효능감, 교육내용의 전이 및 성과와 정적인 관련이 있
다. 특히 직무 몰입이 높은 사람은 교육을 통해 기술 수준과 성과를 향상시킬
수 있고, 자신의 가치가 높아진다고 느끼기 때문에 더 높은 수준의 교육동기
를 가질 수 있다.

피드백 원리와
저조한 성과의 관리

그때마다 잠깐씩 좋아질 뿐… 방식을 바꿔야!

구 성원이 스스로 업무수행을 향상시키고자 하는 동기는 상사의 피드백으로 촉진된다. 인사평가가 정보의 산출이라면, 피드백은 성과관리로 변환하는 것이다. 이 책의 첫 장에서 소개한 것처럼 최근에 변화하는 패러다임도 성과향상을 위한 피드백을 강조하는 것이다. 피드백은 제도나 시스템으로 구성해도 원리대로 작동하지 않는 경우가 많다. 피드백은 일대일의 개별적인 기술이다. 당사자들 간의 심리적인 역동성이 작용하는 섬세한 과정이며, 표준화하기 쉽지 않다. 게다가 피드백의 주체가 되는 상사는 리더로서 대개 문제해결에 초점을 두는 사고형(thinking)의 성향을 가진 경우가 많고 논리적으로 방법을 찾아간다. 코칭은 감정형(feeling) 역할을 요구하기 때문에 성과지향적인 리더는 부담스럽게 여기는 경우가 많다. 그래서 성과관리의 핵심적인 책임자인 상사에게는 리더십의 관점 전환이 상당히 필요하다.

조직 구성원의 성과관리에 대한 커뮤니케이션은 네 가지 소통의 기술을 필요로 한다.

첫째는 '입'으로 하는 커뮤니케이션이다. 이것은 표현의 스킬이며 대화술에 대한 것으로 인사평가에 대한 지식을 활용하여 부하에게 전달하는 행동이다. 모든 조직책임자는 인재관리에 대한 지식의 일부로 성과관리의 원리와 조직의 평가체계에 대해서 잘 알고 있어야 성과면담을 시작할 때 자신감을 가질 수 있다.

둘째는 '머리'로 하는 것으로, 주로 직무수행의 목표를 중심으로 목표를 검토하고 필요하면 부하와 협의를 통해 수정하기도 하는 활동이다. 부하가 업무를 수행한 결과를 검토하는 것을 넘어서 중간에 성과에 차질이 일어나기 전에 문제해결을 위한 협의를 위한 소통도 포함한다. 이것은 3장에서 목표관리를 위한 대화로 설명하였다. 이러한 소통은 일반적으로 리더가 조직의 책임자가 된 강점 영역이다.

셋째는 '가슴'으로 하는 커뮤니케이션이며, 이 장에서 주로 다루는 성과코칭을 통한 지원에 해당한다. 예술과 관련된 일터나 사회적 기업의 리더는 성향상 감정형 리더가 다수 있지만, 대개의 리더는 논리를 앞세우고 담당조직 전체의 성과를 책임지기 때문에 한 사람의 부하와 사교모임처럼 대화하기 어렵다. 인본주의적 접근법에 기초한 코칭 관련 이론이 많지만, 이윤추구가 가치체계의 본질인 사기업 조직에서는 개인을 무한히 수용할 수 없기 때문에 균형감 있는 피드백이 필요하다. 이 장에서는 구성원의 고충에 대한 현상을 조직심리학에 입각해서 소개하며, 그에 대한 피드백 방법도 포함하고 있다.

마지막으로 '영혼'으로 하는 소통으로, 상사의 역할을 넘어서 인생의 선배로서 가치관을 공유하는 궁극적인 커뮤니케이션이다. 최근 조직심리학에서는 신(神)이 부여한 역할에 해당하는 소명의식을 직무태도의 형태로 제시하는 것처럼, 사회과학의 영역을 넘는 논의까지 발전하고 있다. 지향점이 사회적 가치와 종교적 영성의 영역까지 넓어지고 있는 것이다. 성과코칭도 구성원에게 내면적인 감화(inspiration)를 주는 소통을 포함할 수 있다.

1. 피드백 기법

피드백 받는 부하직원

평가면담 때만큼 나에 대한 리얼하고 제대로 된 피드백을 받을 수 있는 기간도 없다… 다른 때보다 이때의 신경, 감성들이 팍팍 살아난다.

평가면담을 한 번 하면, 우기기도 잘하고 가져다 붙이기도 잘하니까 골치 아파한다. 그래서 늘 팀원들 중에서 면담순서가 마지막이다.

평가면담을 하기 전엔 긴장했다. 하지만 면담을 하고 나니 아침 수영을 하기 전과 후의 차이랄까? 팀장이 나를 돕기 위해 존재한다는 느낌이 들었다. 요즘 팀장 앞에서 주눅들었던 나도 승진을 위한 희망을 가져 본다.

평가면담 후 우울함과 찜찜함. 1년 동안 헉헉거렸던 순간이 주마등처럼 흘러가고, 차마 감추지 못해 더 부끄러웠던 날…

이럴 줄 알았어… 면담은 왜 하냐고! 이거 염장질이지? 살면서 정말 포기하려고 아무리 맘을 고쳐 먹어도 포기가 안 되는 것들이 몇 가지 있는데… 그중의 하나가 매년 치르는 평가다. 아… 말을 말자.

상사는 당시에는 별 말 없었던, 몇 개월이 훌쩍 지나가 버린 일을 들춰내 핀잔을 준다. 꼭 핀잔이라고만 할 수 없다. 그것은 나의 잘못임은 분명한 일이니까. 하지만 마음이 편하진 않았다.

하고 싶은 말이 많았던 것 같은데도 막상 사람 얼굴을 보면 그게 그렇게 중요한가 싶어서 침묵하게 된다. 결국, 어느 때나 할 수 있는 이야기를 했다. 딱히 이때가 아니어도 되는 이야기. 시시콜콜한 이야기. 딱히 궁금한 것도 없었다.

피드백 하는 상사

평가면담을 하면서 대상자를 면전에 두고 C라는 알파벳을 내뱉기가 어떤 금기어보다 힘들었던 며칠을 보낸 후, 오늘까지 후유증은 남아 있는 것 같다. 언제쯤이면 다들 떨쳐버리고 다시 새롭게 시작할 수 있을까?

면담을 어떻게 했는지 모르겠다. 난 분명히 이 친구에게 B를 줬고, 최종 평가자도 B를 줬는데, 면담 준비를 하려고 시스템을 열어 보니 A로 바뀌어 있다. 핵심 리더 그룹으로 넣으려는 윗선의 작업같다. 맥이 빠진다.

글상자의 내용은 직무수행에 대한 평가정보를 갖고 성과면담을 실시할 때 당사자들인 부하와 상사가 느낀 바를 토로한 것이다. 성과면담이 코칭의 효과를 발휘해서 부하가 동기가 높아지는 경우도 있지만, 오히려 부정적인 정서를 경험하는 경우가 많다. 미래의 직무수행에 대한 가이드를 받는 자리이지만, 업무에 대한 열정을 자극받기보다는 소진하는 듯한 경험을 한다. 글상자의 내용은 미래지향적인 성과관리로 연결되기 위해서 성과코칭의 출발점으로서 소통의 스킬이 필요함을 보여주고 있다.

인사평가 기록으로 나타나는 결과는 누가 직무를 훌륭하게 수행했는지 또는 성과가 저조한지에 대한 정보를 보여주지만, 그러한 결과의 원인을 구체적으로 나타내지 않는다. 특히 중간 수준의 성과를 보이는 구성원의 경우 평가의 근거가 두리뭉실하다. 저성과자에 대해서는 민감한 직무행동이 완곡하게 표현되어 있거나 오히려 또 다른 편견을 만들 수 있는 뉘앙스가 포함되기도 한다.

성과면담은 인사평가 자료를 활용하여 성과를 검토하고 피드백을 제공하는 단기적인 직무동기 부여 과정이라고 할 수 있다. 이전에 상사는 부하와 목표 달성 및 역량 개발에 대해 합의했다. 또한 직무 수행과정에서 상사는 지속적으로 목표수준을 유지하며, 중간 달성도에 관해서 피드백을 제공하여 부하가 스스로 성과달성의 노력을 하도록 지원했을 것이다. 그 후에 만나는 성과면담은 그동안의 결과를 바탕으로 소통하는 단계이다.

1) 의사소통 기술

성과면담과 코칭의 과정은 기본적으로 질(質)적이다. 즉, 수치로 나타난 점수로 성과를 표현하는 인사평가와는 다르다. 성과면담과 코칭은 인사평가의 데이터에 기본을 두지만, 업무행동 사례를 거론하면서 그 당시 상황을 해석하고, 성과의 맥락에 대해서 서로의 인식을 교류하고 목표를 함께 설정하는 과정이다. 성과코칭은 직무수행을 위한 면담을 수시로 해 나가면서 정해진 시기의 평가제도와 통합하게 된다.

부하는 다면 피드백을 통해 다양한 각도의 공식적인 피드백을 검토하고, 자기평가와 비교하면서 개선점을 생각하게 된다. 이 과정에서 피드백에 대해서 자신이 의견을 제시하고 싶은 욕구가 생기기도 하고, 누군가의 조언을 원하기도 한다.

상사는 통찰력 있는 피드백을 제시하는 역할을 발휘할 필요가 있다. 특정한 부하에게 피드백할 때 긍정적인 내용과 부정적인 내용을 모두 포함하는 것이 흔하다. 하지만 적절하게 뒤섞는 절충적인 형태는 오히려 부하에게 분명한 메시지를 주지 못할 때가 있다. 따라서 상사도 피드백을 구분해서 효과적으로 전달하는 기술이 필요하다. 상사가 다루어야 하는 피드백의 유형을 이론적으로 구분해서 살펴보자.

(1) 부정적 피드백에 대한 대화 원리 : AID 원리

부정적(negative) 피드백이란 현재 수행하는 역할 및 직무수행에 대해 잘못된 방향으로 행동하고 있음을 알려주거나 결과의 미흡함에 대한 정보를 제공하는 피드백을 의미한다. 이것은 긍정적 피드백에 해당하는 정보, 즉 구성원이 담당하는 역할을 충실히 수행하고 조직으로부터 기대된 직무수행 수준을 달성하고 있다는 점을 확인할 수 있는 정보와 내용과 전달방식에서 달라야 한다.

상사는 성과면담에서 부정적인 피드백을 거론하는 상황을 어려워하는 경우가 많다. 이런 어려움 때문에 긍정적인(positive) 피드백과 적절히 섞어서 희석하려는 경우가 있다. 그 경우에는 어떤 피드백을 먼저 제시하는지에 대한 의문이 생기기도 한다. 긍정적인 피드백을 먼저하고 부정적인 피드백을 나중에 곁들이라는 조언도 있지만, 그러한 기교가 일관적으로 효과를 발휘하는 경우는 많지 않다. 성인인 구성원은 성과면담에서 기대하는 바가 있어, 앞부분에 좋은 말은 한다고 해도 자신을 우롱하거나 핵심을 회피한다고 여길 수도 있기 때문이다. 그런 지엽적인 기교보다 부정적 피드백 자체에 초점을 두고 어떻게 피드백 줄 지를 계획하는 것이 좋다.

직무수행에 대한 부정적 피드백은 상사나 부하나 피하기 힘들 정도로 일상적으로 흔하게 일어난다. 부정적인 피드백이 부담스러운 경우는 정서적인 반응을 야기하는 피드백이다. 이러한 정서적인 부담을 감내하거나 소화할 수 있는 심리적인 자원(resource)이 필요하고, 자원을 잘 만들어서 적용할 경우 잘못된 의사결정도 피할 수 있다. 최근의 뇌과학 연구에서는 자기인식을 높여주면 부정적인 민감도를 완화할 수 있다고 한다(Xu, Liu, & Gu, 2021). 그렇지만 성과관리 과정에서 자기인식을 높여주는 데는 지속적인 성과코칭과 시간적인 여유가 필요하다. 피드백을 주는 단기적인 상황에서는 사람에 초점을 두지 않고 행동에 초점을 두어서 심리적 자원을 좀 더 적게 쓰도록 하는 것이 효과적이다(Kluger & DeNisi, 1996).

간단하게 요약해서, 부정적 피드백은 행동-파급력-개선방향(Act-Impact-Desired outcome)을 핵심요소로 생각하면서 면담에 응하는 것이 좋다. 간략하게 AID 원리라고 할 수 있다.

가. 행동에 초점 두기

부정 피드백의 경우, 부하입장에서 보면 직무수행 과정에서 발생하는 오류를 교정할 수 있는 정보를 얻는 가치를 지니지만, 스스로 자신의 부족함을 드러내야 하는 심리적 부담에 해당하는 자기표현 비용이 크다. 즉, 자신의 현재 상태와 목표 간 차이에 대한 정보를 추구하는 것에 대해 자아(self)를 드러내면서 때로 해명해야 하는 노력이 든다(VandeWalle, 2003). 그렇기 때문에 부하의 자아에 초점을 두지 않기 위해서 행동 자체에 초점을 두는 것이 필요하다.

피드백 개입이론에 의하면(Kluger & DeNisi, 1996), 부정적 피드백이 건설적인 효과를 갖는 것은 '과업 프로세스'라는 과정을 거칠 때이다. 이 프로세스는 주로 자신의 행동 자체에 초점을 두도록 하는 것이다. 반면에 '메타 프로세스'라는 과정은 과업보다는 그 행위를 한 사람에 초점을 두는 과정이다. 이 과정은 자아개념에 초점을 두게 되는 과정으로서, 부정적인 피드백 때문에 부하가 자신에게 초점을 두며 자신의 업무수행 능력에 대한 믿음과 사회적 이미지에 대해서 돌이켜 보게 되는 과정이다. 부정 피드백을 제공하는 첫 단계는 과업 프로세스로 유도하는 것이다. 행동을 환원론적으로, 잘게 쪼개어 과업(task) 단위로 볼 수 있도록 대화하는 것이 효과적이다. 행위를 전체적으로 언급할 때에도 행위자와 관계보다는 목표하는 행동이나 성과목표와의 차이에 주목하도록 유도하는 피드백을 제시하는 것이 좋다.

나. 파급력을 서로 이해하기

과업과 관련된 행동 자체에 초점을 두고 부하와 대화를 시작하고 나면, 그 다음 단계는 부하직원의 행동이 부서와 조직에 어떤 파급력이 있는지 설명하는 것이다. 업무관심사가 좁은 부하는 파급력에 좀 더 넓게 이해하면서 깨달음이 생기게 된다. 이러한 파급효과에 대해서는 위협적이지 않으면서 명확해야 한다.

대화가 진지해지면 그 파급력을 구성원 당사자의 개인적인 측면과 경력에 대한 영향으로 확장할 수 있다. 그러나 충분한 신뢰감을 구축하지 않은 경우에는 이런 내용으로 확장할 필요가 없다. 왜냐하면 그런 주제로 넘어가는 것은 부하가 자기인식을 하도록 유도하여 스스로 통찰력을 얻는 코칭이 될 수도 있지만, 섣불리 개인 인생계획으로 넘어가는 것은 위에서 언급한 메타프로세스를 작동시켜 부하가 방어적으로 행동할 수 있기 때문이다.

또한 부하의 행동이 미치는 파급의 정도를 거론하더라도 자극적인 표현을 자제해야 한다. 객관적인 행동과 행동–결과 간의 관계에 대해서 언급하더라도 습관적으로 사용하는 극단적인 표현의 소통방식은 피해야 한다. 이러한 표현의 예는 다음과 같다.

- 하나도 없다
- 맨날 그런 일이 있다면
- 그것은 있을 수 없는 일

이러한 표현은 우리나라 말에서 자주 사용될 정도로 문화적인 특징을 갖고 있지만, 부정적 피드백으로 면담하는 경우에는 특히 조심해야 한다. 부하가 매일 그러지도 않고, 모든 행위가 그렇지도 않을 것이다. 때로 그런 행위를 보는 상사가 개방적인 관점을 가질 필요가 있다. 위와 같은 표현은 그 자체로 부정적 행동의 영향력을 과장하기도 하지만, 부하가 피드백을 잘 수용하지 않는 경우 더 많은 부정적인 낱말과 사례를 동원하게 된다. 그래서 성과면담 과정에서 분위기가 고조될 경우 '도대체', '미치겠어', '죽도록' 과 같은 정서를 포함하는 표현과 톤으로 쉽게 넘어갈 수 있다.

부정적 피드백을 제시하는 면담 과정은 감각적이기도 하다. 부하 구성원이 드러내는 개선의 동기를 포착하면서 사람마다 차이를 두는 기교적인 대응이 중요하다. 부하직원의 동기는 평소 코칭과정을 통해서 감지해야 하며, 피드백 과정에서 나타나는 학습의 의욕, 즉 학습목표 지향성(learning goal orientation)을 고려하는 것도 필요하다. 학습목표 지향적인 부하는 개인의 능력 개발과 업무에 대하여 숙달하는 것을 목표로 하기 때문에 미래 직무를 더 잘 수행하고 이를 위해 자신에게 필요한 부분을 알고자 부정 피드백 추구행동이 지닌 도구적 가치를 높게 지각한다. 또한 현재 성과목표와 차이가 난 부분을 부족한 상태로 여기고 숙달을 위한 정보가 되므로 부정적인 정보를 자기표현 비용으로 인식하지 않고, 긍정 피드백 추구행동과 마찬가지로 피드백을 받기 위한 노력 외에는 심리적 비용에 대한 부담이 적다(김어림 & 한태영, 2017).

반면에 주변의 평가를 의식하는 수행목표(performance goal) 지향적인 부하는 부정적 피드백이 더 큰 부담일 수 있다. 그들 스스로 부정적 피드백을 추구하는 행동은 어느 정도 가치는 있으나 비용이 매우 큰 행동이 될 수 있다. 가치 측면에서 보면, 수행목표 지향적인 개인은 자신이 남과 비교하여 상대적으로 유능하다는 것을 보여주고 싶은 동기를 갖는데 부정 피드백 추구행동은 즉각적으로 그러한 동기를 충족시켜주지 않는다. 그래서 미래 직무수행에서의 실패를 예방하거나 남을 능가하기 위한 참조적 정보를 강조하는 것이 좋다. 그럼으로써 자신이 현재 남들과 비교했을 때 부족하다는 정보에 대한 자기표현 비용을 작게 생각하도록 유도할 수 있다.

다. 개선방향 제시하기

부정적 피드백을 통해서 목표와의 차이로서 부하의 행동을 논의하고 나면, 일상에서 성과향상을 위해서 필요한 것이 무엇인지 찾는 과정을 갖는다. 이 과정에서는 변화를 요구하게 되는데, 사실 부하는 변화가 필요하다는 것을 알게 되는 순간부터 부담스럽다. 개선방향 단계는 학습과 성장, 그리고 변화를 통해 직무 역할과 책임에 맞는 역량을 갖추는 것이 목적이다. 부하직원들 중 70% 정도는 성장에 대해서 거론해야 한다고 생각하지만, 모순적이게도 현실적으로 상사가 명확한 목표나 방향을 제시하지 않는다고 답하는 부하직원들이 70% 정도가 된다는 조직현장의 통계도 있다(Globoforce, 2013; Reviewsnap, 2014). 따라서 성과면담을 주도하는 상사는 아래의 사항에 대해 구체적으로 포인트를 잡고 개선방향을 제시하는 것이 필요하다.

- 성과로 달성해야 할 결과를 명확하게 설명
- 성과달성을 위해 해야 할 행동을 제시
- 진척도를 모니터링하기 위한 방법을 협의
- 성과진척을 향후에 리뷰하는 것에 대한 상호 동의

이 단계에서 부하에게는 노력을 요구하고, 기존의 마인드셋을 버리거나 새로운 습관과 태도를 습득하도록 방향을 제시한다. 이런 대화는 상사나 부하나 모두 감정을 조절하는 전략을 잘 사용해야 한다. 정서를 잘 다스리지 않으면 우발적으로 감정주도적인 행동이 나오게 된다. 감정우발이론(Affective Event Theory)에 의하면, 순간적인 감정에 의해 촉발되는 정서주도적 행동은 인지적인 통제를 거치지 않고 빠르게 일어나며 합리성을 갖추지 못할 수 있다(Weiss & Cropnazano, 1996). 실패하는 부정피드백 면담은 순간적인 감정에 의한 퇴사결정이나 직장내괴롭힘의 문제제기를 야기할 수 있는 것이다.

부정적 피드백을 다루면서 상사가 순간적인 감정이 생기더라도 정서에 대한 행동은 서비스 노동자들이 하는 얕은 정서적 대응, 즉 표면행위(surface acting)를 해서 자신의 자아에까지 들어가지 않도록 할 필요가 있다. 실제 서비스 노동자의 경우 표면행위는 행위자 스스로 가식(inauthenticity)으로 느낄 수 있지만, 일시적인 감정에 대응에 해당하는 성과면담의 경우에는 그런 부작용은 크지 않을 수 있다(Lennard, Scott, & Johnson, 2019).

이런 개선 과정의 피드백에서 상사는 부하의 정서지능을 고려하는 것도 필요하다(Alam & Singh, 2019). 해당 단계에서 정서를 잘 다스리면 합리적 · 인지적 대화가 가능하고, 그런 여건이 형성되면 좀 더 쉽게 개선방향을 찾기 위해서 부하가 현재 수행하고 있는 일의 우선순위를 점검해 주면 좋다. AID 과정을 효과적으로 활용하면, 부하도 정서주도적 행동을 제어하면서 심리적 안전감을 느끼고 육성과 성과향상에 집중할 수 있으며, 상사는 이러한 선순환 과정을 보면서 성과관리 효능감이 높아질 수 있다.

(2) 긍정적 결과에 대한 대화 원리 : AAA 원리

"도가니로 은을, 풀무로 금을, 칭찬으로 사람을 단련하느니라" 잠언 27 : 21

긍정적 피드백의 효과는 아동을 대상으로 하는 교육분야를 중심으로 폭넓게 연구되어 왔다. 하지만 칭찬의 중요성을 강조하는 성인대상 저서들이 한때 열풍이었던 것은 조직 생활 안에서 긍정 피드백을 그렇게 많이 주지 않는다는 것을 방증한다. 좋은 성과에 대한 피드백은 상사의 입장에서 좀 더 쉬울 것 같지만, 쉽게 칭찬하지 못하는 무의식이 작용하는 경우가 많다. 부모가 공부 잘하는 자녀에게 칭찬을 하면 자녀가 방심하지 않을까 하여 무의식적으로 칭찬에 인색하게 되는 것처럼, 부하가 자족하거나 이후 목표달성에 게을러질까 봐 선뜻 하지 못하는 것이다.

효과적인 성과코칭을 위해서는 긍정적 피드백을 표현하되, 행동(act)에 초점을 두면서 성과향상의 동기를 자극할 수 있도록 소통하는 것이 필요하다. 이때의 동기는 금전적인 보상보다는 주로 내재적인 동기에 초점을 두므로 행동의 원인, 또는 공헌을 부하인 행위자(actor)에게 돌리는 대화를 할 필요가 있으며, 조직이라는 사회적 관계 안에서 직접적인 효과를 느끼는 상사 자신의 인정(acknowledgment)과 감사(appreciation)의 표현이 필요하다. 간단하게 요약해서, 긍정 피드백을 사용하는 성과면담은 행동-행위자-인정(Act-Actor-

Acknowledgment)을 핵심요소로 하는 AAA 원리를 적용한다.

가. 행동에 초점 두기

영업부서에서 실적을 크게 올렸거나, 재무부서에서 과세액을 전년도 대비 획기적으로 줄였거나, 또는 공사부서에서 신규공장을 재해 없이 완공한 성과처럼 누가 보더라도 뚜렷한 성과에 대한 긍정적 피드백은 평가면담에서 자연스럽게 거론할 수 있다. 이러한 성과에 대해서는 면담 중에 즉시 긍정 피드백을 주는 것이 좋다.

그러나 포상대상이 될 만한 긍정적 성과는 흔하지 않은 것이 현실이다. 예년과 비슷한 성장이나 애매한 성과의 경우에는 초등학교 아이들에게 칭찬하듯이 두드러지게 표현하기는 쉽지 않다. 부하 또한 상사와 피드백 면담 초기에 과도한 칭찬을 받으면 어색하게 여기고 피드백의 진의를 의심할 수도 있다. 또한 육성을 위한 성과면담에서는 지금보다 큰 기대를 표현해야 하는 경우도 있다.

긍정 피드백을 다루는 면담에서 초기단계에서는 차분하게, 정서를 통제하면서, 사실에 입각해서 객관적인 발언을 하는 것이 좋다. 이 단계에서는 상대방의 관심사를 존중해 주면서 다루고자 하는 주제를 단계적으로 확장해 나가면서 긍정적 분위기를 조금씩 올려갈 수 있다.

나. 행위자를 확인하기

긍정 피드백은 부하를 중심에 세우면서 적극적으로 줄 필요가 있다. 긍정적 피드백은 부하의 입장에서는 직무수행 과정에서 발휘하고 있는 업무수행 방법이 적절한지에 대한 확인을 하는 도구적 가치와 자신이 유능하다는 사실을 드러내고 긍정적인 평가를 받을 수 있다는 인상관리 가치를 지닌다(Janssen & Prins, 2006). 그리고 자신이 드러내고 싶지 않은 부분에 대해 피드백을 받지 않는다는 면에서 심리적인 자원(즉, 자아손상, 자기방어 등)이 들지 않고 피드백을 추구해야 하는 노력 정도의 비용만 들기 때문에 부담이 적다. 따라서 행위자인 부하에 초점을 둠으로써 앞에서 거론한 행동을 주도한 것이 당사자인 부하라는 점을 서로 확인하는 것이다.

이때 피드백은 확신을 주는 톤이 있어야 한다. 이러한 확신은 노력-수행에 대한 기대(즉, E-P 기대; effort-performance expectancy)을 높여 주기 때문에 부하가 업무수행에 대한 효능감(efficacy)을 갖게 된다. 성과면담에서 높아진 효능감은 다른 일을 하는 데도 확장되어 일반적인 자신감을 높여주는 효능감 사슬(spiral)을 만들 수 있다. 즉, 향후 성과관리의 촉진제가 될 수 있다.

또한 긍정 피드백이라도 지속적인 자기개발을 위한 자극과 병행할 필요가 있다. 지속적인 학습활동은 조직 내·외적인 변화에 적응하기 위한 자기 개발과정이므로 부하는 현재의 상태와 바라는 목표 수준 간 차이에 대한 정보 수집이 필요하다. 이때 피드백은 부정적 피드백과 달리 차이에 대한 정보 제공 기능을 한다(Latham & Locke, 1991). 부하도 긍정 피드백 추구행동을 통해 목표 수준에 적합한 직무수행 능력을 보이고 있음을 증명할 수 있다. 긍정 피드백을 통한 자기효능감은 승진 등의 성공 가능성을 높게 보게 만들기 때문에 미래 직무 수행 및 경력관리 전략 수립에 도움이 되는 활동에 대한 참여 동기가 발생할 수 있다.

다. 감사와 인정 표현하기

피드백 대상이 되는 행동은 단순히 객관적으로 칭찬하거나 평가하는 것과는 차이가 있다. 즉, 목표와 관련된 진척도에 대해 지지해주며 직무수행을 촉진해 주는 것이 중요하다. 그러한 목표달성의 최종 책임자는 대개 면담을 하는 리더이기 때문에 상사 자신에게 미치는 좋은 효과를 함께 거론하면서 인정하는 표현을 사용하는 것도 좋다.

긍정 피드백을 제공하는 상사와 행위자인 부하가 성과목표와 관련되어 같은 배를 탄 공동체라는 것을 표현함으로써 정서적으로 부하 구성원과 관계를 구축할 의향이 있음을 드러내는 것도 필요하다. 앞서 부정 피드백이 정서관리를 위한 표면행위에 초점을 맞추어 정서적인 조절이 가능하다면, 긍정 피드백은 내면행위(deep acting), 즉 자신의 깊은 감정을 솔직하게 드러내어 부하의 미래에 대한 기대감을 자연스럽게 전달하는 것이 좋다. 앞서 언급한 부하의 지속학습활동은 자신의 전문적 성장에 영향을 주는 조직의 공식적·비공식적 학습활동에 참여하고 이를 통해 향상되는 자신의 역량에 대해 검토하는 활동이다. 따라서 전문성 향상을 위한 활동을 지지하여 자기개발에 적극적으로 참여도록 유도할 수 있다.

정서적으로 상사가 내면행위를 하면 자신의 육성관점(development mindset)이 드러난다. 사람은 누구나 특정 시점에 일관적으로 작용하는 두 유형의 마인드셋이 있다(Dweck, 2007). 그것은 사람의 능력은 개발되고 변화될 수 있다는 가변관(incremental theory)과 사람의 능력은 정해져 있다는 고정관(entity theory) 등 두 관점이다. 피드백 면담을 하는 상사가 자신과 함께 변화될 수 있다는 마인드셋을 가질 때, 내면적인 감정을 드러내면서 성과향상을 독려할 수 있다. 실제로 사람의 능력이 가변적인지 고정적인지에 대해서는 심리학의 주요 논제 중 하나일 정도로 정답은 없다. 그러나 리더는 변화에 대해 개방적인 태도를 가지고 있어야 부하에게 성과향상을 위한 피드백을 할 때 변화에 대한 수용성을 높일 수 있다. 이러한 관점은 이 장의 다음 내용에서 설명하는 성과코칭에도 일관적으로 적용되는 기준이라고 할 수 있다.

2) 피드백 개입이론

현재 많은 조직은 구성원의 역량개발을 위하여 상사가 피드백을 제시할 것을 권장하기 때문에 성과에 대한 피드백을 주고받는 것은 일상적으로 일어나는 커뮤니케이션이다. 뿐만 아니라 앞 장에서 설명한 다면 피드백을 통하여 다양한 내·외부고객으로부터 수집된 직무수행의 정보를 제공하는 시스템을 구축하고 있다. 이렇듯, 피드백을 제공하는 사람이나 전달되는 경로가 다양하기 때문에 피드백 체계를 적절하게 구성하기 위해서 여러 요소를 고려해야 한다.

피드백 개입이론(feedback intervention theory)에 기반한 실증연구를 종합해보면 피드백이 효과가 없는 경우가 3분의 1이 넘는다(Kluger & DeNisi, 1996). 심지어 피드백이 일관되게 성과향상이나 직무수행 개선이라는 결과를 가져온다는 사실은 거의 입증되지 않았다는 주장도 있다(Seifert, Yukl, & McDonald, 2003). 그렇지만 이런 주장과 반대로 Smither, London, Flautt, Vargas와 Kucine(2002)은 인사평가에 관한 종단연구를 종합적으로 분석해서, 다수의 연구(13개 중 11개)에서 피드백을 받은 조직 구성원들이 향후 성과의 개선이 있었다는 사실을 증명하기도 한다. 피드백으로 행동의 변화에 개입한 결과에서 비일관적인 결과가 나타나는 이유는 상사가 부하에게 피드백으로 개입하는 과정이 단순하지 않기 때문이다.

피드백은 〈그림 6-1〉과 같은 흐름으로 볼 수 있다. 피드백은 두 사람 사이에서 일어나지만, 피드백의 내용과 방향(즉, 긍정, 부정 부호)은 상사 혼자에 의해서 이루어진 것이 아니고, 조직의 위계관계와 다면평가의 맥락에서 여러 사람들이 개입한 것이다. 피드백은 사회적 상호작용의 결과로 모인 것이고, 상사는 그것을 전달하는 사람인 것이다. 따라서 부하직원의 입장에서 피드백의 흐름은 하향적(top-down) 과정으로 인식될 수 있으며, 이 때는 면담과정이 강권적이고 피드백을 하는 상사가 자신을 지배하려는 욕망을 느끼게 된다. 반면에 피드백 과정을 양방향적, 또는 상향적(bottom-up)으로 인식할 수도 있다. 이때 피드백 흐름은 사회적 권력이 비대칭적이라고 느끼지 않고 주변의 정보가 모인 것으로 인식되게 된다. 따라서 이런 피드백 과정을 종합

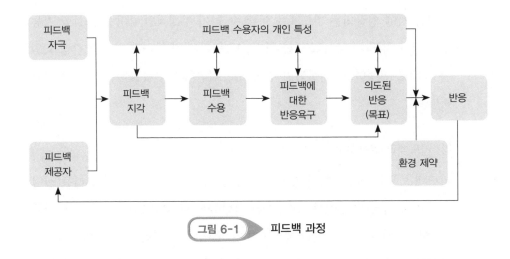

그림 6-1 피드백 과정

하여 평가면담 과정에서 부하의 성과창출 동기를 자극하는 방법을 잘 설계할 필요가 있다.

(1) 피드백에 대한 반응

가. 피드백에 대한 정서적 반응

피드백을 받는 순간의 감정은 이후의 성과향상에 중요한 역할을 한다. 불편한 진실처럼 일단 피드백은 기분이 상할 때가 많다. 부하가 피드백에 대해서 부정적인 감정을 느끼면 피드백을 거부할 가능성이 높아지며, 성과향상을 위한 구체적인 정보를 검토하지 않을 것이고, 후속의 성과향상이 일어나지 않게 된다. 자신이 감내할 수준을 넘어서는 부정적인 피드백은 부하가 성과에 대한 목표를 포기하게 만들 수 있으며, 실망을 안겨주거나 자존감을 상하게 하는 피드백은 피드백 개입의 효과를 떨어뜨리게 된다.

평가면담은 피드백을 제공하는 상사에게도 긴장되는 시간이지만, 부하가 부정적인 정서를 경험하게 되면 성과목표에 대하여 집중하기 어렵고 후속의 직무수행이 하락하는 경향을 보인다(Atwater & Brett, 2005). 현실적으로 성과면담 시에 언급되는 피드백은 어쩔 수 없이 부정적인 내용을 포함할 가능성이 많다. 따라서 앞서 소개한 원리(AID원리)처럼 부하가 자신의 감정을 있는 그대로 인정하고, 건설적인 방향으로 전환하도록 유도하는 기술이 필요하다.

나. 피드백과 목표추구

피드백을 통한 직무수행의 향상은 후속적으로 적절한 대응활동을 하는 사람들이 주로 나타낸다. 예를 들어, 다른 사람들과 피드백에 대해 토론을 한다든가, 피드백과 관련되는 활동에 참여하는 것이다. 이러한 활동은 반응욕구가 있어야 하며, 사회인지이론은 이런 활동을 유도하는 두 가지 기제로 불일치 감소와 불일치 생성이 있다고 본다(Bandura, 1991). 불일치 감소는 개인이 그들의 목표와 직무수행 사이에 불일치를 감소시키기 위해 피드백을 활용하는 과정이다. 반면, 불일치 생성은 현재의 성과와 더 높은 목표 사이에 불일치를 만들어내는 것으로서, 피드백은 직무수행을 향상시키기 위한 목표를 설정하는 데 도움이 된다.

자기효능감이 높은 개인은 불일치 생성을 추구하는 경향이 있다(Smither et al., 2002). 평가면담에서 순수하게 성과향상과 육성을 위해서 피드백을 제공하면, 불일치 생성을 위해서 목표를 설정하는 사람의 성과향상이 더 크다(효과의 크기 = .25). 그러나 이러한 효과는 인사결정과 같은 관리적 목적의 경우에는 거의 나타나지 않는다(효과의 크기 = .08). 이런 결과는 피드백을 제공할 때 조직은 불일치 생성을 위한 자극(예 : 적응적 학습 풍토)을 조성하는 공식적 · 비공식적인 지원을 하는 것이 좋다는 시사점을 준다.

다. 피드백 추구

피드백에 대해 더욱 능동적인 사람은 피드백 추구(feedback seeking) 행동을 한다. 이런 사람은 피드백에 진지하게 대응하며 다른 사람이 자신에 대해서 어떻게 생각하는지 관심이 있고, 자신의 직무수행을 향상시키는 데 피드백이 도움이 된다는 믿음이 있고 자신이 받은 피드백에 대해 책임 있게 대응해야 한다고 생각한다(London & Smither, 2002). 피드백 추구 경향성이 높을 경우 지속학습(continuous learning) 활동에 보다 활발히 참여하고, 자기개발 목표를 설정하며, 팀원들과 학습하는 상호작용에도 적극적이다(김지혜, 한태영, 2011; Rutkowski, Steelman, & Griffith, 2004). 이들이 이렇게 적극적인 이유는 심리적 자원(resources)이 많기 때문이라고 설명하는데(Ashford & Cummings, 1983), 이러한 자원의 원천은 조직이 제공하는 물적, 정보적, 교육적 지원, 및 개인의 성격 등 다양하다.

(2) 피드백 수용자 특성

같은 내용의 피드백이라도 이에 대한 반응은 순간적인 감정과 기분을 넘어서 개인의 특성에 따라 반응이 다를 수 있다. 이런 개인특성은 피드백이 작동하는 여러 단계에서 버퍼와 같은 조절작용을 한다. 그래서 상사의 피드백이 행동변화에 대한 의도를 이끌어내지 못하는 경우도 생긴다.

가. 핵심자기평가

부하가 자신에 대한 평가적인 신념을 갖고 있다. 자신에 대한 평가개념의 총체인 핵심자기평가(core self-evaluations) 이것은 네 가지 자기평가적인 특성인 자아존중감, 자기효능감, 통제소재, 그리고 신경증을 포괄하는 개념이다(Judge, Locke, & Durham, 1997). 이 개인특성은 개인이 세상에서 자신의 능력을 발휘해야 하는 상황에서 보이는 반응에 영향을 미친다. 즉, 핵심자기평가가 높은 사람은 자신의 행동을 바꾸기 위해서 적극적으로 노력을 하며, 실수나 퇴보에 직면했을 때 견뎌내는 의지를 강하게 보인다(Judge, Erez, &

Bono, 1998). 그래서 인사평가를 통한 피드백 과정에서 핵심자기평가는 자기 평가 수준, 피드백에 대한 정서적 반응, 및 낮은 성과 피드백 이후의 향상 동기에 영향을 미친다.

나. 동기적 성격

성격요인 중에서는 성실성이 피드백을 받은 후에 목표를 설정하고 목표달성을 위해 노력하여 실제로 직무행동을 개선시키는 데 영향을 준다(Dominick, Reilly, & Byrne, 2004). 또한 성실성과 관련이 있는 자기감독(self-monitoring)의 경우 주변 사람들의 요구에 부응하는 것으로, 피드백 후에 직무행동의 개선에 영향을 준다.

다. 정서기질

앞에서 설명한 정서적 반응이 순간적인 정서라면, 기질적 불안은 정서적 안정성과 상반되는 패턴이 되기 때문에 피드백을 받은 수용자가 부정적인 정서를 느끼고 피드백에 대해서도 부정적인 태도를 만든다(Atwater & Brett, 2005).

라. 목표지향성

앞서 언급한 목표지향성은 동기적 특성으로 향후 성과향상의 의욕에 영향을 준다. 목표지향성은 성취 상황에서 자신의 능력을 남에게 증명하거나 스스로 발전을 지향하는 성향으로 개인의 정서적, 행동적, 인지적 반응에 영향을 미친다(Dweck & Leggett, 1988). 수행목표 지향성(performance goal orientation)이 높은 사람은 다른 사람들이 자신의 능력을 우호적으로 평가하는 방향으로 행동하거나 부정적인 평가는 회피함으로써 능력을 증명하는 동기를 보인다.

반면, 학습목표 지향성(learning goal orientation) 또는 숙달목표 지향성(mastery goal orientation)이 높은 사람은 새로운 환경이나 기술을 습득하는 데 초점을 두고 자신의 능력 개발을 목표로 하는 특성을 지닌다. 학습목표 지향적인 사람은 자신의 능력을 넘어서는 도전적이고 어려운 상황에 부딪혔을 때 인내하면서 학습 지향적인 행동을 유지하는 경향이 있다. 반면에, 수행목표 지향적인 사람은 그런 상황에서 포기하거나 무력감에 빠져 부적응적 수행을 보이는데, 이런 사람들은 마인드셋이 사람이나 환경이 잘 변하지 않는다고 생각한다(Dweck & Leggett, 1988). 그러나 이러한 동기는 조직 상황에서는 업무 환경에 따라 가변적이고, 업무의 중요성에 따라 변화할 수도 있다(Harackiewicz et al., 1998; Kozlowski et al., 2001).

(3) 피드백 속성

가. 피드백 제시의 목적

피드백이 가진 속성은 피드백을 받는 당사자의 인식에 영향을 준다. 그중에서 피드백을 활용하는 목적이 피드백이 당사자의 육성과 개발을 위한 것이라면 당사자는 보다 적극적으로 대응하며, 성과향상을 위한 개선행동에 관심을 갖게 된다. 반면에 피드백이 인사결정 과정에서 정보를 전달하거나 절차적 과정으로 활용하는 것이면 회피하는 데 초점을 두게 된다. 이 경우 당사자는 피드백을 제공하는 상사를 좋아하지 않고, 그런 현상을 원치 않는 상사는 피드백을 긍정적인 형태로 과장하는 경향이 생긴다(Brutus & Petosa, 2002).

나. 피드백의 빈도와 유형

Ilgen 등(1979)의 모형을 기초로 인사평가에서 피드백의 효과를 연구한 후속 연구를 보면, 피드백이 정확하다고 지각하는 것은 피드백이라는 자극의 구체성, 빈도, 유형(정적/부적 피드백)이 각각 독립적으로 영향을 준다.

특히 긍정과 부정의 방향으로 구분할 수 있는 피드백 유형은 정서적, 행동적, 인지적 반응에 대한 중요한 결정요인이기 때문에 가치와 비용에 대한 인식이 다를 수 있다(Tsui & Ashford, 1994). 긍정 피드백과 부정 피드백 모두 평가적이며, 직접적이고, 자기 참조적 정보이기 때문에 정서적인 반응이 뒤따른다. 부하는 성과에 대하여 긍정적인 내용의 피드백을 받을수록 피드백이 더 믿을 수 있고 정확하다고 인식하며(Brett & Atwater, 2001), 피드백을 자주 받으면 성과평가면담에서 피드백이 정확하다고 생각하는 경향이 있다(Fulk, Brief, & Barr, 1985). 이 점을 생각하면 성과관리를 위한 피드백을 인사평가 시즌에 한 번 제공하는 것보다 중간 중간에 자주 만나서 주는 것이 성과향상에 더 효과적이다.

부정적인 피드백이 효과를 발휘하는 3단계는 (1) 피평가자가 부정적인 피드백을 찾고, (2) 부정적인 피드백에 대하여 검토하고 평가하며, (3) 부정적인 피드백에 대응하여 행동을 취하는 과정으로 진행된다. 그런데 부정적인 피드백이 성과향상을 어렵게 하는 것은 처음 두 단계가 쉽지 않기 때문이다. 즉, 긍정적 피드백보다 부정적 피드백을 받기 원하는 사람들은 많지 않으며(Fisher, 1978), 사람들은 대체로 자신의 직무수행에 대하여 긍정적 피드백에는 수용적이지만 부정적 피드백은 검토하는 것을 좋아하지 않는다(Baron, 1993).

한편, 긍정적인 피드백의 핵심적인 문제점은 너무 자주 긍정적인 피드백을 주어서 부정적인 피드백에 의해 발생할 수 있는 치명적 결과를 상대적으로 간과하는 것이다(Kluger & DeNisi, 1996). 또 대체로 긍정적인 피드백을 주는 사람은 동시에 피드백을 빈번하게 주는 경향이 있고, 어떤 경우에는 상관관계가 .44에 이를 정도로 그러한 경향성이 강하다.

다. 자기평가와 차이

중간 관리자의 경우 다면평가에서 상사의 평가와 부하의 평가를 모두 받게 된다. 양방향에서 오는 피드백의 효과를 보면, 부하들의 상향평가와 상사의 하향평가가 성과를 개선시키는 효과가 비슷하다(Smither & Walker, 2004). 특히 성과가 낮은 중간 관리자의 경우, 자기평가가 부하들의 상향식 평가보다 높은 과대평가자(overrater)는 그 차이에 대해 피드백을 받고 나서 성과가 향상되며, 이러한 성과 향상은 1.5~2.5년 후의 후속 평가에서도 향상된 성과가 유지되는 경향이 있다(Smither, 1995).

대체로 고성과자는 타인의 평가가 더 높은 과소평가자(underrater)인 경우가 많으며, 자기와 타인의 평가가 일치하는 경우에는 성과가 중간 정도이다. 그렇지만 피드백을 통한 성과관리를 할 때에도 성과의 절대수준과 자기-타인 일치 정도를 분리해서 관리할 필요가 있다. 일반적으로는 자신을 과소평가하는 사람의 경우, 평가의 불일치에 대한 정보가 성과 향상을 자극하는 효과가 별로 없다. 이것은 대체로 사람들이 자기평가와 비례하게 행동을 평가하는 경향이 있기 때문이다(Ashfold, 1989). 과소평가자가 학습목표 지향성이 낮거나 절대적인 성과열망이 낮은 개인특성을 갖고 있으면, 다른 사람이 그를 높게 평가한다는 피드백은 동기를 떨어뜨리고 노력을 줄이게 된다. 그렇기 때문에 개인과 타인의 평가차이에 초점을 두고 면담을 진행하는 방법은 바람직하지 못하며, 성과의 절대수준에 입각해서 피드백을 하는 것이 낫다. 만약 당사자의 성과가 낮은 수준이라면 전체 직원의 성과분포를 활용하는 상대평가 관점에서 피드백을 하는 것이 성과향상에 효과가 있다.

---

2. 저성과자를 위한 성과코칭

---

1) 저성과자 관리의 방향

피드백을 해야 하는 상황은 애매한 중간 성과자보다는 극단적인 성과일 때가 많다. 고성과자는 성과에 대한 기대를 가지며 심리적 자원이 많아서 상사에게 적극적으로 피드백을 추구하는 경향을 보인다. 공부 잘 하는 학생이 찾아오면 상담도 활기 있듯이, 상사의 입장에서도 더 나은 성과를 위해서 소통하는 것은 즐겁기까지 한 일이다. 반대로 저성과자는 당사자인 구성원이 피드백을 요청하기에 부담스럽지만 상사가 소통의 물길을 트면 피드백 과정이 활성화될 수 있는 동기가 높은 상태이다. 이러한 상황이 상사가 리더로서 피드백을 관리해야 하는 중요한 상황이기도 하다.

(1) 저성과자 관리의 필요성

조직은 핵심인력의 육성이나 지원에 주로 초점을 두며, 저성과자에게 조직의 자원을 할당하는 것에는 인색한 경향이 있다. 현실적으로 회사의 성과를 효율적으로 달성하는 데는 핵심인재에 초점을 두고 자원을 집중하는 것이 나을 수 있다. 그렇지만 여전히 저성과자들을 적극적으로 관리해야 하는 이유는 다음과 같이 여러 가지가 있다.

가. 조직의 분위기 저해

현대 조직은 수평조직을 지향하면서 동료들 간의 협업이 필요한 팀 중심 조직 구조가 일반적이다. 팀 성과는 개인과 팀의 과업 관련성에 따라 다르다. 어떤 팀의 경우에는 최저 성과자가 팀 성과를 결정하는 경우가 있다. 팀 구성원 모두가 개별적으로 직무를 수행하지만, 마지막 사람이 자신의 역할을 마무리하고 일을 완성해야 팀 성과가 완성되는 경우이다. 이럴 때는 저성과자의 관리가 필수적이다. 팀이 상호의존성이 높은 경우 저성과자의 직무행동은 다른 구성원들에게 영향을 끼칠 수 있다. 저성과자의 낮은 성과와 부정적인 행동이 다른 구성원들에게 파급되는 것이다.

나. 저하된 성과의 부담 분산

성과가 저조한 구성원이 있다고 해서 해당 단위조직의 업무가 줄어드는 것은 아니다. 즉, 저성과자에 의한 성과누수를 다른 사람이 감당해야 한다. 이러한 성과누수가 모든 다른 구성원들에게 고르게 분산되는 경우에는 감내할 수 있지만, 특정 구성원이 맡아야 할 경우에는 업무 프로세스의 병목현상이 가중되어, 결국 팀의 과업성과뿐만 아니라 새로운 환경이나 급박한 상황에 유기적으로 대처하는 적응수행(adaptive performance)이 낮아지는 결과가 발생한다(Han & Williams, 2008). 더욱이 저성과자의 직무행동이 성과누수에 그치지 않고 문제를 발생시키는 경우에는 그 부가적인 문제를 해결하기 위해 다른 구성원들의 업무가 늘어나게 되는 일이 생긴다.

다. 기회상실에 따른 갈등

정보통신기술의 급변에 의해서 업무수행 방법을 다루는 능력에서 세대간 차이가 나타나고 있다. 저성과자가 조직내에서 어느 정도 직급이 높거나 근무경력이 긴 경우, 그들을 낙인찍으면 스스로 후배 구성원들에게 바람직하지 못한 역할 모형이 될 수 있다. 부정적인 관점을 가지고 누군가를 대하면 점점 그 부정적인 기대에 맞추어 위축되는 것을 의미하며, 긍적적인 기대와 그로 인한 긍정적인 성장을 이르는 피그말리온 효과와 반대되는 골램(Golem)효과가 나타나는 것이다. 게다가 불합리한 조직 위계를 따르지 않는 최근 MZ세대와 팀을 이루게 되면 중장년 고참 직원의 경험과 암묵지(tacit knowledge)를 활용할 기회를 놓칠 뿐만 아니라 그들을 부정적으로 보는 후배들의 시각에 의해서 조직 내에서 세대갈등이 일어나게 된다.

(2) 지속되는 저성과에 대한 대처 결정

가. 인사적 조치

낮은 성과가 지속될 때 어떤 조치를 선택하는 것은 어려운 일이다. 리더인 조직장에게 쉬운 결정은 저성과자와 함께 가지 않는 것이다. 가장 극단적인 해고에서부터 그보다 좀 덜 극단적인 부서이동, 그리고 수동적으로 역할을 축소시키고 공동작업을 하지 않는 것 등이 같은 범주에 들 수 있다. 이러한 결정이 실제로는 쉽지 않은 이유는 법적인 문제(예 : 고용관련법, 직장내괴롭힘방지법 등)도 있고, 리더에게도 좋지 않기 때문이다(예 : 평판, 활용 자원의 부족 등).

무엇보다도 심리적인 부담이 크다. 관계적인 불편함은 직장 스트레스로 흔히 거론되는 경험인 것이다. 그럼에도 불구하고 이러한 결정을 내리는 이유는 당사자인 저성과자가 변화의 조짐이 없다고 느끼기 때문이다. 어떤 구성원은 독특한 성격이나 부적응적 특성을 갖고 있어서 타인에 대한 공감이나 죄책감이 없이 자신의 이익을 추구하기도 한다. 대개의 리더는 초반에는 나름대로 노력하지만, 상대방이 변하지 않는다고 생각하면 함께 가지 않는 결정이 오히려 심리적 부담이 적다고 생각해서 그렇게 결정을 내리게 된다. 특히 해고에 대한 결정을 내린다면, 인사행정적인 몇 가지 조치를 고려하면서 대응하면 되는데, 이는 뒷절에서 간략하게 설명할 것이다.

나. 개방적인 대응

사람의 변화가능성은 크다. '사람은 고쳐 쓸 수 없다.'는 통념도 있지만, 코칭을 지향하는 성과관리를 한다는 것은 사람의 변화가능성에 대한 믿음에 기초하는 것이다. 긍정심리학(positive psychology)은 인간의 잠재력에 개방적인 접근법인데, 사람의 변화가능성에 대한 믿음이 없다면 이는 모순된 관점이다. 사실 심리학의 지속적인 논쟁 중 하나가 사람의 행동이 타고난 특성(trait)의 영향인지 환경적 상태(state)의 영향인지에 대한 것이다. 이상적인 정답은 둘 간의 상호작용이라고 할 수 있지만, 특정 사안이나 행동을 볼 때 사람들은 이 두 선택 중 하나에 의존하는 경향이 있다. 그것이 개인이 사람들을 바라보는 '인간관'이 되기도 한다.

어느 한쪽이 전적으로 옳다고 할 수는 없지만, 적어도 리더는 변화가능성에 대한 믿음을 가지려고 노력할 필요가 없다. 조직은 변화를 늘 강조하는데, 자신은 사람이 변화하지 않는다고 생각하면서 부하직원에게 변하라고 한다면 영향력이 있을까? 부하직원도 성인인데 상사의 관점을 느끼지 못할 리가 없다.

저성과자의 변화에 대한 개방적 관점을 가지면 좀 더 적극적으로 저성과의 원인을 찾을 수가 있다. 이 책은 심리학의 관점에서 구성원 개인에 초점을 두는 저성과의 원인에 집중해서 설명할 것이므로 좀 더 심층적으로 조직심리학의 이론에 입각해서 이해할 필요가 있다. 특히 정서적인 원인은 업무행동을 점점 악화시키는 순환에 빠지게 만들 수도 있고, 정서적인 변화를 통해서 성과향상의 마중물을 만들 수도 있다.

2) 정서적인 영향의 이해

일을 하는 의미가 사라지고 힘이 빠졌다

내가 사는 것을 미워하였노니 이는 해 아래 하는 일이 내게 괴로움이요 모두 다 헛되어 바람을 잡으려는 것이기 때문이로다(전도서 2.17)

현대 조직의 일은 점점 복잡해지고 있다. 테크놀로지는 간단한 일을 대체하며, 사람의 업무는 새로운 도전을 필요로 하므로 근로자는 단순작업 이상의 능력을 발휘해야 한다. 그런데 조직생활은 단기간의 경험이라기 보다 긴 여정이다. 고령사회가 되면서 역량과 경력을 개발하기 위해서 야간이나 주말에 학습활동을 하거나 학교에 등록하는 직장인이 점점 늘어나는 긍정적인 변화가 있다. 최근 일-여가의 균형을 맞추기 위한 회사의 지원을 통해 동료와 즐거운 시간을 보내기도 하고, 주 40시간 근무가 법제화되면서 일과 별개의 동아리 활동에 대한 참여가 늘어난다. 조직 경험이 늘어나면서 중요한 책임을 맡고 성과를 내기도 한다.

그런데 피로감이 누적되고 자신의 일을 바라보며 문득 허무함이 다가오기도 한다. 직장은 사람들로 구성된 집합 조직이므로 일에 여유가 생겨도 사람과의 관계에서 감정의 손상을 입는 경우가 많다. 일에서 받는 스트레스를 다른 방식으로 풀어야 한다고 주장하는 환기주의(vantilationism)도 일 자체를 버리라는 의미는 아니다. 직무에서 의미를 찾아야 다른 생활도 원활해진다는 일-생활 촉진(facilitation)을 주장하는 관점에서 보면 일에서 경험하는 감정을 관리해야 한다.

관계중심적인 일에서 느끼는 구성원들의 고충은 감정의 관리가 필요하지만, 상황마다 달라지는 다양한 관계 속에서 일관된 감정을 갖는 것이 어렵다. 그런 고충은 일뿐만 아니라 직장동료를 멀리하게 되는 행동을 야기하고, 사람의 모임인 직장에서 생활을 더 어렵게 만들며, 결과적으로 성과가 악화되는 순환고리에 빠질 수 있다.

(1) 감정노동

가. 고객을 대하는 정서적 고충

최근 고객만족이 조직의 궁극적인 성과지표로서 중요하게 인식하면서 직원들이 고객을 대할 때 보이는 정서가 조직의 목표 달성이나 성과에 중요한 영향을 미치는 요인이 되었다. 특히 기계설비를 다루는 제조업보다 사람을 대하는 서비스직의 구성원이 많은 산업구조에서는 고객을 접하는 과정에서 긍정적인 정서를 표현하여 고객이 만족하도록 지침을 따라야 한다. 직장에서는 타인을 응대할 때 어떻게 감정을 표현 또는 억제해야 한다는 규정과 규범이 많아지는 것이다. 이런 규범과 고객만족 문화는 구성원에게는 심리적 부담이 될 수 있다. 임금의 대가로 따르는 노동의 형태이기 때문에 감정노동(emotional labor)이라고 할 수 있다(Morris & Feldman, 1996).

일반적인 외부고객과 함께 자신의 업무와 관련되는 유관부서의 내부 구성원도 고객이 될 수 있고, 인사결정에 영향력이 있는 상사와 부하직원 간에도 고객관계가 존재할 수 있다. 상사가 성과가 낮은 부하직원에 대해 감정적으로 무례하거나 짜증을 내고 비판을 하면 부하직원은 부정적인 정서를 느끼며, 이런 정서를 억누르거나 가장하면서(faking) 외부로 표현되는 정서를 관리하는 표면행위를 하게 된다(Carlson, Ferguson, Hunter 및 Whitten, 2012).

나. 정서규범에 따른 표면행위

조직의 규범대로 감정표현의 규정에 따라 자신의 내적정서를 관리하다 보면 자신의 실제 감정을 통제하고 바람직한 감정을 표현해야 한다. 이러한 정서적 노동활동에 의하여 진심과 다른 표면행위(surface action)로 거짓된 자아를 느끼게 된다. 일본 문화에서는 속내인 혼네(本音)와 겉으로 말하는 타테마에(建前)를 구분하여 자신의 속마음을 그냥 드러내 놓고 말하는 것을 위험하다고 생각하거나 성숙하지 못하다고 생각한다. 이러한 문화를 비판적인 시각으로 보는 최근 한국의 조직문화는 직설적이며, 특히 신세대 구성원들은 그런 경향성이 더 강해지고 있다. 이런 조직문화에서는 표면행위는 양면적으로 느껴지고, 자신의 정서표현 행동에 대해 스스로 자괴감을 느낄 수 있다. 일을 하면서 이런 행동을 반복하면 일에 대한 소외감을 느끼면서 정서적으로 힘들어진다(Grandey, 2000; Hochschild, 1983).

다. 가식의 관리

정서규범에 따라 정서노동을 하고 체험한 부정정서를 억제하면 자신의 행동이 가식(inauthenticity)이라고 지각하는 정도가 높아진다(Erickson & Ritter, 2001). 가식은 자기에 대한 부정적인 느낌을 유발시키고, 자기와 타인으로부터 자신을 소외시키는 것으로, 스트레스나 우울 정서를 야기한다. 이때 자신의 감정을 재평가하여 그런 감정조절의 이익이나 불가피함을 인식할 필요가 있다. 자신의 정서를 재평가하면 표면행위를 하더라도 그것을 스스로 가식으로 느끼지 않을 수 있다. 즉, 감정의 진실성에 대한 자기해석(self-construal)이 조직의 정서규범의 효과를 매개하여 거짓된 자아와 소외감으로 발전하지 않을 수 있게 된다(Gross & John, 2003; Simpson & Stroth, 2004). 부하직원이 이런 통찰력을 갖도록 유도해 주면 자기 스스로 직무의 의미를 찾아나가면서 적극적으로 개선활동을 하거나 관계를 구축하는 직무의미 개선(job crafting)의 태도를 가질 수 있다.

(2) 직무탈진

가. 스트레스가 누적된 냉소

앞서 소개한 감정노동을 해야 하는 업무상황은 그 자체로 스트레스원(stressor)이며, 표면행위는 구성원을 탈진하게 만들 수 있다. 직무탈진(burnout)이란 정서적으로 부담이 되는 업무를 오랫동안 하게 되면서 나타나는 생리적, 감정적, 정신적인 소진상태이다(Cordes & Dougherty, 1993). 어떤 상황에서 짧게 경험하는 스트레스와 달리 직무탈진을 경험한 사람은 이전의 정상상태로 회복되는 것이 쉽지 않다(Schaufeli & Enzmann, 1998). 왜냐하면 일시적인 스트레스를 경험하면 그 상황에 맞는 적응방법을 찾아서 이전 상태로 되돌아갈 수 있지만, 탈진이 된 사람들은 정상상태로 회복하게 만드는 적응기제가 제대로 작동이 되지 않기 때문에 이전의 상태로 회복되는 것이 어렵다.

나. 자기효능감 감소

정서적으로 지치는 현상이 주로 사람들과의 관계에서 비롯되기 때문에 탈진된 사람은 대인관계를 부정적으로 생각하면서 냉소적인 태도를 갖게 된다. 일에 몰입하지 못하고 자신의 성과가 회사에 기여하지 못한다고 생각하면서 일에 대한 관심이 줄어들고 동료관계에서 인격적인 관심을 갖지 않게 된다. 그 상황이 계속되면 급기야 자신에게 냉소적이게 된다. 내가 나를 버리면 내가 존재할 수 없다. 따라서 업무수행 결과에 대해 자신을 다독이기 보다는, 일에 대한 자신감, 즉 자기효능감이 떨어지게 된다. 정서적인 고충의 결과로 자신의 능력에 대한 인지적인 판단이 위축되는 것이다.

다. 심인성 질병

또한 심인성 질병처럼 신체와 감정은 서로 관련되는 경우가 많다. 조직장의 책임에서 멀어져 가는 저성과자 중에는 중장년 구성원이 많은데, 그들은 성인병과 같은 신체질병이 있는 경우가 흔하다. 일과 삶의 균형처럼 그들은 일과 건강의 균형을 이루어야 하지만, 건강이 악화되거나 새로운 증상이 나타나 정서적으로 균형을 잃고 심리적 자원을 한쪽에 사용하다 보면 직무탈진 증상을 느끼기도 한다(한태영, 2006).

서구의 경우 건강보험이 주로 회사가 지불하는 사적 보험이고 기업의 비용이기 때문에 근로자지원 프로그램(employee assistance program, EAP)이 활성화되어 있다. 따라서 상사가 개별적으로 관심을 갖기 보다는 조직 시스템에 포함되어 있는 경우가 많다. 하지만 국민건강보험인 우리나라의 경우는 조직의 재무적 비용에 직접적인 영향을 주는 것은 아니다. 이런 이유로 EAP는 서구처럼 컨설팅 산업이 발달하고 있지는 않지만, 고령사회가 되어 가고 있는 현재는 중년 직원의 신체능력의 변화도 성과관리의 일부로 볼 필요가 있다.

3. 성과가 저하되는 과정

1) 업무에서 느끼는 역부족

업무에서 역부족을 느낀다. 자신이 개선하지 못한다.

너는 네 평생에 수고하여야 그 소산을 먹으리라… 내가 흙으로 돌아갈 때까
지 얼굴에 땀을 흘려야 먹을 것을 먹으리니 (창세기 3.18)

일주일 일을 시작하는 월요일에 일하기 힘든 '월요병'은 휴일 동안 쉬어서 생
긴다고 하지만, 실제로 그 증상은 일요일 저녁부터 은근한 불안감으로 시작
된다. 이 현상은 직장인에게만 일어나는 것이 아니다. 방학이 끝나가는 학생
들, 긴 연구년이 끝나는 교수도 흔히 느낀다. 책임을 져야 하는 일을 시작하
려고 할 때 누구나 느끼는 막연한 불안감이다. 일터에서 이러한 불안감의 원
인은 일이 주는 어려움에 있다.

열심히 생활한 노동의 대가로 보수를 받는 일은 언제나 요구(demand)가 있
다. 보수에 상응하는 역할과 역할수행의 결과에 대한 평가, 그리고 그 다음
일의 계약가능성과 더 큰 역할(즉, 승진)은 어떤 일을 하는 사람이건 스트레
스를 주는 요구이다. 성경에서 일(노동)의 유래를 찾자면, 태초에 아담이 신
의 명령을 어긴 후부터 치러야 하는 대가이다. 노동의 영어 표현인 labor는 산
통(産痛)을 표현할 때도 같이 쓰일 정도로, 노동은 본질적으로 어려운 것이
다. 특히 조직에서는 다른 사람에 대한 불신과 불안감이 존재한다. 아담은 죄
를 지은 후 하와(이브)를 탓했고, 하와는 자신을 유혹한 뱀을 탓했다. 타인에
대한 불안감에 대해서 심리학은 오랫동안 유아, 유년기의 경험에서 수치심
이나 사랑받지 못하고 있다는 감정에서 깊은 원인을 탐색해 왔다.

뭔가 애를 써도 이 상황을 벗어나기에는 내가 무능하다는 인식, 남의 눈을
의식해서 인정받고 싶고 확인받고 싶어하는 심리, 그렇게 해도 상황이 바뀌

지 않아서 맞닥뜨리는 무기력감과 남을 탓하게 되는 태도는 갑갑한 조직생활
에서 느끼는 대표적인 고충이다. 이런 어려움이 지속되면 성과곡선의 변화
가 생기게 된다.

(1) 경쟁에 의한 피로

조직에서 경쟁은 많은 사람들 안에서 보상을 최대한 얻으려 하거나 다른 사
람들에 비해 비용을 적게 들이려는 행동으로 나타난다. 한정된 보상 속에서
동료가 더 많이, 더 나은 보상을 받으면 업무에 대한 동기에 자극받을 수 있
다. 조직에서는 구성원들이 임금 인상, 승진, 교육 기회 등 다양한 외재적 보
상을 추구하며, 이런 보상을 받은 동료를 보면서 동기가 강해진다.

가. 승자독식 시스템

조직이 주는 보상, 즉 개인의 외부에서 주어지는 보상이 행동을 강화하지만,
구성원들이 원하는 바람직한 보상이 모두에게 주어질 수 없는 제로섬(zero-
sum) 상태에서는 선망(envy)의 감정이 생긴다. 보상을 받지 못한 구성원은 동
료를 부러워하게 된다. 경쟁 상황에서는 자신이 목표로 하는 보상을 획득하
기 위해 다른 구성원과 끊임없이 비교하게 되고, 선망의 부정적인 감정에 해
당하는 질투가 생길 수도 있다. '부러우면 지는 거야'라고 하듯이, 이런 감정
은 상실감이나 불쾌감, 더 나아가 긴장과 공격적인 행동을 야기한다. 성공한
CEO들 중 상당수가 비인격적인 모습을 보이는데(Neuman & Baron, 2003),
승자와 패자가 분명하게 나뉘는 치열한 경쟁의 업무 상황에서 공격적인 행동
이 자신에게 이익이 되기 때문이다. 사회적 상호주의자 관점에서 공격적인
행동을 하는 이익 중 하나는 다른 사람의 행동을 통제하고 자신이 원하는 대
로 따르게끔 하는 것이다(Felson & Tedeschi, 1993).

나. 경쟁과 직장내 괴롭힘

자신감 있는 경쟁 상황에서는 설득이나 교환과 같은 방법으로 다른 사람에게 영향력을 끼칠 수도 있지만, 위기로 느껴지는 경쟁 상황에서는 자신의 이익에 반하는 다른 구성원의 행동을 처벌하고, 자신에게 유리한 방향으로 행동을 유도하기 위해서 다른 사람을 괴롭힐 수도 있다(Yukl & Tracey, 1992). 소극적으로는 구성원들 중 누군가를 소외시키거나 다른 사람의 기분이나 생각은 무시하게 되고, 좀 더 적극적으로는 사소한 실수임에도 이를 지나치게 비난하는 행동을 할 수 있다. 그 과정에서 지속적으로 상대방에게 해를 끼치는 직장내 괴롭힘이 발생하게 된다.

다. 경쟁적 풍토

경쟁의 행동방식이 구성원들에 널리 퍼지면 경쟁적 분위기, 즉 풍토가 만들어져서 조직에서 주어지는 보상이 자신과 동료의 성과를 비교해서 주어진다는 인식을 갖는다(Brown, Cron, & Slocum, 1998). 따라서 경쟁적 풍토가 만연하면 구성원이 동료 집단과 비교할 수 있는 직무수행에 주의를 기울이게 하고 성과에 주로 초점을 두게 된다. 결과를 중시하는 한국의 문화에서는 '모로 가도 서울만 가면 된다'는 속담처럼 목표를 달성하기 위해 수단이 정당화되며, 변칙과 부정적 행동을 허용하는 가치가 되기도 한다(이진욱 & 한태영, 2021).

'부러우면 진다'라는 농담처럼, 부러운 사람은 친사회적인 행동을 억제하여 부러움의 대상인 사람에게 해를 입히는 방법 등으로 자신이 손해를 보았다고 생각한 부분에 대해서 균형을 맞추려는 시도를 하기도 한다. 즉, 경쟁적 풍토에서는 스스로 자존감을 헤치지 않기 위해서 다른 사람들이 부러워하는 것을 평가절하고 그들에게 '친절하지 않음'으로 그들 자신을 보호하는 것이 나쁜 것이 아니라고 생각할 수 있다(Armaghan Eslami, & Nasrin Arshadi,

2016). 과도한 성과중심은 이러한 분위기를 만들고 조직체계 안에서 저성과가 누적되면 자신의 살길을 찾는 '각자도생'의 원시림 안에 갇히고 고독감을 느끼게 되는 것이다.

Keller, Spurk, Baumeler, 및 Hirschi(2016)는 경쟁적 풍토가 일중독을 야기하는 현상을 증명하였다. 독일의 812명의 직원을 대상으로 한 연구에서, 미래 지향성이 높고 자신의 일에 대한 소명의식이 높은 사람일수록 경쟁적 풍토에서는 일중독에 빠지기 쉬운 것으로 나타났다. 만약 그 일이 자신이 해야 하는 일이 아니라 부업을 위한 일이라면 어떨까? 최근 유투버나 블로거 같은 부수입을 창출하거나 온라인 비즈니스를 하거나, 또는 긱 이코노미(gig economy)에서 겸업(소위 moonlighting)에 빠지게 되면 회사에서의 본업에서 저성과는 지속될 수 있을 것이다.

그리고 팀에서 경쟁적 풍토가 강할수록 구성원 모두가 자신의 이익을 추구하기 위해 공격적인 행동을 보이거나 용인되면서 직장 내 괴롭힘이 집단 괴롭힘이 될 수 있다(조은정, 한태영, 2019). 괴롭힘이나 왕따는 다양성이 허용되지 않는 분위기에서 나타나기 쉽기 때문에 경쟁에서 밀리는 저성과자에게는 집단의 힘을 넘어설 수 있는 조력이 필요하다.

(2) 완벽주의

가. 너무 잘하려고 해서 생기는 고충

객관적으로 능력을 가진 부하도 주관적으로 역부족을 느끼고 강박적인 생각에 빠지게 된다. 완벽주의란 어떤 상황에서 필요한 정도보다 더 높은 수준의 성과를 자신이나 타인에게 요구하는 성향을 의미한다. 도전적인 목표를 갖고 업무를 수행하는 것은 바람직하다. 하지만 불가능한 목표를 향해 강박적으로 끊임없이 애쓰고, 남과 비교해서 탁월해야 한다는 목표지향성을 갖게 되면 자기 패배감에 빠질 수 있는데, 이러한 특성을 완벽주의 성향이라고 한다. 상담심리학 분야에서는 완벽주의를 "모든 문제에 완벽한 해결책이 존재할 것이라고 믿는 경향성, 즉 무엇인가를 완전무결하게 하는 것이 가능할 뿐 아니라 반드시 그렇게 해야 하며, 작은 실수도 심각한 결과를 가져올 것이라고 생각하는 경향성"이라고 한다(김윤희, 서수균, 2008)

나. 적응 vs. 과욕

완벽주의는 긍정적인 면도 있는 다차원적 개념으로, 스스로 매우 높은 직무수행의 기준을 세우고 이를 완벽하게 성취하기 위해 노력하는 적응적인 측면이 있다(Slaney, Rice, Mobley, Trippi, & Ashby, 2001). Erickson은 아동기 발달단계에서 구분되는 '근면' 대 '열등'의 심리가 만들어지는 과정에서 완벽주의가 시작된다고 주장한다. 근면이라는 발달과제를 수행하지 않는 아이는 학업성취가 떨어져서 불완전함에 민감하게 되고, 그 불완전함은 곧 열등감으로 발전한다. 이렇게 되지 않기 위해서는 완전한 행동으로 권위자(교사, 부모)로부터 인정을 받아야 하므로 완벽주의 성향이 자리를 잡기 시작한다는 것이다.

완벽주의는 아동이 열등감 같은 힘든 감정과 맞서는 치열한 삶의 형태이다. 조직에서 완벽주의가 고충이 되는 것은 성과에 대한 평가때문에 실수에 대하여 염려하고, 더 나아가 자신의 직무수행을 스스로 믿지 못하는 부적응적인 측면이 있기 때문이다. 긍정적인 의욕이 과도해서 비현실적으로 높은 목표를 세우고, 그런 목표를 달성하겠다는 의욕으로 유연성이 없으며, 비판적인 자기평가 과정을 거치면서 자신과 부하들의 업무결과가 좋아도 그 정도에 만족하지 못하는 것이다.

본인 스스로 높은 기준을 세우고 이를 위해 노력하는 완벽주의의 긍정적인 측면은 직업 효능감을 높이는 효과가 있으나, Slaney와 Ashby(1996)는 개인기준 완벽주의를 뜻하는 부적응적 완벽주의가 지연행동, 불안, 실수에 대한 염려를 증가시킨다. 이것은 결국 직무 탈진의 문제를 만든다(손진아, 이선희, 2012). 앞서 설명한 저성과자의 정서에 빠지게 되는 것이다.

다. 직위에 따른 차이

신입사원으로 의욕이 많았으나 사회초년생으로 회사에 적응하는 조직사회화 과정에서 가이드를 제대로 받지 못했거나 능력이 그 의욕만큼 따라주지 못한 젊은 직원이 이런 경험을 할 수 있다. 그들이 상사에게 적절한 시기에 보고하지 못하고 지연할 때, 성과관리를 위한 피드백과 멘토링으로 적시에 도와줄 필요가 있다.

성실하게 부하역할을 하거나 우호적인 상황 때문에 프로젝트가 잘 풀려서 승진했으나 피터의 법칙에 빠지듯이 중간관리자로서 팀 관리에는 역할을 하지 못하고 있는 중간리더도 불안할 수 있다. 그들의 완벽주의는 구성원들 전체에 영향이 크다. 규정과 규율에 따라서 엄격하게 다른 사람들을 관리하던 준법경영팀 직원이나 자금을 치밀하게 관리하다가 예외상황이 많은 현장에 부서배치 받는 직원들은 스스로 기준의 혼란의 겪으면서 오히려 규정에 집착하면서 방어적이 되기도 한다.

2) 일과 삶의 불균형

> **일이 삶 전체를 덮쳐 버렸다. 실망과 집착의 역학**
> 성읍과 탑을 건설하여 그 탑 꼭대기를 하늘에 닿게 하여 우리 이름을 내고
> 온 지면에 흩어짐을 면하자 (창세기 11.4)

일을 잘하는 사람에게 일이 몰린다. 상사의 입장에서는 아무래도 믿음이 가는 부하직원이 일을 해주기 바랄 수밖에 없다. 부하도 자신을 알아주는 사람과 조직에게 충성하게 되는 호혜성의 심리가 작동해서 더 신나게, 열심히 일

하게 된다. 일을 하다 보면 시간 가는 줄 모르는 경험을 하게 된다. 시간 가는 줄 모르고 열정적으로 일에 몰입하는 것은 내재적인 동기에 의해 작동하지만, 위험성이 있다. 주말에 일하거나 야근을 하다 보면 자연스럽게 초과근무가 습관이 되는 것이다. 자유업이나 스타트업 창업자의 경우 '물 들어올 때 노 젓는다'는 심정으로 수익이 나는 기회를 맞을 때 더 많은 수입을 올리려고 하다 보면 어느새 개인 시간 없이 일을 하게 된다. 일이 아이돌(idol, 즉 우상)이 되는 것이다.

연예인 아이돌은 극적으로 주목을 받아서 한국을 넘어 세계적인 스타가 되고 천문학적으로 돈을 벌며, 말 그대로 추종자들의 우상이 되는 것이다. 직장인에게 그런 수입은 단연코 없다. 그래서 어떤 이유로 열심히 일 하든 간에 보상은 언제나 불충분하게 느껴진다. 그렇다고 해도 자신이 들인 노력이 있어서 지금의 일을 멈출 수 없고 회사를 그만둘 수도 없다. 잘못되더라도 돌이키기 어려운 매몰비용도 크게 느껴진다. 그래서 스스로에게 주는 보상으로 일에 계속 몰입하게 되고, 자신의 일에 대해서 '주인행세'를 하려고 하며, 비슷한 인식을 가진 동료들과 힘을 합하는 과정에서 집단의 힘에 도취되고 '파벌'을 만든다.

(1) 일 중독

가. 일의 의미를 잃음

일 중독(workaholism)은 끊임없이 일하고자 하는 강박성이나 통제가 불가능한 욕구로, 현재의 업무와 회사에서 해야 할 역할 외의 다른 영역에 관심을 두지 않는 행동을 보인다. 그렇다고 일이 재미 있는 것은 아니다. 다른 사람의 평가나 금전적인 보상 같은 외재적 동기로 일을 하는 경우가 많고 내면의 강박관념으로 일하기 때문에 일에 대한 즐거움은 낮다(Porter, 1996; Spence &Robbins, 1992). 최근에는 스마트폰, PC 등 정보통신 기술이 발달하면서 언제 어디서든지 업무에 접근할 수 있기 때문에 일 중독이 있는 사람이 늘어날 수 있는 환경적인 조건도 강하다.

일이 자신에게 진정한 의미가 있어서 중독되기보다는, 오히려 일의 의미를 찾지 못하고 탈진하여 자신감이 떨어져서 중독되는 경우가 많다. 낮은 자아존중감(self-esteem)은 인터넷 중독, 알코올 중독, 쇼핑 중독, 일 중독 등 다양한 중독문제를 일으킨다. 자신이 다른 사람들로부터 존중을 받지 못하고 가치가 별로 없다고 생각하는 사람일수록 중독적인 행동패턴에 빠져들기 쉽다(Ng, Sorensen, & Feldman, 2007).

나. 일 중독의 원인

직무수행의 맥락에서는 상사에게 성과를 더 좋게 보이려는 의욕이 높은 완벽주의 성향, 나르시즘이 일 중독과 서로 관련이 있다. 앞서 완벽주의에 대해서 설명한 것처럼 '자기 자신에게 과도하게 높고 비현실적인 기준을 부과하는 성향'을 가진 사람은 지나치게 강박적으로 일을 하는 성향을 가지기 쉬운 것이다(Andreassen, Ursin, Eriksen, & Pallesen, 2012; 유성은, 권정혜, 1997).

일에 대한 열정과 중독은 구분이 애매할 정도로 한 행동에 대해 양면성을 가진 현상이다. 현대 한국사회에서 우리는 대부분 열심히 하라는 교육을 받았지만, '노~오력'이라는 말이 부정적인 의미로 유행할 정도로 열심히 사는 것에 대해 이중적인 태도가 있다. 일중독이 저성과자의 문제는 아니지만, 변화가 필요한 일에 적응하면서 수행을 높여야 하는 경우에는 유연한 대응이나 스트레스 관리에 문제를 일으킬 수 있다.

일 중독은 가정 환경의 영향도 크다. 일 중독 성향이 높은 부모 밑에서 자란 아이는 일 중독에 빠질 가능성이 높다(Robinson, 2000). 알코올 중독과 비슷한 현상인 것이다. 아이가 자라는 과정에서 여러가지 활동에 다양하게 참여하지 못하고, 부모의 역할을 대신하거나 부모가 원하는 공부 때문에 대인

관계에 적응하기가 어려워지고, 학업에 더 몰입하게 된다(서경현·안재순, 2012).

성인이 되서도 과업 지향적 문화나 위계적인 문화에서 청소년기와 비슷하게 적응을 하게 되면 경쟁적인 풍토를 느끼며 자기개발에 대한 강박이 생기게 된다. 일 중독에 빠진 구성원은 스트레스, 불면증, 흥분과 무기력 등을 경험하여 개인의 정신건강에 악영향이 생기게 된다(이동명, 2011). 장기적으로 과로에서 오는 감정을 억제하거나 무감각해질 경우에는 다른 사람들과 관계에서 문제가 발생할 수도 있다(이인석 등, 2008).

(2) 보상에 대한 불만

가. 불공정성과 정서적 긴장

힘든 업무상황이 내 문제라기 보다는 불공정한 주변 환경 때문이라는 인식을 갖게 되는 경우가 있다. 불공평하다는 말은 어린 아이들도 흔히 할 정도로 삶이 불공정하다고 여겨지는 경우는 많이 있다. 3장의 성과향상의 동기에서 살펴보았듯이, 인사결정을 해야 하는 성과관리 상황에서는 불공정성의 불꽃이 튈 만한 상황이 자주 발생한다. 일에서 자신의 정체성을 찾는 사람은 성과향상을 위한 피드백 과정에서도 대화하는 방식에 따라서 불공정한 대우를 받았다는 생각을 할 수 있다.

형평성을 회복하려는 욕구는 자연스러운 동기이고, 불공정한 상황은 정서적으로 긴장이 된다. 최근에는 회사 직원만이 가입할 수 있는 '블라인드'와 같은 소셜네트워크서비스(SNS)에서 불공정과 불만을 표출하기도 하며, '블라인드' 같은 SNS에서 뒷담화를 하면서 채워지지 않은 공정성의 욕구를 해소하기도 한다.

MZ세대는 오랜 기간 근무하며 승진하는 것보다 연봉이나 성과급 등 단기적인 보상에 집중하는 경향이 강하다. 또한 신세대 직원은 당연한 권리로 누릴 수 있는 보상을 일률적으로 나누고 싶어하지 않는다. 그래서 연봉이나 성과급에 대해 명확한 기준을 알고 싶어하며, 회사나 경영층의 눈치를 보지 않고 이런 정보를 요구하기도 한다. 이런 활동 과정에서 회사 비밀을 누설하거나 회사가 사회적인 비난의 대상이 되면 조직성과에도 영향을 미치고, 사회적인 파급력을 갖는 경우도 있다.

나. 테크놀로지 발달과 세대차

최근 불공정의 이슈가 자주 등장하는 것은 불공정성을 쉽게 표현할 수 있는 정보통신의 발달의 영향이 크다. 또한 회사 내에서 개인의 권리의식이 강한 MZ세대 구성원 비율이 증가하는 트렌드도 영향을 미친다. 그들은 중고등학교 때 수행평가를 받았고, 대학생활 때도 취업과 경력관리를 위해서 학점과 성적에 대한 큰 관심을 갖고 자라난 세대이기 때문에 인사평가의 결과도 비슷하게 생각하는 경향이 있다. 자신의 노력을 반영하지 못하는 평가나 평가와 맞지 않는 성과금에 대해서 참지 않고 목소리를 내는 욕구가 강해진 세대이다.

부하의 성과를 관리해야 하는 중간관리자는 과거 자기세대가 일에 대해 가졌던 태도를 따르지 않는 신세대의 행동을 한편으로 동의하면서도 선뜻 수용하지 못하는 입장을 보인다. 불충분한 보상에 대해서 일단은 감내하며 미래를 생각하던 중간관리자는 자신이 하던 방식과 다른 후배의 행동을 한편으로는 인정하면서 내심 서운한 이중적인 느낌을 갖는다.

부하가 회사시스템에 대해 공식적으로 표출하지 못하는 불공정의 인식은 상사가 코칭할 때도 작용할 수 있다. 불공정을 촉발하는 원인 중에는 코칭의 주체인 상사, 즉 코치의 지위와 관계설정의 범위, 피드백의 영역 등 초기과정도 포함된다. 따라서 라포(rapport)가 형성되기 전에는 성과관리의 절차적인 측면, 특히 상사 자신과 관계 설정에 대한 논의도 준비해야 한다.

(3) 터줏대감 의식 : 계속적 몰입

가. 들인 노력(매몰비용)에 대한 계산

조직에서 생활하면 금전적으로 수입이 계속 늘어나며, 연차가 높아지면서 지위가 높아지거나 연장자 대우를 받게 되는 혜택을 누린다. 계산을 해 보면, 회사가 직접 혜택을 주지 않더라도 회사원의 신분이 주는 보이지 않는 혜택도 많다. 예를 들어, 은행대출에도 한도와 대출이율에서 우대받을 수 있다. 반대로 조직을 떠나게 되면 이런 혜택을 잃게 되므로 회사를 떠나는 것 자체가 비용이 되는 것이다. 게다가 회사가 발전하는 과정에서 자신이 공을 들인 부분도 여러 군데 남아 있다. 자신이 여태까지 투입한 것을 계산해 보면서 계속 일을 놓지 못하는 심리적 상태를 계속적(또는 계산적) 몰입이라고 한다 (Allen & Meyer, 1990).

나. 부수적 보수

집단주의 문화적 성향이 강한 한국 사회에서는 사회적 결속과 집단에 대한 충성심이 매우 강조되어 왔다(Hofstede, G., Hofstede, G. J. & Minkov, 1991). 이런 문화에서는 계산적으로 조직에 몰입하기보다는 정서적 애착으로 몰입하는 경우가 더 많았다(Boyacigiller & Adler, 1991). 그렇지만 더 이상 집단주의 문화라고 하기 힘든 현재의 한국사회에서는 자신이 들인 노력에 따른 '부수적 보수(side-bets)' 때문에 회사에 남아 있게 되는 경우가 늘어나고 있다.

이러한 경우에는 변화에 대한 적응수행(adaptive performance)이나 공공기관이 원하는 적극행정을 하기보다는 주어진 일만 하는 행동을 하게 된다. 현재의 성과관리 제도에서는 저성과자가 아니지만, 미래지향적이지 않기 때문에 상사가 성과향상의 동기를 자극해야 하는 대상이라고 할 수 있다. 조직의 성장에 기여하기 보다는 현재까지 자신이 누려온 혜택을 당연시하고 양보하지 않으려고 하는 선배직원인 경우에는 주인행세를 하는 '아재'가 되고 현재의 임금이나 보상에 비해 볼 때는 실질적인 저성과자라고 할 수 있다.

3) 성과저하를 차단하는 코칭

성과관리를 할 때 부하의 애로사항을 포착해야 하는데, 피드백을 넘어서 코칭에 초점을 둘 때는 일의 가치를 깊이 다루어야 하고, 그에 따라 부하가 일에서 느끼는 애로 사항에 대한 근본적인 문제를 해결하는 데 도움을 줄 필요가 있다. 이러한 도움은 인생의 선배로서 경험과 철학이 개입되기 시작하는 과정이다. 그래서 McKinsey & Company, YUM! Brands, Inc., KPMG, Motorola 등의 기업조직에서는 코칭을 상사의 핵심 과업 중 하나로 간주하고 있다.

코칭은 여러 학자들이 다양하게 정의하고 있다. 직무수행 능력을 개선시킬 수 있는 기회를 포착하도록 돕는 과정, 과거보다 높은 수준의 성과를 내도록 하기 위한 권한위임 과정, 학습을 격려하고 지지하는 과정, 목표에 초점을 두고 현장의 경험을 배우는 개인적인 일대일 학습, 약점이 있는 개별 구성원에 집중하여 그러한 약점의 개선점을 찾는 동시에 성과를 향상시키는 것 등으로 다양하게 정의되고 있다. 코칭의 정의가 다양하더라도 조직에 적용할 때는 공통적으로 구성원의 직무수행과 관련된 문제에 초점을 맞추는 것이 핵심이다.

코칭에 대하여 학자들은 유사한 활동인 상담(counseling) 및 멘토링(mentoring)과 개념적으로 구별하였다(Evered & Selman, 1989; Popper & Lipshitz, 1992). 상담은 일반적으로 직무 수행에 방해가 되는 정서나 사적인 문제의 원인을 다루는 비교적 단기적인 개입이며, 멘토링은 개인의 개발과 경력전체와 전반적 생활에 관심을 갖는 장기적인 과정이다(Burdett, 1998).

구성원의 직무수행을 향상시키기 위한 성과코칭은 세 가지 영역으로 구성된다(Heslin et al., 2006). 먼저 안내(guidance)는 부하에게 직무수행을 향상시키는 방법, 명확한 성과 기대, 성과와 관련된 건설적인 피드백을 제공하는 것을 말한다. 촉진(facilitation)은 부하가 스스로 문제를 해결하고 자신의 직무를 더 잘 수행할 수 있는 방법을 찾도록 돕는 것을 말하며, 감화(inspiration)는 부하가 자신의 잠재력을 깨닫고 그것을 밖으로 드러내서 발휘하도록 돕는 것을 말한다.

상사는 안내, 촉진, 감화라는 코칭 활동으로 부하와 지속적으로 커뮤니케이션하고, 이를 통해 부하에게 다양한 직무관련 정보와 직무수행 및 성과에 대한 피드백을 제공하게 된다(이수호, 한태영, 2008). 부하는 자신의 역량을 향상할 수 있는 업무에 참여하는 기회를 갖고, 직무와 관련된 시기적절한 피드백을 받을 수 있고, 지속적인 피드백을 통해 결과적으로 미래의 성과향상을 도모할 수 있는 구체적인 목표를 설정하게 된다(Smither, London, Flautt, Vargas, & Kucine, 2003).

성과코칭에서 상사(코치)는 부하의 고충을 깊이 이해할 수 있어야 부하 스스로 통찰력을 얻을 수 있도록 감화시킬 수 있다. 특히 부하가 일에서 겪는 정서적인 어려움을 경험적으로 아는 상사가 코칭을 할 수 있으며, 개별적이고 주관적인 직무경험을 넘어서서 더 넓게 교감하기 위해서 이론적인 이해도 필요하다. 조직의 구성원으로서 부하가 겪는 심리적인 고충을 해결하는 성과코칭은 다음 장에서 자세히 살펴보기로 한다.

일의 본질을 향하는
성과코칭

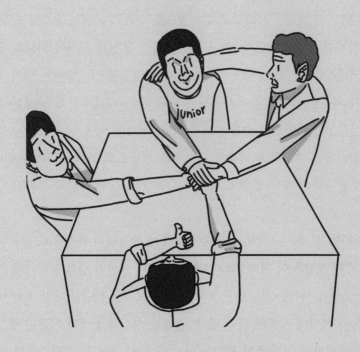

나 때보단 좋을 거야!!

모 든 유기체는 환경에서 자유로울 수 없다. 사람이 만든 조직도 마찬가지이고, 사람이 창작하는 결과물과 이론도 그렇다. 최근에 주목받은 긍정심리학도 우호적인 사회경제적 환경으로 인간의 긍정적 요소를 찾는 데 관심을 가지면서 시작되었다. 과거 정신병리의 부정적 요소에 과도하게 초점을 둔 성찰의 측면도 있지만, 시계추처럼 반대방향으로 향하는 힘이 응집된 상태가 외부환경과 잘 맞아떨어진 현상도 있다. 세계대전 후 등장한 실존주의와 인간성에 대한 회의감을 경험한 이후, 평화의 시대, 글로벌 경제발전, 그리고 심리학을 주도하는 미국의 자신감을 바탕으로 조직심리학 내에서도 구성원의 잠재력에 대한 긍정적 시각이 발전했고, 그중 하나의 주제가 코칭이다.

성과관리의 시계추는 정확성과 공정성에서 잠재력의 육성으로 움직이고 있다. 이러한 경향은 이 책의 1장과 2장에서 이미 거론한 변화 방향이라고 할 수 있다. 도전과 성취는 리더로서 보여야 할 본보기일 뿐만 아니라 조직 내에서도 인정과 보상의 기준이 되어 왔다. 공정한 시스템 안에서 이러한 평가와 보상은 합리적이지만, 유일한 원리는 아닐 수 있다. 과도한 성과주의에 의해서 압박감을 받는 구성원과 소외감을 느끼는 다수가 생겼다. 그리고 이들을 보살피며 면담하기에 리더는 시간이 부족하고 심지어 이런 직책을 회피하는 경향도 생겼다.

긍정심리학의 관점에서 코칭의 원리를 적용하는 리더는 전통적인 리더십의 두 축(즉, 과업지향과 배려지향) 중 하나인 배려적 리더십에 비중을 두게 된다. 하지만 조직구성원의 육성과 리더의 행동과 성과관리 방법을 코칭하면서 필자는 여러 리더의 질문을 받게 되었다. 질문의 핵심은 코칭의 가이드가 일의 현실에 맞는가에 대한 것이었다. '들어주라'는 기법 때문에 리더가 상담가처럼 객체가 되어 추진력을 잃는다. '내려 놓으라'는 원리에 무엇을 내려 놓으라는 것이며 그렇게 해서 자신의 리더 역할을 어떻게 수행할지 혼란스러워진다. '칭찬하라'는 지침에 인기관리 같은 리더행동으로 정작 부하직원의 능력을 향상시킬 수 있는지 확신을 갖지 못하는 것이다.

이러한 의구심은 이분법적 접근에 따른 불균형에서 온다. 조직에서 업무능력으로 성공한 코치들이 알려주는 가이드는 코칭에 대한 테크닉이 주를 이룬다. 코칭을 배워서 적용해 보려는 리더는 이런 기교로 스스로 변화할 수 있는지 내면의 확신이 없고, 성인인 부하직원도 잠깐 하다 말겠지 하는 생각으로 대응하게 된다. 직장인들의 애환을 피부로 겪어보지 않은 이론가는 기업조직의 경험을 반영하지 않는 기초원리를 선문답처럼 던진다.

이런 방식은 현실에서 당면하는 성과나 갈등의 문제를 고민하는 리더에게는 울림이 없다. 원론적이고 과학적이지만 다양한 현업의 상황과 거리가 있는 강연이거나, 과학적인 근거가 없는 자기개발 동영상을 보는 것 같은 느낌을 주는 것이다. 생계를 위해 일을 하면서도 자기 삶의 목적을 고민하는 사람들이 찾는 노동의 의미와는 거리가 있다.

"노동이 감동적인 작업이 되고 있는가? 사람들은 영혼 없는 일을 반복하면서, 그저 적당한 정도의 돈으로 보상받으면 되는가? 그렇지 않다! 순수한 인간적인 흥미와 해방된 삶을 일터에 불어넣어야 한다. 모든 인간은 매일 일을 하면서 사람다워야 하고, 더 나은 모습이 되어 가야 한다. 인간다움을 지키기 위해서 인간답지 않은 사상의 지배를 받는 비인간적인 작업장과 관리체계는 사라져야 한다."

위 문장은 격정적이고 선동적이기까지 하다. 현대인의 일에 대한 궁극적인 방향성과 맥이 같아 보이지 않는가? 이 글은 이미 100여 년 전 1917년에 응용심리학 학술지(Journal of Applied Psychology)를 창간할 때 서문에 실린 글이며, 조직심리학의 기본철학이다. 성과관리의 원리는 100여 년이 지난 지금도 근본적으로 다르지 않다.

이 장에서 필자가 주장하는 방향은 성과코칭이다. 코칭 앞에 성과라는 수식어가 붙은 용어이다. 이것은 관리자처럼 지시하기보다는 멘토처럼 구성원이 스스로 움직이게 하는 원리를 따르며, 조직이라는 역할체계 안에서 스스로 책임감을 갖도록 하는 과정이다. 궁극적으로 리더와 구성원 모두 자신의 존재와 맡은 일의 가치를 깨달아 가는 인식체계라고 하고 싶다. 그렇기 때문에 성과관리의 연장이면서 일과 삶을 통합하는 성장을 추구하는 것이다.

1. 성과코칭의 원리

1) 성과코칭의 출발점

성과코칭이 핵심으로 하는 소통, 즉 커뮤니케이션은 내용(contents)과 맥락(context)이 모두 중요하다. 언어사용에 대한 학문 영역에서 이 부분을 의미론

(semantics)과 화용론(pragmatics)으로 구분하기도 한다. 직무수행 정보는 내용으로서, 이 정보는 인사평가와 진단을 통해서 이루어진다. 이러한 내용을 체계적으로 산출하는 시스템은 이 책의 앞 부분 여러 장에서 다루었다(인사평가는 저자의 다른 저서『인사평가와 성과관리』를 참조하기 바람). 성과관리의 맥락과 관련하여 기본적인 소통기술은 이 책의 피드백 영역에서 다루었다.

직무수행의 내용을 전달하는 맥락에는 상사의 대화기술뿐만 아니라 부하의 성과 향상에 대한 기대를 표출하는 상사의 태도도 함께 담기기 때문에 직무수행의 동기를 높이는 방법을 잘 적용해야 한다.

(1) 리더의 관점

가. 공정한 태도

성과면담은 리더가 주기적으로 할 일이며, 현재 회사들은 공식적으로 리더의 역할로 규정하는 경우가 많다. 성과코칭은 성과면담 과정에서 자연스럽게 발휘된다. 일상적인 대화와 달리 성과관리를 위한 피드백 코칭은 상호작용 공정성의 문제를 일으킬 수 있다. 특히 저성과자를 코칭할 때는 부하직원은 면담상황에 민감하고 방어적일 수 있다. 담당조직의 성과책임자인 상사도 부정적인 감정이나 편견을 갖고 시작할 수 있다. 그래서 공정성의 불을 일으키는 불씨가 숨어 있고, 성과면담은 불을 건드리는 접촉점이다. 성과관리의 공정성이 업무태도에 큰 영향을 주는 점은 3장에서 구체적으로 다루었는데, 공정성 관리의 원리는 면담에도 참고할 필요가 있다. 출발점은 사실에 기반해서 대화를 진행하는 것이고, 단순 면담 이상의 결정을 할 때는 근거가 되는 자료가 필요하다.

성과관리의 맥락에서 코칭은 상담이나 정신치료가 추구하는 목적과는 다르다. 구성원의 삶을 깊이 이해할 필요성은 비슷하지만, 코칭의 목적은 그들의 잠재력을 발휘하여 회사 전체의 성과를 높이고자 하는 것이다. 따라서 차별 없이 구성원들 모두에게 일관성 있는 기준을 적용하는 절차적 정당성을 유지할 필요가 있다. 성과에 대한 인사평가의 기준과 피드백 원리에 대한 사전 지식을 갖추어야 한다. 또한 성향이나 선호도에 따른 주관적인 평가적 언급이나 개인적인 판단기준을 적용하지 않는 공정한 태도를 출발점으로 삼을 필요가 있다.

나. 변화가능성에 대한 개방적 관점

심리학의 끊임없는 논쟁 중의 하나는 천성(nature)과 육성(nurture)이다. 어떤 사람의 행동이 타고난 특성에 의한 것인지, 환경의 산물인지에 대한 것이다. 예를 들어, 공부를 잘하는 것이 좋은 머리를 타고 났기 때문인지, 노력을 많이 했기 때문인지는 사람마다 다르게 생각한다. 물론, 정답은 그 둘의 상호작용일 것이다. 그러나 어떤 심리적 개념을 이론으로 구성할 때 학자는 그중 한쪽에 기울어지고 그 관점이 유지되는 경향이 있다.

심리학 이론의 실체와 별개로, 일반인도 어느 쪽으로 더 기울어진다. 그 방향에 따라서 갖는 태도를 고정마인드 또는 성장마인드가 되는 것이다. 다른 사람을 보는 관점도 그렇게 형성되고, 그것이 인간관이 된다. Higgins(1998)의 자기조절이론(self-regulation theory)을 바탕으로 사람을 구분할 때, 긍정적인 성과를 달성하는 방향으로 대응하는 촉진초점(promotion regulatory focus)과 부정적 성과를 최소화하는 데 관심을 두는 방어초점(prevention regulatory focus)으로 구분하였다. 촉진초점은 이상적인 수준에 이르기 위해서 고군분투하는 행동으로 나타나는 반면에, 방어초점은 주어진 의무를 다하는 행동으로 주로 나타난다.

한 개인으로서 리더도 어느 한쪽에 기울어진 인간관을 갖게 마련이다. 어느 쪽이 더 맞다고 할 수 없지만, 성과코칭을 하는 리더는 부하직원의 변화를 지원하고 성장을 돕는다는 관점을 바탕으로 시작한다. 그러므로 사람은 변화에 의해서 성과가 향상될 수 있는 개발과 육성의 대상이라고 보는 개방적 태도를 가질 필요가 있다. 리더가 성장마인드의 인간관을 가질 때 구성원도 공감할 수 있다. 조직의 구성원은 이미 성인이다. 리더가 고정마인드셋을 가지고 있으면서 자신에게는 변화를 요구한다면, 내면적인 동의를 이끌어낼 수 없다. '본인은 변하지 않는다고 생각하면서, 나에게는…' 이라고 생각할 수 있다.

구성원의 성과목표를 관리할 때에도 학습목표 지향성(learning goal orientation; 또는 숙달목표 지향성, mastery goal orientation)을 일깨워야 한다. 즉, 부하직원이 새로운 기술을 학습하는 행동이나 새로운 상황에 적응하고 거기서 자신의 기술을 숙달하는 행동을 유도하는 것이 성과코칭의 기본이다(VandeWall, Cron, & Slocum, 2001). 이와 대비되는 성과목표 지향성(performance goal orientation)은 다른 사람들과 성과를 비교하고, 과정보다 결과에 따라 타인으로부터 호의적인 평가를 받는 것에 초점을 두는 경향성이다.

(2) 개인 및 조직 목적의 균형

가. 일을 통한 삶의 확장 유도

문제상황에 직면할 때 코칭은 상담의 원리와 비슷하고, 부하직원을 이끌어 갈 때는 멘토링과 혼동되는 경우가 많다. 코치가 본래 승패와 기록에서 최대 성과를 내려는 스포츠 용어인 것처럼, 조직 구성원에 대한 관심사는 일에서 능력을 발휘하는 것이다. 경쟁환경에서 이윤을 추구하는 기업조직에서 다른 사람보다 더 좋은 평가를 받고자 하는 것은 자연스럽다. 다른 사람과 비교하여 더 낫다는 것을 보여주고자 하는 증명지향성(prove orientation)은 어느 정도 긍정적인 동기이다(김태홍, 한태영, 2009; 김어림, 한태영, 2017).

목표 지향성 이론에서는 스스로 성장하려는 동기인 숙달 지향성(mastery

orientation)을 더 우월하게 보지만, 업무능력을 다른 사람에게 보여주려는 증명지향성도 부적응적인 행동은 아닌 것이다. 코칭은 조직의 현실과 괴리되면 관념적으로 흐르게 된다. 일에서 성공하려는 노력을 이분법적으로 보면 구성원과 리더는 혼란스러워진다. 경쟁적인 조직에서 갖는 일반적인 태도를 삶을 확장하는 중간과정으로 이해하고, 일의 의미에 대한 시야를 좀 더 넓히도록 통찰을 주는 것이 성과코칭이다.

그 과정에서 자신의 부정적인 이미지에 너무 신경을 쓰고 실패하지 않으려고 도전적인 행동을 회피하는 회피 지향성(avoid orientation)도 통제할 수 있다. 성과목표 지향성의 부정적인 유형인 회피 지향성에 빠지지 않도록 인식을 바꾸어 주거나, 이미 일어난 실패에 대해서 수용하면서 다른 삶의 영역이 훼손되지 않도록 몰입하도록 하는 상담의 기법을 적용할 수 있다.

나. 장기적 성과에 대한 신뢰

성과코칭의 약점 중 하나는 객관적·실증적 증거가 적다는 것이다. 현대 조직의 실증주의 패러다임에서 과학적 증거가 없으면 다양한 변수를 갖고 제기하는 논쟁에서 취약해진다. 코칭의 개념과 범위도 연구마다 일관적이지 않다. 코칭에 관한 연구는 이러한 약점에 대응하기 위해서 설문 측정도구를 구성하고 통계검증의 결과를 제시하지만, 실제로 코칭의 효과에 대한 검증은 별로 없다. 그렇다 보니 조직에서 쉽게 이해할 수 있는 기법에 치중하여 부하직원(또는 피코치)의 내면적인 인식을 바꾸는 데는 한계가 있는 코칭 스킬이 되는 경향이 있다.

코칭을 도입하는 인사부서의 입장에서도 공식적인 프로그램의 효과로 보여줄 수 있는 증거를 찾게 된다. 과학적인 효과에 대한 증거가 적은 상황에서는 내면의 변화에 대한 관심보다는 만족도나 수용도와 같은 즉각적인 반응을 중심으로 코칭을 평가하게 되는 제한점이 있다.

　그러나 실증주의 과학은 반증(falsification)으로 사실이 아닌 것을 배제해 나
갈 뿐이지, 더 넓은 삶의 영역에 대한 확인을 하지는 않는다. 어떤 조직 행동
은 조직 내에서 증명하기 어려운 복잡한 삶의 일부인 경우가 많다. 장기적인
성과는 단기간의 과학적인 증거로 나타나지 않을 수도 있는 것이다. 따라서
성과코칭은 현재 확인한 성과에 대한 증거에 대한 판단을 하면서도 부하직원
(피코치)의 일 외의 영역도 보완하는 경륜이 필요하다. 이것은 전체 삶에 대
한 통찰이 되고 뒤에서 거론하는 영성의(spiritual) 영역이라고 할 수 있다.

다. 부정적인 결과의 가능성 대비

성과코칭은 때로 낭만적이지 않다. 코칭은 구성원들 모두에게 이 회사에서
성장할 기회를 제공할 수는 없다. 코칭을 하려는 관리자가 어렵고 대면하기
싫은 상황을 맞을 수도 있다. 예를 들어, 보직을 내려놓도록 하거나 심지어
해고까지 생각하는 관계이다. 갑자기 해고를 거론하는 것은 상황을 나쁘게
만든다. 그러므로 이러한 상황이 발생하기 전에 본인이 개선의 기회를 갖도
록 코칭을 해야 한다.

　하지만 그 단계를 넘어서는 상황에서는 회사의 입장이나 결정을 명확하게
설명해야 하며 구차한 변명을 댈 필요가 없다. 사람과 분리되는 일이 개인적
으로 힘든 이유는 양면적인 역할을 동시에 해야 하기 때문이다. 관리자로서
리더는 한편으로는 조직 입장에 서서 나쁜 소식을 전해야 하면서도, 다른 한
편으로는 고락을 함께했던 동료의 입장도 생각해야 된다. 일에서 멀어진 직
원의 고통과 처지를 인간적으로 공감하면서도 혹시 있을지 모르는 소송이나
사후적인 리스크도 함께 고려하지 않으면 안 된다.

　해고는 고용 계약의 종료를 의미하지만, 현재와 같은 고령사회에서 회사
나 동료들과 맺고 있던 모든 관계의 단절이 될 필요는 없다. 퇴사하는 직원의
가교일자리(bridge job)를 구하는 데 도움을 주거나 향후 커리어에 대해 배려

를 하는 상생의 대응이 필요하다. 도움을 줄 만한 지인을 소개해주거나 다른 회사에서 평판 조회가 들어올 때 긍정적인 피드백을 주면 퇴사하는 직원 입장에서도 도움이 될 수 있다.

이러한 성과코칭은 인사부서와 통합적으로 실행할 필요가 있다. 근속 연차나 기여도에 걸맞게 성의 있는 퇴직 패키지를 제공하는 것은 코칭의 측면 지원에 해당한다. 다각적인 측면지원은 계속 성과에 초점을 두어야 하는 남아 있는 직원들에게도 성과코칭의 수용성을 높일 수 있다.

2) 성과코칭의 방법

(1) 성과코칭의 단계

성과코칭은 최근에 발달한 성과관리 접근법이다. 그래서 아직까지 체계적인 이론이 부족하다. 이론 체계에 대한 동의가 충분하지 않다는 의미는 과학적인 증명이 충분히 되지 않았다는 것을 의미한다. 기법과 모델 중심으로 발달하고 있기 때문에 조직이 코칭방법을 얼마나 채택하는지에 따라서 상사의 성과관리 역할도 현실적으로 차이가 난다.

접근법의 다양성이 갖는 장점을 수렴해 보면, 효과적인 성과코칭의 단계는 어느 정도 일관성을 보인다(Peterson, 2009). 이 단계는 실제로 성과코칭이 독립된 영역으로 발전해 온 과정이라고 할 수도 있다.

가. 개별적 코칭

이러한 코칭은 리더십의 일부라고 할 수 있고, 때로는 멘토링과 구분되기도 어렵다. 이러한 성과코칭은 대부분의 전적으로 부서장이나 상사 개인에 의해 이루어진다. 조직장을 지원하기 위해서 인사관리 전문가나 외부 전문가가 초기 분위기를 형성하는 자문이나 특강의 방법을 가미하기도 한다. 평가와 면담에 대해 상사와 부하 모두가 힘들어하는 인사평가에 비해서 성과코칭이 차별적인 가치를 발휘하면서 수용성이 높은 면담을 하는 형태라고 할 수 있다.

하지만 이 단계에서는 코칭이 얼마나 진행되고 있는지, 얼마나 가치가 있는지 평가하기 어려우며, 심지어 누가 성과코칭을 받고 있는지 문서화도 되지 않는다. 이 단계에서 성과코칭은 일반적으로 특정 문제에 대응하거나 외부에서 영입된 신임 관리자가 온보딩(on-boarding)하는 과정에서 공식적인 조직사회화(organizational socialization) 프로그램 이후에 이루어지는 경우가 많다.

나. 관리적 코칭

관리적 코칭은 개별적 코칭 후에 회사 차원의 개입에 따라 전환될 수 있다. 개별적 코칭이 성과코칭으로서 유용한 방법이라고 판단하면서 보다 조직적이고 체계적인 방식으로 적용하는 경우이다. 성과관리에 대한 시스템 안에 편입시키기 위해서 성과코칭 시스템을 관리하는 역할을 누군가 맡게 된다. 담당자의 임무는 코치를 지목하거나 선발(외부 코치의 경우)하는 준거를 만들고, 성과코칭 프로세스를 매뉴얼로 구성하며, 참가자 만족도 측정도구를 개발하는 것이다. 외부 코치를 활용하게 되는 경우에는 코칭에 대한 명확한 기대사항을 제시하고 코칭 기술에 대한 기본 교육도 마련한다.

다. 전문적 코칭

성과코칭이 확산되면 성과코칭과 리더십코칭을 적절히 조합하는 단계로 발전할 수 있다. 회사의 지원이 좀 더 명확해지고, 대상도 구분하게 된다. 대체로 미래 핵심인력의 잠재력을 개발하기 위한 프로그램으로 체계화된다. 또한 개별 구성원에게 초점을 두는 효과와 함께 조직성과도 고려하여 외부영입 리더의 적응(즉, 온보딩)을 위한 지원과 조직문화의 변화를 추진하기 위해서 조직적이고 계획적인 방식으로 코칭을 사용하는 단계이다. 성과코칭이 좀 더 정교해지면, 신입사원의 사회화를 위한 내부코칭, 일상적인 성과코칭 이상으로 승진을 위한 외부코칭, 중간 관리자의 리더십을 위한 내부코칭, 및 임원을 위한 외부코칭 등으로 세분화되기도 한다.

라. 전략적 코칭

조직의 전략적 인재관리 체계 안에 코칭이 핵심적인 인재 풀을 개발하는 방법으로 사용되는 단계이다. 가장 이상적이지만 국내에서 이 단계로 발전한 회사는 아직 드물다고 할 수 있다. 오히려 최근 현실에서 필자는 이 단계로 다다르지 못하고 정체되는 느낌도 든다. 라이프 코칭의 명칭으로 조직 외의 일반인 대상의 코칭으로 전환되는 형태도 보인다.

　체계적인 전략적 코칭을 위해서는 성과코칭에 대한 투자가 사업 전략과 부합되고 내외부 환경에 대응하기 위해서 코칭이 적절하고 비용 효율적인 방법이라는 것이 검증될 필요가 있다. 이러한 검증에 기반하여 성과코칭보다 넓은 범위에서 코칭의 혜택을 받는 당사자, 특정 인재풀뿐만 아니라 회사의 조직문화와 비전을 구현하기 위해 코칭을 사용하는 것이다. 또한 코치로서 조직의 리더에게 기대되는 사항과 내부 전문가 및 외부 코치의 역할 책임에 대해서 명확하게 구분하는 단계이다.

(2) 조직장으로서 리더의 역할

앞 장에서 상사가 부하와 성과관리를 위한 면담에서 피드백 기술을 설명하였다. 이것은 단기적으로 성과관리를 하는 과정이라고 할 수 있다. 장기적으로는 상사가 구성원의 성과향상을 지원하는 역할이 필요하다. 관리자 코칭(managerial coaching)은 부하직원의 역량개발과 직무 만족도 향상을 통해서 조직의 성과향상에 도움이 되는 방법으로 거론되어 왔다(Hamlin, Ellinger, & Beattie, 2006). 그렇지만 현실적으로는 관리자가 다른 관리활동보다 코칭은 훨씬 적게 수행하고 있다(Lombardo & Eichinger, 2002). 관리자는 조직관리와 회사의 목표를 달성하는 데 치중할 수밖에 없는데, 부하 구성원들은 주로 자신의 목표에 초점을 두고 지원해 주기를 기대하여, 상하관계의 니즈에서 상충되는 관계가 있는 것이다.

성과코칭의 단계에 따라 상사의 역할을 좀 더 코칭에 맞추기 위해서 할 수 있는 활동을 살펴보자.

가. 개별적 코칭단계

실질적으로 이 단계에서는 전통적인 리더십 차원 중 과업중심적 리더십을 원만하게 발휘하는 것이 상사의 역할이다. 즉, 성과목표에 대해 분명하게 인식하도록 부하와 목표를 설정하고, 업무수행에 대한 조언과 피드백을 주며, 부하에게 책임범위를 명확하게 제시하는 성과관리 역할을 담당하는 것이다.

성과코칭의 접근법에서 이 단계의 활동을 DESC라고 요약하기도 한다(Bower & Bower, 2004).

- 행동설명(Describe the behavior)
- 기대표현(Express your feeling)
- 변화제시(Specify the desired change)
- 결과설명(Consequences if the desired change)

위의 네 가지 사항은 일반적인 개념의 코칭이라고 보기에는 다소 무미건조하기도 하지만, 핵심적인 성과관리의 행동이며, 부하직원의 향후 성과향상에 긍정적인 영향을 미칠 수 있다. 현실적으로 회사에 성과코칭을 위한 문화가 조성되어 있지 않으면 관리자는 이 정도 이상의 코칭을 하기 어렵다. Longenecker 등의 연구를 보면, (1) 관리자들은 대부분 자신이 승진하면서 받

는 교육 후에는 공식적인 직무 코칭에 대한 훈련을 거의 받지 않고, (2) 관리
자는 대게 상위 관리자로부터 체계적이거나 지속적인 성과 피드백을 거의 받
지 않으며, (3) 부하에게 피드백을 주어야 하는 경우에 주도적으로 하기보다
는 상황적으로 떠밀려서 하는 경향이 있고, (4) 구성원이 많은 부서일수록 의
미 있는 성과 피드백을 받을 가능성이 낮다.

나. 관리적 코칭단계

이 단계에서 코칭은 관리책임을 맡은 부서장에게 코칭을 역할 책임 중 일부
로 요구하는 일반적인 단계라고 할 수 있다. 공식적인 관리자 평가에도 반영
하며, 앞장에서 설명한 역량개발을 위한 시스템과도 통합하는 단계라고 할
수 있다. 이론적으로 한태영과 박수연(2011)이 진단도구로 제시한 성과코칭
의 영역을 포함하는 것이다.

성과코칭 측정도구

상사(팀장)는

(안내)

나에게 기대하는 성과에 대해 알려준다

나의 업무를 분석하도록 도와준다

성과 향상을 위한 건설적인 피드백을 준다

성과를 향상시킬 수 있는 유용한 방법을 제안한다

(촉진)

내가 기발한 생각을 할 수 있도록 내 이야기를 들어준다

내가 문제를 해결할 수 있는 창의적인 생각을 하도록 돕는다

내가 새로운 대안을 충분히 실험해 보도록 장려한다

(감화)

나의 능력이 향상될 수 있다고 자신한다

내가 지속적으로 개발하고 개선하도록 장려한다

나의 새로운 도전을 지원한다

관리자는 위의 측정도구와 비슷하게 다음의 활동을 한다.

- **통찰** : 일반적으로 회사에서 하달식으로 내려오는 성과목표와 다르게 부하가 주도적으로 자신의 성과목표의 가치를 생각하도록 하는 것이다. 관리자는 부하가 자신의 경력계획에 입각해서 어떤 역량을 개발하는 것이 필요한지 우선순위를 설정하여 역량개발 계획을 수립하도록 돕는 활동을 한다. 이 과정은 부하를 도와주는 양방향적 의사교류로 시작된다.

- **촉진** : 새로운 역할과 책임을 담당해서, 자신을 위한 특별 프로젝트나 역할범위를 확대하는 과제를 통해 자신의 경력에 도움이 되는 것을 학습하도록 촉진하는 것이다.

- **책임** : 이 단계에서 책임은 순전히 성과("얼마나 잘 수행했습니까?")에서 육성에 대한 책임("무엇을 배웠습니까?")으로 전환하는 관점을 말한다. 그러므로 부하를 위한 촉진활동을 점검하게 되므로, 이런 활동을 지원하기 위해서는 회사가 공식적으로 필요한 교육을 시켜줄 필요가 있다.

　관리적 코칭에서는 앞 장에서 설명한 다면(360도) 피드백 결과를 개발계획 및 코칭 프로세스와 연계하여 적용할 수 있으며, Whitmore (2002)는 GROW 대화를 기반으로 한 코칭 모형을 제시하여 구성원 스스로 자신을 통찰하고 책임감을 갖는 흐름을 구성하였다

GROW 모형의 핵심

Goal 단기 및 장기 목표 설정

Reality 현재 상황을 탐색하기 위한 현실 확인

Options 옵션 및 대안 전략 또는 행동 과정

What 무엇을 할 것인가, 언제, 누가, 그것을 할 의지

다. 전문적 코칭단계

이 단계에서 회사는 공식적으로 리더십의 우선순위에서 코칭이 중요하다는 점을 표명하면서 핵심인력이 이 역량을 갖도록 강조하게 된다. 회사는 리더가 코칭을 하는 동기를 자극하기 위해서 조직의 리더십 개발기법으로 적용하며 핵심 리더들이 이를 적극적으로 사용하도록 독려한다.

그에 따라서 관리자, 인사부서 및 외부 코치의 역할이 점차 분화되어간다. 관리자는 성과가 부진할 때 담당부서의 문제를 다루는 과정에서 코칭의 방법론을 적용하여, 팀의 새로운 구성원이 직무에 적응할 수 있도록 돕고 고성과자를 육성하기 위해 잠재력을 개발할 기회를 지원하는 역할을 담당하게 된다. 일반적인 성과관리 역할을 담당하는 것은 물론이다.

외부 코치의 경우에는 주로 신임임원의 코칭에 적용하며 때로 앞 장에서 설명한 관리자 역량개발위원회(DC)에 적용하며, 조직의 문제로 상황이 복잡하거나 어려운 문제에 봉착한 중요한 리더를 코칭하는 경우에 활용하게 된다.

라. 전략적 코칭 단계

이 단계에서 관리자는 코칭을 관리자 업무의 필수적인 부분으로 보고 학습 문화 또는 개발 문화 구축에 주요한 초점을 둔다. 이것은 코칭이 전체 전략적 인재개발 시스템에 통합되는 것으로, 코칭과 학습을 상시적인 활동으로 보

는 것이다.

이 단계에서 외부코치가 합류할 경우, 경영진과의 협력문제가 있다. 이 어려움은 특히 외부 코치가 경영진에 대한 리더십 코칭을 할 때 대두되는 것으로, 경영상의 의사결정을 할 때 기밀사항을 경영진이 개방하기 힘든 경우가 있을 때 나타난다. 경영진이 개방적이지 않아서 코치의 효과가 떨어질 뿐만 아니라, 외부코치도 효과적으로 조력하지 못하는 상황이 되는 것이다. 이러한 경우에는 리더는 내부코치로서 경영상의 맥락을 외부코치가 이해할 수 있도록 적절한 수준에서 설명하는 파트너십을 발휘할 수 있다.

3) 인사부서의 역할 발달

성과코칭이 확산되면서 분위기에 편승해서 적용하던 일시적인 유행을 지나면 조직 내부에서는 이 프로그램에 드는 비용을 관리하고 내부역량을 구축하는 움직임이 생긴다. 그에 따라 조직 내부에 코칭 시스템을 구축하는 추세가 생긴다(Jarvis, Lane, & Fillery-Travis, 2006). 이를 통해서 회사의 사업상황과 조직 문화 및 정치를 이해하면서 즉각적인 피드백을 줄 수 있는 체계를 만든다. 현업의 조직 리더의 역할과 인사부서의 역할은 분화되어 가면서 서로 팀워크를 이루게 된다. 이러한 협력이 성공적이면 조직 내에서 코칭의 단계도 업그레이드되어 간다.

(1) 인재관리적 지원

가. 관리자 측면지원

인사부서는 성과코칭에 대한 기본원리와 스킬을 교육 프로그램으로 지원할 수 있다. 또한 현업의 리더가 특히 감당하기에 힘든 직원의 성과 문제를 코칭하는 데 측면지원을 한다. 측면지원이란 과거에는 저성과자에 대한 관리나 피드백을 인사부서의 전문가가 직접 담당했지만, 성과코칭이 발달할수록 직접적으로 관여하지는 않는다는 의미이다. 오히려 인사부서는 최근에 승진한 리더를 대상으로 조직 내에서 의사결정을 내리는 방법에 대하여 교육을 시킨다. 또한 5장에서 소개한 역량개발(DC) 방법으로 리더의 관리 스타일을 변화시키는 데 더 많이 관여를 하게 된다.

나. 적합한 코치의 선발

코치는 해당 직무나 조직에 대해 어느 정도 알고 있는 사람이어야 한다. 피코치의 업무에 대해 어느 정도 알고 있어야 하며 그 업무의 경험이 없더라도 비슷한 업무 상황에 대한 경험이 있는 사람이어야 하며, 신뢰를 구축하고 실제로 도움이 되는 솔루션을 찾는 과정에서 대상자의 전문용어, 문제, 책임을 이해해야 한다.

이러한 유형의 문제에 대해서 코치의 실적은 어느 정도인지 파악해야 한다. 코치가 주로 사용하는 접근 방식과 솔루션을 알고 있어야 하고, 이 코치의 방법이 성공적으로 도움이 되는지 레퍼런스 체크가 필요하다.

(2) 효과검증 체계 구축

서구에서는 코칭이 효과적인 리더십 개발 도구라는 강력한 연구 및 사례 연구가 어느 정도 있지만(Jarvis, Lane, & Fillery-Travis, 2006; Peterson & Kraiger, 2004), 국내에서는 이에 대한 증가가 별로 없다. 만족도와 같은 정성적이고 가변적인 증거를 넘어서 필요한 시간과 비용, 코칭 방식에 따른 성과수준의 차이 등에 대해서는 회사가 자체 프로세스를 만들어서 평가하는 것이 중요하다. 이를 필요한 코치를 연결하는 방법, 프로세스를 단순화하여 비용을 절감할 수 있는 방법을 찾고, 최근에 적용되는 온라인 비대면 코칭의 가능성을 파악할 필요가 있다.

코칭 과정의 구성 요소(예 : 행정 절차, 커뮤니케이션, 조직의 지원, 참가자의 동기, 학습 또는 개발 내용, 회사성과에 대한 영향 등)에 대한 상세한 분석에 대한 평가는 설문을 기본 방법을 사용하면서 각 구성 요소에 대하여 세밀하게 분석할 수 있다.

(3) 코칭문화 조성

가. 단기적 하향적 개입

조직의 위계적인 특성상 조직문화의 조성은 하향적(top-down) 방식이 빠르고 명확하다. 성과코칭은 성과관리를 위한 소통의 방식에 초점을 둔 변화이기 때문에 단기적인 변화를 통해서 코칭문화를 조성하는 것이 가능하다. 단기적으로는 최고 경영진을 후원자이자 코칭의 역할 모델로 삼는 것이 효과적이다(Underhill, McAnally, & Koriath, 2007). 고위 경영진이 자신이 도움을 받은 코칭에 대해서 이야기하면 역할모델로서 영향을 미치게 된다.

나. 장기적 문화형성

단기적인 문화조성은 행동에 대한 보상으로도 이루어질 수 있다. 성과코칭을 통해서 부하를 육성하는 활동을 리더의 승진을 위한 기준으로 삼으면, 성과코칭을 통한 성과관리에 보상의 메시지가 조직 전체에 전달되는 문화조성의 효과가 나타나게 된다.

코칭은 인간에 대한 잠재력을 존중하는 개방적인 접근법에 입각하므로 가치관의 변화도 함께 필요하다. '사람은 고쳐 쓸 수 없다'는 결정론적 관점에서는 적합한 사람을 선발채용으로 해결할 수밖에 없다. 코칭이 상담으로 흐르는 경우도 기업조직에서는 활성화되기 어렵다. 예를 들어, 어느 기업의 경우 최고경영자에게 인사부서가 전문코치를 지원했음에도 불구하고 그 코치는 일상적인 대화를 하는 말 상대밖에 되지 않았다. 코치가 좀 더 깊은 대화

로 들어가려고 하면 경영자가 선을 긋고 담소를 나누는 대상으로 한정한 경
우가 있다. 그렇다고 그 경영자가 코칭을 가볍게 여긴 것은 아니다. 그는 비
공식적으로 인사부서도 모르는 코치를 만나고 있었다. 이런 경우에는 일과
성과 이슈를 지향하는 코칭의 문화가 형성되기 힘든 것이다.

  따라서 앞서 단기적 방법으로 언급한 승진이나 보상으로 지원할 때 인사
부서가 신뢰로운 파트너가 될 필요가 있다. 관리자가 성과코칭을 위해서 부
하의 정보를 요청할 때나 개발계획을 세우는 데 지원을 요청할 때 관련되는
측면지원을 인사부서가 기민하게 할 필요가 있다.

2. 통찰력을 깨우는 감화의 코칭

앞 절에서 코칭이 실증적 증거가 적다는 약점을 잠깐 언급했다. 이는 경험 과
학의 관점에서 거론되는 약점이라고 할 수 있다. 이론적 측면에서 코칭의 또
다른 논쟁점은 주로 긍정심리학에 근거를 두어서 개인 의식의 자유를 절대화
하는 관점이 강하다는 점이다. 최근 10여 년 동안 개인의 주관적 경험을 중시
하는 사회적 트렌드와 같은 맥락이다. 개인의 생활에 초점을 두는 라이프 코
칭은 이러한 흐름에서 무리가 없지만, 조직으로 기능하는 일터에서 이런 접
근은 이윤을 추구하는 조직의 기본적인 목적과 상충되는 경우가 많다. 성과
코칭이 상담과 다른 점은 개인의 적응성에 주요한 초점이 있기보다는 조직의
성과에 기여할 수 있는 변화와 균형을 맞추는 것이다.

  개인화된 코칭은 은연중에 구성원이 만족스러운 인생을 살지 못하게 가로
막는 것은 비난받을 일이며, 개인의 행복이 매우 중요해서 사회적으로 보편
적인 가치나 도덕률조차 이 행복을 뛰어넘지 못한다고 암묵적으로 가정하게
된다. 이러한 관점에서는 사회적 가치 같은 상위의 가치를 위한 희생은 우선

순위에서 밀릴 수 있다. '각자도생'의 밀림 같은 사회가 될 수도 있다.

반면에, '착한 경영'을 중시하는 최근의 트렌드는 경영자 중심, 회사의 이익 중심의 사고를 경계하면서 나타났다. 개인화된 구성원을 존중하는 인재관리의 전략도 포함되지만, 과도한 수익중심적 편향에 대한 경계라고 보아야 한다. 구성원의 성장이 회사의 본질적인 관심사인 성과(즉, 수익성)와 조화를 이루기 위해서는 일에 대한 가치를 전체 관계 속에서 인식하는 코칭이 필요하게 된다. 깊은 통찰력은 일의 의미를 자신에게만 두지 않고 상위의 가치와 규범(hyper-norm)을 공유하는 인식을 갖고 조직과 조화되는 방향에서 일의 의미를 생각하게 되는 것이다.

1) 일터에서 관계 구축

'네 이웃을 사랑하라'는 말을 실천하고 싶지 않은 사람이 있을까? 이 가치는 정상적인 사람이라면 본래부터 가진 양심과 자라면서 교육받아 온 보편 원리로 이해할 것이다. 그러나 지고(至高)의 원리는 뭔가 거리감이 있다. 교과서적인 원리일 뿐이라는 거리감이며, 실행할 때는 마음과 다르다. 더욱이, 크고 작은 경쟁이 일상화된 직장에서 그 원리를 적용할 수 있는지 의문이 들기 때문이다. 조직의 대인관계는 복잡하게 얽힐 때가 많다. 상충되는 가치에 의해서 우선순위가 달라지기도 한다.

그렇지만, 앞 장에서 설명한 것처럼 장기적으로 성과가 저조해지는 원인으로 일-삶의 불균형을 살펴본 것처럼, 단기적인 성과에 몰두한 구성원이 깊은 통찰을 찾도록 돕기 위해서는 한 번쯤 환기시킬 필요가 있는 보편 원리일 것이다. 조직으로 규정되는 일터는 다양한 이웃이 같이 일하는 곳이다. 일을 통한 성장을 성과코칭의 일부로 보면, 안팎의 이웃은 성장을 위한 도전이거나 촉진자가 될 수 있다. 또한 다음 절에서 설명하는 영성을 강화함으로써 조직과 삶을 통합하기 위해서 경계를 허무는 매개체가 될 수 있다. 이런 측면에서 이웃사랑의 보편 원리가 일의 현실에 더 가까워지고, 조직의 우선순위와 일치될 수도 있다.

(1) 고객만족과 리더의 코칭

현대조직이 추구하는 최상의 목표는 고객만족이다. 고객은 조직이 존재할 수 있도록 만들어주는 지향점이다. 외부의 고객이 회사의 제품이나 서비스를 선택하여 회사가 유지된다. 그들의 선택이 이윤이 되고, 기업활동의 의미를 부여한다. 하지만 조직의 구성원이 조직의 목표를 나의 목표로 내면화하는 것은 쉽지 않다. 사업에 대한 목표인식이 리더나 경영자의 마음과 같지 않은 것이다.

반면, 개인사업자나 소상공인에게 고객은 얼마나 절실한가? 그들은 사업이 존재할 수 있도록 나의 제품을 구매한다. 고객이 남기는 구매후기와 서비스에 대한 의견은 피드백 이상이다. 온라인 기반 사업의 경우에는 핵심자산이다. 온라인이 일상이 되고 디지털 정보가 계속 남아 있는 소셜 네트워크에서 고객평은 잠재적인 고객이 실제 고객이 될지를 결정하는 힘을 발휘한다. 별점과 평점은 작은 실수를 범했을 때도 이것을 이해해 주고 만회할 수 있도록 허용해주는 버퍼가 된다.

경영자나 개인사업자에게는 고객이 절대적이지만, 조직의 구성원에게는 충분히 와 닿지 않는다. 일의 의미(meaning)를 느끼기 위해서는 자신이 일한 결과가 어떻게 나타나는지를 알아야 하는데, 일의 흐름에서 일부 기능을 담당하는 구성원이 그 결과에 대해 알기가 쉽지 않다. 그래서 조직의 구성원은 개인사업자처럼 주인의식을 갖기가 쉽지 않은 것이다.

그러나 내부 가치사슬(value-chain) 안에서 명확한 고객이 있다. 그들에게 가장 가까운 동료를 내부고객이라고 부른다. 내부의 고객은 팀의 성과에 함께 기여하기 때문에 조직인으로서 내가 존재하도록 만들어준다. 그들은 외부의 고객을 대하는 의미와는 다르다.

코치가 조직장을 코칭할 때는 개인화된 평가와 보상, 직무로 한정하는 역할책임에 대한 인식을 전환하도록 대화할 필요가 있다. 현실적으로 직장동료는 나의 직무수행을 선택하는 대상이 아니며, 그들을 만족시킨다고 해서 당장 나의 업무목표가 달성되는 것은 아니다. 그러나 금전적 보상은 만족을 주기에는 충분하지 않다. Herzberg의 2요인 이론에서 보상은 불만족을 제거하는 데 역할이 더 크다. 이 이론에서도 그에 대응해서 내재적인 만족을 이끄는 동기요인을 강조했다. 나를 주체로 보는 목적중심적인 고객만족은 지속성이 크지 않다.

Herzberg가 동기요인으로 언급한 자신에 대한 인정과 사랑은 충족되는가? 만약에 그것이 충족될 때 회사에게는 어떤 이익을 줄 수 있는가? 일차적으로 개인 구성원이 창출하는 회사에 대한 이익이란 같이 일하는 동료에 대한 기여라고 할 수 있다. 같이 일하는 동료에 대한 만족은 목적중심적인 활동이 아니라 일의 의미를 명확하게 만드는 상호작용인 것이다. 각자가 다른 역할을 하지만 성과는 팀으로 나타나는 경우가 많다. 그래서 그들이 내부고객이다. 팀워크에 얼마나 기여하고 있는지를 가장 잘 아는 사람은 동료이기 때문에 다면평가에서 동료평가를 활용한다. 자신의 자아실현만 추구한다면 일터는 최대 성과를 내지 못한다. 시너지가 없기 때문이다. 그래서, 이러한 철학을 담은 통찰의 방법을 다른 많은 용어를 제쳐두고 '코칭'이라고 하는 것은 팀워크가 중요한 운동경기의 리더를 명칭으로 삼은 것이다.

(2) 고객소통을 위한 코칭 방법

가. 다면 피드백

기본적인 내부고객 자료는 다면평가에서 나타나는 동료와 부하의 평가이다.

앞서 4장에서 상세하게 소개했듯이, 다면평가는 애초에 다면 피드백의 목적으로 도입되었으며, 개별 구성원을 아래와 옆에서 둘러싸고 있는 동료들의 인식을 반영하고 있다. 이러한 정보는 피드백의 용도로 활용할 때 상사의 평가에서 충분히 나타나지 않는 다양한 정보를 포함한다. 특히 부하의 평가는 소통의 예의와 상대방을 육성하는 지원자의 태도를 볼 수 있으며, 동료들의 평가는 원팀으로 참여하는 자발적 행동과 동료에 대한 도움행동을 반영하기 때문에 성과중심적인 상사의 평가와 달리 코칭을 위한 중요한 정보를 드러내는 경우가 많다.

다면진단 자료는 개별적이며 당사자와 조직장 외에는 비밀이 보장되는 것이 다면 피드백의 원칙이다. 그러므로 외부 코치가 이 정보를 참조하는 것은 코칭 당사자가 허용하거나 그만한 인사적 권위를 가져야 하는 사전 절차가 필요하다. 또한 당사자가 허용했다고 하더라도 직접적으로 해당 정보를 거론하기 보다는 질문을 통해서 스스로 언급할 수 있는 기회를 주어서 자연스럽게 고객의 관점을 인식하도록 해야 한다.

나. 2차 데이터로 고객 파악

만약 코칭 대상이 조직장(예 : 팀장 등)이 아닌 경우에는 팀 리더에게 요청하여 조직문화 진단자료를 준비할 수 있다. 조직이 전문적 코칭을 적용하고 있다면 이런 자료는 인사부서에 요청할 수도 있다. 이 경우 코칭 대상에게 자기평가 자료를 준비하도록 할 수 있다.

좀 더 시야를 넓히기 위해서 소속 팀의 조직진단자료뿐만 아니라 업무 상의 가치사슬에 해당하는 이해관계부서의 조직진단 자료를 함께 갖고 얘기를 나누면 더 큰 시각을 키울 수 있다. 그런 방법은 이차자료를 활용할 수 있다. 관리적 코칭 이상의 단계에서는 조직이 HR 빅데이터를 활용하여 HR 데이터분석(즉, people analytics) 자료를 가공하는 것이 하나의 방법이다. 코칭 대상자가 주로 소통(이메일, 소셜네트워크, 메신저, 통화 등)하는 데이터를 소셜네트워크 분석기법으로 시각화할 수 있다. 이 정보는 조직 전체가 얼마나 밀도 있게 소통하는지 뿐만 아니라 당사자가 네트워크 상에서 어떤 위치에 있는지 알 수 있다. 더욱이, 당사자가 누구를 중심으로 소통하는지, 자주 응대하는 고객이 누구인지 직관적으로 볼 수 있다.

다. 조직진단

코치는 피코치가 하는 일에 대한 내부고객을 넓게 인식하는 능력을 키울 필요가 있다. 조직의 책임자인 리더는 내부고객의 만족도를 반영하는 공식적인 자료를 갖고 있다. 대표적인 자료는 조직문화 진단자료이다. 조직문화부서가 팀 단위로 조직문화를 주기적으로 진단하며, 여기에는 다양한 항목에 대한 내부 구성원들의 인식이 반영되어 있다. 조직문화는 구성원들의 개별적인 태도의 합산점수로서, 전체적으로 내부고객에 해당하는 부하직원들의 인식을 검토할 수 있다. 팀의 분위기에 대해서 구성원들이 비슷하게 인식한다면 이 자료는 팀 수준(level)의 자료라고 할 수 있다. 중요한 점은 이러한 조직문화를 형성하는 데 하향식(top-down)으로 크게 영향을 미치는 것이 해당 조직의 리더(즉, 팀장)이기 때문에 팀 리더의 내부고객이라고 할 수 있는 팀 구성원들의 생각을 반영하는 것이다. 그런 이유로 어떤 조직은 조직문화 진단 결과가 연속적으로 좋지 않으면 팀 리더의 직위를 해제하는 경우도 있다.

(3) 자기인식 높이기

코치는 자기평가 자료를 출발점으로 삼으면 좋다. 팀 리더를 코칭하는 경우, 리더가 자신의 강점에 대해서 인식하도록 유도한다. 이때 6장에서 소개한 긍정적 피드백의 원리인 AAA 방식을 쓸 수 있다. 마지막 A에 해당하는 감사(appreciation)를 상사가 부하에게 표현하는 것이 아니라, 본인 스스로 강점이 부하직원에게 어떤 영향을 주는지 인식하도록 유도하는 것이다. 그러한 영향이 부하에게 긍정적인 영향을 주는 이유는 다양하다. 그 이유가 무엇이든 간에 이 과정에서 부하직원이라는 내부고객이 좀 더 명확하게 드러나게 된다.

가. 내부고객의 확장

이때 자기인식을 위해서 두 측면을 부각시킬 수 있다. 한 측면은 긍정적인 영향력이 미치지 않는 내부고객이 누구인지 확인하는 것이다. 리더는 모든 부하직원에게 동일한 영향을 미칠 수는 없다. 리더십의 이론 중 리더-멤버 교환이론(Leader-Member Exchange, LMX 이론)에 따르면, 부하직원은 리더가 좀 더 아끼는 내집단(in-group)이 있는가 하면 그렇지 않은 외집단(out-group)이 존재한다. 특히 성과중심적인 리더의 경우 최대한의 성과와 중요한 일에 초점을 두다 보면 교환관계에 입각하여 집단을 구분하게 된다.

　그러므로 리더가 자신의 강점을 발휘하는 과정에서 놓치고 있는 부하를 생각하도록 코칭으로 유도하면 내부고객의 범위를 넓히게 된다. 좀 더 적극적인 방법으로는, 외집단에 줄 수 있는 영향력을 탐색할 수 있다. 내집단과는 다른 교환요소를 찾으면서 부하직원의 관심사의 차이를 인식하게 된다. 리더는 이러한 활동을 통해서 내부구성원에 대해서 다양성(diversity)에 대한 민감도가 높아지게 되며, 외부지향적으로는 고객을 대하는 진심의 깊이를 더욱 깊게 할 수 있다.

나. 숨겨진 강점 찾기

'굼벵이도 구를 줄 안다'는 속담처럼 누구나 강점은 있다. 구성원들도 독특한 강점이 있지만, 조직은 규정과 절차에 의해서 그 강점을 모두 활용하지 않는 경우가 흔하다. 조직의 단기적인 성과를 위해서는 구성원의 독특한 강점을 활용할 여지는 없을지라도, 개인의 성장을 위해서는 그 강점은 귀중할 수 있다. 자신의 강점을 인식하는 사람들은 웰빙이 높은 경향이 있다(Govindji & Linley, 2007). 게다가 구성원의 심리적 안녕감은 장기적으로 조직의 성과에 기여하는 수준상향적(level-up) 효과가 있다.

자신이 미처 모르는 강점은 다면평가 자료에도 나타날 수 있다. 구성원의 다면평가 자료를 참고하면 다른 구성원들이 오히려 강점으로 인정하는 항목이 있다. 이렇게 서로 인식이 다른 불일치 자료를 활용하는 것이다. 당사자가 이 자료를 미리 보지 않았다면 코치는 미리 분위기 완화(ice-breaking) 활동으로 숨겨진 강점을 제시하여 다면평가에 대한 자기인식의 준비도를 높이면 좋다. 좀 더 체계적인 방법으로는 표준화된 설문도구를 활용해서 강점을 파악할 수도 있다(탁진국, 2022).

사전활동의 예 : 만원 속의 정보 찾기

때로 코칭의 대화는 인위적이고 어색할 때가 있다. 특히 자신에 대해서 생각해보지 않은 것을 스스로 끄집어내는 것은 초등학생의 활동 같을 때가 있다. 이런 때는 게임을 통해서 분위기를 푸는 아이스브레이킹 활동을 하면 좋다.

만원 속의 정보 찾기는 우리가 값지게 여기지만 사소하게 지나치는 정보를 찾게 해 준다. 만 원을 꺼내서 지폐의 앞쪽은 코치만 보면서 7개의 질문을 상대방에게 던지고 알아 맞히도록 한다. 지폐 속의 정보는 일반적으로 잘 보지 않고 지나치는 경우가 많다. 질문의 예는 다음과 같다.

- 지폐의 코드는 위에 있는가 아래에 있는가?
- 세종대왕에 대한 정보는 무엇이 있는가?
- 홀로그램 안에 있는 그림은 무엇인가?
- 한국은행 표시는 몇 개가 있는가?
- 세종대왕은 쌍꺼풀이 있는가?

(4) 선한 영향력 찾기 : 내부고객을 이웃으로 전환하는 활동

가. 자신의 강점이 미치지 못하는 영역에 대한 질문

현대조직에서 일은 관계를 맺는 과정이다. 현대인은 나이가 들어가면서 진심으로 관계를 맺는 사람들이 줄어든다. 그렇지 않은 사람들도 있지만, 대체로는 그렇다. 학창시절에 친하던 친구들도 몇 사람을 제외하면 자주 만나는 사람들은 일을 통해서 교류하는 사람들이다. 그렇다고 그들이 이웃이 되는 경우는 많지 않다. 특히 코칭의 대상인 리더는 의사결정 수준에서 일하는 사람으로 이해관계가 복잡해진다. 그래서 일터에서 만나는 사람들을 진심으로 대하기 힘든 경우가 많다. 부하직원은 지시를 내리는 역할관계이기 때문에 그들을 이웃으로 전환하는 데에는 특히 훈련이 필요하다.

자신의 영향력을 선하게 확장하기 위해서는 다음과 같은 질문으로 구성원의 인식을 확장할 수 있다.

- 구성원이 하는 일 중에서 하찮은 일이 있는가? 리더가 보기에는 사실 그렇다. 담당조직의 성과를 책임지고 있는 리더는 조직성과의 핵심을 벗어

디트로이트의 포드 자동차 박물관에 가면 에디슨의 마지막 숨결이 담긴 유리관이 전시되어 있다. 포드는 에디슨을 지금의 코치처럼 영감을 준 인물로 존경했던 것이다. 에디슨제네럴일렉트릭의 디트로이트 연구소에서 일하던 포드는 그 당시 등유를 정제하고 남는 불순물이자 폐기물로 취급받던 휘발유에 주목했다. 이를 활용해서 내연기관 자동차를 만드는 아이디어를 생각한 것이다. 그러나 자신이 소속한 전기회사에서는 그 아이디어가 강점이 될 수 없었다. 더욱이, 전기자동차를 상용화하려고 인프라 구축에 골몰하던 에디슨에게는 터무니없는 생각일 수 있었다. 그러나 에디슨은 젊은 포드의 아이디어에 환호하며 그의 강점을 인정해 주었다. 에디슨은 전력사업을 중시하는 이사회의 반대로 쫓겨나고 전기자동차의 꿈을 이루지 못했지만, 젊은 사업가의 열정을 강점으로 인정해 주었다. 디트로이트 제네럴일렉트릭을 떠나 독립한 포드는 10여 년 후 새로운 자동차 시대를 열었다.

난 일을 하찮게 여기기 쉽다. 하지만 구성원의 강점이 조직에서는 하찮을 수 있어도 그것이 때로 서민갑부를 만드는 강점일 수 있다. 숙련된 능력은 어느 분야에서는 달인이 될 수 있으므로 다름에 대한 존중, 즉 다양성과 포용성을 리더에게 일깨워주어야 한다.

- **당사자 스스로 일을 하찮게 여기는가?** 코치가 발견한 일의 가치에도 불구하고, 자신이 하는 일을 하찮게 여길 때는 단기적으로 맡은 역할에 대한 통찰력을 가질 기회를 줄 필요가 있다. 그러한 방법이 다음 절에서 설명하는 통찰력 기르기 방법이다. 장기적으로는 역할을 확장할 수 있는 기회를 주어야 한다. 그러한 확장은 실질적·행동적일 수도 있지만, 사고를 전환하고 정서적으로 자신의 강점을 활용하고 있는 영역을 인정하는 방법이 있다. 이러한 활동이 직무의미 개선이다(Wrzesniewski & Dutton, 2001; Bakker & Demerouti, 2007).

- **구성원은 성장하고 있음을 느끼는가?** 코치와 리더가 언제나 인식해야 하는 것은 부하직원을 성장시키는 책임이 자신에게 있다는 점이다. 인재육성을 위해서 회사의 공식적인 교육체계에 대해서 파악하고 있어야 하며, 자신이 줄 수 있는 기회가 무엇인지 탐색해야 한다. 또한 경력의 비전에 대해서 함께 고민하는 멘토의 역할을 할 수 있어야 한다. 이 활동도 다음 절에서 좀 더 소개하기로 한다.

나. 강점이 다르게 미치는 영역에 대한 검토

사람들이 성격에서 가장 흔하게 거론하는 특성이 내향성-외향성이다. 특히 외향성은 은연 중에 바람직한 성격으로 인식된다. 성과코칭을 위해서 성격 이론의 두 가지 측면을 생각할 필요가 있다. 첫째, 내향성-외향성 성격특성은 잘 바뀌지 않는 안정적인 것이다. 어릴 때부터 두드러지게 보이고, 인생 전체에 걸쳐서 꽤 안정적이다. 그래서 대부분의 성격검사에는 내향성-외향성 척도가 포함되어 있다. 코칭이 아무리 인간의 변화와 잠재력을 얘기한다고 하더라도 안 바뀌는 것을 바꿀 수는 없다.

두 번째 이론적인 측면은 이 특성은 좋고 나쁨이 없다는 점이다. 사실 성격은 개인이 유전적 특성을 갖고 자라가면서 최적의 상태로 적응해 온 상태이기 때문에 당사자에게는 그것이 최선의 상태이다. 문화역사가 Warren Susman에 따르면 미국은 '인격의 문화'에서 '성격의 문화'로 전환되었다. 그에 따라서 사회적으로 외향성을 바람직하게 여기는 풍토가 있다. 하지만 외향적인 사람은 세밀하지 못하고 다른 사람을 이용하며 타인의 감정을 훼손시키는 단점도 있다.

뉴욕타임스 같은 세계적인 언론사의 기자가 내향적이라면 당사자는 얼마나 힘들었을까? 『콰이어트』라는 책을 쓴 Kane(2012)은 자신의 내향성 때문에 겪은 어려움에서 다른 반전을 찾아간다. 예를 들어, 내향성의 강점 중에서 『이상한 나라의 앨리스』를 쓴 저자인 루이스 캐럴과 주인공인 앨리스를 거론하면서 내향적인 사람들은 풍요로 가득 찬 내면의 정원으로 들어가는 열쇠를 받았다고 표현한다. 앨리스는 스스로 원해서 '이상한 나라'로 간 것이 아니지만, 그것을 새롭고 환상적인 자기만의 모험으로 만들었다.

게다가 개인의 약점이 뚜렷하지 않은 경우도 있다. 자유특성이론(free trait theory)에 따르면, 성격이 타고나거나 타인의 눈에 비치는 '좋은 성격'의 기준에 따라 문화적으로 형성되지만, '개인에게 핵심이 되는 프로젝트'를 위해 거기에서 벗어난 행동을 할 수 있다. 스스로 자기점검(self-monitoring)을 하면서 회복환경을 만들고, 자기가 중요하다고 생각하는 일, 사랑하는 사람과 가치 있다고 생각하는 것을 위해서 내향적인 사람도 외향적인 사람처럼 행동할 수 있다.

반대로 외향적인 사람은 영업 같은 상식적인 강점 영역에서 자신의 강점을 활용하는 영역을 확장할 수도 있다. 예를 들어, 금융회사의 딜러나 회사의 회계부서 인력은 자금흐름의 핵심을 다루고 있기 때문에 회사의 곳간지기로서 대체로 경영자의 신뢰를 받는다. 하지만 경영자가 정작 그들을 사업리더로 활용하려고 하면 꺼려지는 경우가 많다. 그들은 대체로 보수적이고 리스크를 회피하는 행동을 하는 리더인 경우가 많다. 이런 직무에서 인정을 받은 사람들은 꼼꼼하며, 돈 계산에 밝고, 차가울 정도로 논리적인 특성을 보인다. 이런 일을 하는 데 외향성이 잘 안 맞는 경우가 많다. 하지만 외향적인 사람이 이런 직무를 잘 수행한다면 그 사람은 핵심인재로서 미래의 경영자 후보가 될 수 있고, 일반관리자로서 전문성을 겸비한 리더가 될 수 있는 것이다.

2) 고객만족의 장벽 제거 방법

(1) 리더십 에너지의 균형

가. 이웃사랑을 못하는 이유 : 경쟁과 갈등

리더가 부하직원을 코칭하는 내부코치는 멘토와 비슷한 역할을 할 때가 많다. 그래서 일터의 상황에 따라 코칭과 멘토링을 구분하기 힘들게 된다. 현실 조직에서 구성원이 어려움을 겪는 것은 성과를 기반으로 경쟁하게 되는 조직의 속성 때문이다. 그래서 멘토링도 성과가 상충되지 않는 다른 부서 또는 다른 회사 선배일 때 원활한 것이 현실이다. 성과에 민감하지 않은 공공기관의 경우에는 선후배가 권위와 명예의 욕구로 경쟁의식을 가질 수 있다.

경쟁의 삶의 원리에 대해서 프로이트는 본능(Id)과 초자아(superego)의 무의식적 갈등으로 설명하며, 행동주의자 스키너는 환경의 지배를 받는 인간의 법칙적인 반응으로 설명한다. 심리학을 넘어서는 경제적 맥락에서 마르크스는 불공정한 경제구조 안의 갈등을 보며, 사르트르는 객관적 가치가 존재하지 않음을 깨닫는 실존적인 인간으로 본다. 그만큼 자아와 환경은 긴장의 관계라고 할 수 있다.

직장 내에서 중장년의 선배도 밀고 올라오는 후배에 대해 경쟁의식을 느끼면 자기 영역을 챙기며 정보조차 공유하지 않는다. 반면에, 보다 상위가치에서 자신의 역할 영역을 찾거나, 자신의 시간이 끝나고 있다는 인식(소위 내려놓기)을 가진 리더는 에너지의 균형을 찾을 수 있다(최두환, 한태영, 2022; 한태영, 이진영, 2021). 이러한 상황에서 코치로서 리더는 삶의 체험을 들려주게 된다. 코칭을 통한 감화(inspiration)는 회식과 친목을 통해 가까워지거나 파벌의식에 기반하는 관계라기 보다 연륜이 쌓여 가면서 만들어내는 스토리를 통해서 전달되는 것이다. 그러한 스토리는 삶의 균형이 깨질 때 시작된다.

나. 인생의 스토리텔링

이러한 갈등상황에서 누구나 긴장을 완화하고 균형과 평정을 찾으려는 욕구가 있지만, 이에 성공하는 사람은 균형을 회복하는 데 걸림돌이 되는 힘이 무엇인지 찾은 사람이다. 그 힘을 개별적인 사건에서 발견하는 것은 일시적이고 개인적이기 때문에 코칭대상인 부하직원에게 공감을 주지 못한다. 자신이 상급자로 상대적인 우월감을 느낄 때도 개방적인 소통을 하기 힘들게 된다. 어떤 조직은 리더십 역량으로 네트워킹을 강조하지만, 우리나라의 현실에서 이것은 지극히 성과중심적인 파벌로 변질되는 위험성이 있다. 그것은 리더십의 개방적인 본질이기 보다는 이웃이 수단인 것이다.

리더는 부하직원을 코칭하면서 자신의 경륜을 승화시켜서 영향을 줄 수 있다. 직업적으로도 의료인, 교수, 목회자 등은 남을 돕는 일을 하고 스스로 고상하고 베푸는 노동을 한다고 생각해서 낮은 자의 눈높이로 맞추지 못하는 경우가 많다. 보다 보편적인 힘은 어느 정도 누적된 결핍의 경험과 신체적·정신적 고통을 느낀 후에 나타난다. 업무적인 경험은 상대적이지만, 절대적 존재를 찾을 만큼 자신이 작으면서 동시에 자신이 가진 잠재력이 이미 존재하고 있음을 인식한 경험은 누구나 있다. 이러한 경험은 부하직원과 공유할 수 있는 통찰이다.

일터에서 삶의 균형이 깨진 경험은 앞의 6장에서 설명한 다양한 형태로 나타난다. 리더가 현재의 자리에 온 것은 크거나 작거나 균형을 회복한 경험이 있다. 그 과정에서 일, 조직, 관계 등에 대한 근본적인 질문과 일을 대하는 자신의 태도에 대한 탐색을 하면서 세계관을 형성하게 된다. 그것은 대체로 겸손한 자각이며, 환경에 대한 감사하기가 된다.

그리고 이러한 에너지는 인간의 발달과정에서 중년기에 더 많이 나타난다. 중장년의 중요한 역할은 사회를 돌보고 다른 사람에 대한 배려 욕구를 표출하게 되는데, 성인발달심리학자인 에릭슨은 이러한 인생의 과제를 생성감(generativity)이라고 하였다. 생성감은 기질적인 특성보다는 긍정적인 사회 참여를 통해서 활성화되며(Cox, Wilt, Olson, & McAdams, 2010), 사회에 가치를 부여하고 후배 세대와 연결해주는 역할을 하게 된다(Peterson & Duncan, 2007). 이러한 역할은 종국적으로 코치의 노후준비에 대한 통찰력도 강화시키므로 리더에게 긍정적인 효과가 돌아오게 되는 것이다(신교수, 한태영, 2015).

(2) 통찰력을 강화하는 인식 확대

가. 멍 때리기

한 때 우리나라에서 '멍 때리기' 라는 이벤트를 하며, 얼마나 모든 생각을 내려놓고 무념무상하는지 표정을 평가하는 대회가 열리기도 했다. 코로나19 이후로 야외에서 캠핑족이 늘어나면서 '불멍'이라는 용어도 유행했다. 모닥불을 피워 놓고 아무 생각 없이 불꽃을 들여다보며 시간을 보내는 것으로, 이런 활동은 스트레스를 해소하기 위해서 순수한 상태를 만드는 효과가 있다고 한다. 모든 상황에 대해 비판단적이고 현재 생각의 흐름을 풀어 놓으려는 노력으로 볼 수 있다.

멍 때리기를 적극적으로 활용하면 새로운 인식을 담을 수 있다. 불교적인 수양의 한 형태인 명상(mediation)을 카밧진(Kabat-zinn)은 마음챙김(mindfulness)의 개념으로 심리학적으로 연결하였다. 이 개념에서는 개인이 마음 챙김을 통해 생각은 '단지 생각일 뿐'임을 보게 되어 정서를 회피하거나 제거하기 위한 행동을 할 필요가 없음을 자각하게 된다고 보았다. 마인드, 즉 생각이 가지는 인지적인 활동에 주로 초점을 둔 Langer(2022)는 이러한 마음 챙김을 새로운 정보에 개방적인 태도를 지니며 한 가지 관점에 얽매이지 않고 사물을 자각하는 인지적 과정이라고 정의를 내리기도 했다. 이러한 관점을 종합하면 멍 때리기는 어떤 대상에 대한 생각이 특정한 견해에 집착함 없이 조용하고 유연할 때 일어나는 심리적 자유의 상태를 말한다.

나. 라이프 코칭으로 확장

혼자서 자신의 마음을 챙기는 인식의 과정과 일터의 동반자가 주는 혜택은 자신의 단점을 보완하는 것이다. 코칭을 받아야 하는 리더는 강약점을 갖고 있기 마련이다. 그러한 강약점의 패턴이 그 리더의 독특함을 만든다. 강점만 가진 사람은 없다. 어떤 강점에 대해 인정을 받은 사람은 그 강점이 만들어내는 그늘이 존재한다. 일을 철두철미하게 해내는 리더는 부하직원을 힘들게 만드는 완벽주의를 보일 수 있다. 사업의 기회를 포착하는 감각이 뛰어난 리더는 자신만의 독특한 취향 때문에 주변 사람들을 불편하게 하는 사고체계를 보일 수 있다.

이러한 그늘은 평소에는 잘 나타나지 않는다. 성과에 대한 압박이 높아서 집중해야 하는 순간이나, 시간적으로 긴급하게 일을 처리해야 하는 비일상적인 상황, 사람들과의 관계가 원활하지 않고 감정적인 갈등이 생기는 상황이나, 또는 일을 추진하는 데 걸림돌이 많은 열악한 환경에서 자신도 모르게 드러나는 경우가 있는 잠재적인 위험인자인 것이다.

그런 비일상적인 상황에서는 사람들은 보통 자신이 성공해 온 방식, 즉 자신의 강점에 과도하게 집착하게 된다. 자신의 강점을 발휘해서 문제를 해결한다면 다행이지만, 비일상적인 상황이란 그렇게 쉽게 풀리지 않는 상황이므로 서서히 강점의 부작용이 그늘로 드러나게 된다.

이런 경우 대처방식이 오히려 자신이 놓치고 있는 부분에 좀 더 몰입하는 것이다. 대표적인 방법이 수용전념방식(acceptance commitment therapy, ACT)이다. 이 과정은 6단계를 거쳐서 효과를 발휘하게 된다(Hayes, 2004).

먼저 현재의 상황에서 자신이 겪는 정서를 인식하는 수용의 단계이다. 이때 인식하는 것은 대체로 부정적인 정서, 잘 안 되고 있는 일로서, 이를 거부하지 않고 느끼는 상황이다. 예를 들어, 나의 권위에 대해 무시하는 옆 부서, 내 지시를 따르지 않는 부하에 대한 답답함 등이다.

이것을 인식하고 나면 자신이 과거 일상적인 상황에서는 잘 대처했던 긍정적인 경험을 회상하는 확산 단계이다. 예를 들어, 신임팀장 시기에 옆 부서와 협력이 되지 않아서 답답하게 여기던 경험 등이다. 이를 통해 현재의 능숙한 대처능력과 다른 경험을 비교할 수 있다.

다양한 경험을 떠 올리면 자신이 현재 상황의 주체가 아니라 맥락(context)으로 보게 되는 융통성이 생긴다. 이 과정을 좀 더 효과적으로 돕기 위해서는 리더십의 도전상황을 진단할 수 있다. 예를 들어, Hogan Development Survey(www.hogansassessment.com)를 통해서 진단하는 'Leadership Challenge Report'는 자신이 비일상적인 상황에서 드러낼 수 있는 위험요소를 파악하게 해 준다. 이러한 진단을 통해서 자신의 또 다른 자아, 잠재적인 위협요소를 파악할 수 있다.

다음 단계는 ACT의 핵심적인 단계로, 현재 상태에 대한 몰입이다. 이 상태는 객관적이고 중립적으로 상황을 인식하려고 노력하는 단계이다. 자신의 왜곡된 해석에서 벗어나는 과정이며, 새로운 정보를 받아들임으로써 '가스라이팅'에서 벗어날 수 있다. 이 과정은 Langer의 마음챙김처럼 특정한 관점에 얽매이지 않고 사물에 대한 개방적인 인지과정을 밟는 방법을 활용할 수도 있고, 코치나 삶의 중요한 동반자와 교류하면서 통찰을 얻을 수도 있다.

이런 과정을 통해서 자신이 삶에서 가치 있게 여기는 것이 무엇인지 인식하게 된다. 이 가치는 일에 대한 가치뿐만 아니라 자신의 삶을 인도해 온 보편적인 가치이며, 자신의 인생을 전체적으로 검토하는 계기가 된다.

그렇게 되면 과도하게 몰입하고 집착했던 것에서 벗어나고, 동시에 회피하면서 놓치고 있었던 중요한 가치에 전념할 수 있다. 예를 들어, 내가 권위를 사용하지 않으면서 상대방이 자발적으로 조직의 변화에 참여하는 활동을 만들 수 있다. 이렇게 함으로써 다른 일상적인 일을 할 수 있다. 또한 점차적으로 문제가 되었던 일에도 대처할 수 있는 균형감을 회복하게 된다. 예를 들어, 권위적인 조직의 구조개편 작업을 경영진에 제안할 수 있다.

다. 중요한 동반자 찾기

이 책의 여러 부분에 목표설정이론(goal-setting theory)을 성과관리의 원리로 설명한 바 있다. 목표설정이론은 단순하고 명쾌하지만, 그렇게 완성하기까지 관련되는 변수를 20여 년간 연구하면서 차곡차곡 결과를 쌓아 온 중심 인물은 Lock과 Latham이다. 두 학자들은 어떻게 그렇게 오랜 관계를 유지했을까? 이들의 존경스러운 협력에 대해서 2001년 미국 산업 및 조직 심리학회에서 세션을 열어서 간담회를 한 적이 있다. 그 자리에 참여한 필자의 눈에 그들은 외모부터 서로 너무 달랐다. Lock은 이마에 '학자'라고 써 있을 것만 같은 전형적인 연구자 스타일로 도수가 높은 안경을 쓰고 마른 체구로 날카로운 인상을 풍기는 노(老)학자였다. 반면에 Latham은 훨씬 젊고 풍체가 좋아서 건들거리는 호인이었고, 학자풍보다는 사업가의 느낌을 주었다. Lock은 Latham의 박사학위논문 심사위원으로 서로 인연을 맺었다고 한다. 그들은 매사에 상호보완적이었다. Lock은 글을 잘 쓰고 꼼꼼하게 따지기 좋아했으며, Latham은 아이디어가 많고 조직의 현실에 관심이 많았다. 그들은 각자의 임무에 대한 분담을 암묵적으로 이루고 있었고, 커뮤니케이션은 수시로 이루어졌다. 그들은 같은 학교(University of Maryland)에서 협력적 신뢰가 쌓였다. Latham은 자신의 논문이 학술지에 거부된 적도 많았지만, Lock과 함께 쓴 논문은 단 한 번도 거부된 적이 없다고 한다.

심리학 내에 이러한 관계를 맺은 사람으로 노벨 경제학상을 받은 Kahneman이 있다. 인간의 효율적인 판단과정과 그에 따른 오류를 실험적으로 밝힌 Tversky와 Kahneman의 조망이론(prospect theory)은 인사평가와 판단에 대한 책(인사평가와 성과관리; 한태영, 2013)에도 소개되어 있다. 이 이론은 행동경제학으로 확장되어, Kahneman은 2000년 비주류 경제학자로 노벨상을 받았으며, 인간의 합리성에 대한 경제학의 기본가정에 도전하는 의미 있는 이론체계가 되었다.

기업의 경우, 휴펫패커드를 창업한 휴렛과 패커드는 창업과정에서 공정한 분배원칙을 지키면서 서로 신뢰하는 동업자가 되었다. 한 사람이 군대에 입대했을 때도 회사에 몰두할 수 없는 상황을 고려하여 동업의 몫을 인정하는 공정한 관계를 유지하고, 세계적인 기업으로 성장시킨 협력 모델이 되었다.

모든 사람들과 깊은 관계를 맺을 수는 없다. 일을 추진해 나가는 과정에서는 꾸준하게 완성도를 높여가는 과정(scale-up)이 있고, 목표를 추진하는 과정에는 언제나 크고 작은 난관이 있게 마련이다. 이 경우 다수의 팀워크보다 깊이 신뢰하는 동료가 있을 때 상호보완하면서 완성도를 점차 높여 나갈 수 있다. 위의 인물들은 결정적 순간에 그러한 짝이 있었고, 일을 통해 맺어진 짝을 오랫동안 유지하는 데는 서로의 역할을 공정하게 맡는 기준이 있었다. 그들은 서로 필요할 때는 자신의 손해를 용인하는 이타심을 발휘하였다.

3. 영성을 강화하는 코칭

전략적 코칭은 조직과 개인이 모두 성장하는 조화로운 방법이라는 점에서 통찰력을 제공하는 감화의 성과코칭에 부합한다. 그러면 그다음 단계는 무엇일까? 필자는 성과코칭에서 도출하는 구성원의 성과는 회사 안에서 유효하며 코칭의 지향점은 일의 영역을 넘어서는 것이라고 하고 싶다. 이 단계의 성과코칭은 일의 영역을 삶의 전체 영역으로 확장하도록 지원하는 것이다. 일의 의미를 더 확장하는 것이 한 방법이며, 일을 에워 싸고 있는 다른 영역과 관계를 균형 있게 만드는 것이다.

이것은 삶의 균형이며, 웰니스(wellness)의 개념과 관련이 있다. 웰니스는 신체적, 사회적, 정신적 웰빙을 유지하는 상태 또는 그렇게 노력하는 과정으로 정의한다. 웰니스에 대한 다차원의 모형은 직업영역과 함께, 신체, 지식, 정서, 사회, 영성 등 6개의 영역으로 구성되는데, 그 영역들은 개념적으로 이해하기 쉽다(Hettler, 1983). 이러한 모형에 입각해서 국내에서도 측정도구에 대한 연구가 진행되었다(최경화, 탁진국, 2021).

그러나 여러 이론가들이 제시하는 웰니스의 영역 중 일부는 실증분석에서 영역별 구분이 타당하게 나타나지 않는 경우가 있다. 특히 이 중에서 영성의 영역은 유독 불분명하다. 이 영역은 삶의 의미와 목적을 추구하고 자신의 가치의 일관성을 갖기 위해 노력하는 측면을 포함하고 있는데, 이러한 개념은 다른 영역(예 : 지식, 정서 등)에 대한 인식을 포함하는 경우가 많다. 게다가 영성을 개인의 몫으로 개별화 할 경우에는 자신의 가치관이나 능력에 대한 신념이 충분하지 않은 사람에게는 윤리적인 지침으로 흐르고 실질적인 삶의 웰니스를 파악하기 어렵다. 필자가 보기에는 해당 영역의 명칭(즉, spiritual)처럼 종교의 영역을 포함할 때 오히려 풍부해진다. 학문과 이론의 범주에서만 표현하려고 하면 피상적인 스킬이 되거나 지나치게 추상적이게 된다.

영성을 강화하는 코칭은 구성원에게 영감을 일으키는 성과코칭의 하위차원인 감화(inspiration)에 나타나듯이 다른 영역보다 자신의 역할에 대한 형이상학적 통찰로서, 이 코칭을 통해서 일에 대한 깊이를 더해 준다. Maslow의 인본주의에서 제시하는 인간의 욕구 위계의 정점이 자아실현인데, 그의 자아실현 개념 속에도 절대자와 교감하는 영성이 포함되어 있다. 일의 영역에서 영성을 강화하는 성과코칭은 성과의 의미에 대해 거시적 · 장기적 관점을 갖도록 해 줄 수 있다.

1) 비전에서 꿈으로 전환

(1) 고용계약의 원리를 넘어서기

가. 수동성의 현상

2022년 유행한 노동의 용어가 '조용한 사직(또는 조용한 퇴근, quiet quitting)' 이다. 베네수엘라의 경제가 쇠락하는 현상을 언급했던 경제학자의 용어를 뉴욕의 20대 엔지니어가 숏폼 동영상 플랫폼인 틱톡에서 사용하면서 많은 젊은이들이 호응하게 되었다. 조용한 사직 또는 퇴사란 실제로 사직하는 것은 아니지만 정해진 업무 시간 외에는 일하지 않고, 뛰어난 업무 성과를 위해 자신의 삶을 희생하지도 않는 노동 방식으로 표현되었다. 당사자(자이드 칸)는 "최근 조용한 퇴사라는 용어를 배웠다. 일이 곧 삶은 아니며, 당신의 가치는 당신의 성과로 결정되지 않는다."고 말하는 영상을 올린 후 유명인이 되었다.

조용한 사직과 같은 현상은 구성원의 노동력을 이용하면서 상응하는 보상이 충분하지 않은 기존의 업무 방식이 원인이다. 국내에서도 이미 수년 전에 '열정페이'라는 용어가 청년층의 반발을 일으키는 노동관행으로 부각된 적이 있다. 밤샘 근무를 쉽게 생각하는 게임업계, 정해진 역할 책임이 명확하지 않은 방송연예계, 도제식 교육으로 암묵지(tacit knowledge)와 기능을 배워가는 다양한 기술직에서 나타나는 현상이다. 때로는 충분한 보상을 받지 못하기도 하고, 적절한 초과근무 수당을 받지 못하기도 한다. 예를 들어, 국제게임 개발자협회(IGDA)의 2019년 통계에 따르면 게임개발자의 42%가 휘몰아치듯 일해야 하지만(크런치 모드라고 함), 이 중 초과근무 수당을 받는 건 8%에 불과하다.

개인주의적 가치가 증가하는 최근 국내 사회의 변화를 생각하면, 우리나라에서 조용한 사직도 새로운 현상은 아닐 것이다. 갤럽 조사에 따르면 지난 2000~2022년 직장에서 업무에 적극적으로 몰입한다는 응답자는 평균 30.5%로 나타났다. 2022년의 경우 응답자의 32%다.

나. 직무의미 개선

삶의 가치관에 따라 일과 삶의 영역을 분리하고 어느 수준 이상의 일을 하지 않겠다는 사람을 일의 영역으로 끌고 올 수는 없다. 그러나 계약의 원리에 기초해서 자신의 일의 영역을 한정하는 사람은 스스로 계약의 범위를 넘을 수 있는 영역을 인식하도록 할 필요도 있다. 예를 들어, 병원의 청소원은 외래 환자가 오기 전 새벽에 병원을 청소하며 존재감 없이 일을 한다. 그렇지만 자신이 병원 방역의 제일 앞 부분을 맡고 있다고 생각하며, 병실을 청소할 때는 환자들과 얘기를 나누며 그들의 상심한 마음을 위로하고 분위기를 바꾸는 존재가 될 수 있다. 회사가 구성원의 직무에 대한 의미를 다르게 갖도록 유도할 수도 있다. 디즈니랜드는 모든 직원을 배우(cast member), 또는 파티 창조자(party creator)라고 부르는데, 이는 입구 매표원부터 놀이기구 안내원까지 모든 직원이 디즈니랜드를 무대로 고객에게 즐거움을 주는 역할을 인식하도록 하는 것이다.

조직문화의 개념을 소개한 Schein은 조직의 변화를 위해서 구성원 개인의

역할혁신(role innovation) 개념을 제안하였는데, 이는 개인 구성원에게 부과
되는 규정에서 잘못된 과업이나 역할을 바로잡는 행위를 지칭하였다. 조직
의 변화에 따라 조직이 주도적으로 역할과 책임을 변경하기도 하지만, 그것
이 개인에게 맞지 않는 경우가 자주 있다. 구성원들은 좀 더 세부적인 과업과
관련하여 잘못된 절차, 불명확한 직무기술, 역기능적 역할기대를 바로잡는
능동적인 과업개선(task revision) 행동을 하기도 한다(Staw & Boettger, 1990).
개인이 주도하는 이 행동은 회사가 주도하고 구성원들은 참여하는 하향식 직
무 재설계(job redesign)와 다르다.

　Wrzesniewski와 Dutton(2001)는 직무의미 개선이라는 용어를 제시했는데,
물리적으로 업무 영역을 개선하는 활동으로 업무의 형태나 수를 변화시키는
것을 의미한다. 또한 인지적으로 개선하는 것은 자신의 업무에 대한 인식과
의미를 바꾸는 것이며, 업무관계의 개선도 이러한 행동에 포함되며 누구와
교류할지에 대해서 스스로 결정하고 대인관계의 범위를 확대해 나가는 것이
다. 이를 위해서는 기본적으로 직무에 대한 인식, 즉 직무의 의미를 개선해야
한다. 이러한 직무의미 개선을 통해서 업무에 더 책임감을 느끼며, 결과적으
로 과업수행에 더 노력을 기울이도록 만드는 자발적 동기부여 행동으로서의
의미가 있다(Parker & Ohly, 2008; Tims, Backker & Derks, 2012).

(2) 심리적계약 중개인으로서 코치

조용한 퇴사와 같은 현상은 유행을 타는 이름으로 다시 거론되었을 뿐, 사
실 이 현상이 특별한 것은 아니다. 특정한 조직이나 개인특성에 따라 조용
한 사직 같은 행동은 오래 전부터 주목을 받아왔다. 조직몰입(organizational
commitment)처럼 조직에 대한 정서적인 애착을 갖고 업무에 임하는 태도는
1980년대부터 조직심리학에서 집중적으로 연구되었는데, 미국의 경제가 불
황기에 일본의 발전을 주목하면서 자신들이 상대적으로 취약한 부분으로 이

러한 현상을 본 것이다. 조직 구성원이 업무에 몰입하면서 회사와 자신을 동일시하고 회사의 목표를 함께 달성하고자 애쓰는 태도에 대하여 관심을 가진 것은 그만큼 서구문화에서 자신의 일에 한정하는 조직의 현상을 방증하는 것이다. 더 나아가, 자신의 일을 넘어서 가외적으로 동료를 도와주고 회사의 평판이 나빠지는 것을 막으려는 조직시민행동(organizational citizenship behavior)도 이 시기에 대두되었는데, 동양의 집단주의적 가치의 장점에 대한 선망이라고 볼 수 있다.

한국은 여전히 노동시간이 세계 최장 국가에 해당한다. 이런 현상은 노동생산성이 높지 않은 통계와 더불어 문제현상으로 보고 있지만, 긍정적인 측면에서 보자면 업무시간에만 집중해도 나쁘지 않다는 의미가 된다. 정해진 업무 시간을 초과해서 일하지 않고 자신의 삶을 희생하지 않더라도, 주어진 시간에 자신의 책임을 다하는 행동은 조직과 조직원 모두에게 바람직한 것이다. 보상 없이 그보다 더 요구하는 회사나, 역할책임보다 더 적은 일을 하는 구성원이 문제인 것이다. 성과코치가 조직장인 경우라도 회사의 대리인이 아니다. 오히려 조직과 개인 사이에서 중개인으로 일에 대한 심리적 계약(psychological contract)이 지켜지도록 해주면 된다. 심리적 계약은 심리적인 상호작용이 개입되는 '사람' 중심의 고용관계에 대한 심리적인 과정의 인식으로, 노동과 보상의 교류를 넘어서 보상의 공정성과 수용성, 직무와 커리어에 대한 전망, 직업 안정성, 성장의 기회와 사회적 영향력을 포함하는 서로의 기대이다.

성과코치는 구성원이 회사와 심리적 계약이 훼손되었다고 느낄 때 세 가지의 심리적인 역동성을 인식하면서 대응할 수 있다(Rousseau, Hansen, & Tomprou, 2018).

가. 장기 목표에 집중하도록 환기시킨다.

자기조절이론에 입각한 목표추구의 역동성은 이전 장에서도 거론한 성과관리의 핵심이다. 심리적 계약은 거래관계뿐만 아니라 그 거래요소들이 충족되는 속도도 중요하다. 최근에 조용한 사직이 늘어나는 것은 즉각적인 보상과 반응에 익숙한 MZ세대가 그만큼 빠르게 목표를 바꾸기 때문이다. 좀 더 장기적인 목표를 인식할 수 있다면, 보상을 지연하면서 목표에 집중할 수 있게 된다.

나. 정서(기분)의 변화에 주목한다.

심리적 계약이 깨어지는 순간에 생기는 부정적인 정서(불쾌함, 실망감, 저항감 등)는 회사에 대한 몰입을 거두는 과정을 재촉한다. 이때 생기는 인지적인 과정은 과거의 상황을 부정적인 기분 안에서 재해석해서 상황을 더 악화시킬 수 있다. 따라서 코치는 부정적인 정서를 중화시키고 동시에 회사가 신속하게 심리적 계약을 되돌릴 수 있는 조치를 취하도록 분위기를 전달해야 한다. 코치가 조직장인 경우에는 조직의 대리인으로서 구성원에게 원하는 바를 확인하는 역할을 담당해야 한다. MZ세대는 회복의 노력을 적극적으로 기울이지 않고 조용히 '손절(손절매, loss cut)'하는 경향이 있기 때문에 리더는 과거보다 주도적인 역할을 더 기민하게 할 필요가 있다.

다. 코치의 피드백은 실기(失機)하지 않도록 속도를 맞추어야 한다

심리적 계약이 훼손되면 다시 업무에 대하여 심리적으로 재협상하거나 수정하려고 한다. 리더는 조직구성원이 심리적 의무감을 조정하는 과정에서 피드백을 하게 되는데, 구성원은 리더의 피드백의 속도를 감지한다. 리더가 코칭을 할 때는 계약과 불일치하는 상황에 대한 피드백 내용뿐만 아니라 부정적인 정서의 수위를 감지해서 그에 맞는 속도로 피드백을 제시해야 한다. 성과관리의 공정성의 불씨가 이때 발화될 수 있는데, 절차적인 신뢰와 함께 미래지향적인 성장의 피드백이 필요한 것이다.

(3) 비전의 공유

현대 리더십의 이론적 흐름에서 볼 때 독특한 리더십 스타일에 해당하는 스티브 잡스는 회사의 홈페이지에 비전이나 조직의 핵심가치를 명시하는 것에 대해서 극도로 거부감을 가지고 있었다고 한다. "비전과 핵심가치는 실천의 대상이고 조직 구성원 모두가 공유하는 조직 문화이자 DNA가 되어야 하는 것이지 홈페이지에 올리는 선전 문구가 아니다."라는 것이 잡스의 지론이었다. 그가 말하는 의미는 비전의 공유는 하향적, 일방적인 선포가 아니라는 의미로 보아야 한다. 왜냐하면 그렇게 하는 방식으로는 내면화가 안 되기 때문이다.

그럼에도 불구하고 같이 일을 하는 동료에게는 27%만 기대하는 비전을 유독 리더에게는 훨씬 많이(72%) 원한다는 자료도 있다(Kouzes & Posner, 2009). 특히 창업과 혁신의 영역에서는 리더와 비전을 공유하는 것은 목표 이상의 의미가 있다. 잡스의 평판을 보면 그는 결코 따뜻한 리더가 아니다. 그렇다고 그가 회사의 이윤만 추구하는 매니저로 볼 수는 없다. 그가 스탠퍼드대학의 졸업식에서 언급한 "Stay hungry, stay foolish!"의 축사는 사람들에게 열정과 꿈을 환기시키는 울림이 있었다. 그는 애플을 이끄는 데 이러한 열정과 완벽주의를 일관적으로 지킴으로써 구성원들에게 비전을 내면화했을 뿐만 아니라 일을 넘어서는 의미를 부여했다.

성과코칭은 리더십의 흐름 안에서 이루어진다. 최근 가장 많은 연구에 적용된 변혁적 리더십(Transformational Leadership) 이론은 기본적으로 구성원의 내재적 동기, 즉 자아실현의 가치를 자극한다는 데 현실적인 매력이 있다. 여러 가지 선택에서 고민하는 구성원에게 통찰력 있는 영감을 주고 미래를 예측하는 데 지적 자극을 주기위해서 코치는 개별 구성원들과 어떻게 소통해야 할까? 구성원과의 소통은 비전 여행과 같다. 이러한 여행은 코칭 대상자가 후배직원뿐만 아니라 나이 든 팀원일 때도 효과가 있다.

가. 여행의 동반자로 초대

여행은 사람의 감수성을 민감하게 만든다. 풍경이나 맛집 같은 감각적인 충족감 뿐만 아니라, 개방적인 감정을 갖고 만남에 대한 기대감이 커진다. 자신의 역할이 일상생활과 달라지기도 한다. 구성원에게 비전을 공유하는 과정은 여행의 개념으로 접근할 수 있다. 이 글에서 여행이란 용어를 은유적으로 쓰고 있지만, 실제로 여행에 대한 이야기로 대화를 풀어가는 것도 좋은 방법이다. 같은 경험, 선호하는 취향, 미래의 버킷리스트로 과거, 현재, 미래를 함께 여행하는 듯한 대화는 기억과 상상의 세계 안에서도 정서적인 교감을 넓혀준다. 그러나 실제 여행에 대한 대화로 풀어간다고 하더라도 코치는 질문을 하고 듣는 역할을 취하는 것이 좋다. 보통 인생의 선배인 코치가 여행경험을 더 많이 했겠지만, 비전의 공유는 코칭 대상자가 주도하는 상향식 인식의 원칙을 유지해야 한다.

나. 비전의 언어와 상징 찾기

실제 여행에 대한 대화가 아니라면 여행이 주는 정서적 경험에 관련되는 언어와 상징을 이끌어 내는 것이 중요하다. 비전은 조직문화와 깊이 관련되어 있으며, 문화의 표층구조에는 언어와 상징이 있다. 과거 석유에너지 시대 때 스탠다드 오일이라는 정유회사는 불순물이 없는 순수한 기름을 만든다는 비전을 회사의 이름에 반영시켰다. 그 불순물이란 휘발유를 말한다. 석유가 최초에 발명(또는 발견)되었을 때 석유는 고래기름을 대신해서 등불을 켜는 등유가 주요 제품이었다. 그런데 휘발유가 섞여 있으면 불을 켜는 도중에 폭발하거나 켜 놓은 등불이 다른 곳으로 옮겨 붙는 사고가 자주 발생했다. 그 시대에 휘발유는 정유회사의 골칫거리였던 것이다. 안정적인 제품의 품질을 상징적으로 제시하는 스탠다드 오일은 직원들에게 자연스럽게 조직의 비전을 심은 것이다(참고로 이 회사는 셰브론으로 성장하고 GS칼텍스의 최대주주이다).

다. 우선순위에 대한 결정

미래에 가고 싶은 여행지처럼 부하직원이 원하는 미래의 모습에서 회사와 그의 업무가 어떤 의미를 갖는지 질문하면서 회사의 여행에 부하직원을 동반자로 초대한다. 그가 추구하는 우선순위에서 회사가 차지하는 위치는 어디 즈음인지 생각하도록 대화한다. 회사의 우선순위가 앞서 있을 필요는 없다. 어느 위치에 있든지 그 직원이 추구하는 가치를 일이 어떻게 도움이 되는지 생각하도록 하면서 같은 회사와 부서에서 함께 일하고 있는 리더가 자신의 비전을 공유하는 대화를 하면서 여행과 같은 정서적인 교감을 할 수 있는 것이다.

라. 다수준의 방법 공유

여행은 끝이 있다. 현재를 계속 유지할 수는 없다. 아무리 좋은 여행의 경험도 마냥 지속할 수는 없다. 바닷가의 평화로운 풍경에는 먼 항해를 하고 돌아와서 녹물이 들고 조개가 끼인 배가 있다. 여행도 좋지만 돌아가야 하는 현실에도 평안함이 있다. 비전도 다수준(multi-level)이다. 현재의, 낮은 수준의 비전과 함께 미래의, 더 높이 추구하는 수준의 비전이 존재한다. 여행을 통해 얻은 일련의 경험을 나열하는 것은 시간소모적이다. 여행 자체를 좋아하는 여행취미가도 있지만, 언제나 교훈과 감동은 상위의 깨달음을 준다. 그곳 사람들처럼 살고 싶다는 마음에는 풍경이나 음식을 만드는 그곳의 문화가 있는 것이다.

일을 통해서 추구하는 가치를 달성하는 방법은 일에 있다. 일이 이웃을 사랑하는 수단이듯이 비전을 달성하는 방법도 된다. 코치는 코칭대상자의 비전을 경청하면서 현재의 일이 그 비전을 달성하는 데 영향을 줄 수 있는 효과를 얘기할 수 있다. 현재의 일은 일차적인 방법일 수 있다. 그러나 나비의 펄럭임이 태평양의 폭풍이 되듯이, 현재의 일은 그의 인생의 비전에 무관하지 않다.

마. 자신을 드러내는 코칭

필자의 학생 중에서 학과 전공에 대해 전혀 관심이 없다는 학생이 있었다. 그는 군인장교로 군복무를 할 계획이었고, 그 이후에는 베이커리를 하고 싶어했다. 필자는 그 학생에게 내가 가르치는 리더십이 군복무에 어떻게 활용될 수 있는 지식인지 들려주었다. 또 그 학생이 동네 작은 빵집을 원하기보다는 베이커리 레스토랑을 원한다면 직원들을 관리해야 하는 역할에 조직심리학 지식을 활용하여 직원관리의 기본원리로 적용할 수 있다고 설명했다. 필자의 전공 여행에 초대받은 그 학생은 해당 과목에서 시험 성적이 상위수준이었다. 이처럼 코치는 자신을 드러내는 스킬을 공부해야 한다. 돈벌이거나 사회적인 타이틀을 이용하는 코칭은 자신의 내면을 개방하는 것이 어렵다. 부하직원에게 울림을 주는 개방은 다양한 인생의 경험을 스토리텔링을 하는 코치의 힘이며, 부하직원에게 비전을 공유하고 내면화할 수 있는 것이다.

2) 소명의식

웰니스의 한 차원인 영성을 일에 적용하면 자연스럽게 천직, 소명(calling)과 같은 일의 의미와 연관된다. 조용한 사직과 같은 태도는 자신을 정체시킨다. 웰니스가 현상유지는 아니다. 앞서 언급한 웰니스의 한 축인 영성(spirituality)은 신이 부여한 자신의 역할을 생각하면서 그에 부합하는 행동을 하려는 것이다. 그렇다고 해서 소명적인 태도가 성직자처럼 종교적 영역에 종사하는 사람에 대한 이야기처럼 중세적 사고는 아니다. 또한 의료인이나 교육자처럼 사람의 생명을 살리고 지적인 성장을 돕는다고 해서 영성이 강하다고 할 수 있는 것은 아니다. 일상에서 자신의 일을 충실하게 하는 일반 근로자도 동일한 정도로 고귀한 역할을 수행하고 있다는 것이 소명의 의미이다.

학문적인 소명의식은 여전히 애매하지만, 현대적 의미는 일에 대한 열정과 자아실현을 위한 과정적 행동을 포함한다. 적어도 '지금 현재'를 사는 것이 목표는 아니다. 즉, 자신이 우주에서 가장 중요하다는 관점에서도 자신의 잠재적인 가치를 실제로 구현(즉, 실현)하는 것이 영성이라고 보면, 현재에 머물러 있는 것은 웰니스에 부합하는 것이 아니다. 오히려, 자신의 잠재성을 탐색하기 위해서 무엇인가 학습하고, 당장 보상이 주어지지 않더라도 새로운 기술과 지식을 익히는 자체를 보상으로 여기는 학습목표 지향성이 웰니스의 균형을 높여주는 것이다. 왜냐하면 그 과정을 통해서 사회적 관계가 확장되고, 자신이 발전하고 있다는 긍정적인 정서가 강화되기 때문에 웰니스의 총합이 커지는 것이다.

(1) 경륜에 대한 몰입/열정

소명이나 천직은 운명적이고 종교적인 의미가 있어서 조직의 관리대상으로 과학적 연구가 된 적이 별로 없다. 일의 경험에 대한 연구도 주로 예술가가 되는 과정처럼 특수한 영역의 소명의식에 초점을 두었다(Dobrow Riza, & Heller, 2015). 가업으로 물려받거나 운명적인 소질로 경력을 밟아가는 사람도 있겠지만, 일반인은 점진적으로 자신의 일의 영역을 만들어 간다. 그러다 보면 생계의 목적을 넘어서 문득 현재의 목표가 무엇을 위한 목표인지 의문이 들 때가 있다. 그 목표를 달성하고 나면 그다음은? 내 삶에 대해 그 목표의 의미는? 그것을 달성하고 나면 그다음은? 그다음은? 꼬리를 물고 가다 보면 생각을 멈추고 싶어진다. 끝자락에는 자신의 삶의 목적에 다다르게 되지만 거기까지 생각이 가본 적이 별로 없기 때문이다. 소명에 대한 대화는 궁극적인 삶에 대한 근본적인 질문과 전제조건에 대하여 탐색하는 것이다. 이것은 개인의 세계관이다.

가. 목적을 추구하는 일

일은 일차적으로 생계 수단이며, 자신의 기여로 회사에게 생긴 이윤을 보상으로 받는 것이다. 하지만 그것은 단기적인 목표이며 힘든 현실에서 진통제 같은 것이다. 요즘 '경제적 자유'가 삶의 목표인 듯 흔히 얘기하지만, 그런 자유를 얻은 사람들의 삶이 끝까지 만족스럽다는 얘기는 별로 없다. 목적이 없는 이윤은 자기를 갉아먹어 가는 작은 보람이다. 마지막에는 내가 한 일에서 이걸 남겼나 하는 허탈감이 생길 수 있다.

인간은 항상성(homeostasis)을 추구하고, 결핍이 주는 긴장을 해소하기 위해 욕구가 작동하면서 행동의 동기가 발생한다. 일에서 받는 금전적인 보상은 단기간의 만족을 주지만, 이것은 Herzberg의 분류에서 위생요인이다. 마치 화장실이 더러울 때는 불평하지만 깨끗하다고 해서 충족감을 느끼지는 않는 것과 같은 것이다. 그럼에도 불구하고 이러한 깨달음은 일상생활에서 흔하게 오는 것은 아니다. 영성을 강화하는 코칭은 일터에서 작은 파문으로 물결을 흔들면서 소소한 일상을 흔드는 것이다. 앞서 언급했듯이, 삶의 균형이 깨어지면 스토리가 시작되고, 누구나 균형과 평정을 찾으려는 욕구를 갖는다. 따라서 사람들은 항상성으로 회복하기 위해 주변의 힘이 무엇인지 분석하게 된다.

나. 업무 목표에서 삶의 목적으로 유도

리더가 업무 목표를 넘어서서 삶의 목적에 대한 고민을 부하와 공유하는 것이 성과코칭의 폭을 넓힐 수 있다. 왜냐하면 일에 대한 관점에서 접근하는 삶의 목적은 일과 삶을 어떻게 구분할 것인가에 대한 생각을 유도할 수 있기 때문이다. 일반적으로 코칭에서 핵심적인 소통으로 다루는 피드백, 즉 잠재력을 인정하고 높은 자존감을 유지시켜 주는 피드백이 울림이 없을 때가 있다. 특히 피코치를 조건 없이 수용하려는 외부코치의 대응은 일터에서 일어나는 변화를 몰라서 막연할 때가 있다. 내부의 리더가 주는 업무 피드백은 단기적인 행동변화에 치우치는 경우가 많다.

현실적으로 많은 사람들은 어쩌다 보니 현재의 상황에 오게 된 경우가 다반사이다. 젊은 시절 경력 초기에 가졌던 꿈이 있었다고 해도 회사생활을 하면서 그런 비전이 퇴색되고 현실과 타협하는 것은 자연스럽기도 하다. 그러나 현재의 상태는 계획된 우연(planned happenstance)이라고 할 수 있다(Krumboltz & Levin, 2004). 지금까지 밟아 온 경력이 우연하게 발견하게 된 재미(serendipity)일 수도 있지만, 현재의 상황은 지속적인 호기심을 갖고 기회를 선택하면서 불확실한 상태에서 때로 위험을 감수한 행동이 스며 있는 것이다. 경력상담의 전문가인 Krumboltz는 우연이 8할을 차지한다고 하지만, 계획한 2할의 활동은 우연이 결코 운(luck)이 아니라 포괄적인 의미에서 계획의 일부라고 할 수 있는 것이다. 그리고 그것이 긍정적인 결과를 가져오는 것은 삶의 목표를 환기시켜 주는 계기나 만남이 있기 때문이다. 실제 인물을 영화로 만든 '쉰들러리스트'가 이러한 예를 잘 보여준다.

쉰들러리스트

폴란드의 사업가인 쉰들러는 독일군과 친분을 맺고 인맥을 이용하여 유태인 포로를 자신의 공장에서 활용하였다. 그는 저렴한 노동력으로 큰 돈을 벌 생각이었고 그 목적을 이루고 있었지만, 때로 노동을 할 수 없어서 독일군에게 죽게 될 정도의 무능력자도 변칙적으로 노동자로 등록시켜 목숨을 살리는 경우도 있었다. 유태인 포로들은 그의 배려에 감사하지만, 자신의 사업의지를 흐리게 하는 것 같은 감사가 반갑지는 않다. 그렇게 사업이 번창하는 가운데서도 그는 아내에게 항상 무언가 빠진 듯한 느낌이 든다고 한다.

그의 생각이 바뀌게 되는 운명적인 사건들 후에, 그는 자신의 공장에서 포로수용소로 끌려간 사람들을 다시 공장으로 끌어내어 생명을 살리는 활동을 하게 된다. 살려야 할 사람들의 리스트를 만들고 자신의 재산으로 그들을 구해낸다. 전쟁이 끝난 후 살아남은 유태인들은 금니 등 각종 금붙이를 모아서 그에게 감사의 반지를 선물하는데, 그 반지에는 탈무드의 글이 새겨져 있다. '한 사람을 살리는 것은 세상을 살리는 것이다.'

업무에서 성과가 높은 사람도 스스로 갖는 우월감을 초월해서 자신에게 일을 맡긴 존재의 관점에서 보면 일에 대한 겸손한 자각을 하게 된다. 초보 운전자에 비해서 능숙한 운전자는 좀 더 멀리 보면서 급정거, 급출발을 하지 않듯이, 리더는 거시적·장기적 안목을 갖는 사람이다. 코치로서 리더는 일의 범위에 대하여 구성원의 인식을 넓힐 수 있다. 회사에서 가장 큰 규모의 프로젝트를 따 오는 사람이라도 혼자 이루어진 일은 없다. 산업혁명 이후 분업화된 현재의 일의 체계에서 개인은 어떤 일도 자기 스스로, 혼자서 완성할 수 없다. 계란프라이를 만드는 예를 들어 보자. 먼저, 계란을 낳을 닭은 어떻게 키울 것인가? 프라이팬은 어떻게 만들며, 쇠는 어디서 구할 것인가? 불은 무엇으로 얻고 가열할 것인가? 나의 일과 관련된 한 사람도 소중하지 않은 사람이 없으며, 나도 그들에게 유익을 끼치는 일을 한다. 일은 동료들과 유익을 나누는 방법이고, 이웃을 사랑하는 수단이 된다. 이렇게 인식하게 되면, 결과적으로 회사의 궁극적인 목표인 고객만족과 만나게 된다.

다. 잠재력을 일깨우는 대화

성과관리는 잘못된 점을 개선하는 데 치중해 왔다. 개인이나 팀이나 조직이나 워크아웃(work-out)은 긴장을 야기하게 된다. 그렇지만 실용주의는 본질적으로 좋은 결과를 만들어내는 힘을 찾는 것이다. 좋은 경과와 성과를 생각하는 것은 언제나 기분이 좋다. 긍정적인 정서는 사고를 활발하게 만들고, 그 과정에서 자신에게 초점을 두게 되면 강점을 발견하게 만든다. 앞서 설명한 직무의미 개선도 강점을 활용하여 책임의식을 새롭게 디자인하는 것이 핵심이다. 성과코칭에서 경륜을 일깨우는 대화는 이런 방식으로 전개되는 것이다.

일에서 가장 의미 있는 부분이 무엇인가?

조직심리학은 일관적으로 상위수준의 욕구를 충족시키는 사람들의 동기를 설명한다. 그런 사람은 일의 의미를 사람관계, 영향력 발휘, 또는 자기충족에서 찾는다. 조직장으로서 리더는 평가권과 예산권으로 구성원을 통제할 수 있다. 그러나 이 경우에도 코칭은 자신이 부하직원에게 줄 수 있는 보상(인센티브, 승진, 교육기회 등)이 전체 삶의 영역에서 어떤 의미를 갖는지에 대해서 대화할 수 있다.

정서적으로 만족하면서 하루 일과를 끝내는가?

정서(emotion)는 동기(motivation)와 동전의 양면이라고 할 수 있다. 영어 어근을 봐도 움직임(move)이 함께 들어 있다. 정서는 행동하고자 하는 동기의 신호이며, 어떤 행동을 하려는 동기가 작동할 때는 정서가 촉발된다. 일과를 끝낼 때의 정서는 가정생활과 개인 영역을 시작하는 시점의 동기와 연결된다. 그래서 코칭의 대화는 퇴근 직전에 정서를 노출하는 기회로 삼으면 좋다. 이시점에서는 정서노출(emotion exposure)의 기법을 적용할 수 있다. 노출요법은 기본적으로 학습심리학의 원리 중 학습내용을 소거(extinction)하는 수동조건형성(respondent conditioning) 혹은 고전적 조건형성(classical conditioning)의 원리를 따르는 것이다.

코칭대상자가 현재 정서를 인식하도록 돕고, 정서가 어떻게 변화하는지를 인식함으로써 처음에 격했던 정서도 완화되게 되는 것이다. 이러한 방법은 퇴근 후 만남에서 정서를 노출하는 대화를 하면서 정서를 수용하거나 정서가 변하는 대로 내버려 둘 수 있다. 팀원을 코칭하는 팀 리더는 부하직원이 퇴근 후에 호흡법에 참여하면서 스스로 업무 중의 정서를 노출해 보도록 권할 수도 있다. 이를 통해 정서가 영향을 주는 부정적인 행동의 동기를 약화시키고, 하루 일과를 넘어서 가정과 삶으로 전이되지 않도록 만들 수 있다. 또한 부하직원이 혼자 있는 시간에 자신의 경력을 계획하면서 순간적인 감정에 지배받기보다는 합리적인 준비를 이끌 수 있다.

내 경력에서 최고가 되기 원하는가, 아니면 현재의 위치에 만족하는가?

이러한 질문은 선택의 대화가 아니다. 전자는 도전과 비전에 대한 대화를 전개할 수 있고, 후자는 감사하기의 대화를 할 수 있다. 전자의 대화는 이 장의 성과코칭에서 다양한 각도로 거론하고 있다. 오히려 후자, 즉 현재의 위치에 만족하는 태도를 가지고 있을 때, 지속가능한 행복의 통찰력을 키우는 감사하기의 대화가 가능하다. '범사에 감사하라'는 종교적 가이드가 당위적인 행동지침으로 보일 수 있지만, 감사노트 작성의 효과에 대해서 지속적으로 연구해 온 심리학의 연구에서도 실증적으로 효과가 검증되었다(Lyubomirsky, Sheldon, Schakade, 2005).

라. 일의 영역(직무)에서 사람으로 확인하기

성과코칭은 상담과 달리 훈육(discipline)이 포함될 수 있다. 훈육의 근거는 책임의식을 일깨워주는 것이다. 여기서 책임의식이란 일터에서 자신에게 맡겨진 역할의 범위에서 응당 해야만 하는 정도에 해당한다. 성숙한 양심에 비추어 볼 때 상식적인 정도이기 때문에 이 정도를 하지 않는다면 코칭은 질책할 수 있는 용기도 필요하다. 그러나 소명의식을 일깨우는 대화에서 훈육을 하는 것은 모순적인 코칭일 수 있다. 게다가 직무에 관한 대화의 맥락에서 그 이상을 인식하도록 요구하는 것은 리더가 부하의 개인영역을 침범하는 행동일 수도 있다. 이런 때는 동료를 활용할 수 있다. 실제로 비슷한 일을 했던 동료나 전임자와 교류하는 자리에서 자신의 소명을 발견하기도 한다(Dik & Shimizu, 2019).

사람들은 자신의 강점을 발휘할 수 있는 곳에서 교류하는 경향이 있다. 특히 소수의 다른 사람과 교류하면서 소명에 대한 인식이 깨어날 수 있다. 그러나 직장의 동호회와 같은 모임은 직무의 맥락이 부족하기 때문에 다른 사람의 경험을 일반화하기 힘들다. 소명의식에 민감한 종교단체나 전문가 모임은 조직의 맥락이 부족하기 때문에 스스로 자신에 맞게 해석하기 힘든 한계가 있다. 코치는 일의 영역에서 코칭대상자와 그의 동료들에게 심리적 안전감(psychological safety)을 구축함으로써 개방적인 분위기를 만들 수 있다. 그러한 분위기에서 일과 일터의 맥락을 모두 활용하는 도전의식을 갖게 할 수 있고 필요하면 훈육을 할 수 있다.

심리적 안전감은 자신이 주도적으로 하는 행동이나 발언에 대해서 비판 받지 않을 것이라는 믿음을 공유하는 집단풍토이다. 이런 집단 안에서는 정서적으로 평온함이 생긴다. 이 속에서는 건설적인 대립(constructive confrontation)이 가능하므로 새로운 활동을 만들 수 있는 더 큰 에너지를 교류하고, 개인의 궁극적인 목표에 대하여 개방적으로 대화할 수 있다. 이들의 교류는 기존에 가진 학연, 지연과 다른 의미 있는 만남이다. 부하직원이 그러한 모임에 참여하는 것을 지지해주면 조직에도 긍정적인 영향력을 발휘하게 된다. 변화에 대한 저항감을 갖지 않고 자아에 대한 감각을 강화해서 소명에 부응하기 위한 행동을 할 수 있다.

(2) 능동성을 넘어 창의성으로

소명은 일에 초점을 두지만 일의 맥락을 포함한다. 평생직장보다 평생직업을 강조하는 개인중심적인 변화는 인재를 붙잡으려는 조직과 경영자에게는 딜레마를 줄 수 있다. 조직의 비전과 일치하지 않는 개인의 비전을 존중해야 할 때와 비슷하다. 개인적인 동기부여의 힘이 자연스럽게 조직으로 승화(또는 전이)되기를 바랄 뿐이다. 소명의식은 자신의 일 뿐만 아니라 이타적인 동기와 헌신을 포함하기 때문에 주변 동료에게도 파급되고 소속한 조직에 대한 정체성을 형성한다.

경영자가 아닌 조직의 구성원은 공식적으로 회사의 주인이 아니지만, 소명을 통해 자신이 속한 회사와 직무를 자신의 것처럼 느끼는 것이 주인의식이며, 이를 통해 일에서 자기정체성을 만들어 간다(Avey, Avolio, Crossley, & Luthans, 2009). 주인의식은 대상에 대해 상세한 정보를 알게 되고, 더 많이 알게 됨으로써 친밀함을 느낄 때 생긴다(Pierce, Kostava, & Drick, 2003). 또한 그 대상에 대하여 심리적인 자원을 투여하여 여러 측면에서 숙고하는 과정을 거치고, 깊은 애착을 갖게 되면서 더욱 견고해진다. 이 과정에서 인간은 소유의 동기가 발생한다. 그래서 그 개인은 대상을 더 많이 통제할수록 자신의 것이라는 심리적 경험을 한다.

이때의 통제감은 자신의 역할이 확장되는 느낌일 수 있다. 조직 구성원의 경우 조직 내에서 의사결정에 참여하거나 자신의 업무계획을 자율적으로 세움으로써 일에 대한 통제감을 경험할 수 있다. 그렇기 때문에 주인의식을 가진 직원은 회사나 업무에 대해서 책임의식을 갖고, 정서적으로 친밀감을 느끼며, 내 의지로 원하는 모습을 만들 수 있다고 생각한다. 주인의식을 갖게 되면 업무를 더욱 좋은 방향으로 개발하고자 하는 동기가 작동하게 되며, 긍정적인 결과를 보면서 자신이 업무나 회사를 잘 유지할 수 있다는 자신감도 갖게 된다.

가. 향상적 주인의식

그러나 주인의식이 업무에 초점을 두기 보다는 자신의 영향력을 유지하고자 하는 동기로 작용하면 소위 '주인행세'와 같은 방어적 주인의식을 갖게 된다. 이러한 태도와 반대되는 건강한 주인의식을 가지면 그 대상을 긍정적으로 개선시키거나 발전시키기 위해 노력하는 동기를 가진다(Avey et al., 2009). 이것은 향상적 주인의식이다.

성과코칭은 상사의 지원을 구체화하여 구성원에게 직무를 수행하는 방법을 제시하고, 조직이 직무에서 요구하는 바를 명확하게 알려주며, 스스로 문제를 해결할 수 있도록 피드백을 주고 격려하고 가능성을 깨닫도록 돕는 과정이다(Heslin et al., 2006). 구성원이 조직으로부터 호의적인 지원을 받고 있다고 생각하면 그 보답으로 조직에 기여하고자 하는 책임감을 가지게 된다. 이것은 자연적인 사회적 교환이고, 사회교환이론(social exchange theory)이 주장하는 바이다.

상사의 성과코칭은 단순히 리더로서 도움을 주는 것이 아니라 구성원이 스스로 자신의 능력을 개발하는 맥락, 즉 환경이 자신이 만들어갈 수 있다고 지원하는 활동이다. 부하직원은 그 과정에서 업무상의 문제를 해결하여, 성과코칭 이후 더 스스로 나은 성과를 낼 수 있게 된다. 이러한 상호작용을 통해 구성원은 조직과 호혜적인 관계를 형성하여 향상적 주인의식을 가질 수 있다(김재윤, 한태영, 2019).

나. 창의적 일탈의 허용

관리자로서 상사는 부하직원이 회사의 규정을 지키기 바란다. 회사의 상위 목표와 개인의 목표가 일치되도록 유도하는 것도 관리자의 역할이다. 그러나 영성을 강화하는 코칭은 조직의 영역을 넘어서 부하직원의 잠재력을 발휘하도록 돕는 것이다. 이 장의 앞부분에서 소개했던 것처럼, 헨리 포드가 내연

기관의 아이디어를 사업으로 실행할 수 있도록 격려한 에디슨은 회사의 방향
에 대한 도발적인 행동도 지원한 것이다. 에디슨은 제네럴일렉트릭의 이사
회에서도 쫓겨나는 결과는 다소 비극적이지만, 100년 넘게 산업을 이끈 내연
기관 자동차의 시대는 이렇게 열린 것이다.

창의성이 발휘되는 구성요소는 세 가지이다(Amabile, 1988). (1) 구성원이
자신의 분야와 관련된 지식과 전문성을 갖고, (2) 일에 대한 주인의식을 바탕
으로 내재적인 동기를 발휘하여 새로운 관점으로 접근해 보려고 할 때, (3) 상
사가 그러한 도전에 대한 의미를 이해하고 지원해 주면 창의성이 발휘되는
구성요소는 모두 갖춘 것이다. 그런데 이런 능동적인 활동을 위해서는 규범
을 무시하는 변화를 시도하는 행동이 필요하다(Sternberg, 2006). 그렇기 때문
에 부하직원의 일탈이 창의적으로 잠재력을 발휘하려는 동기에 의한 것이라
면 코칭은 이를 허용하는 개방성까지 포함할 수 있다.

조직장으로서 자신의 조직의 성과를 책임져야 하는 리더의 입장에서 이러
한 코칭을 하는 것은 참으로 어려운 게 현실이다. 하지만 실제로 창의적 일
탈은 3M의 연구원이 상사의 의견을 무시하고 포스트잇이라는 획기적인 성
과물을 만들어낸 사례나, LED 연구를 중단하기로 한 경영자의 결정에도 해
고를 무릅쓰고 연구하여 LED 기술을 개발한 직원의 사례처럼 혁신의 결과
를 만들기도 한다. Merton의 긴장이론에 의하면 목표를 달성해야 하는 동
기와 기존의 규범을 지켜야 하는 사회적인 갈등상황에서 목표달성에 더 가
치를 두는 사회적 맥락을 형성하면 기존의 규범을 지키지 않을 힘이 커진다
(Mainemelis, 2010). 조직의 리더와 코치는 이러한 맥락을 형성하는 역할을
담당할 수 있다.

다. 지연된 평가와 성과창출의 환경조성

코치가 조직장일 때, 구성원의 주도적, 능동적, 도전적 행동에 대해서 섣부

른 평가를 지양함으로써 현재의 규정과 규범에 벗어나는 행동을 지원해 줄 수 있다. 조직장이 아닌 외부 코치의 경우에는 코칭대상자의 아이디어가 자신의 상사나 조직에서 수용되지 않았을 때 느끼는 부정적인 감정에 대해서 지원해 주는 것이 중요하다. 아이디어가 수용되지 않을 때는 대체로 좌절감이나 슬픔을 느끼거나 화가 날 수 있다(Amabile, Barsade, Mueller, & Staw, 2005). 이러한 정서적 상태에 대해서 공감하고 대처행동을 위해서 정서에 적절하게 직면할 수 있도록 도와주어야 한다.

일의 일정에서 여유 있는 시간을 줄 필요도 있다. 업무일정 이외에 15%의 시간을 자유시간으로 허용하는 제도나, 개인의 시간에서 일에서 생각을 벗어나도록 하는 여유를 주는 것이 필요하며, 앞서 설명한 멍 때리기는 이런 경우에 효과를 발휘할 수 있다. 이러한 시간은 창의적 일탈에 대한 자신감을 줄 수 있을 뿐만 아니라, 그러한 행동이 창의성보다는 문제의 소지가 있는 일탈, 변칙, 또는 도발이 아닌지 스스로 점검하는 기회가 되는 것이다.

주인의식을 가지면 새롭고 도전적인 직무를 책임감 있게 수행하고, 보다 효율적인 방법으로 일을 하기 위해서 다른 사람과 아이디어나 지식과 정보를 공유하게 된다(Cabrera, Collins, & Salgado, 2006). 이뿐만 아니라 구성원들은 의사결정에 참여함으로써 자신의 아이디어를 공유할 기회가 많아지게 되고 결과적으로 지식공유 활동을 하게 된다(김재윤, 한태영, 2019). 주인의식을 가진 구성원은 자신이 운명적으로 속하게 된 조직에서 능력을 개발하기 위한 동기가 높아진다. 일에 대하여 이해하기 위한 학습을 하고, 도전적인 과제를 수행하는 목표를 세우게 된다. 이러한 목표를 달성할 수 있는 가능한 모든 방법을 탐색하기 위하여 외부 전문가나 강사들에게 문의하는 것뿐 아니라 동료들과도 적극적으로 토론을 한다(Wan et al., 2012). 그러므로 지식공유를 학습 상황으로 여겨 자신의 능력을 개발하기 위하여 주변 동료의 지식을 적극적으로 수용한다. 또한 자신이 가진 지식을 타인에게 제공함으로써 자신의 지식과 역량을 점검하는 기회로 삼게 된다.

구성원들이 서로 지식공유활동을 할 때 심리적 안전감은 중요하다. 상사의 성과코칭은 조직이 자신에게 관심을 가지고 있으며 자신이 필요한 부분에 도움을 줄 것이라는 믿음을 가지도록 하기 때문에 심리적 안전감을 형성한다. 즉, 구성원은 자신의 현재 직무에 대해 건설적인 피드백을 받고 자신의 잠재력을 개발할 수 있는 상사의 성과코칭을 통해 향상적 주인의식을 형성하고, 심리적 안전감을 바탕으로 지식공유행동을 할 수 있는 것이다. 또한 이러한 심리적 안전감은 자신이 타인을 도움으로써 얻는 이익을 비용보다 크게 느끼도록 하기 때문에 친사회적 행동의 불안감을 낮춰 구성원들이 지식공유행동을 할 수 있도록 한다.

라. 섬기는 리더십

바로 앞에 직면한 성과에 하루하루 대응하는 리더에게 코칭은 버거울 수 있다. 그래서 현실의 코칭은 표면적인 스킬과 대화법에 그치는 경우가 많다. 그러나 성과코칭의 궁극적인 지향점은 후배의 육성과 그들의 잠재력을 지원하는 데에 있다.

바빌론, 알렉산더 제국, 로마 등 연속되는 제국들의 지배 하에서 이스라엘은 자신들을 해방시켜 줄 메시아를 400년 동안 기다렸다. 강력한 지도자를 기대했지만, 그들은 오히려 출생부터 초라하기만 한 예수에 열광했다. 오랫동안 노예와 종으로 살아온 그들의 애환을 깊이 이해하는 점은 출발점이었다. 결과적으로 죽음까지도 초라했고 민족의 해방자도 아니었지만, 권력과 반항이 충돌하는 장면마다 주인이기 보다는 섬기는 태도로 대하는 예수의 모습에서 정신적인 해방자를 보게 된 것이다. 힘과 권위는 내면까지 바꿀 수는 없다는 것은 거대한 제국의 상황에서나 조직의 치열한 경쟁환경에서나 마찬가지이다.

　　Spears(1996)는 서번트 리더십을 모든 사람의 존엄성과 가치에 대한 믿음을 가지고 리더의 권력은 부하로부터 기인한다는 민주주의 원칙에 입각한 리더십이라고 정의하였다. 이러한 리더는 헤르만 헤세의 소설『동방기행』(The Journey to the East, 1932)의 등장인물 레오를 통해 볼 수 있다. 여행단에서 하인같이 궂은 일을 도맡았던 레오는 여행 단원들을 충성스럽게 섬기고 돕는다. 이러한 레오가 여정 도중에 갑자기 사라져버리자 여행단은 혼란에 빠지게 되고 결국 여행이 중단된다. 여행단은 사실상 여행단을 이끌었던 인물이 레오였다는 것을 깨닫게 된다. Greenleaf는 서번트 리더십에 대한 영감을 이 소설의 레오에서 얻은 것으로 알려져 있다. 리더가 레오처럼 구성원들이 필요로 하는 것을 채워주고 도와주어야 한다는 새로운 리더십 모델을 제시한 것이다.

　　앞 장에서 중장년 팀원을 관리하는 팀장의 고충을 언급한 바 있다. 우리나라가 고령사회가 되어 가면서 팀장 직책을 내려놓고 정년을 향해 가는 고참 팀원은 조직관리의 도전요소이다. 팀 리더는 그들에 대한 코칭을 필요로 하는 경우가 많다. 유교적 장유유서 가치관을 뒤집는 나이역전 현상 앞에서 서로가 힘든 것이 현재 한국 조직의 현실이다. 팀 리더와 중장년 고참 팀원은 서로에게 서번트 리더십이 필요하며 이것은 원팀을 만든다. 이 리더십을 위해 Greenleaf가 제시한 방법론의 핵심은 경청과 육성에 대한 관심, 그리고 커뮤니티의 형성이다. 다른 사람의 발을 씻어주는 예수의 사랑은 그를 따르는 무리들 중에서 제자 그룹을 만든 것이다.

　　그 커뮤니티는 파벌과 다르다. 자신과 가까운 사람을 포용하는 것은 소아적인 파벌이다. 여러 조직의 고위리더의 인사에 관여해 본 필자는 우리나라 기업 중에서 글로벌 수준의 기업일수록 이러한 파벌의식이 옅은 것으로 보인다. 반면에 보수적, 안정적, 국내 수준의 기업일수록 학벌에 의한 인사결정이 강하고, 경영자의 연고에 따라 승진이 결정되는 경우를 자주 보아 왔다. 글로벌 기업으로 성장하려는 기업은 이러한 파벌을 없애려는 인사제도와 조직문화 변화에 애쓰고 있다. 5장에서 설명한 리더십 역량평가와 역량개발도 이러한 노력을 지원하는 제도로 발달한 것이다.

1장

성의철, 양혁승 (2015). 절대평가 대비 강제배분 상대평가 방식이 피평가자의 외재적 동기에 미치는 직 · 간접 효과: 기대공정성, 지각된 통제감, 기대결과치를 통한 억제효과를 중심으로. 대한경영학회지, 28(3), 1009-1027.

정동관, 유태영, 정승국, 김기선, 류성민 (2015). 인사평가제도 현황과 발전방안에 관한 연구. 한국노동연구원.

한태영, 성상현, 박우성, 오승훈, 노재항, 이정현 (2016), 공정인사평가 모델, 한국 산업 및 조직 심리학회 발표논문집.

Aguinis, H. (2012). The best and the rest: Revisiting the norm of normality of individual performance. *Personnel Psychology*, 65(1), 79-119.

Coens, T., & Jenkins , M. (2000). *Abolishing performance appraisals: Why they back fire and what to do instead.* San Francisco: Berrett − Koehler.

Dominick, P. G. (2009). Forced ranking: Pros, cons, and practices, In J. W. Smither & M. London (Eds). P*erformance Management: Putting research into action* (pp. 411-444). Jossey-Bass San Francisco.

Garcia, S. M., & Tor, A. (2007). Rankings, standards and competition: Task vs. scale comparisons. *Organizational Behavior and Human Decision Processes, 102*.

Garcia, S. M., Tor, A., & Gonzalez, R. D. (2006). Ranks and rivals: A theory of competition. *Personality & Social Psychology Bulletin*, 32, 970−982.

Gerhart, B., & Rynes, S.L. (2003). Compensation: Theory, evidence, and strategic implications. Sage Publications, Thousand Oaks, CA.

Grote, D. (2005). *Forced ranking: Making performance management work.* Boston: Harvard Business School.

Hendry, I., & Maggio, E. (1996). Tracking success: Is competency-based management an effective strategy or simply the flavor of the month. *Benefit Canada, 20*(5), 71−73.

Kluger, A., & Nir, D. (2007). Feedforward first, feedback later. Working paper.

Mayer, R. C., & Davis, J. H. (1999). The effect of the performance appraisal system on trust for management: A quasi−experimental field study. *Journal of Applied Psychology, 84*(1), 123−136.

Ostroff, C., & Bowen, D. E. (2000). Moving HR to a higher level: HR practices and organizational effectiveness. In K. K. Klein & S. W. J. Kozlowski (Eds.), *Multilevel theory, research, and methods in organizations: Foundations, extensions and new directions.* San Francisco, CA: Jossey−Bass.

Pierce, J. L., & Gardner, D. G. (2004). Self-esteem within the work and organizational context: A review of the organization-based self-esteem literature. *Journal of Management, 30*(5), 591−622.

Roch, S. G., Sternburgh, A, M., Caputo, P, M. (2007), Absolute vs Relative Performance Rating Formats: Implications for fairness and organizational justice. *International Journal of Selection and Assessment. 15*(3). 302−316.

Schleicher, D. J., Bull, R. A. & Green S. G. (2009). Rater reactions to forced distribution rating systems, *Journal of Management, 35,* 899−927.

Scullen, S. E., Bergey, P. K., & Aiman−Smith, L. (2005). Forced distribution rating systems and the Improvement of workforce potential: A Baseline simulation. *Personnel Psychology, 58*(1), 1−32.

Stewart, S. M., Gruys, M. L., & Storm, M. (2010). Forced distribution performance evaluation systems: Advantages, disadvantages and keys to implementation. *Journal of Management & Organization, 16*(1), 168−179.

Woolen, B. (2003). *Forced ranking: The controversy continues.* White paper. New York: Work Lab Consulting.

2장

김성남 (2018). 미래조직 4.0. 서울: 더퀘스트.

김은실 (2011). 사회적 네트워크가 개인 및 집단 창의성에 미치는 영향: 다수준 접근 법을 중심으로. 경북대학교 대학원 박사학위 청구논문.

류영상 (2020.07.12). 전문가도 랜트한다. 긱경제 채용플랫폼 인기. 매일경제. URL: https://www.mk.co.kr/news/business/view/2020/07/712368/

서보성 (2020.01.28). "긱 이코노미 플랫폼 활용과 HR의 역할". HR Insight. URL: https://www.hrinsight.co.kr/view/view.asp?in_cate=112&bi_pidx=30315

윤석현, 한태영 (2012). 혁신행동에 대한 학습요인, 개인과 팀의 네트워크 및 팀 적응 수행의 영향. 한국심리학회지: 산업 및 조직, 25(4), 701–726.

오홍석, 정명호 (2005). 휴먼 네트워크와 기업경영. 삼성경제연구소.

조은정, 한태영 (2018) 직장 내 괴롭힘에 대한 팀 요인의 영향 및 팀 내 권력불균형의 상호작용효과. 한국심리학회지: 산업 및 조직 32(2), 241–263.

천성현 (2021). HR 메가트렌드 패러다임의 전환. 서울: 가디언.

성상현, 박우성, 한태영, 오승훈, 노재항, 이정현 (2016), 공정인사평가 모델, 고용노 동부.

Adler, P. S., & Kwon, S. W. (2002). Social capital: Prospects for a new concept. *Academy of Management Review, 27*, 17–40.

Bain & Company (2015). *Management tools & trends 2015* URL: http://www.bain.com/publications/articles/management-tools-and-trends-2015. aspx

Mulcahy, D. (2016) *The Gig Economy: The Complete Guide to Getting Better Work, Taking More Time Off, and Financing the Life You Want.* AMACOM;

Austin, J. T. & Crespin, T. R. (2006). From "criterion problem" to problems of criteria in industrial and organizational psychology: Progress, pitfalls, and prospects. In W. Bennett, Jr, Lance C. E., & D. J. Woehr (Eds.), *Performance measurement* (pp. 9–48). Mahwah, NJ: LEA

Bamberger, P. A. (2007). Competitive appraising: A social dilemma perspective on the conditions in which multiround peer evaluation may result in counter-productive team dynamics, *Human Resource Management Review*, 17(1), 1−18.

Bennett, R. J., & Robinson, S. L. (2000). Development of a measure of workplace deviance. *Journal of Applied Psychology*, 85(3), 349 − 360.

Bernardin, H. J., & Beatty, R. W. (1987). Can subordinate appraisals enhance managerial productivity? *Sloan Management Review (1986-1998)*, 28(4), 63.

Fineman, D. R. (2016). People analytics: Recalculating the route. *Deloitte Insights*. February 28, 2017.

Greguras, G. J., Robie, C., Schleicher, D. J., & Goff, M. III. (2003). A field study of the effects of rating purpose on the quality of multisource ratings. *Personnel Psychology*, 56(1), 1 − 21.

Han, T. Y., & Williams, K. J. (2008). Multilevel Investigation of Adaptive Performance: Individual−and team−level relationships. *Group & Organization Management*, 33(6), 657−684

Janis. I. L. (1971). "Groupthink". *Psychology Today*. 5 (6) 74 − 76.

Karau, S. J., & Williams, K. D. (2001). Understanding individual motivation in groups: The collective effort model. In M. E. Turner (Ed.), *Groups at work Theory and Research* (pp. 113−141). Mahwah, NJ: Lawrence Erlbaum Associates

Kozlowski, S. W. J., Chen, G., & Salas, E. (2017), One Hundred Years of the *Journal of Applied Psychology*: Background, Evolution, and Scientific Trends, *Journal of Applied Psychology*, 102(3), 237−253.

Kozlowski, S. W. J., Gully, S. M., Nason, E. R., & Smith, E. M. (1999). Developing adaptive teams: A theory of compilation and performance across levels and time. In D. R. Ilgen & E. D. Pulakos (Eds.), *The changing nature of work performance: Implications for staffing, personnel actions, and development* (pp. 240−292). San Francisco: Jossey-Bass.

Mehra, A., Kilduff, M., & Brass, D. J. (2001). The social networks of high and low self-monitors: Implications for workplace performance. *Administrative Science Quarterly, 46*, 121−146.

Levy, E. P. & Williams, J. R (2004). The Social Context of Performance Appraisal: A

Review and Framework for the Future. *Journal of Management, 30*(6), 881−905

Locke, E. A., & Latham, G. P. (1990). *A theory of goal setting and task performance.* Englewood Cliffs, NJ: Prentice Hall.

Perry-Smith, J. E. (2006). Social yet creative: The role of social relationship in facilitating individual creativity. *Academy of Management Journal*, 49, 85−101.

Rigby, D., Sutherland, J., & Takeuchi, H. (2016). Embracing Agile: How to master the process that's transforming management. *Harvard Business Review*, May.

Spector. P. E. & Fox. S. (2005). The Stressor-Emotion Model of Counterproductive Work Behavior. In *Counterproductive work behavior: Investigations of actors and targets.* (pp. 151−174). American Psychological Association.

Stanne. M. B. Johnson. D. W. & Johnson. R. T. (1999). Does competition enhance or inhibit motor performance: A meta-analysis. *Psychological Bulletin. 125*(1). 133.

Vallas, S. & Schor, J. B. (2020). What Do Platforms Do? Understanding the Gig Economy. *Annual Review of Sociology 46*(1), 273 − 294.

3장

고준기 (2005). 성과주의 임금제도하에서 성과·업적평가를 둘러싼 문제점과 법적과제. 기업법연구, 19(2), 411−431.

류성민 (2016). 인사평가에 대한 근로자 수용성. 노동리뷰, (4), 55−72.

박소정, 한태영 (2019). 중장년 근로자의 멘토링과 사회참여 연구−고용경쟁력과 나이역전 저항성의 상호작용. 인적자원관리연구, 26(5), 39−55.

손정희, 김찬석, 이현선 (2021). MZ 세대의 커뮤니케이션 고유 특성에 대한 각 세대별 반응 연구−MZ 세대, X 세대, 베이비붐세대를 중심으로. 커뮤니케이션 디자인학연구, 77, 202−215.

신교수, 한태영 (2015). 직무열의와 생성감이 중장년 근로자 노후준비에 미치는 영향: 멘토링의 매개효과 및 성차의 효과. 한국심리학회지: 산업 및 조직, 28(4), 609−634.

이광희, 황규대 (2002). 고과결과에 대한 지각, 결과변수, 그리고 공정성 지각의 관계에 대한 연구. 인사조직연구, 10(1), 27−54.

이현주, 한태영 (2014). 중장년 근로자의 퇴직 후 경력을 위한 주도적 경력행동에 관한 연구. 한국심리학회지: 산업 및 조직, 27(1), 221-248.

정동관 (2015). 인사평가제도의 실태. 노동리뷰, (4), 29-41.

정숙균, 방희명 (2014). 베이비부머 역량이 삶의 만족에 미치는 영향: 네트워크의 매개효과 검증. 한국콘텐츠학회논문지, 14(7), 178-187.

직장 내 세대갈등과 기업문화 종합진단 보고서 [웹사이트]. (2020년 05월 08일). http://www.korcham.net/nCham/Service/Economy/appl/KcciReportDetail.asp?SEQ_NO_C010=20120932732&CHAM_CD=B001

최두환, 한태영 (2022). 세대조화가 발언행동에 미치는 영향. 한국심리학회지: 산업 및 조직, 35(4), 701-725.

한태영 (2010). 피평가자 관점의 인사평가효과성의 구성개념 고찰과 측정도구 개발. 한국심리학회지: 산업 및 조직, 23(2), 365-395.

한태영, 박수연 (2014). 직무열의에 대한 성과코칭 및 팀 과업의 영향: 인사평가효과성과 피드백환경의 매개역할. 한국심리학회지: 산업 및 조직, 24(3), 597-626.

한태영, 이진영 (2021). 중장년 근로자의 세대조화 인식과 지식공유행동의 관계에서 ICT스트레스 및 목표지향성의 조절효과. 한국심리학회지: 산업 및 조직, 34(1), 81-104.

한태영, 정의영 (2017). 중장년 근로자의 나이차별인식이 퇴직 후 경력준비에 미치는 영향-업무장애의 매개효과 및 고용형태의 조절효과. 인적자원관리연구, 24(5), 147-166.

홍종성 (2004). 다면평가시스템의 특성 및 목적에 대한 인식이 조직몰입에 미치는 영향에 관한 연구, 중앙대학교 대학원 박사학위 청구논문.

Alliger, G. M., Tannenbaum, S. I., Bennet Jr. W. Traver, H., & Shotland, A. (1997). A meta-analysis of relations among training criteria, *Personnel Psychology, 50*(2), 341-358.

Allport, G. W. (1954). *The nature of prejudice*. Addison-Wesley.

Arthur, M., Inkson, K., & Pringle, J. (1999). *The new careers: Individual action and economic change*. Sage.

Avolio, B. J., & Waldman, D. A. (1994). Variations in cognitive, perceptual, and psychomotor abilities across the working life span: Examining the effects of race, sex, experience, education, and occupational type. *Psychology and Aging, 9,* 430−442.

Baltes, P. B., Staudinger, U. M., Maercker, A., & Smith, J. (1995). People nominated as wise: a comparative study of wisdom−related knowledge. *Psychology and Aging, 10*(2), 155.

Barrett, G. V., & Kernan, M. C. (1987). Performance appraisal and terminations: A review of court decisions since Brito v. Zia with implications for personnel practices. *Personnel Psychology, 40,* 489−504.

Beazley, A., Ball. C., & Vernon, K. (2017). Workplace age diversity: The employers' perspectives. In Flynn, M., Li, Y., & Chiva, A. (Ed.), *Managing the Ageing Workforce in the Ease and the West.* (pp. 225−247). Emerald Publishing Limited.

Bies, R. J. (2005). Are procedural justice, interactional justice conceptually distinct? In J. Greenberg, & J. A. Colquitt (Eds.), *Handbook of organizational justice* (pp. 85−112). Erlbaum.

Bies, R. J., & Tyler, T. R. (1993). The "litigation mentality" in organizations. *Organization Science, 4*(3), 352−366.

Briscoe, J. P., & Hall, D. T. (2002, August 13). *The protean orientation: Creating the adaptable workforce necessary for flexibility and speed*[Paper presentation]. Annual Meeting of the Academy of Management, Denver, United States.

Brockner, J., & Wiesenfeld, B. M. (1996). An integrative framework for explaining reactions to decisions: Interactive effects of outcomes and procedures. *Psychological Bulletin, 120*(2), 189−208.

Butler, R. N. (1969). Age-ism: Another form of bigotry. *Gerontologist, 9,* 243 – 246.

Byrne, D. E. (1971). *The attraction paradigm* (Vol. 462). Academic press.

Bytheway, B. (1995). *Ageism: Rethinking ageing series.* Open University Press.

Cawley, B. D., Keeping, L. M., & Levy, P. E. (1998). Participation in the performance appraisal process and employee reactions: A meta-analytic review of field investigations. *Journal of Applied Psychology, 83*(4), 615−633.

Cho, S. & Mor Barak, M. E. (2008). Understanding of diversity and inclusion in a perceived homogeneous culture: A study of organizational commitment and job performance among Korean employees. *Administration in Social Work, 32*(4), 100−126.

Claes, R., & Ruiz-Quintanilla, S. A. (1998). Influences of early career experiences, occupational group, and national culture on proactive career behavior. *Journal of Vocational Behavior, 52*(3), 357–378.

Cleveland, J. N., & Landy, F. J. (1987). Age perceptions of jobs: Convergence of two questionnaires. *Psychological Reports, 60*(3), 1075–1081.

Cohen-Charash, Y., & Spector, P. E. (2001). The role of justice in organizations: A meta-analysis. *Organizational Behavior and Human Decision Processes, 86*(2), 278–321.

Colonia-Willner, R. (1998). Practical intelligence at work. Relationship between aging and cognitive efficiency among managers in a bank environment. *Psychology and Aging, 13*, 45–47.

Colquitt, J. A., Conlon, D. E., Wesson, M. J., Porter, C. O. L. H., & Ng, K. Y. (2001). Justice at the millennium: a meta-analytic review of 25 years of organizational justice research. *Journal of Applied Psychology, 86*(3), 425–445.

Cummings, J. N. (2004). Work groups, structural diversity, and knowledge sharing in a global organization. *Management Science, 50*(3), 352–364.

Czaja, S. J., Charness, N., Fisk, A. D., Hertzog, C., Nair, S. N., Rogers, W. A., & Sharit, J. (2006). Factors predicting the use of technology: findings from the Center for Research and Education on Aging and Technology Enhancement (CREATE). Psychology and Aging, 21(2), 333.

Diefendorff, J. M., & Lord, R. G. (2008). Goal striving and self-regulation processes. In R. Kanfer, G. Chen, & R. D. Pritchard (Eds,), *Work Motivation: Past, Present and Future* (pp. 151–196). Taylor & Francis Group, LLC

Dorfman, P. W., Stephan, W. G., & Loveland, J. (1986). Performance appraisal behaviors: Supervisor perceptions and subordinate reactions. *Personnel Psychology, 39*(3), 579–597.

Ebner, N. C., Freund, A. M., & Baltes, P. B. (2006). Developmental changes in personal goal orientation from young to late adulthood: from striving for gains to maintenance and prevention of losses. *Psychology and Aging, 21*(4), 664.

Fiske, A., Wetherell, J. L., & Gatz, M. (2009). Depression in older adults. *Annual review of clinical psychology, 5*, 363.

Florkowski, G. W., & Schuster, M. H. (1992). Support for profit sharing and organizational commitment: A path analysis. *Human Relations, 45*(5), 507−523.

Folger, R. (1993). Reactions to mistreatment at work. In J. K. Murnighan (Ed.), *Social psychology in organizations: Advances in theory and research* (pp. 161−183). Prentice Hall.

Folger, R., Cropanzano, R., & Goldman, B. (2005). What is the relationship between justice and morality? In J. Greenberg & J. Colquitt (Eds.), *The handbook of organizational justice* (pp. 215−245). Lawrence Erlbaum Associates.

Folger, R., & Greenberg, J. (1985). Procedural justice: An interpretive analysis of personnel systems. In K. M. Rowland & G. R. Ferris (Eds.), *Research in personnel and human resource management* (pp. 141−183). JAI Press.

Gilliland, S. W., & Langdon, J. C. (1998). Creating performance management systems that promote perceptions of fairness. In J. W. Smither (Ed.), *Performance appraisal: State of the art in practice* (pp. 209−243). Jossey-Bass.

Gilson, L. L., Lim, H. S., Luciano, M. M., & Choi, J. N. (2013). Unpacking the cross-level effects of tenure diversity, explicit knowledge, and knowledge sharing on individual creativity. *Journal of Occupational and Organizational Psychology, 86*(2), 203−222.

Greenberg, J. (1986). Organizational performance appraisal procedures: What makes them fair? In R. J. Lewicki, B. H. Sheppard, & B. H. Bazerman (Eds.), *Research on negotiation in organizations*, (pp. 25−41). JAI Press.

Greenberg, J. (1987). Using diaries to promote procedural justice in performance appraisal. *Social Justice Research, 1*(2), 219−234.

Greenberg, J. (1990). Looking fair vs. being fair: Managing impressions of organizational justice. In B.M. Staw & L.L. Cummings (Eds.), *Research in organizational behavior* (pp. 111− 157). JAI Press.

Greenhaus, J. H., Callanan, G. A., & Godshalk, V. M. (2009). *Career management*. Sage.

Grossmann, I., Na, J., Varnum, M. E., Park, D. C., Kitayama, S., & Nisbett, R. E. (2010). Reasoning about social conflicts improves into old age. *Proceedings of the National Academy of Sciences, 107*(16), 7246−7250.

Hall, D. T. (1996). Protean careers of the 21st century. *Academy of Management Perspectives, 10*(4), 8–16.

Hallock, D. E., Salazar, R. J., & Venneman, S. (2004). Demographic and attitudinal correlates of employee satisfaction with an ESOP. *British Journal of Management, 15*(4), 321–333.

Hedge J. W., & Borman W. C. (1995). Changing conceptions and practices in performance appraisal. In A. Howard (Ed.), *The Changing Nature of Worked* (pp. 451–481). Jossey-Bass.

Holbrook, R. L. (2002). Contact points and flash points: Conceptualizing the use of justice mechanisms in the performance appraisal interview. *Human Resource Management Review, 12*(1), 101–123.

Jenkins, G.D., Jr., Mitra, A., Gupta, N., & Shaw, J.D. (1998). Are financial incentives related to performance? A meta-analytic review of empirical research. *Journal of Applied Psychology, 83*, 777–787.

Johnson, R.W. and Neumark, D. (1997), "Age discrimination, job separations, and employment status of older workers: evidence from self reports", *Journal of Human Resources, 32*(4), 779–811.

Keeping, L. M., & Levy, P. E. (2000). Performance appraisal reaction: Measurement, modeling, and method bias. *Journal of Applied Psychology, 85*(5), 708–723.

King, S. P. & Bryant, F. B. (2017). The workplace intergenerational climate scale (WICS): A self-report instrument measuring ageism in the workplace. *Journal of Organizational Behavior, 38*(1), 124–151.

Klaas, B. S. (1989). Determinants of grievance activity and the grievance system's impact on employee behavior: An integrative perspective. *Academy of Management Review, 14*, 445–458.

Kluger, A. N., & DeNisi, A. (1996). The effects of feedback interventions on performance: A historical review, a meta-analysis, and a preliminary feedback intervention theory. *Psychological Bulletin, 119*(2), 254–284.

Konovsky, M. A., & Brockner, J. (1993). Managing victim and survivor layoff reactions: A procedural justice perspective. In R. Cropanzano (Ed.), *Justice in the workplace* (pp.

133−154). Erlbaum.

Konovsky, M. A., & Cropanzano, R. (1991). Perceived fairness of employee drug testing as a predictor of employee attitudes and job performance. *Journal of applied psychology, 76*(5), 698−707.

Korsgaard, M. A., & Roberson, L. (1995). Procedural justice in performance evaluation: The role of instrumental and non-instrumental voice in performance appraisal discussion. *Journal of Management, 21*(4), 657−669.

Kunze, F., Boehm, S. A., & Bruch, H. (2011). Age diversity, age discrimination climate and performance consequences-A cross organizational study. *Journal of Organizational Behavior, 32*(2), 264−290.

Kunze, F., Boehm, S. A., & Bruch, H. (2013). Organizational performance consequences of age diversity: Inspecting the role of diversity-friendly HR policies and top managers' negative age stereotypes. *Journal of Management Studies, 50*(3), 413−442.

Kunze, F., & Menges, J. I. (2017). Younger supervisors, older subordinates: An organizational-level study of age differences, emotions, and performance. *Journal of Organizational Behavior, 38*(4), 461−486.

Lagacé, M., Van de Beeck, L., & Firzly, N. (2019). Building on intergenerational climate to counter ageism in the workplace? A cross-organizational study. *Journal of Intergenerational Relationships, 17*(2), 201−219.

Latham, G. P., Erez, M., & Locke, E. A. (1988). Resolving scientific disputes by the joint design of crucial experiments by the antagonists: Application to the Erez-Latham dispute regarding participation in goal setting. *Journal of Applied Psychology, 73*(4), 753−772.

Lawler, E. E., & Jenkins, G. D. (1992). Strategic reward systems. *Handbook of industrial and organizational psychology*, 3.

Leventhal, G. S. (1980). What should be done with equity theory?. In K. J. Gergen, M. S. Greenberg, & R. H. Willis (Eds.), *Social exchange: Advances in theory and research* (pp. 27−55). Plenum Press.

Levinson, D. J. (1978). Eras: The anatomy of the life cycle. *Psychiatric Opinion, 15*(9), 10−11, 39−48.

Lind, E. A., & Lissak, R. (1985). Apparent impropriety and procedural fairness judgments. *Journal of Experimental Social Psychology, 21*(1), 19–29.

Lind, E. A., & Tyler, R. R. (1988). *The social psychology of procedural justice.* Plenum Press.

Locke, E. A., & Latham, G. P. (2002). Building a practically useful theory of goal setting and task motivation: A 35–year odyssey. *American Psychologist, 57*(9), 705.

McEvoy, G. M., & Cascio, W. F. (1989). Cumulative evidence of the relationship between employee age and job performance. *Journal of Applied Psychology, 74,* 11–17.

Mead, S. E., Sit, R. A., Rogers, W. A., Jamieson, B. A., & Rousseau, G. K. (2000). Influences of general computer experience and age on library database search performance. *Behaviour and Information Technology, 19*(2), 107–123.

Meyer, J. P., & Allen, N. J. (1997). *Commitment in the workplace: Theory, research, and application.* Sage publications.

Murphy, K. R., & Cleveland, J. N. (1995). *Understanding performance appraisal: Social, organizational, and goal-based perspectives.* Sage.

Nancy, M. (Director). (2015). *The Intern*[Film]. RatPac–Dune Entertainment Waverly Films.

Noe, R. A., Tews, M. J., & Marand, A. D. (2013). Individual differences and informal learning in the workplace. *Journal of Vocational Behavior, 83*(3), 327–335.

Orpen, C. (1995). The effects of perceived age discrimination on employee job satisfaction, organizational commitment and job involvement. *Psychology: A Journal of Human Behavior, 32*(3–4), 55–56.

Palmore, E. B. (1999). *Ageism: Negative and positive.* Springer Publishing Company.

Pearce, J. L., & Porter, L. W. (1986). Employee responses to formal appraisal feedback. *Journal of Applied Psychology, 71,* 211–218.

Porter L. W. & Lawler E. E. (1968). *Managerial attitudes and performance.* Richard D. Irwin, Inc.

Reb, J., Goldman, B. M., Kray, L. J., & Cropanzano, R. (2006). Different wrongs, different remedies? Reactions to organizational remedies after procedural and interactional injustice. *Personnel Psychology, 59*(1), 31–64.

Rupp, D. E., Vodanovich, S. J., & Crede, M. (2006). Age bias in the workplace: The impact of ageism and causal attributions 1. *Journal of Applied Social Psychology, 36*(6), 1337−1364.

Shore, L. M., Cleveland, J. N., & Sanchez, D. (2018). Inclusive workplaces: A review and model. *Human Resource Management Review, 28*(2), 176−189.

Snape, E., & Redman, T. (2003). Too old or too young? The impact of perceived age discrimination. *Human Resource Management Journal, 13*(1), 78−89.

Stiehr, E. S., & Vandermause, R. K. (2017). Can't we all just get along? A dual-theory approach to understanding and managing the multigenerational workplace. *Journal of Organizational Psychology, 17*(2), 103−110.

Tams, S., Grover, V., & Thatcher, J. (2014). Modern information technology in an old workforce: Toward a strategic research agenda. *The journal of Strategic Information Systems, 23*(4), 284−304.

Taylor, M. S., Tracy, K. B., Renard, M. K., Harrison, J. K., & Carroll, S. J. (1995). Due process in performance appraisal: A quasi-experiment in procedural justice. *Administrative Science Quarterly, 40*, 495−523.

Tentori, K., Osherson, D., Hasher, L., & May, C. (2001). Wisdom and aging: Irrational preferences in college students but not older adults. *Cognition, 81*(3), B87−B96.

Vohs, K. D., & Baumeister, R. F. (2004). Understanding self-regulation. *Handbook of self-regulation, 19*.

Vroom, V. H. (1964). *Work and Motivation*. John Wiley.

Waldman, D. A., and B. J. Avolio(1986). A Meta-Analysis of Age Differences in Job Performance. *Journal of Applied Psychology, 71*, 33−38.

Werner, J. M., & Bolino, M. C. (1997). Explaining US courts of appeals decisions involving performance appraisal: Accuracy, fairness, and validation. *Personnel Psychology, 50*, 1−24.

Van Knippenberg, D., De Dreu, C. K., & Homan, A. C. (2004). Work group diversity and group performance: an integrative model and research agenda. *Journal of Applied Psychology, 89*(6), 1008.

Verhaeghen, P., Steitz, D. W., Sliwinski, M. J., & Cerella, J. (2003). Aging and dual-task performance: A meta-analysis. *Psychology and Aging, 18*(3), 443–460.

Zhou, H., & He, Y. L. (2018). Comparative study of OKR and KPI. In *2018 International Conference on E-Commerce and Contemporary Economic Development (ECED 2018)*, Lancaster, Pennsylvania (pp. 319 – 323).

Zhu, Y., Yang, H., & Bai, G. (2016). Effect of superior-subordinate intergenerational conflict on job performance. of new generation employees. *Social Behavior and Personality: an International Journal, 44*(9), 1499–1513.

4장

박원우, 안성익 (2005). 팀기반 보상의 실무 및 연구현황과 향후 연구의 방향. 인사·조직 연구, 13(1), 101–138.

Antonioni, D. (1994). Improve the performance management process before discontinuing performance appraisals. *Compensation & Benefits Review, 26*(3), 29–37.

Ashford, S. J. (1989). Self-assessment in organizations: A literature review and integrative model. *Research in Organizational Behavior, 11*, 133–174.

Atwater, L. E., Roush, P., & Fischthal, A. (1995). The influence of upward feedback on self-and follower ratings of leadership. *Personnel Psychology, 48*(1), 35–59.

Atwater, L. E., & Yammarino, F. J. (1997). Self–other rating agreement: A review and model. *Research in Personnel and Human Resources Management, 15*, 121–174.

Bamberger, P. A. (2007). 2장 참조.

Barron, J. M., & Gjerde, K. P. (1997). Peer Pressure in an Agency Relationship. *Journal of Labor Economics, 15*(2), 234 – 254.

Barnes-Farrell, J. L. (2001). Performance appraisal: Person perception processes and challenges. In M. London (Ed.), *How People Evaluate Others in Organizations* (pp. 135 – 153). Mahwah, NJ, US: Lawrence Erlbaum Associates Publishers.

Beaty, J. C., Cleveland, J. N., & Murphy, K. R. (2001). The relation between personality and contextual performance in "strong" versus "weak" situations. *Human Performance, 14*(2), 125– 148.

Bechky, B. A., & Okhuysen, G. A. (2011). Expecting the unexpected? How SWAT officers and film crews handle surprises. *Academy of Management Journal, 54*(2), 239 – 261.

Bell, S. T., Fisher, D. M., Brown, S. G., & Mann, K. E. (2018). An Approach for conducting actionable research with extreme teams. *Journal of Management, 44*(7), 2740 – 2765.

Bernardin, H. J., & Beatty, R. W. (1987). 2장 참조

Bernardin, H. J., Dahmus, S. A., & Redmon, G. (1993). Attitudes of first–line supervisors toward subordinate appraisals. *Human Resource Management, 32*(2–3), 315–324.

Bernardin, H. J., Hagan, C. M., Kane, J. S., & Villanova, P. (1998). Effective performance management: A focus on precision, customers, and situational constraints. In J. W. Smither (Ed.), *Performance appraisal: State of the art in practice* (pp. 3–48). San Francisco, CA: Jossey-Bass Publishers.

Bolton, R. N., & Drew, J. H. (1994). The impact of service quality. In R. T. Rust & R. L. Oliver (Eds.), *Service quality: New directions in theory and practice* (pp. 173–200). Thousand Oaks, CA: Sage.

Bono, J. E., & Colbert, A. E. (2005). Understanding responses to multi–source feedback: The role of core self-evaluations, *Personnel Psychology, 58*(1), 171–203.

Borman, W. C. (1974). The rating of individuals in organizations: An alternate approach. *Organizational Behavior and Human Performance, 12*(1), 105–124.

Borman, W. C. (1979). Format and training effects on rating accuracy and rater errors. *Journal of Applied Psychology, 64*(4), 410–421.

Brett, J. F., & Atwater, L. A. (2001). 360-degree feedback: accuracy, reactions and perceptions of usefulness. *Journal of Applied Psychology, 86*(5), 930–942.

Carson, J. B., Tesluk, P. E., & Marrone, J. A. (2007). Shared leadership in teams: An investigation of antecedent conditions and performance, *Academy of Management Journal, 50*(5), 1217–1234.

Conway, J. M., & Huffcutt, A. I. (1997). Psychometric properties of multisource performance ratings: A meta-analysis of subordinate, supervisor, peer, and self-ratings.

Human Performance, 10(4), 331–360.

Conway, J. M., Lombardo, K., & Sanders, K. C. (2001). A meta–analysis of incremental validity and nomological. networks for subordinate and peer rating. *Human Performance, 14*(4), 267– 303.

Dierdorff, E. C., & Surface, E. A. (2007). Placing peer ratings in context: Systematic influences beyond rate. performance. *Personnel Psychology, 60*(1), 93–126.

Drexler, J. A., Beehr, T. A., & Stetz, T. A. (2001). Peer appraisals: Differentiation of individual performance on group. tasks. *Human Resource Management, 40*(4), 333– 345.

Driskell, T., Driskell, J. E., Burke, C. S., & Salas, E. (2017). Team Roles: A Review and Integration. *Small Group Research, 48*(4), 482 – 511.

Gomez-Mejia, L. R., & Balkin, D. B. (1989). Effectiveness of individual and aggregate compensation strategies. *Industrial Relations, 28*(3), 431–445.

Greguras, G. J., Robie, C., & Born, M. (2001). Applying the social relations model to self and peer evaluations. *Journal of Management Development, 20*(6), 508–525.

Hällgren, M., Rouleau, L., & de Rond, M. (2018). A matter of life or death: How extreme context research matters for management and organization studies. *The Academy of Management Annals, 12*(1), 111 – 153.

Han, T. Y., & Williams, K. J. (2008). 2장 참조

Holzbach, R. L. (1978). Rater bias in performance ratings: Superior, self, and peer ratings. *Journal of Applied Psychology, 63*(5), 579–588.

Ilgen, D. R., Fisher, C. D., & Taylor, M. S. (1979). Consequences of individual feedback on behavior in organizations. *Journal of Applied Psychology, 64*(4), 349–371.

Johnson, J., & Ferstl, K. L. (1999). The effects of interrater and self-other agreement on performance improvement following upward feedback. *Personnel Psychology, 52*(2), 271–303.

Judge, T. A., Locke, E. A., & Durham, C. C. (1997). The dispositional causes of job satisfaction: A core evaluations approach. *Research in Organizational Behavior, 19*, 151– 188.

Karau, S. J., & Williams, K. D. (2001). 2장 참조.

Kirkman, B. L., & Shapiro, D. L. (2000). Understanding why team members won't share: An examination of factors related to employee receptivity to team-based rewards. *Small Group Research, 31*(2), 175–209.

Kluger, A. N., & DeNisi, A. (1996). 3장 참조.

Latham, G.P., & Wexley, K.N. (1994). *Increasing productivity through performance appraisal.* Reading, MA: Addison-Wesley.

Lepsinger, R., & Lucia, A. D. (1997). *The art and science of 360 degree feedback.* San Francisco: Jossey–Bass Publishers.

Loughry, M. L., & Tosi, H. L. (2008). Performance implications of peer monitoring. *Organization Science, 19*(6), 876 – 890.

McEvoy G. M., & Beatty, R. W. (1989). Assessment centers and subordinate appraisals of managers: A seven-year examination of predictive validity. *Personnel Psychology, 42*(1), 37–52.

Meyer, R. D., Dalal, R. S., & Bonaccio, S. (2009). A meta-analytic investigation into situational strength as a moderator of the conscientiousness-performance relationship. *Journal of Organizational Behavior, 30*(8), 1077– 1102.

Mischel, W. (1973). Toward a cognitive social learning reconceptualization of personality. *Psychological Review, 80*(4), 252–283.

Mitchell, T., Green, S., & Wood, R. (1981). An attributional model of leadership and the poor performing subordinate: Development and validation. In B. M. Staw & L. L. Cummings (Eds.), *Research in organizational behavior* (pp. 197–234). Greenwich, CT: JAI Press.

Murphy, K. R., & Cleveland, J. N. (1995). 3장 참조.

Ostroff, C. (2000). *Human resource management and firm performance: Practices, systems, and contingencies.* Working Paper, Arizona State University.

Ostroff, C., Atwater, L., & Feinberg, B. (2004). Understanding self-other agreement: A look at rater and ratee characteristics, context and outcomes. *Personnel Psychology, 57*(2), 333–375.

Parasuraman, A., Zeithaml, V. A., & Berry, L. L. (1988). Servqual: A multiple-item scale for measuring customer perceptions of service quality. *Journal of Retailing, 64*(1),

12–40.

Pearce, C. L., & Conger, J. A. (2003). All those years ago: The historical underpinnings of shared leadership. In Pearce, C. L., & Conger, J. A. (Eds.), *Shared Leadership: Reframing the Hows and Whys of Leadership*. Thousand Oaks, CA: Sage.

Saavedra, R., & Kwun, S. K. (1993). Peer evaluation in self-managing work groups. *Journal of Applied Psychology, 78*(3), 450–462.

Smither, J. W., London, M., Vasilopoulos N. L., Reilly, R. R., Millsap, R. E., & Salvemini, N. (1995). An examination of the effects of an upward feedback program over time. *Personnel Psychology, 48*(1), 1–34.

Tett, R. P., & Burnett, D. D. (2003). A personality trait-based interactionist model of job performance. *Journal of Applied Psychology, 88*(3), 500–517.

Van der Vegt, G., & Van de Vliert, E. (2002). Intragroup interdependence and effectiveness: Review and proposed directions for theory and practice. *Journal of Managerial Psychology, 17*(1), 50–67.

Viswesvaran, C., Schmidt, F. L., & Ones, D. S. (2002). The moderating influence of job performance dimensions on convergence of supervisory and peer ratings of job performance: Unconfounding construct-level convergence and rating difficulty. *Journal of Applied Psychology, 87*(2), 345–354.

Williams, J. R., & Levy, P. E. (1992). The effects of perceived, system knowledge on the agreement between self-ratings and supervisor ratings. *Personnel Psychology, 45*(4), 835–847.

Wohlers, A. J., & London, M. (1989). Ratings of managerial characteristics: Evaluation difficulty, co-worker agreement, and self-awareness. *Personnel Psychology, 42*(2), 235–261.

Zenger, T. R., & Marshall, C. R. (2000). Determinants of incentive intensity in group-based rewards. *Academy of Management Journal, 43*(2), 149–163.

5장

고수일, 고은정 (2004). 피드백 수용도의 결정 요인. 인적자원개발연구, 6(2), 21–44.

한태영 (2015). 인사평가와 성과관리. 시그마프레스.

박경환 (2019). 상급자의 부정적 피드백 전달방식으로 공감, 직면, 공격이 피드백 효과성에 미치는 영향. 경영경제연구. 41(1), 29–61.

Alvero, A. M., Bucklin, B. R., & Austin, J. (2001). An objective review of the effectiveness and essential characteristics of performance feedback in organizational settings (1985–1998). *Journal of Organizational Behavior Management, 21*(1), 3–29.

Ashford, S. J. (1986). Feedback-seeking in individual adaptation: A resource perspective. *Academy of Management Journal, 29*(3), 465–487.

Ashford, S. J., & Cummings L. L. (1983). Feedback as an individual resource: Personal strategies of creating information. *Organizational Behavior and Human Performance 32*(3), 370–398.

Baldwin, T. T., & Ford, J. K. (1988). Transfer of training: A review and directions for future research. *Personnel Psychology, 41*(1), 63–105.

Baldwin, T. T., & Magjuka, R. J. (1991). Organizational training and signals of importance: linking pretraining perceptions to intentions to transfer. *Human Resource Development Quarterly, 2*(1), 25–36.

Bernardin, H. J., & Buckley, M. R. (1981). Strategies in rater training. *Academy of Management Review, 6*(2), 205–212.

Borman, W. C. (1982). Validity of behavioral assessment for predicting military recruiter performance. *Journal of Applied Psychology, 67*(1), 3–9.

Colquitt, J. A., LePine, J. A., & Noe, R. A. (2000). Toward an integrative theory of training motivation: A meta-analytic path analysis of 20 years of research. *Journal of Applied Psychology, 85*(5), 678–707.

Colquitt, J. A., & Simmering, M. J. (1998). Conscientiousness, goal orientation, and motivation to learn during the learning process: A longitudinal study. *Journal of Applied Psychology, 83*(4), 654–665.

Dewberry, C., & Jordan, D. (2006). Do consensus meetings undermine the validity of assessment centres?. *In: Division of Occupational Psychology Annual Conference*, 11–13.

Facteau, J. D., Dobbins, G. H., Russell, J. E., Ladd, R. T., & Kudisch, J. D. (1995).

The influence of general perceptions of the training environment on pretraining motivation and perceived training transfer. *Journal of Management, 21*(1), 1–25.

Feldman, J. M. (1981). Beyond attribution theory: Cognitive processes in performance appraisal. *Journal of Applied Psychology, 66*(2), 127–148.

Gaugler, Barbara B., Rosenthal, Douglas B., Thornton, George C., & Bentson, Cynthia. (1987). Meta-analysis of assessment center validity. *Journal of Applied Psychology, 72*(3), 493–511.

Gist, M. E., & Mitchell, T. R. (1992). Self-efficacy: A theoretical analysis of its determinants and malleability. *Academy of Management Review, 17*(2), 183–211.

Hauenstein, N. M. A., Facteau, J., & Schmidt, J. (1999). *Rater variability training: An alternative to rater error training and frame of reference training.* Poster session presented at the annual meeting of the Society for industrial and Organizational Psychology, Atlanta, GA.

Herriot, P. (2003). Assessment by groups: Can value be added? *European Journal of Work and Organizational Psychology, 12*(2), 131–145.

Herriot, P., Chalmers, C., & Wingrove, J. (1985). Group decision making in an assessment centre. *Journal of Occupational Psychology, 58*(4), 309–312.

Hicks, W. D., & Klimoski, R. J. (1987). Entry into training programs and its effects on training outcomes: A field experiment. *Academy of Management Journal, 30*(3), 542–552.

Ilgen, D. R., Fisher, C. D., & Taylor, M. S. (1979). Consequences of individual feedback on behavior in organizations. *Journal of Applied Psychology, 64*(4), 349–371.

Ingold, P. V., Kleinmann, M., Konig, C. J., & Melchers, K. G. (2016). Transparency of Assessment Centers: Lower Criterion-related Validity but Greater Opportunity to Perform? *Personnel Psychology, 69*(2), 467–497.

Kahneman, D., & Frederick, S. (2002). Representativeness revisited: Attribute substitution in intuitive judgment. In T. Gilovich, D. Griffin & D. Kahneman (Eds.), *Heuristics and Biases* (pp. 49 – 81). New York: Cambridge University Press.

Kanfer, R. & Ackerman, P. L. (2004). Aging, adult development, and work motivation. *Academy of Management Review, 29*(3), 440–458.

Kleinmann, M., & Ingold, P. V. (2019). Toward a better understanding of assessment centers: A conceptual review. *Annual Review of Organizational Psychology and Organizational Behavior, 6,* 349−372.

Kluger, A. N., & DeNisi, A. (1996). 3장 참조.

Kontoghiorghes, C. (2002). Predicting motivation to learn and motivation to transfer learning back to the job in a service organization: a new systemic model for training effectiveness. *Performance Improvement Quarterly, 15*(3), 114−129.

Lance, C. E., Baxter, D., & Mahan, R. P. (2006). Evaluation of alternative perspectives on source effects in multisource performance measures. In W. Bennett, Jr, Lance C. E., & D. J. Woehr (Eds.), *Performance measurement* (pp. 49−76). Mahwah, NJ: LEA.

Landy, F. J., & Farr, J. L. (1980). Performance rating. *Psychological Bulletin, 87*(1), 72−107.

Lievens, F., & Conway, J. M. (2001). Dimension and exercise variance in assessment center scores: A large-scale evaluation of multitrait-multimethod studies. *Journal of Applied Psychology, 86*(6), 1202−1222.

London, M. (2003). *Job feedback: Giving, seeking, and using feedback for performance improvement* (2nd ed.). Mahwah, NJ: Lawrence Erlbaum.

Mischel, W., & Shoda, Y. (1998). Reconciling processing dynamics and personality dispositions. *Annual Review of Psychology, 49,* 229−258.

Mitchell, T. R. (1982). Motivation: New directions for theory, research, and practice. *Academy of Management Review, 7*(1), 80−88.

Podsakoff, P. M., & Farh, J. L. (1989). Effects of feedback sign and credibility on goal setting and task performance. *Organizational behavior and human decision processes, 44*(1), 45−67.

Raver, J. L., Jensen, J. M., Lee, J., & O'Reilly, J. (2012). Destructive criticism revisited: Appraisals, task outcomes, and the moderating role of competitiveness. *Applied Psychology: An International Review, 61*(2), 177−203.

Roch, S. G. (2006). Discussion and consensus in rater groups: Implications for behavioral and rating accuracy. *Human Performance, 19*(2), 91−115.

Ruona, W. E. A., Leimbach, M., Holton, E. F., & Bates, R. A. (2002). The relationship between learner utility reactions and predicted learning transfer among trainees. *International Journal of Training and Development, 6*(4), 218−228.

Sackett, P. R., & Tuzinski, K. (2001). The role of dimensions in assessment center judgment. In M. London (Ed). *How people evaluate others in organizations.* Mahwah, NJ: Erlbaum.

Sackett, P. R., & Wilson, M. A. (1982). Factors affecting the consensus judgment process in managerial assessment centers. *Journal of Applied Psychology, 67*(1), 10−17.

Seyler, D. L., Holton III, E. F., Bates, R. A., Burnett, M. F., & Carvalho, M. A. (1998). Factors affecting motivation to transfer training. *International Journal of Training & Development, 2*(1), 2−16.

Shrauger, J. S., & Rosenberg, S. E. (1970). Self-esteem and the effects of success and failure feedback on performance. *Journal of Personality, 38*(3), 404−417.

Silzer, R. F., & Louiselle, K. (1990). *Statistical versus assessor data: Application and recent research.* Paper presented at the 18th International Congress on the Assessment Center Method, Anaheim, CA.

Spychalski, A. C., Quinones, M. A., Gaugler, B. B., & Pohley, K. (1997). A survey of assessment center practices in organizations in the United States. *Personnel Psychology, 50*(1), 71−90.

Sulsky, L. M., & Day, D. V. (1992). Frame-of-reference training and cognitive categorization: An empirical investigation of rater memory issues. *Journal of Applied Psychology, 77*(4), 501−510.

Tett, R. P., & Burnett, D. D. (2003). A personality trait-based interactionist model of job performance. *Journal of Applied Psychology, 88*(3), 500−517.

Thornton, G. C., & Rupp, D. E. (2006). *Assessment centers in human resource management: Strategies for prediction, diagnosis, and development.* Mahwah, NJ: Lawrence Erlbaum Associates.

Tziner, A., & Dolan, S. (1982). Validity of an assessment center for identifying future female officers in the military. *Journal of Applied Psychology, 67*(6), 728−736.

Vroom, V. H. (1964). *Work and Motivation.* John Wiley, New York.

Wingrove, J., Jones, A., & Herriot, P. (1985). The predictive validity of pre-and postdiscussion assessment centre ratings. *Journal of Occupational Psychology, 58*(3), 189-192.

6장

김문숙, 김예실, 이순묵 (2014). 정서 노동과 직무관련 변수들 간 관계: 메타분석 (Meta Analysis). 한국심리학회지: 산업 및 조직, 27(4), 683-720.

김어림, 한태영 (2018). 목표지향성이 지속학습활동에 미치는 영향에서 긍정 및 부정 피드백 추구행동의 매개효과. 한국심리학회지: 산업 및 조직, 31(1), 123-147.

김윤희, 서수균 (2008). 완벽주의에 대한 고찰. 한국심리학회지: 상담 및 심리치료, 20(3), 581-613.

김지혜, 한태영 (2011). 지속학습활동에 대한 영향요인 고찰 : 개인수준 목표지향성 과 팀 수준 학습행동. 기업교육연구, 13(2), 53-78.

서경현, 안재순, Giye Kim (2012). 고등학생의 부모화와 주관적 웰빙의 관계에서 자 아탄력성의 조절효과. 한국심리학회지: 건강, 17(4), 1027-1043.

손진아, 이선희 (2012). 완벽주의가 직무 탈진 및 직업 효능감에 영향을 미치는 과정 에서의 목표지향성의 매개효과. 한국심리학회지: 산업 및 조직, 25(1), 85-104.

유성은, 권정혜 (1997). 완벽주의 성향, 사회적 지지, 스트레스에 대한 대처방식이 중 년 여성의 우울에 미치는 영향. 한국심리학회지: 임상, 16(2), 67-84.

이동명 (2011). 직업몰입과 건강의 관계에서 일중독의 매개 효과. 조직과 인사관리연 구, 35(2), 25-53.

이수호, 한태영 (2008). 성과관리 코칭과 피드백 환경이 인사평가 공정성에 미치는 영향. 한국심리학회지: 산업 및 조직, 21(1), 59-81.

이인석, 정무관, 남종훈, 김준원, 황재원 (2008). 일중독이 구성원의 태도에 미치는 영향에 관한 연구. 대한경영학회지, 21(6), 2605-2626.

이진욱, 한태영 (2021). 변칙적 행동에 대한 작업 과부하, 향상 초점, 경쟁 인식의 상호작용 및 팀 수준 반생산적 풍토의 영향. 한국심리학회지: 산업 및 조직, 34(4), 751-772.

조은정, 한태영 (2019). 2장 참조.

한태영 (2006). 당뇨질환 근로자의 갈등과 당뇨관련 긴장이 직무탈진에 미치는 영향. 한국심리학회지: 건강, 11(3), 71-100.

Alam, M., & Singh, P. (2021). Performance feedback interviews as affective events: An exploration of the impact of emotion regulation of negative performance feedback on supervisor-employee dyads. *Human Resource Management Review, 31*(2), 1−14.

Allen, N. J., & Meyer, J. P. (1990). The measurement and antecedents of affective, continuance and normative commitment to the organization. *Journal of Occupational Psychology, 63*(1), 1−18.

Andreassen, C. S., Ursin, H., Eriksen, H. R., & Pallesen, S. (2012). The relationship of narcissism with workaholism, work engagement, and professional position. *Social Behavior and Personality: an International Journal, 40*(6), 881−890.

Ashford, S. J., & Cummings, L. L. (1983). 5장 참조

Ashforth, B. E., & Humphrey, R. H. (1993). Emotional labor in service roles: The influence of identity. *Academy of Management Review, 18*(1), 88−115.

Ashford, S. J., Lee, C., & Bobko, P. (1989). Content, causes, and consequences of job insecurity: A theory-based measure and substantive test. *Academy of Management Journal, 32*(4), 803−829.

Atwater, L. E., & Brett, J. (2005). Antecedents and consequences of reactions to developmental 360-degree feedback. *Journal of Vocational Behavior, 66*, 532−548.

Bandura, A. (1991). Social cognitive theory of self-regulation. *Organizational Behavior and Human Decision Processes, 50*(2), 248−287.

Baron, J. (1993). Why Teach Thinking? An Essay. *Applied Psychology, 42*(3), 191−214.

Boyacigiller, N. A., & Adler, N. J. (1991). The parochial dinosaur: Organizational science in a global context. *Academy of Management Review, 16*(2), 262−290.

Brett, J. F., & Atwater, L. E. (2001). 360° feedback: Accuracy, reactions, and perceptions of usefulness. *Journal of Applied Psychology, 86*(5), 930−942.

Bennett, R. J., & Robinson, S. L. (2000). Development of a measure of workplace deviance. *Journal of Applied Psychology, 85*(3), 349−360.

Brown, S. P., Cron, W. L., & Slocum Jr, J. W. (1998). Effects of trait competitiveness and perceived intraorganizational competition on salesperson goal setting and performance. *Journal of Marketing, 62*(4), 88−98.

Brutus, S., & Petosa, S. (2002). *Rater selection in multi-source assessment: Evidence for the use of different strategies*. Molson School of Business, Concordia University, Montreal, Canada.

Burdett, J. O. (1998). Forty things every manager should know about coaching. *Journal of Management Development, 17*(2), 142–152.

Carlson, D., Ferguson, M., Hunter, E., & Whitten, D. (2012). Abusive supervision and work-family conflict: The path through emotional labor and burnout. *The Leadership Quarterly, 23*(5), 849–859.

Cordes, C. L., & Dougherty, T. W. (1993). A review and an integration of research on job burnout. *Academy of Management Review, 18*(4), 621–656.

Dominick, P. G., Reilly, R. R., & Byrne, J. (2004). *Individual differences and peer feedback: Personality's impact on behavior change*. Paper presented at the 19th Annual Conference of the Society for Industrial and Organizational Psychology, Chicago, Illinois.

Dweck, C. S. (2007). *Mindset: The new psychology of success*. New York: Random House.

Dweck, C. S., & Leggett, E. L. (1988). A social-cognitive approach to motivation and personality. *Psychological Review, 95*(2), 256–273.

Erickson, R. J., & Ritter, C. (2001). Emotional labor, burnout, and inauthenticity: Does gender matter?. *Social Psychology Quarterly, 64*(2), 146–163.

Eslami, A., & Arshadi, N. (2016). Effect of organizational competitive climate on organizational prosocial behavior: Workplace envy as a mediator. *International Journal of Psychological and Behavioral Sciences, 10*(5), 1798–1801.

Everard, K. B., Morris, G. and Wilson, I. (2004). *Effective School Management* (4th ed). London: Sage.

Evered, R. D., & Selman, J. C. (1989). *Coaching and the art of management. Organizational Dynamics, 18*(2), 16–32.

Felson, R. B., & Tedeschi, J. T. (1993). Social interactionist perspectives on aggression and violence: An introduction. In R. B. Felson & J. T. Tedeschi (Eds.), *Aggression and violence: Social interactionist perspectives* (pp. 1–10). American Psychological Association.

Fisher, C. D. (1978). The effects of personal control, competence, and extrinsic reward systems on intrinsic motivation. *Organizational Behavior and Human Performance,*

21(3), 273–288.

Fulk, J., Brief, A. P., & Barr, S. H. (1985). Trust-in-supervisor and perceived fairness and accuracy of performance evaluations. *Journal of Business Research, 13*(4), 301–313.

Grandey, A. A. (2000). Emotional regulation in the workplace: A new way to conceptualize emotional labor. *Journal of Occupational Health Psychology, 5*(1), 95–110.

Gross, J. J., & John, O. P. (2003). Individual differences in two emotion regulation processes: Implications for affect, relationships, and well-being. *Journal of Personality and Social Psychology, 85*(2), 348–362.

Han, T. Y., & Williams, K. J. (2008). 2장 참조

Harackiewicz, J. M., Barron, K. E., & Elliot, A. J. (1998). Rethinking achievement goals: When are they adaptive for college students and why? *Educational Psychologist, 33*(1), 1–21.

Hay Group (2013). Global employee engagement and enablement trends.

URL: http://www.haygroup.com/ downloads/uk/2013_engagement_trends.pdf

Heslin, P. A., Vandewalle, D. O. N., & Latham, G. P. (2006). Keen to help? Managers' implicit person theories and their subsequent employee coaching. *Personnel Psychology, 59*(4), 871–902.

Hochschild, A. (1983). Comment on Kemper's "Social Constructionist and Positivist Approaches to the Sociology of Emotions". *American Journal of Sociology, 89*(2), 432–434.

Hofstede, G.J., Hofstede, G.J., & Minkov, M. (1991, 2010). *Cultures and Organizations: Software of the Mind* (1st ed.). New York: McGraw-Hill.

Ilgen, D. R., Fisher, C. D., & Taylor, M. S. (1979). 4장 참조

Janssen, O., & Prins, J. (2007). Goal orientations and the seeking of different types of feedback information. *Journal of Occupational and Organizational Psychology, 80*(2), 235–249.

Judge, T. A., Locke, E. A., Durham, C. C., & Kluger, A. N. (1998). Dispositional effects on job and life satisfaction: the role of core evaluations. *Journal of Applied Psychology, 83*(1), 17–34. https://doi.org/10.1037/0021–9010.83.1.17.

Keller, A. C., Spurk, D., Baumeler, F., & Hirschi, A. (2016). Competitive climate and workaholism: Negative sides of future orientation and calling. *Personality and Individual Differences, 96*, 122−126. https://doi.org/10.1016/j.paid.2016.02.061.

Kluger, A. N., & DeNisi, A. (1996). 3장 참조.

Kozlowski, S. W., Gully, S. M., Brown, K. G., Salas, E., Smith, E. M., & Nason, E. R. (2001). 2장 참조.

Lennard, A. C., Scott, B. A., & Johnson, R. E. (2019). Turning frowns (and smiles) upside down: A multilevel examination of surface acting positive and negative emotions on well-being. *Journal of Applied Psychology, 104*(9), 1164 − 1180.

Locke, E. A. & Latham, G. P. (1991). Self-regulation through goal setting. *Organizational Behavior and Human Decision Processes, 50*(2), 212−247.

London, M., & Smither, J. W. (2002). Feedback orientation, feedback culture, and the longitudinal performance management process. *Human Resource Management Review, 12*(1), 81-100.

Morris, J. A., & Feldman, D. C. (1996). The dimensions, antecedents, and consequences of emotional labor. *Academy of Management Review, 21*(4), 986−1010.

Neuman, J. H., & Baron, R. A. (2003). Social antecedents of bullying: a social interactionist perspective. In S. Einarsen, H. Hoel, & C. Cooper (Eds.), *Bullying and emotional abuse in the workplace: International perspectives in research and practice* (pp. 185−202). CRC Press.

Ng, T. W., Sorensen, K. L., & Feldman, D. C. (2007). Dimensions, antecedents, and consequences of workaholism: A conceptual integration and extension. *Journal of Organizational Behavior, 28*(1), 111−136.

Popper, M., & Lipshitz, R. (1992). Coaching on leadership. *Leadership & Organization Development Journal, 13*(7), 15−18.

Porter, G. (1996). Organizational impact of workaholism: Suggestions for researching the negative outcomes of excessive work. *Journal of Occupational Health Psychology, 1*(1), 70−84.

Rutkowski, K. A., Steelman, L. A., & Griffith, R. L. (2004, April). *An empirical examination of accountability for performance development.* Paper presented at the 19th Annual Convention of the Society for Industrial and Organizational Psychology,

Chicago.

Schaufeli, W., & Enzmann, D. (1998). *The burnout companion to study and practice: A critical analysis.* London: Taylor & Francis.

Seifert, C. F., Yukl, G., & McDonald, R. A. (2003). Effects of multisource feedback and a feedback facilitator on the influence behavior of managers toward subordinates. *Journal of Applied Psychology, 88*(3), 561 – 569.

SHRM/Globoforce Employee Recognition Survey(2012). URL:https://www.torbenrick.eu/blog/wp-content/uploads/2012/06/Employee-Recognition-Survey-2012.pdf

Simpson, P. A., & Stroh, L. K. (2004). Gender Differences: Emotional Expression and Feelings of Personal Inauthenticity. *Journal of Applied Psychology, 89*(4), 715–721.

Slaney, R. B., & Ashby, J. S. (1996). Perfectionists: Study of a criterion group. *Journal of Counseling & Development, 74*(4), 393–398.

Slaney, R. B., Rice, K. G., Mobley, M., Trippi, J., & Ashby, J. S. (2001). The revised almost perfect scale. *Measurement and Evaluation in Counseling and Development, 34*(3), 130–145.

Smith, M. K., & Lewis, M. (2015). Toward facilitative mentoring and catalytic interventions. *ELT Journal, 69*(2), 140–150.

Smither, J. W. (1995). Creating an internal contingent workforce: Managing the Resource Link. In London, M (Ed.), *Employees, Careers, and Job Creation: Developing Growth-Oriented Human Resource Strategies and Programs* (pp.142–164). San Francisco: Josey-Bass.

Smither, J. W., & Walker, A. G. (2004). Are the characteristics of narrative comments related to improvement in multirater feedback ratings over time? *Journal of Applied Psychology, 89*(3), 575–581.

Smither, J. W., London, M., Flautt, R., Vargas, Y., & Kucine, I. (2003). Can working with an executive coach improve multisource feedback ratings over time? A quasi-experimental field study. *Personnel Psychology, 56*(1), 23–44.

Spence, J. T., & Robbins, A. S. (1992). Workaholism: Definition, measurement, and preliminary results. *Journal of Personality Assessment, 58*(1), 160–178.

Stillwell, C. (2009). The collaborative development of teacher training skills. *ELT Journal, 63*(4), 353–362.

Sutton, R. M., Hornsey, M. J., & Douglas, K. M. (Eds). (2012). *Feedback: The communication of praise, criticism and advice.* New York: Peter Lang.

Tsui, A. S., & Ashford, S. J. (1994). Adaptive self-regulation: A process view of managerial effectiveness. *Journal of Management, 20*(1), 93–121.

VandeWalle, D. (2003). A goal orientation model of feedback-seeking behavior. *Human Resource Management Review, 13*(4), 581–604.

Weiss, H. M., & Cropanzano, R. (1996). Affective events theory. *Research in Organizational Behavior, 18*(1), 1–74.

Wiggins, G. (2012). Seven keys to effective feedback. *Educational Leadership, 70*(1), 10–16.

Xu, M., Liu, B., Gu, R., Yang, S., Wang, H., & Zhu, X. (2021). Self-awareness buffers the consequences of negative feedback: Evidence from an ERP study. *International Journal of Psychophysiology, 164*, 9–16.

Yukl, G., & Tracey, J. B. (1992). Consequences of influence tactics used with subordinates, peers, and the boss. *Journal of Applied Psychology, 77*(4), 525–535.

7장

김성남 (2020). "해고, 어렵지만 중요한 업무". HBR, 98(2).

URL: https://www.hbrkorea.com/article/view/atype/ma/category_id/2_1/article_no/1525

김어림, 한태영 (2018). 6장 참조.

김재윤, 한태영 (2019). 상사의 성과코칭이 지식공유행동에 미치는 영향–향상적 주인의식의 매개효과와 방어적 주인의식의 조절효과–. 인적자원관리연구, 26(3), 103–120.

김태홍, 한태영 (2009). 적응성과 및 지속적 학습활동에 대한 학습목표성향, 실책관리풍토 및 변화지향적 팀 리더십의 영향. 인사조직연구, 17(3), 117–159.

신교수, 한태영 (2015). 3장 참조.

최경화, 탁진국 (2021). 한국형 웰니스 척도(KWS) 개발 및 타당화. 한국심리학회지: 코칭, 5(2), 127-170.

최두환, 한태영 (2022). 3장 참조.

탁진국 (2022). 라이프 코칭, 학지사.

한태영, 박수연 (2011). 3장 참조..

한태영, 이진영 (2021). 3장 참조.

Amabile, T. M. (1988). A model of creativity and innovation in organizations. *Research in Organizational Behavior, 10*(1), 123-167.

Amabile, T. M., Barsade, S. G., Mueller, J. S., & Staw, B. M. (2005). Affect and Creativity at Work. *Administrative Science Quarterly, 50*(3), 367 - 403.

Avey, J. B., Avolio, B. J., Crossley, C. D., & Luthans, F. (2009). Psychological ownership: Theoretical extensions, measurement and relation to work outcomes. *Journal of Organizational Behavior, 30*(2), 173 - 191.

Bakker, A. B., & Demerouti, E. (2007). The Job Demands-Resources model: state of the art. Journal of Managerial Psychology, 22(3), 309 - 328.

Bower, B. L., & Hardy, K. P. (2004). From correspondence to cyberspace: Changes and challenges in distance education. *New Directions for Community Colleges, 2004*(128), 5-12.

Byham, W. C. (1970). Assessment center for spotting future managers. *Harvard Business Review, 48*, 150-160.

Cabrera, Á., Collins, W. C., & Salgado, J. F. (2006). Determinants of individual engagement in knowledge sharing. *The International Journal of Human Resource Management, 17*(2), 245 - 264.

Cain S. (2021). 콰이어트: 시끄러운 세상에서 조용히 세상을 움직이는 힘. (김우열 역). 서울: 알에이치코리아. (2012).

Cox, K. S., Wilt, J., Olson, B., & McAdams, D. P. (2010). Generativity, the big five, and psychosocial adaptation in midlife adults. *Journal of Personality, 78*(4), 1185-1208.

Darley, J. G. (1968). 1917: A journal is born. *Journal of Applied Psychology, 52*(1, Pt.1), 1-9.

Dobrow Riza, S., & Heller, D. (2015). Follow your heart or your head? A longitudinal study of the facilitating role of calling and ability in the pursuit of a challenging career. *Journal of Applied Psychology, 100*(3), 695 – 712.

Forbes[웹사이트]. (2023. 01. 15).

URL: https://www.forbes.com/sites/melodywilding/2018/04/23/do-you-have-a-job-career-or-calling-the-difference-matters/?sh=6c3997ad632a

Govindji, R., & Linley, P. A. (2007). Strengths use, self-concordance and well-being: Implications for strengths coaching and coaching psychologists. *International Coaching Psychology Review, 2*(2), 143 – 153.

Hamlin, R. G., Ellinger, A. D., & Beattie, R. S. (2006). Coaching at the Heart of Managerial Effectiveness: A Cross-Cultural Study of Managerial Behaviours. *Human Resource Development International, 9*(3), 305 – 331.

Hayes, S. C. (2004). Acceptance and Commitment Therapy and the new behavior therapies: Mindfulness, acceptance and relationship. In S. C. Hayes, V. M. Follette, & M. Linehan (Eds.), *Mindfulness and acceptance: Expanding the cognitive behavioral tradition* (pp. 1–29). New York: Guilford.

Heslin, P. A., Vandewalle, D., & Latham, G. P. (2006). 6장 참조

Hettler, B. (1984). Wellness: encouraging a lifetime pursuit of excellence. *Health Values, 8*(4), 13 – 17.

Higgins, E. T., & Silberman, I. (1998). Development of regulatory focus: Promotion and prevention as ways of living. In J. Heckhausen & C. S. Dweck (Eds.), *Motivation and self-regulation across the life span* (pp. 78 – 113). Cambridge University Press.

Jane Cranwell-Ward. (2003). 현대인의 스트레스 관리. (장현갑, 강성군 공역). 서울: 학지사. (1990).

Jarvis, J., Lane, D., & Fillery-Travis, A. (2006). *The case for coaching: making evidence-based decisions on coaching.* Chartered Institute of Personal and Development.

Kouzes, Jim & Posner, Barry. (2009). "To Lead, Create a Shared Vision". *Harvard Business Review, 87.*

Langer E. J. (2022). 마음챙김. (이양원 역). 서울: 더퀘스트. (1989).

Lombardo M. M. & Eichinger R. W. (2001). *The leadership machine: architecture to develop leaders for any future.* Lominger.

Longenecker, C. O., & Gioia, D. A. (2001). Confronting the Politics in performance appraisal. *Business Forum*, 25, 17–23.

Longenecker, C. O., Sims, H. P., & Gioia, D. A. (1987). Behind the mask: The politics of employee appraisal. *Academy of Management Executive, 1*, 183–193.

Lyubomirsky, S., Sheldon, K. M., & Schkade, D. (2005). Pursuing Happiness: The Architecture of Sustainable Change. *Review of General Psychology, 9*(2), 111 – 131.

Mainemelis, C. (2010). Stealing fire: Creative deviance in the evolution of new ideas. *The Academy of Management Review, 35*(4), 558 – 578.

Merton, R. K. (1957). *Social theory and Social structure* (Rev. ed.). Free Press.

Parker, Sharon & Ohly, Sandra. (2008). Designing motivating work. In R. Kanfer, G. Chen, & R. D. Pritchard (Eds), *Work Motivation: Past, Present, and Future* (pp. 233 – 384). New York: Routledge.

Peterson, B. E., & Duncan, L. E. (2007). Midlife women's generativity and authoritarianism: marriage, motherhood, and 10 years of aging. *Psychology and Aging, 22*(3), 411–419.

Peterson, D. B. & Kraiger, K. (2004). A practical guide to evaluating coaching: Translating state-of-the-art techniques to the real world. In J. E. Edwards, J. C. Scott, & N. S. Raju (Eds.), *The human resources program-evaluation handbook* (pp. 262–282). Thousand Oaks, CA: Sage.

Peterson, D. B. (2009). Coaching and performance management: How can organizations get the greatest value? In J. W. Smither & M. London (Eds.), *Performance management: Putting research into action* (pp. 115–156). San Francisco: Jossey-Bass.

Pierce, J. L., Kostova, T., & Dirks, K. T. (2003). The state of psychological ownership: Integrating and extending a century of research, *Review of General Psychology, 7*, 84–107.

Rousseau, D.M., Hansen, S.D., & Tomprou, M. (2018). A dynamic phase model of psychological contract processes. *Journal of Organizational Behavior, 39*, 1081–1098.

Spears, L. C. (2010). Character and servant leadership: Ten characteristics of effective, caring leaders. *The Journal of Virtues & Leadership, 1*(1), 25–30.

Staw, B. M., & Boettger, R. D. (1990). Task Revision: A Neglected Form of Work Performance. *The Academy of Management Journal, 33*(3), 534 – 559.

Sternberg, R. J. (2006). The Nature of Creativity. *Creativity Research Journal, 18*(1), 87 – 98.

Tims, M., Bakker, A. B., & Derks, D. (2012). Development and validation of the job crafting scale. *Journal of Vocational Behavior, 80*(1), 173 – 186.

Tversky, A., & Kahneman, D. (1981). The framing of decisions and the psychology of choice. *Science, 211,* 453–458.

Underhill, B. O., McAnally, K. & Koriath, J. J. (2007). *Executive coaching for results: the definitive guide to developing organizational leaders* (1st ed.). Berrett-Koehler Publishers.

VandeWalle, D., Cron, W. L., & Slocum, J. W., Jr. (2001). The role of goal orientation following performance feedback. *Journal of Applied Psychology, 86*(4), 629 – 640.

Wagner. R., Muller. G. (2012). Power of two: 결정적 순간 당신 옆에는 누가 있는가 – 최고의 성과를 올리는 8가지 협력의 비밀. (이경남 역). 서울: 비전비엔피 · 비전코리아. (2009).

Whitmore, J. (2002). *Coaching for performance: GROWing people, Performance and Purpose* (3rd ed.). Nicholas Brealey.

Wrzesniewski, A. and Dutton, J.E. (2001). Crafting a Job: Revisioning Employees as Active Crafters of Their Work. *The Academy of Management Review, 26*(2), 179–201.

찾아보기

지은이

한태영 교수는 미국 뉴욕주립대학교(Albany)에서 산업조직 심리학으로 박사학위를 받았고, 광운대학교 인문사회과학대학장이며, 산업심리학과에 재직 중이다. 고려대학교와 동 대학원을 졸업하고, 포스코경영연구원에서 인사조직부문 책임연구원으로 근무했으며, 유학 후 뉴욕 주 소재 엑셀시오르대학에서 학교성과평가(outcomes assessment)의 디렉터를 역임했다. 평가·진단에 기초한 성과향상 동기 및 리더십과 팀 개발에 관한 연구논문이 다수 있으며, 팀 평가 시스템에 관한 특허도 보유했다. 인사혁신처, 행정안전부, 서울시 등 공공기관과 삼성, GS, 현대차 등 민간기업의 평가위원이며, 김앤장, 중소기업청, PDI 등과 산학협력 활동을 했다.